“十四五”高等职业教育公共课程类系列教材

高职应用语文素养

（第四版）

王爱玲　花妮娜◎主　编
高志欣　张　红◎副主编

中国铁道出版社有限公司
CHINA RAILWAY PUBLISHING HOUSE CO., LTD.

内 容 简 介

本书分为三部分：第一部分为应用文写作，主旨是让学生掌握校园学习生活中、求职时和入职后要使用的一些基本应用文的写作方法和技巧，特别是在专用文书写作方面，融入了工程施工方面常见的可行性研究报告、施工技术交底、竣工验收报告和工程总结等文体，真正达到“应”对工作、“用”于实务的目的；第二部分为文学知识及书法知识，作为中华优秀传统文化经典赏析部分，主要是让学生感受国学经典文化的艺术魅力，提高文学鉴赏能力和文化素质；第三部分为口语社交和礼仪，主要是为了提高学生的语言表达和文明社交能力。

本书突出的特点：一是针对性强，根据高职学生的语言文化基础，充分考虑他们的需要，集文化知识与实际应用于一体，所选例文典型，紧密联系实际；二是包含中华优秀传统文化赏析的内容，有利于学生夯实文化基础，提高综合素质。

本书适合作为高等职业教育公共课程教材，也可供希望提高自身修养的广大社会读者阅读。

图书在版编目（CIP）数据

高职应用语文素养/王爱玲，花妮娜主编. —4 版. —北京：中国铁道出版社有限公司，2023.7（2025.1 重印）
“十四五”高等职业教育公共课程类系列教材
ISBN 978-7-113-30222-1

Ⅰ. ①高… Ⅱ. ①王… ②花… Ⅲ. ①大学语文课-高等职业教育-教材 Ⅳ. ①H193.9

中国国家版本馆 CIP 数据核字(2023)第 076605 号

书　　名：高职应用语文素养
作　　者：王爱玲　花妮娜

策　　划：潘星泉　　**编辑部电话：**（010）51873090
责任编辑：潘星泉　徐盼欣
封面设计：刘　颖
责任校对：苗　丹
责任印制：赵星辰

出版发行：中国铁道出版社有限公司（100054，北京市西城区右安门西街 8 号）
网　　址：https:// www.tdpress.com/51eds
印　　刷：河北燕山印务有限公司
版　　次：2013 年 7 月第 1 版　2023 年 7 月第 4 版　2025 年 1 月第 4 次印刷
开　　本：787 mm×1 092 mm 1/16　**印张：**17.25　**字数：**442 千
书　　号：ISBN 978-7-113-30222-1
定　　价：52.00 元

第四版前言

党的二十大报告提出“推出更多增强人民精神力量的优秀作品”。本书在第四版改版过程中，积极贯彻这一精神，并以习近平新时代中国特色社会主义思想为指导，牢记建设教育强国、科技强国、人才强国的使命，坚定文化自信，继承和弘扬中华优秀传统文化。

《高职应用语文素养》自 2013 年 7 月出版以来，经过 2016 年 6 月改版，2019 年 7 月第二次改版，至今已使用了近十年时间。2016 年 5 月，该教材荣获陕西铁路工程职业技术学院优秀教材二等奖，这是对该教材在内容编写和编排方面独特创新的充分肯定。十年来，不少同类教材相继出版，但在内容设置以及针对高职学生的需求设置方面和本教材仍无法媲美。例如，本教材为了适应土建类专业学生的实际需求，在专用文书写作方面，有机融入了工程施工方面常见的可行性研究报告、施工技术交底、竣工验收报告和工程总结等文书，真正做到了“应”对工作、“用”于实务。改版后的教材，在原来基础上，修改了例文，选择了新颖的施工案例，可为学生将来出色地从事实际工作打下良好的写作基础。

中华优秀传统文化是中华民族屹立于世界民族之林的根。如果说文化是社会的灵魂，那么中华优秀传统文化就是现代文化的源头活水。在全面推进中华民族伟大复兴的今天，我们需要中华优秀传统文化的保驾护航，加强中华优秀传统文化教学也是高职语文教学义不容辞的责任。本次再版时，我们对第一部分应用文写作教学内容进行了修改，充实了第二部分中华优秀传统文化教学部分内容，选编了诗经、汉乐府古诗、唐诗宋词，以及古今中外优秀小说、喜剧、散文等经典内容，这也是本教材的一大亮点。

本书由陕西铁路工程职业技术学院语文教研室王爱玲、花妮娜副任主编，高志欣和张红任副主编，苏金玲参与编写。具体编写分工如下：第一章、第二章由张红编写；第三章由花妮娜编写；第四章由苏金玲编写；第五章、第六章以及附录由王爱玲编写；第七章由高志欣编写。

本书在编写过程中，借鉴、援引了国内同类著作、教材、杂志、报纸等有关文献和资料中的部分内容，在此一并致谢！编写过程中，得到了单位领导和同事的大力支持，在此深表感谢！

因编者水平有限，书中难免有疏漏和不妥之处，恳请广大读者批评指正，以便及时修改完善。

编　者

2023 年 1 月

第一版前言

随着我国高等职业教育的迅速发展，教材改革也自然而然地提到议事日程上来，以适应当今社会对技术技能型人才的需求。语文课程作为提高高职学生综合素质的基础学科之一，经过几轮的改革探索和教学实践，终于有了比较合理的新版教材。

本教材共分为三部分：第一部分为应用文写作；第二部分为文学及书法知识；第三部分为口语社交和礼仪。本教材有两大特点：第一是针对性强。全书内容共八章，充分考虑到高职学生的语言文化底蕴，集语文基础知识与应用文知识于一体，既注重学生人文素质的培养，又强调企业岗位要求，凸显工学结合的特点。教材讲授方式适合于行动导向教学法，充分体现“教、学、做合一”的教学理念。第二是例文典型实用，操作性强。本教材所收录的每篇例文都是在实际工作、生活和学习过程中使用频率较高和大家喜闻乐见的文章，教材内容集趣味性和知识性于一体，可读性强，适合高职学生学习。

本教材由陕西铁路工程职业技术学院王爱玲副教授、花妮娜讲师任主编，高志欣老师和张红老师任副主编。编写分工如下：第一章、第二章由张红编写；第二章的第十、十一节，第三章、第五章由花妮娜编写；第四章、第六章、第八章以及附录由王爱玲编写；第七章由高志欣编写。

本教材在编写过程中，借鉴、援引了国内同类著作、教材、杂志以及报纸中的有益资料，在此一并致谢！本教材在编写过程中，得到了单位领导、同事和出版社的大力支持，在此一并致谢！

因编写时间仓促、编者水平有限，教材中难免有疏漏和谬误之处，恳请广大读者批评指正，以便再版时修订完善。

编　者

2013 年 4 月

第二版前言

《高职应用语文素养》这本教材，自 2013 年 7 月出版以来，已使用了三年时间，从学生到老师对此教材均有较好评价，2016 年 5 月又被评为陕西铁路工程职业技术学院院级优秀教材二等奖，这些荣誉均是对教材在内容编写和编排方面独特创新精神的充分肯定。当然，三年来，同类教材出版也有不少，但在内容的设置以及对高职学生的本质需求方面和本教材并没有可比性。比如本教材为了适合土木工程专业学生的实际需求，在专用文书写作方面，融入了工程施工方面常见的可行性研究报告、施工交底、竣工验收报告和工程总结等文体，真正达到“应”对工作，“用”于实务的目的。再版后的教材，在原来基础上，又修改了例文，选择了比较新颖的案例，更能使学生结合将来的工作实际，为更好地工作打下良好的写作基础。

中华传统文化是中华民族屹立于世界民族之林的根，如果说文化是整个社会的灵魂，那么传统文化就是现代文化的源头活水。在弘扬中国精神、努力实现中国梦的今天，我们需要优秀传统文化的保驾护航，所以重拾经典也是高职教育义不容辞的责任。再版修订时，我们加强了第二部分传统文化教学部分的内容，我们选编了诗经楚辞、唐诗宋词、毛泽东诗词以及古今优秀小说散文等经典内容，这些也是本教材的一大亮点。

本教材修订仍由陕西铁路工程职业技术学院王爱玲副教授任主编，花妮娜副教授任第二主编，高志欣老师和张红老师任副主编，苏金玲老师参编。编写分工如下：第一章、第二章由张红编写；第三章由张红和花妮娜编写（其中第三到五节由张红老师编写）；第四章、第五章、第六章、第八章以及附录由王爱玲编写；第七章由高志欣和苏金玲编写。

本教材在编写过程中，借鉴、援引了国内同类著作、教材、杂志以及报纸中的有益资料，在此一并致谢！本教材在编写过程中，得到了单位领导和同事王闯、李兵方、李运通、赵增逊、花妮娜、高志欣、张红、苏金玲、王薇、徐翠翠、高攀科、詹祥元、安宏科、高艺、贺贞、 高瑜、薛慧娟、董艳、张福荣、胡水玲等同志的大力支持，在此深表感谢！同时，也得到了中国铁道出版社的大力支持，在此也一并致谢！

因编者水平有限，教材中难免有疏漏和谬误之处，恳请广大读者批评指正，以便及时修改完善。

编　者

2016 年 6 月 22 日

第三版前言

《高职应用语文素养》这本教材，自2013年7月出版以来，经过2016年6月第二次修订改版，已使用了六年时间，2016年5月被评为陕西铁路工程职业技术学院院级优秀教材二等奖，这是对教材在内容编写和编排方面独特创新思想的充分肯定。当然，六年来，同类教材出版也有不少，但在内容的设置以及对高职学生的本质需求方面与本教材并没有可比性。比如本教材为了适合土木工程专业学生的实际需求，在专用文书写作方面，融入了工程施工方面常见的可行性研究报告、施工交底、竣工验收报告和工程总结等文体，真正达到“应”对工作，“用”于实务的目的。再版后的教材，在原来基础上，又修改了例文，选择了比较新颖的案例，能使学生结合将来的工作实际，为更好更出色地工作打下良好的写作基础。

中华传统文化是中华民族屹立于世界民族之林的根，如果说文化是整个社会的灵魂，那么传统文化就是现代文化的源头活水。在弘扬中国精神、努力实现中国梦的今天，我们需要优秀传统文化的保驾护航，加强传统文化教学也是高职教育义不容辞的责任。第三次再版修订时，我们不仅对第一部分应用文写作教学内容进行了修改，也在第二部分增补了诗经、汉乐府古诗、唐诗宋词以及古今中外优秀小说、喜剧、散文等经典内容，这些也是本教材的一大亮点。

本教材修订仍由陕西铁路工程职业技术学院王爱玲教授任主编，花妮娜副教授任第二主编，高志欣老师和张红老师任副主编，苏金玲老师参编。编写分工如下：第一章、第二章由张红编写；第三章由花妮娜编写；第五章、第六章、第八章以及附录（A、B、C）由王爱玲编写；第四章和附录（D）由苏金玲编写；第七章由高志欣编写。

本教材在编写过程中，借鉴、援引了国内同类著作、教材、杂志以及报纸中的有益资料，在此一并致谢！在编写过程中，得到了单位领导和同事王闯、李兵方、李运通、赵增逊、苏金玲、王薇、徐翠翠、高攀科、詹祥元、安宏科、高艺、贺贞、高瑜、薛慧娟、董艳、张福荣、胡水玲等同志的大力支持，在此深表感谢！同时，也得到了中国铁道出版社有限公司的大力支持，在此也一并致谢！

因编者水平有限，修订教材中难免有疏漏和谬误之处，恳请广大读者批评指正，以便及时修改完善。

编　者

2019年7月1日

目录

第一部分　应用文写作

第一部分　应用文写作

第一章　绪　论

应用文是国家机关、企事业单位、社会团体及人民群众在日常生活、学习和工作中处理公共事务或私人事务时所使用的具有某种惯用格式和直接应用价值的文章。

清代学者刘熙载在《艺概》一书中指出："辞命体，推之即可为一切应用之文。应用文有上行，有平行，有下行。重其辞乃所以重其实也。"刘熙载虽没有阐述应用文的概念，但他指出了应用文重实用、讲实效的特点。对应用文的认识应从两方面考察：一是从文章的功用来看，应用文从产生到发展都是以应用为目的，或用于公共事务，或用于个人事务，这一点使它鲜明地区别于以审美为主要功能的文学作品；二是从文章的表现形式上看，应用文较之于其他文体，有着更为严格的写作格式，语言文字也较简明通俗，这一点与它功能上的实用性相适应。

应用文使用广泛，几乎到了无所不在的程度，涉及各个领域、各个部门及每个人。比如，科研单位的人员需要写学术论文；政府机关指导工作需要用公文；工商企业经营需要合同；学生不能上课需要写请假条。相对于其他文体来说，应用文的使用频率要高得多。正如叶圣陶所说："大学毕业生不一定能写小说诗歌，但是一定要能写工作和学习中实用的文章，而且非写得既通顺又扎实不可。"

因此，应用文写作是写作学科的一个重要分支，其以实用性为目的。有人这样概括：应用文，"应"对生活、"用"于实务。应用文写作课程以应用文写作为学习和研究对象。

第一节　应用文的特点和作用

一、应用文的特点

（一）实用性

实用性是应用文区别于其他文种的本质属性，是应用文产生和发展的基本要求，是应用文的价值所在，更是它与其他文体的最大区别。应用文写作不是为了审美，而是为了实用。无论是党政机关、企事业单位、社会团体撰写的公务文书，还是人们在日常生活、学习、工作中撰写的事务类文书，都是为了处理或解决实际问题。因此，写应用文就要从写作目的、写作对象、内容处理、形式选择、语言使用等方面体现实用性的要求。

（二）规范性

规范性，也就是应用文格式的约定俗成性。即应用文的写作是有章可循的，大多数应用文有统一的格式规定。格式的规范，即每一种文种在写法上有大体的结构模式，不能随意变更。应用文的格式，一部分是国家统一规定的（如公文），必须严格遵守；还有一部分是在长期的实践使用过程中逐渐约定俗成的，原则上也应遵守。规范性从另一个方面讲，也就是使用文种的规范性。即办什么事该用什么文种，有大体的规定，如召开会议可用“通知”而不能用“通报”，请求上级机关拨款可用“请示”而不能用“报告”，等等。

应用文使用范围广，使用频率高。为了提高办事的实效性，必须强调统一的规范性，这也是由其实用性决定的。

（三）真实性

真实性是应用文实用性功能的基本保障。脱离了真实性，应用文就不能称之为应用文，而应叫虚构创作。应用文的实用性特点要求应用文中所涉及的人与事必须绝对真实，包括情节、数据、细节等，在本质上绝不允许有半点虚构和杜撰，创作上不可以像文学作品那样进行充分的艺术加工，否则就不能达到解决现实生活中实际问题的目的，甚至还会给实际工作造成很大的损失。真实性是应用文的生命所在，其功能是为了解决实际问题，哪怕存在一丁点的虚设成分都会带来不良后果或严重的危害。假若法律文书中有虚假的材料，就会直接影响到办案的公正性和严肃性；新闻报道中有虚假的内容，则会降低新闻的可信度；经济合同中有一个数据不真实确凿，就会引起经济纠纷。撰写应用文，应对全文的内容进行严肃认真的核对，应对文辞负责，大到文中引用的党和国家的方针政策、法规条文、各种材料，牵涉的人和事以及与此相关的时间、地点，小到某一个细节、数字，都要绝对准确无误，完全符合事实。

（四）明确性

对象的明确性是指许多应用文应有明确、特定的读者对象。因为应用文的功能就是解决具体的问题。如果公文中的通知、通报、报告、请示、批复、函都没有明确的收文单位，事务应用文中的申请书、建议书、介绍信、证明信、感谢信等没有明确的读者对象，那么这些文书的提交者无法把自己的想法和意图传递给对方。读者对象的明确性应该包括准确性的含义。读者对象不能弄错，一旦弄错会让人摸不着头脑，甚至造成严重后果。

（五）平实性

应用文的语言要简明朴实，一目了然。这也是由应用文的实用性特点决定的。大多数应用文在笔法上应直陈其事；在表达上多用叙述、说明、议论，一般较少用描写；在修辞手法上除少数文种外应少用或不用比喻、拟人、夸张等；在用词上一般很少用华丽的修饰语，而应力求平实易懂。因为写应用文的目的是处理或解决实际问题，行文越简明朴实，对方越容易理解，就越能提高办事效率。应用文的语言在准确、得体的基础上必须做到简明。“简”就是简练，要求用语精练概括，避免堆砌累赘，尽量使用短句，将可有可无的字、词、句一律删去；“明”即明白、明确，要求用准确、精当的语言清楚地表达意思，直白而不含蓄，不能有歧义，言简意赅，使看的人一目了然。朴实是应用文区别于其他文体语言的基本风格。

二、应用文的作用

我国应用文写作源远流长，历史悠久，在不同的历史时期起着不同的作用。随着社会的发展、时代的进步及科学技术的进步，应用文发挥的作用越来越大。在当今新时代，它的作用主要体现在以下四个方面。

（一）沟通协调

国家机关、社会团体、企事业单位、个人，都不是孤立的，彼此之间需要相互联系、传递信息、交流经验、协调行动，应用文可以把一些情况或信息传递出去，从而促进各部门的联系。沟通是就思想认识而言，沟通的目的是统一认识。协调是就行动而言，是把统一的认识付诸实践。在当今信息化时代，彼此间联系会更加密切，沟通和协调的任务将更加繁重，应用文的这一作用将会显得更加重要。

（二）依据凭证

上级机关在制定方针、政策或作出决定、规定、计划时，要依据下级机关上报的总结、报告、简报和调查报告来进行决策。下级机关开展工作时，上级机关发布的决定、通知、意见、办法等，不仅是办事的重要依据，而且是解决矛盾、判断是非的凭证。因此，应用文是人们处理和解决社会问题的工具之一，如契据类文书和经济类文书中的合同、协议书、意向书，行政公文中的请示、批复、函等，都是用于处理和办理事务、解决具体问题的。

（三）指导管理

应用写作具有指导管理作用，尤其是行政公文写作，这种作用表现得更加明显。应用写作是用来处理公私事务的，但要处理好公私事务，必须让人们知道应该做什么及怎么去做。在公务活动中，上级机关对下级机关发布的公文，起着指导管理的作用，没有它，各方面的管理工作就无法有序地进行。

（四）宣传教育

应用文的宣传作用也相当突出。除了宣传应用文如新闻消息、通讯和解说词等文种，其他门类的应用文或多或少也都有一些宣传功能。通讯是最典型的以宣传为目的的应用文种，它除了对外公布一些基本的新闻事实外，主要报道先进事迹和人物以及工作过程中涌现出的一些值得学习和效仿的事例，有很强的宣传作用。通报是通过正面或反面的典型事例、经验教训，来启迪和教育有关工作人员，以便更好地促进工作。

第二节　应用文的分类及写作要求

一、应用文的分类

按照不同标准，应用文可以分为不同的种类。根据性质来划分，应用文可以分为公务应用文和私用应用文。公务应用文包括古代的上书、上表、谏、疏等，现代的公告、通知、纪要、合同等；私用应用文包括私人信件、函、个人日记等。根据功能来划分，应用文可分为以下种类。

（一）公务文书

公务文书，简称公文。人们通常说的公文有广义和狭义两种理解。广义的公文指法定机关、社会团体、企事业单位在公务活动中形成的、具有规范格式的文书材料。其中包括行政公文、事务文书、各类专用文书等。狭义的公文专指行政机关公文。行政机关公文是行政机关在行政管理过程中形成的具有法定效力和规范体式的文书，是依法行政和进行公务活动的重要工具，即国务院 2012 年 4 月 6 日发布的《党政机关公文处理工作条例》中列出的十五种公文：决议、决定、命令（令）、公报、公告、通告、意见、通知、通报、报告、请示、批复、议案、函、纪要。

（二）事务文书

事务文书是机关、团体、企事业单位为反映事实情况、解决问题和处理日常事务而普遍使用的文书，具有很强的实用性、事务性和某种惯用格式。从广义上说，事务文书也是一种公务文书，目的是处理公务和传递信息，使用“事务文书”这一名称，是相对于正式公文而言的。如计划、总结、调查报告、规章制度等。

（三）专用文书

专用文书是指在一定的业务范围内，按照特殊需要而专门使用的文书。例如：

（1）会议文书，包括开幕词、闭幕词、讲话稿、演讲词等。

（2）传播文书，包括消息、通讯、广告等。

（3）经济文书，包括市场调查报告、可行性研究报告、招标与投标、合同等。

（4）法律文书，包括起诉状、辩护词、遗嘱等。

（5）科技文书，包括实验报告、毕业论文、科技论文等。

（四）日常文书

日常文书是指机关、团体、企事业单位和个人在日常生活、工作和学习中所使用的，具有一定格式，能起交流思想、沟通感情、传递信息等作用的应用文书。例如，书信、日记、条据、启事、对联、感谢信、表扬信、申请书、慰问信、请柬等。

二、应用文的写作要求

应用文种类较多，每个文种均有具体的写作要求，本书各章节将分别叙述。在此就应用文写作提出总体要求。

首先，撰写应用文的内容观点要符合党和国家的方针、政策、法律、法令和上级机关的有关规定。

其次，要写好应用文必须掌握应用文的写作基础知识。力求文章的主题正确、集中、深刻与鲜明；材料真实、情况明晰，紧扣主题选择具有真实性、典型性和新颖性的材料，注意材料与主题相一致；结构完整严谨、合乎逻辑、条理清楚、层次分明、段落清晰、衔接照应、前后连贯；根据不同种类的应用文文体性质和撰文目的，正确运用撰文的表达方式；应用文语言表述要求庄重、准确、朴实、精练、严谨、规范；正确使用标点符号，论理要合乎逻辑，造句要合乎文法，篇幅力求简短。

再次，理解不同种类应用文的概念、特点、分类、行文规则、适用范围，熟悉掌握各文种的结构、格式、正文的写法和要求。按照应用文写作过程“三部曲”（准备、起草、修改）的要求，规范写作行为，提高文章质量。

最后，要写出高水平、高质量的应用文，不仅要求撰写者具备较高语文水平和应用写作知识，还必须全面提高理论素质、业务和文化素质，加强自身在“德、才、学、识”方面的修养，加强学习、加强道德修养，在写作的实践中勤学苦练、边学边写，积累经验、增长才干，在社会实践中，了解实情、扩大视野、增长见识、丰富知识，不断提高自己理论联系实际、分析问题和解决问题的能力，不断增强调查研究能力、逻辑思维能力、综合归纳能力，不断提高政策水平、理论水平和写作水平。

第三节　应用文的表达方式和语言要求

一、应用文的主要表达方式

表达方式是指作者用来陈述事理、说明问题、传达情感、表现和反映主题所使用的方法和手段。一般常用的表达方式有叙述、议论、说明、描写、抒情等。应用文以实用性为目的，其内容主要传达贯彻党的路线方针政策、国家的法律法规和上级的指示精神，请示和答复问题、指导和商洽工作、报告情况、交流经验等。其目的在于简明、清晰、准确地表达意图，而非审美和传情。因此，应用文的主要表达方式有叙述、议论、说明。

（一）叙述

叙述是对人物、事件、环境作概括性的交代和表述的表达方式，主要为交代背景、介绍情况、综合事迹、概括规律、说明观点、指出办法等提供事实依据。

1. 叙述的种类

在应用文里，叙述的种类主要有概述、顺叙、倒叙、平叙和夹叙夹议几种。

（1）概述，就是用比较简洁明快的语言，把事物发展变化的过程简明扼要地叙述出来，使读者对事物有一个大概的、宏观的了解。在总结、报告、纪要等多种应用文中经常用到这种叙事方式，一般用在文章的开头部分。

（2）顺叙，就是按照时间的先后顺序，把事物发展变化的过程交代清楚。其优点是便于读者了解事物发展变化的来龙去脉，使人们能够清晰地把握事物发展变化的进程。

（3）倒叙，就是把事物发展变化的结局或整个过程中某个特别有意义的阶段提到文章的前面介绍，然后按照时间次序交代事件发展变化过程。这种叙事方式可以产生悬念，增加艺术趣味。在应用文里，主要用于新闻稿件中，其他公文较少运用。

（4）平叙，即所谓的“花开两朵，先表一枝”，是对两个或两个以上人物或事件分别进行叙述。此两者从逻辑关系上讲，处于并列地位。通报、调查报告及新闻稿件常采用此种叙述方式。

（5）夹叙夹议，即一边叙述、一边议论。其好处是能够将叙述的事实迅速提升到理论的高度加以分析，使读者能看清事物的本质。此种叙述的方式在报告、总结、学术论文等文种中用到，是一种使用较多的叙述方法。

2. 叙述的要求

（1）根据行文要求采用合适的叙述方法。如前所述，叙述的方法多种多样，但并不能随心所欲地将各种方法都加以运用，而是应根据行文需要加以取舍。例如，在总结开头部分，可用概述法；在主体部分，可用平叙或夹叙夹议等方法；而倒叙，则不宜使用。在新闻稿里，各种叙述方法都能用，但也并非在一篇文章中将所有的叙述方法都用遍，而是选择几种主要的方法加以运用。总之，要依据内容的需要选择合适的方法。

（2）要分清主次，突出重点。叙述时，在人物或事件的发展变化上不能平分笔墨，不能“头发胡子一把抓”；要分清主次，突出重点，详略得当；使文章的主题鲜明，层次清楚。

（3）要始终注意应用文的行文风格。不要写着写着，忘了是在写应用文，而把应用文写成了散文。例如，散文要求交代叙事的六要素：时间、地点、人物、事件、原因、结果。但应用文中的叙事只根据行文的需要把事物的某些方面说清即可，不必考虑“六要素”是否齐全，也不必去追求叙事的生动有趣。

（二）议论

议论是揭示事物本质的一种表达方式。它可以帮助读者深刻地认识事物，使文章的主题得到深化。应用文中的学术论文、演讲稿之类，本身就是议论文。其他应用文也常需要运用议论这种表达方法。

1. 议论的结构

在所有文章（包括应用文）中，议论的结构都是相同的：论点、论证、论据。

（1）论点，是议论确立的观点。在学术论文这种应用文里，论点可以分为总论点和分论点。前者是一篇文章的核心论点、基本论点，是文章的主题；后者是层次段落中的论点，它们共同说明总论点。

（2）论据，是用来说明论点的事实、数据或理论，以之证明论点的材料。

（3）论证，是运用论据来证明论点的一种逻辑推理过程，它是一组方法。由于其内容的丰富性和地位的重要性，我们在下文中加以说明。

2. 论证的方法

无论在整篇的学术文章中，还是在应用文写作中的议论部分，论证都是极为重要的因素，议论的本质就是对论点的论证。从篇幅上讲，论点和论据所占的内容比较少，而绝大部分篇幅都是论证。论证的主要方法有如下四种。

（1）举例法，又称例证法，是用具体事例或统计数据来证明论点的方法。例如：

逆境可以激励人们成才。从古到今，例子不胜枚举。司马迁说过："文王拘而演《周易》，仲尼厄而作《春秋》，屈原放逐，乃赋《离骚》……"可见，周文王、孔子、屈原等人，都是在逆境中发奋成才的著名典范。

在上述一段话里，论点是"逆境可以激励人们成才"，论证时所举的例子是周文王、孔子、屈原等人的事迹。

（2）引证法，是引用别人的话或有关资料来证明观点的一种方法。例如：

要做出成绩，就得不避辛劳，艰苦奋斗。马克思说得好："在科学上没有平坦的大道，只有不畏劳苦沿着陡峭山路攀登的人，才有希望达到光辉的顶点。"

在这段话里，论点是"要做出成绩，就得不避辛劳，艰苦奋斗"，论证的方法是引用马克思的论述。

引证时，除了可引用名人名言外，还可以引用俗语、谚语、科学上的公理定理，以及国家公布的权威性统计数据等文字资料。

（3）对比法，此方法可分为两种：一种是横向对比，即将两种截然相反的事物进行对比；另一种是纵向对比，是将某一事物在不同的时间里的不同情况进行对比。通过对比，说明某一观点。例如：

改革开放给老百姓的生活带来很大的变化。如在改革开放前，一户家庭最贵重的物品，就是一块手表，或一辆自行车；而在改革开放后，彩电、冰箱、计算机等电器，已进入了普通的百姓家庭，而这些，是原来人们想都不敢想的事情，如今早已成为现实了。

这段话使用的是纵向对比，论证改革开放前后老百姓生活发生的变化。

（4）反证法，是从相反的角度分析问题，假设一个与正面论点相反的观点，并通过议论推翻该观点，从而肯定正面论点的方法。例如：

古人云："知足常乐。"其含义是如果一个人知道满足，就会经常感到快乐。如果把这句话理解为在生活上知足，不作不切实际的追求，倒也不错。但是，如果要从事业的追求方面来理解，这话却是不对的。因为知足，就容易目光短浅，就容易裹足不前；知足，就容易目空一切；知足，就容易一事无成；知足可能会使勤奋者变得懒惰，使有才者变得愚昧，它能消磨人的意志，它能给人们带来无穷无尽的忧愁。

这段话中，正面论点是"不知足才常乐"，通过论证知足的坏处推翻反面观点"知足常乐"，从而论证了正面观点。

（三）说明

应用文中的产品说明书，通篇使用说明这种表达方式。在其他应用文里，也常用说明这种表达方式，使文章更加完美。

说明的方法包括以下几个方面。

（1）举例说明法，是通过列举典型的例子来说明某一事物或事理。例如：

地震是一种破坏性惨烈的地质灾害。1923 年日本发生关东大地震，造成了巨大灾难，伤亡约 10 万人。

这段话是列举日本关东大地震的例子，来说明地震这一破坏性最惨烈的地质灾害。

（2）定义说明法，是通过下定义来说明某一事物的方法。例如：

人，是能制造工具并使用工具进行劳动的高等动物。

这是用下定义的方法来说明什么是"人"。下定义的公式是：被定义的概念=（是）种差+最邻近的属的概念。种差是被定义概念与同一属概念下其他概念的差异。在上例中，"人"是被定义的概念；"动物"是与"人"最接近的属概念，"能制造工具并使用工具进行劳动"是"差异"。

（3）诠释说明法，是对被说明事物的属性、特点等进行解说与阐述的方法。例如：

"冻石"在矿物学上被称为叶腊石。其在灯光映照下如同冻冰，因得以命名。此石属硅酸盐类矿物，是由酸性火山岩经高温蚀变而成。一般呈黄、苹果绿颜色，半透明，美丽如玉，质地细腻，色彩斑斓，化学性质稳定，极易雕刻。

这段话用诠释的方法对"冻石"的属性、特点进行了说明。

（4）分类说明法，是把要说明的事物，按一定的标准，划分成不同的类别加以说明的方法。例如：

刺绣是我国的传统技艺之一，我国的刺绣品种有苏州的苏绣、湖南的湘绣、四川的蜀绣和广东的粤绣等。

这段话用分类的方法对刺绣的品种进行了说明。

（5）数字说明法，是通过统计数字来说明某一问题的方法。例如：

中国是一个缺水较严重的国家。淡水资源总量是 2.8 万亿 m^3，占全球水资源的 6%，但人均只有 2 200 m^3，仅为世界人均占有量的 1/4，是全球人均水资源最贫乏的国家之一。

这段话用一系列数字说明了我国是世界上人均水资源较贫乏的国家之一，从而呼吁人们节约水资源。

（6）图表说明法，是通过图表来说明某一问题的方法。例如：要想说明某月施工进度计划、各施工部位的时间计划和实际施工工程量等，如果仅用文字说明可能比较复杂，且不容易表达，用图表则可以很直观、很清晰地表达出来。

以上所述是应用文常用的说明方法，更是土木工程类应用文常用的方法。在具体的写作实践中，要根据文种的需要选择合适的方法。

二、应用文的语言要求

（一）准确明晰

准确，就是要求应用文所使用的语言材料能够恰如其分地承载它所传递的信息，无论说明情况，还是阐述做法，抑或表达思想，一定要避免词义不确定的词语，这是应用文对语言的最基本要求。明晰，就是要求应用文的语言要明白清楚，能够让读者看得懂，很容易地理解所说的意思，不能使用晦涩难懂、冷僻生硬的词语。

（二）简练平实

简练，就是要求应用文的语言必须简洁精练，言简意赅，叙事说理开门见山，遣词造句惜字如金，既不枝蔓，又不苟简。平实，就是要求应用文的语言必须朴实无华，直陈直叙，不浮华藻饰，不含蓄婉曲。当然，有的应用文为了增强感染力，用语讲求生动形象，这与平实的要求并不矛盾，二者应是一种辩证的统一。

（三）庄重得体

庄重，就是要求应用文的语言必须端庄郑重，以体现作者的严正立场、严肃态度等，这在公文写作中表现最为明显，如要求严格使用规范的书面语言，较多使用专用语等。在一些日常应用文如声明、请柬等的写作中，这一特点也非常明显。得体，就是要求应用文的语言应当适应不同文种的需要，讲究说话分寸，与写作的特定目的、特定需要、特定对象一致。

1. 用书面语，不用口语俗语

应用文是写给人们阅读的，它反映的是科学、严谨的工作过程中的各种现象与问题，并且不少应用文体现了党政机关的执政权威，因此适宜采用严谨的书面语言，而不用口语或俗语。

2. 用行业语言，忌用外行话

在进行专业的应用文写作时，要运用行业语言，切不可使用一些外行话，以免贻笑大方。

3. 用标准语，忌用方言

此处所说的标准语，即普通话的书面形式。应用文写作的接受者是全国各地的相关人员，方言会造成理解上的困难，使人难以读懂或根本看不懂，从而影响人们对文章内容的接受效果。

4. 用公文语，不用文学语言

在撰写应用文时，要使用公文语。所谓的“公文语”，是多年来在工作与生活实践中产生以公文语言为代表的约定俗成的文体。它简洁明快、朴素庄重，以叙述、说明、议论为主，谨慎使用想象、抒情等表达方式，以及比喻、排比、夸张等文学修辞。当然，在其他应用文中文学语言有时候也要用到，特别是在某些需要有一定“文学性”的特定应用文（如新闻稿、演说稿等）中要应用，但不可“滥用”。

5. 用专门术语，慎用通俗语言

在应用文写作中，也涉及行政公文等一般的应用文。这里所说的“专门术语”，特指一般应用文常用的带有“程式性”的词汇与短语，其中不少带有文言特征，或是当代汉语中继续使用的文言词汇。使用这些词汇，可以使行文更加简洁，并增强应用文的庄重性。例如，请示的结尾一般为“若无不妥，请批复”这个句子是带有文言特征的“专门术语”。如果用随意性的结尾取代它，如“前面所说的请求如果没有什么不妥当的话，请求上级批复”，则欠妥。将此两句相比可以看到，两者表达的是同一信息，但就其简洁文雅、庄重性而言，前者大大超过后者。

要了解一般应用文中文言词汇的意思，并会使用。例如，常用的有：①兹，兹有——现在、现有，一般用于开头。②为荷、为盼——荷，此处表示感谢；盼，盼望。“为荷”，即“本单位给贵单位添了麻烦，谨向贵单位表示深切的谢意”；“为盼”，即“本单位盼望得到贵单位的支持与合作”。这类“专门术语”一般用于信函的结尾。

第四节 大学生学习应用文写作的意义

应用文写作是一门综合性和实践性都较强的基础课和能力课，它不仅能反映出学生的认识分析能力、组织综合能力、语言表达能力的高低，而且科学的写作教育可以预先给学生提供一定的工作体验，对于培养学生的独立意识、探索精神、创新意识，以及形成健全、独立的人格，促进智力因素与非智力因素的协调发展都有至关重要的作用。

一、为学生今后就业做好准备

无论是国家行政机关、企事业单位，还是社会团体，在交流信息、处理业务的每一个工作环节中都需要相应的实用文章来完成。例如，每年年初要制订工作计划，年终要作总结；上情下达要用意见、通知等文种来完成，下情上达也要用请示、报告这样一些文种来做到；生产厂家要让自己的产品畅销，必须深入市场调查分析，写出准确深刻的调查报告；开发商要开发一个项目，必须完成项目建议书、立项报告、项目可行性研究报告等一系列文本制作；科研人员经过深入研究，其最终的成果只有通过严谨朴实的科研论文来体现；等等。实际工作的需要都充分说明了应用文写作作为一种基本技能和工具的重要性。不管是应用文写作的程序、格式还是语言，涉及的内容不再只是写作本身，而是蕴涵了多门学科的有关内容，如行政学、管理学、经济学、语言学、心理学、哲学等。学生在学习过程中可以从写作的形式入手，以具体的实际工作案例为写作内容和着眼点，广泛吸收各门学科的知识。在熟悉写作格式的同时，了解实际工作中的具体情况，面对工作中存在的问题和矛盾，提出自己的处理办法。这些体验，将为他们今后就业，迅速实现由学生到员工的角色转换打下一定的基础。

二、培养学生科学的、多方位的思维方法

研究表明，科学的、专门的、系统的思维培养有利于学生形成良好的思维方式和思维品质，为其获得学习能力、解决问题能力和创新能力奠定基础。应用文写作带给学生的不单纯是写作的程序与格式方面的信息，也不只是某种写作技巧的简单掌握和操作，它在更高程度上体现了作者对写作对象的感受与分析、审视与思考。无论是写一则短小精悍的公函，还是为一个会议编写一份纪要，都要求作者对涉及的工作有深入全面的了解，而制作出来的文件除了体现工作本身的内容外，还要综合作者自己的认识和判断。要想创造性地解决问题，更要求作者有敏锐的洞察力、较强的分析综合能力。在应用文写作的练习中，可以通过对同一问题、同一矛盾的不同角度、不同深度的认识和表达，培养学生多角度、多方位的思维能力，逐步突破思想的局限，使他们能用恰当的语言表达深刻的思想，进而使文章达到所欲产生的效果。

三、促进学生智力因素和非智力因素的协调发展

通过应用文写作的学习和实践，可以锻炼学生的观察力、注意力、记忆力等智力因素，同时还能够促使学生的动机、兴趣、情感、意志和性格等非智力因素的协调发展。影响人们成功的因素，除了智力因素以外，还有极为重要的非智力因素。非智力因素是在后天的人际交往中养成的。在应用文的写作训练中，必须参与具体的写作实践，调动自己全方位的能力。以写作一篇调查报告而言，在写作之前，必先拟定调查提纲，查阅有关资料，熟悉调查对象的基本情况，在调查过程中，还须仔细观察调查对象的形状、特征，也可以通过提问、谈话、交往、问卷等方式进一步了解深层次的材料，然后在对材料的深入分析、研究中，把握它的实质，并用简洁的语言清晰地表达出来。在写作活动的整个过程中，既要动用观察、注意、记忆、分析等智力方面的能力，也与作者的动机、意志、个性等非智力因素密切相关，在调查采访的训练中，可以培养积极、主动的生活态度和坚忍不拔、锲而不舍的个人意志。

应用文写作是普通高校开设的一门基础课，它不仅为专业课打基础，还在为学生的一生打基础。在写作教学中，学生在思考角度、思维方式、语言表达等方面得到培养和锻炼，无论是对他们在校期间学习其他课程，还是以后的工作需要，乃至终身的学习都有较大的帮助。

【思考与练习】

1. 试析应用文的特点和作用。
2. 应用文语言特点是什么？它与文学语言有什么联系和区别？
3. 结合实际谈谈如何才能写好应用文。

第二章 事务文书

第一节 常用条据

一、条据的定义

条据作为某种凭据的便条，是日常生活中最常见而又最简便的应用文。常用的条据有借条、欠条、收条、领条等。

二、条据的特点

（一）一文一事

条据是应用文中最简单的一种。它的内容单一，要求一文一事。一文两事、一文数事，都是不符合要求的。

（二）简洁明确

条据的语言须简洁明确，各种不同的条据对其特定的内容要素必须写清楚。

三、条据的写作方法

按内容和性质，条据可分为凭证性条据和说明性条据两种。凭证性条据具有一定的行政约束力或法律效力，往往作为收支、报销、保存查考的根据。常见的凭证性条据有借条、欠条、收条、领条等。

1. 借条

借条是向他人或单位借款、借物时，写给对方作为凭证的一种条据，证明双方建立了一种借贷合同关系，是一种非常重要且有法律效应的应用文。

借条在格式上分为标题、正文、署名和日期等部分。

（1）标题。“借条”两字居中书写，字体稍大，或使用正文内容的前三个字“今借到”作为标题。

（2）正文。必须写清所借财物的数量、品种、规格及归还时间等。正文后写上“此据”字样。

（3）署名。写借者本人的姓名。若是单位借用，则分别署上单位名称和经手人姓名，必要时还须加盖公章或按指印。

（4）日期。写在署名下，年、月、日要写全，不能只写月、日。

【例文】

借　　条

今借到××软件开发公司吴×人民币叁万肆仟元整（¥34000.00），定于20××年12月30日前还清。

此据

借款人：李×

20××年×月×日

2. 欠条

欠条是个人或单位在欠款、欠物时写给有关单位或个人的凭证性应用文，代表一种纯粹的债权债务关系，并不代表借贷合同关系。也是在日常生活中常见的为证明一方欠另一方财物而立下的字据。

欠条的结构由标题、正文、结语、落款四部分组成。

（1）标题。“欠条”居中书写，字体稍大，也可用“今欠”或“暂欠”字样作为标题，但这种标题正文则在下一行顶格书写。

（2）正文。欠条的主体部分。根据所欠财物情况的不同，正文的写法也不尽一致。对尚有部分拖欠的情况，欠条正文一般常用“原借到……已还……尚欠……”样式；对赊欠财物的情况，欠条正文一般采用“今欠付××款……”样式开头，并注明偿还日期。

（3）结语。另起行空两格，写上“此据”二字，其后不加标点。

（4）落款。包括署名、日期两项内容。如果是个人欠款（物），署名前一般不写“欠款（物）人”字样；如属于单位所欠的，一般前面要写明“经手人”字样；署名的正下方写明时间，年、月、日要齐全。

【例文】

欠　　条

原借到王×人民币壹拾伍万元整（¥150000.00），已还拾万元整，尚欠伍万元整，于20××年×月×日前一次性还清。

此据

欠款人：赵×（签章）

20××年×月×日

3. 收条

收条是收到钱物时写给对方的一种凭证性条据，也称收据。要求写清楚什么时间，收到何人的什么钱物，数量多少。有的还需表明原因和用途。其写作格式及要求如下：

（1）标题。第一行正中写“收条”或“收据”，字体稍大。

（2）正文。收条的主体部分，常用“今（兹、现）收到”做开头，然后写清楚收到某人、某单位的钱、物的名称、数量。

（3）结语。另起行空两格，写上“此据”二字，其后不加标点。

（4）落款。包括署名、时间两项内容。如果是个人开具的，可直接署姓名，前面无须加“收款（物）人”字样；如果是单位开具的，要写上单位名称，加盖公章，并于下方写“经办人”字样。署名的正下方写上时间，收款（物）的日期要写清楚，年、月、日都要齐全。

【例文】

收　　条

今收到××公司××赞助款人民币贰万元整（¥20000.00）。

此据

经办人：王×（公章）
20××年×月×日

4. 领条

领条是单位或个人领取钱、物时写给对方作为凭证的一种条据。要写明领取的时间、处所、物件及其数量。领条的结构由标题、正文、结语、落款四部分组成。

（1）标题。第一行居中写“领条”，字体稍大，也可以“今领到”作为标题，但这种标题正文则在下一行顶格书写。

（2）正文。领条的主体部分，常以“今（兹、现）领到”做开头，然后写清楚所领钱、物的名称、数量。

（3）结语。另起行空两格，写上“此据”二字，其后不加标点。

（4）落款。包括署名、日期两项内容。在领条的右下方署名，前面写明“领取人（经手人）”字样。署名的正下方写明时间，领款（物）的日期要写清楚，年、月、日均要齐全。

【例文】

领　条

今领到公司后勤处发给团委办公室的办公桌伍套，文件柜贰个。

此据

领取人：李×（公章）
20××年×月×日

四、写作要求

对外使用的条据，写对方单位名称时需用全称。内容简明，条理清晰。

（1）款项金额、物品数量，要用大写（如壹、贰、叁），款项金额后要加“整”字，数字前后不要留空白，另起一行写上“此据”二字。

（2）名称、数量、立据人、日期及各款项准确无误。

（3）条据写成后，不得涂改。确需涂改的，出具单位或个人要在改动处盖章。

（4）字迹工整，用钢笔或中性笔书写，不能使用铅笔。

总之，条据一经签订，一般对签约的各方就有了约束力，特别是经济性质的条据。因此，条据写得是否正确，权利与义务规定得是否严密、完备，关系到当事人的切身利益，影响到是非曲直的判断和鉴别。所以，写条据时，必须认真慎重，绝不可掉以轻心。

【思考与练习】

1. 李磊同学的哥哥要出国留学，李磊想向老师请假一天，送哥哥去机场。请据此写一张请假条给王老师，日期自定。

2. 指出下面条据中的错误，并改正。

（1）借条。

借　条

今向市艺术团借到男女演出服共60套，大小乐器20把，5天后归还。

×市××技术学院团委

经手人：李××

××××年×月×日

（2）收条。

收　条

今收到李伟借给我的人民币一百〇三元正。

王××

20××年×月×日

3. 请根据下面的要点写一则借书便条。

借书人——李×；

对方——王×；

借书日期——3月5日；

还书日期——30天后。

4. 写作题。

（1）20××年6月30日吴×按照合同向房东缴了该年度下半年的房租12000元，请代房东给吴伟写一张收条。

（2）王×被公司派到昆明出差，须向公司财务处借款20000元，请代他写一张借条。

第二节　专用书信

书信分为一般书信和专用书信两种，本节讲解专用书信的撰写。专用书信包括介绍信、证明信、感谢信、慰问信等。

一、介绍信

（一）介绍信的定义

介绍信是机关、团体、企事业单位派遣人员到其他单位接洽事情、联系工作、了解情况或参加有关活动时而写的一种专用书信。使用介绍信，可以使对方了解来人的身份和目的，以便得到对方的信任和支持。按照格式可分为书信式和表格式两种。

（二）介绍信的特点

1. 证明性

介绍信是具有介绍和证明双重作用的书信。收到介绍信的一方可以从对方的介绍信中了解来人的职业、身份、要办的事情、要见的人、希望和要求等。

2. 时效性

介绍信相当于一个在一定时间内有效的证件，它可以帮助对方了解被介绍人的身份、来历，同时也赋予了被介绍人一定的责任和权利。所以，介绍信一般都会规定时限，是一种在限期内才具备有效性的专用文书。

（三）介绍信的写法

介绍信用一般公文便笺书写，由标题、称谓、正文、结语、祝颂语、落款、有效期等部分构成。

（1）标题：在首行居中写上“介绍信”三个字，字体稍大。

（2）称谓：在标题下行顶格写受文单位或受文人的名称。

（3）正文：常用“兹”“今”“现”开头。写明被介绍人姓名、联系事宜，必要时应写清其年龄、职务、政治面貌，有时还需注明随行人数。

（4）结语：常写上祈请语表示对收信人的希望，如“请接洽为荷”“请予以支持”等。注意用语礼貌得体，切不可使用“务必办妥”等命令式语句。

（5）祝颂语：另起一行，写“此致敬礼”类敬语。

（6）落款：包括署名、时间两项内容。单位名称写在右下方并加盖公章，其下写年、月、日。

（7）有效期：介绍信的右下方，注明本介绍信的使用期限，表示有效天数的数字要用汉字大写。

【例文】

介 绍 信

×知识产权促进局：

兹有我单位张×同志，前往你处办理申领专利资助金事宜，请接洽为荷。

此致

敬礼

×科技开发公司（公章）
20××年×月×日
（有效期叁天）

二、证明信

证明信是以机关、团体、个人名义，对某一情况或个人的身份、经历提供证明的信件。证明信的内容应绝对真实、可靠。

证明信的书写格式与介绍信基本相同。在正文末尾可写“特此证明”“此致敬礼”等语。

【例文】

证 明 信

××人事：

你局×同志，原是我局职工，曾于20××年×月×日担任人事科科长，情况属实，特此证明。

×市劳动局（公章）
20××年×月×日

三、感谢信

感谢信是国家机关、社会团体、企事业单位或个人，对帮助、支持自己工作的单位或个人表示感谢的信函，它兼有感谢和表扬的双重意义。感谢信除了直接送给被感谢的单位或个人外，还可以寄到报社、电台、电视台刊登、播映，也可以张贴。

（一）感谢信的特点

1. 针对性

感谢信中应明确指出感谢的单位或个人名称。如果感谢对象是个人，还应注明其所在单位及身份等。

2. 表述性

感谢信应对感谢对象的言行、涉及的人物、事件、地点及相关数字进行具体的表述，以突出感谢对象的精神和品格。

3. 褒奖性

感谢信不仅有表达感谢的意思，而且有表扬受谢对象的先进事迹、模范行为、高尚风格及奉献精神的作用，是通过表扬的形式来感谢。感谢信中要写明因为什么而感谢。因此，感谢信中褒奖的感情色彩鲜明。

（二）感谢信的类型

根据感谢对象不同，感谢信可分为给集体的感谢信和给个人的感谢信。根据呈递方式不同，感谢信可分为寄往媒体的感谢信、在感谢对象工作或生活的地点公开张贴的感谢信，以及直接寄往感谢对象单位或家里的感谢信。

（三）感谢信的写作方法

感谢信一般由标题、称谓、正文、致敬语和文尾五部分构成。

1. 标题

第一行居中写“感谢信”“致×的感谢信”或“×致×的感谢信”等。如果是写给个人，可不写标题。

感谢信的标题一般有以下几种形式：

（1）单独由文种名称构成——“感谢信”。

（2）由感谢对象和文种组成，如“致×的感谢信”。

（3）由感谢双方和文种组成，如“乘客李×致×出租车公司的感谢信”。

2. 称谓

第二行顶格，写对方的单位名称或个人姓名及称谓，如“×中学”“×镇人民政府”“×同志”“×先生”等。

3. 正文

感谢信的正文应分段写明以下几方面的内容。

（1）感谢的事由。用精练的语言交代事情发生的经过和结果，以及事情的时间、地点、人物，要重点叙述感谢对象所给予的帮助和关心。

（2）揭示意义。指出感谢对象给予的帮助所具有的重要意义，以及感谢对象在事件中所体现出的可贵精神。

（3）表示感谢。对感谢对象给予的帮助表示由衷的感谢。若感谢的是个人，还可向对方单位提出表彰建议，如“对×老师的高尚行为表示深深的感谢，并恳请校领导对他进行表彰”。

4. 致敬语

在感谢信正文后，通常应写上诸如“此致敬礼”“致以最诚挚的敬礼”等表示感谢、敬意和祝愿的话。此处的格式为一般书信格式，致敬语的前半部分可与正文连接或另起一行空两格，后半部分应另起一行顶格书写。

5. 文尾

在正文右下侧由发送感谢信的个人或单位署名，并注明日期。以单位名义发出的感谢信还应加盖公章，以示郑重和敬意。

（四）感谢信的写作要求

1. 内容真实，叙述清楚

叙述事迹要求真实具体，何人、何时、何地、何背景下做了何事，产生什么好的结果和积极的影响，都要交代清楚，让人一目了然。

2. 感情真挚，语言得体

感谢信是一种带有强烈感情色彩的文体，表达谢意要真诚，语言要朴素，对对方的帮助与支持所产生影响的评价要恰如其分，符合实际，不要过于溢美而使对方难堪不快。

3. 以说明为主，力求短小精悍

感谢信以说明事实为主，切勿不着边际大发议论；要篇幅短小，具有说服力。

【例文】

感谢信

××设备制造公司：

本人因公至贵市，投宿贵公司的招待所。×月×日晚突发疾病，浑身发冷，冷汗不止。幸亏贵公司××同志闻讯赶来，立即开车把我送到医院就诊，经医院诊断是胃出血。医生说如不及时抢救，后果不堪设想。事后，××同志不仅将我的脏衣服拿回家洗，还来医院照顾我，直到我的家人赶来为止。

不是亲人胜似亲人。××同志这种助人为乐的精神，使我万分感激。特此向贵公司×同志表示衷心感谢！

今后，我一定也要向××同志学习助人为乐的精神，关心他人，多献爱心，为创建和谐社会做出自己应有的贡献。

此致

敬礼

王××

20××年×月×日

四、慰问信

慰问信是对别的单位或个人表示慰问的信件，慰问信的内容要根据事件和对象的不同有区别。如果慰问灾区人民，在表示难过或哀痛的心情之后，要着重鼓励对方战胜灾害的勇气；慰问节假日坚持生产的工农群众，则应着重颂扬他们的贡献等。语言应当亲切、热情、富有感情色彩。慰问信是以单位或个人名义向对方表示慰问的书信。慰问信的内容根据被慰问的对象的具体情况而定。

（1）第一行正中写“慰问信”三个字，也可写成“×致×慰问信”，“慰问信”三字应较正文大写。

（2）另起行顶格写被慰问对象的称呼，称呼后加冒号“:”。

（3）另起行退两字写正文：①说明写慰问信的背景、原因；②概括叙述对方的先进事迹或高贵品德，向对方表示慰问和学习；③最后写共同的愿望和决心以及表示祝愿的话。

（4）最后写慰问单位或个人名称和写慰问信的日期。

【例文】

慰问信

× ×公安局全体女民警：

在国际妇女节来临之际，局党委谨向全局女同志致以诚挚的慰问和祝贺！

“警花”——这是人们对女警察的昵称，因为在男性居多的警察队伍中，你们这一支鲜艳的花朵分外耀眼。然而有谁知道，作为一名女性，自从你们选择了警察这个职业，就意味着选择了艰辛和奉献，你们不知道放弃了多少温馨的家庭生活，在与犯罪分子正面较量的战斗一线有你们的英姿飒爽，在人流如潮的社区有你们奔忙的脚步，在为民服务的窗口中有你们可亲的笑脸，在繁杂劳累的内勤工作中有你们勤奋的身影，你们以巾帼不让须眉的豪情，全身心地投入到宏伟的公安事业，用自己的实际行动诠释着“妇女能顶半边天”这句豪言壮语。

美丽的城市因为有你们才更加安宁祥和，闪亮的警徽因为有你们才更加璀璨夺目。现在，创建“×平安”的号角已经吹响，更加艰巨的任务等着你们去完成。衷心希望全局女民警能够在各自的岗位上努力工作，团结战斗，再创新功，再创佳绩。

节日就要来临，让我们默默祝福你们——节日中的女警。

× ×公安局党委

20× ×年×月×日

【思考与练习】

1. 修改证明信。

证明信

你们好！

你们的来信收悉。根据征兵政审的有关要求，现将王× ×在校读书期间的有关情况证明如下：

王×确系我校高三毕业生。该同学在校期间一切正常，没有任何其他问题，确实是一个十分难得的好学生。总而言之，你们放心好了，我们可以保证他不会有问题的。一切属实，尽管放心。

× ×学校

20× ×年×月×日

2. 下面这封感谢信有多处错误，请指出并改正。

× ×剧团负责同志：

为帮助我校举办五四文艺晚会排练节目，你们及时给我们派来了李芳、周婷两位教师，协助我们编排歌舞、演唱。她们工作认真、耐心指导、亲自示范。在二位老师的帮助下，经过全校广大师生的努力，大家的水平得到了很大提高，排练出了很多精彩的节目，使我校艺术节获得了很大的成功。现在两位老师回去了，谨代表贵校全体师生向二位老师及你们表示衷心感谢，并希望今后继续得到你们的大力支持。

此致，敬礼

× ×师范学院

20× ×年×月×日

3. 根据下面的材料写一份证明。

卜×，男，1989 年 8 月 18 日出生于×市。2007 年 9 月考入×省×职业技术学院，在校期间学习成绩优异，担任学生会学习部部长。2008 年因病休学一年。休学期间该生积极自主学习，自修了当年全部课程，并于 2009 年 6 月之前取得了毕业所需的全部学分。由于某种原因，毕业时没有拿到毕业证。

请你为卜×写一则学历证明，以便他能及时找到工作。

第三节 计　　划

“凡事预则立，不预则废。”无论是单位还是个人，无论办什么事情，事先都应有个打算和安排，计划就是对即将开展的工作所做的设想和安排，如提出任务、指标、完成时间和步骤方法等。有了计划，工作就有了明确的目标和具体的步骤，有利于协调大家的行动，增强主动性，减少盲目性。所以，制订科学合理的工作计划，是建立正常工作秩序、提高工作效率的重要手段。

一、计划的含义与种类

计划是党政机关、社会团体、企事业单位和个人，为了实现某项目标或完成某项任务而事先所做的安排和打算。有了计划，就能懂得“做什么”“为什么做”“怎么做”“什么时候完成”。

计划是计划类文书的统称，根据计划涉及内容和期限的不同，还可以有不同的叫法。下面对相关的名称作一解释。

（1）规划，是具有全局性的、较长时期的长远设想。

（2）方案，是从目的、要求、工作方法到工作步骤对专项工作做出全面部署与安排的计划。

（3）安排，是对短期内工作进行具体布置的计划。

（4）设想，是初步的草案性的计划。

（5）打算，是短期内工作的要点式计划。

（6）要点，是列出工作主要目标的计划。

计划按不同标准可分为不同的种类，常见的有以下几种。

（1）按内容分，有生产计划、工作计划、学习计划、科研计划、教学计划、文体活动计划等。

（2）按时间分，有长期规划、短期计划、年度计划、月计划等。

（3）按范围分，有国家计划、部门计划、单位计划、个人计划等。

（4）按表达形式分，有条文式计划、表格式计划和文表结合式计划。

（5）按性质分，有综合计划和专题计划。综合计划是对各项任务的全面打算和安排。例如，某学校某学期的全面计划，就可以从政治思想工作、教学与科研工作、后勤工作等方面来制订。它要求从全面出发对各项任务作统筹安排，使执行者心中有数，齐心协力把工作做好。专题计划是对某项任务的打算和安排，往往只就上级交给的某一具体任务，或本单位（个人）所要解决的某一问题来制订。例如，只就科研、生产任务或体育锻炼制订的计划。专题计划可以比综合计划设想的更为具体，因而更便于操作执行，对工作更具有实际指导意义。

二、计划的特点

1. 目的性

制订任何一份计划，都必须有明确的目的性，即在一定时间内完成什么任务，达到什么目标。如果计划的目的不明确，没有针对性，计划也就失去了现实意义。

2. 预见性

计划不是对已经形成的事实和状况的描述，而是在行动之前对行动的任务、目标、方法、措施所做出的预见性确认。这种预见不是盲目的、空想的，而是以上级部门的规定和要求为指导，以本单位的实际条件为基础，以过去的成绩和问题为依据，对今后的发展趋势做出科学预测。

3. 针对性

计划的内容一是要根据党和国家的方针政策、上级部门的工作安排和指示精神而定；二是针对本单位的工作任务和主客观条件而定。总之，从实际出发，有针对地制订出来的计划，才是有意义、有价值的计划。

4. 可行性

可行性是和预见性、针对性紧密联系在一起的，预见准确、针对性强的计划，在现实中才具有可行性。如果目标定得过高、措施不当，这个计划就是空中楼阁；如果目标定得过低、措施没有创建性，虽然很容易实现，因不能取得有价值的成绩，也算不上具有可行性。

5. 约束性

计划一经通过、批准或认定，在其所指向的范围内就具有约束作用，在这一范围内无论是集体还是个人都必须按计划的内容开展工作和活动，不得违背和拖延。

三、计划的结构内容及写法

计划的内容要素有目的、任务、措施、步骤、时限，即在未来的一定时期内，主要任务是什么，有什么具体要求，采取什么措施和方法，分几个步骤去落实既定的目标。虽然计划的具体内容各有不同，写法也比较灵活，但其具体内容结构基本一致。它一般包括标题、正文和落款三部分。

1. 标题

常见的写法有：

（1）计划的标题一般由单位、时限、内容、文种四种要素组成。如《×职业技术学院道桥工程系20××年工作计划》《×师范学院20××—20××学年第二学期教学工作计划》。

（2）有的计划可以省略单位名称。如《20××年度全民义务植树造林工作计划》。

（3）有的计划可以省略适用时间。如《×大学教师安居工程工作计划》。

（4）有的计划可同时省略单位名称和适用时间，如《科研工作计划》。越是基层单位的计划，因为涉及范围小，有些要素不说也明白，省略要素的情况越普遍；越是大单位的正规计划，要素越不可省略。

由于每一份计划所强调的重心各有侧重，其指挥性、约束性的强弱程度也有较大不同，标题中不一定都要出现计划二字，可以根据自身的特点和需要变换名称，如《×大学党委宣传部20××年度工作要点》《党委中心学习组20××年政治理论学习安排》。

如果计划尚未正式确定，或是征求意见稿、讨论稿，须在标题后或正下方用括号注明“草案”“初稿”“讨论稿”等字样。

2. 正文

正文是全文的主体部分，应写明制订计划的指导思想、根据或基本情况。一般可围绕着“为什么，做什么，怎么做，何时完成”等问题展开，具体包括以下几部分。

（1）前言，又叫引言，即正文的开头，通常主要点明制订计划的指导思想和对基本情况的说明分析，说明为什么要制订该计划和制订该计划的理由。前言文字力求简明，以讲清制订本计划的必要性、执行计划的可行性为要，力戒套话、空话。

（2）目标与任务。如果说前言回答了“为什么做”的问题，那么这部分要回答“做什么”“怎么做”等问题。首先要明确指出总目标和基本任务，随后应根据实际内容进一步详细、具体地写出任务的数量、质量指标，必要时再将各项指标定质、定量分解，以求让总目标、总任务具体化、明确化。总之，这部分要有主有次地写清楚完成什么任务，达到什么目的和要求。

（3）措施和步骤。以什么方法，用什么措施确保完成任务，实现目标，这是落实计划的关键。这里要写明先做什么，后做什么，完成计划须动员哪些力量，创造哪些条件，排除哪些困难，采取哪些手段，通过哪些途径等。正文的结构方式主要有混述式、分述式。

混述式：将目标任务和措施办法结合起来写，即每提出一项具体的目标任务，就相应写明具体措施办法，然后一项项连成主体。

分述式：将目标任务与措施办法分开单独写，即先集中表述任务，再集中写完成目标任务应遵守的原则及措施办法。

结尾：一般包括注意事项，明确执行要求，提出希望，发出号召等。有的计划在条款之后就结束全文，不写专门的结尾部分。

3. 落款

计划在结尾之后，还要署名单位名称和制订计划的具体时间，如果以文件的形式下发，还要加盖公章。

四、计划的写作要求

（1）要以党和国家的有关方针、政策为依据。只有掌握了党和国家的方针、政策，并以此为指导思想制订出的工作计划，才能指导今后一个时期的工作沿着正确的方向前进和发展。制订计划还要有全局观念，要处理好全局与局部、长远和当前之间的关系，处理好国家、集体、个人三者之间的利益关系。

（2）要从实际出发，正确估计客观条件。计划要依据单位和个人的实际情况及自身发展水平来制订，要广泛采集信息，进行科学分析，搞好纵横协调，提高可行性。不能闭门造车，说些大话、空话，搞不切实际的空想。在确定目标任务时，既要体现改革精神，勇于创新，挖掘出潜力，又要切合实际，量力而行，留有余地。对于计划中的数量指标，要采取科学方法进行量化分析和预测。

（3）要抓住关键，突出重点。计划的目的、任务、指标、措施、办法、步骤等，都应写得具体、明确。更为重要的是要根据一个时期任务的主次、缓急来安排工作程序，应将重要的、紧迫的工作安排在前面，一般工作安排在后面。要突出中心工作和重点任务，不能事无巨细，“眉毛胡子一把抓”。同时，还要兼顾一般，围绕中心工作合理安排其他事项。这样写既突出了重点，具有针对性，避免了模式化，又能使行文产生波澜。

【例文】

××市市场监管局关于做好污染防治攻坚战工作计划

为深入贯彻落实××市深入打好污染防治攻坚战 2023 年行动计划的要求，全面落实市场监管部门生态环境保护责任，全力做好污染防治工作，确保完成年度目标任务，现制定我局深入打好污染防治攻坚战 2023 年工作计划。

一、基本思路

以习近平新时代中国特色社会主义思想为指导，深入贯彻习近平生态文明思想和习近平总书记一系列重要讲话精神，以改善生态环境质量为核心，以应对气候变化、大气污染防治等为重点，结合本部门职责，全面落实责任，细化工作措施，认真完成年度目标任务。

二、主要任务

1. 构建绿色低碳产业体系。完成国家氢燃料电池汽车质量检验检测中心设备的招投标和国家中心申报工作。

2. 完善标准体系建设。按照北京市地方标准制定程序，做好气候友好型评价指标体系等相关低碳标准的组织制定工作。

3. 规范碳排放相关检验检测机构管理。针对获得检验检测机构资质认定证书的碳排放相关检验检测机构，会同生态环境部门组织开展专项监督检查。

4. 推进低（无）VOCs 含量产品源头替代。将含 VOCs 车辆涂料、工业防护涂料、油墨、洗清剂、内外墙涂料、密封用填料及胶黏剂、防水涂料产品列入年度抽查计划；对流通领域开展质量违法行为的线上、线下一体化抽查。对抽检发现的不合格产品依法进行处理。对生态环境部门开展专项执法检查中发现的含 VOCs 原辅材料检测超标线索组织开展跟踪检查，对跟踪检查发现的不合格产品依法进行处理并定期反馈处置结果。

5. 加强重点行业 VOCs 全流程管控。按照北京市地方标准制定程序，做好《汽车制造业大气污染物排放标准》《印刷工业大气污染物排放标准》两项标准的审查、报批和发布工作。

6. 促进油品储运环节减排。将车用汽、柴油和氮氧化物还原剂及车用油品清净剂产品列入本市年度重点监管目录，并制订相应抽查计划，强化抽检力度，依法处理不合格产品。

7. 削减固定源 NO_x 排放量。将商品煤列入年度抽查计划，对相关部门确定的商品煤供应企业开展产品质量抽样检验，对抽检发现的不合格产品依法进行处理。配合相关部门，指导各区依法查处固定场所无照经营燃煤行为。

8. 强化移动源排放监管。联合生态环境部门、公安交管部门组织开展机动车检验检测机构专项监督检查。指导组织各区级市场监管部门依法开展日常监督检查工作，如有违反《北京市机动车检验检测机构记分制管理暂行办法》的行为进行记分制管理。

9. 加强餐饮油烟源头管控信息共享。落实《关于做好<北京市新增产业的禁止和限制目录（2022 年版）>餐饮业生态环境保护管理措施实施工作的通知》要求，及时将餐饮企业登记注册信息共享至大数据平台。将餐饮业的《食品经营许可证》《北京市小规模食品生产经营许可证》（小餐饮店）与生态环境部门共享。

三、保障措施

一是强化组织领导。进一步健全污染防治工作机制，市局成立以局主要领导任组长、分管领导任副组长，各责任部门为成员单位的工作领导小组，统筹领导行动计划任务的落实。

领导小组下设办公室，设在质量发展处。各区局（分局）也要结合区域实际，强化组织领导，加强与市局相关部门的沟通联系，做好辖区内的监管工作。

二是强化责任落实。各责任部门要按照务分解方案，严格履行污染防治责任，深化、细化、量化各项任务措施，狠抓落实，确保完成目标任务。要明确专人负责，及时汇总整理本部门工作进展情况，定期将月度工作调度表报送至质量发展处。

三是严格督查督办。各单位、部门要强化任务落实，市局领导小组将督促检查工作部署落实、履职尽责和任务推进情况。对因工作不力、效率低下、推诿扯皮等导致未完成目标任务的，严格依纪依规追究责任。

××市市场监管局

2022 年 6 月 5 日

【思考与练习】

1. 选择题。

（1）计划的特点是（　　）。

A. 预见性　　B. 计划性

C. 可行性　　D. 指导性

（2）计划的写作要求是（　　）。

A. 切合实际，统筹兼顾　　B. 突出重点，主次分明

C. 层次清楚，格式规范　　D. 言简意赅，讲究礼貌

（3）“××市国民经济和社会发展五年计划”的正确标题为（　　）。

A. ××市国民经济和社会发展五年规划

B. ××市国民经济和社会发展五年安排

C. ××市国民经济和社会发展五年打算

D. ××市国民经济和社会发展五年方案

（4）某同学在学习计划中写道：我在本学期内，除了课堂知识外，还要学习大量计算机知识，学习《网络数据库》《多媒体制作》《3D 动画》。

以下对该做法的评论最恰当的是（　　）。

A. 该同学学习热情高，应该予以鼓励

B. 该学习计划脱离实际，在一个学期内是完不成的，应当修改

C. 学习计划是给教师看的，与实际无关

D. 世上无难事，只要肯攀登

（5）某企业厂部工作会议决定，业务部要根据工厂的发展需要，撰写 20××年度的生产和销售的进度安排以供下次会议讨论，该文件使用的文种是（　　）。

A. 规划　　B. 安排

C. 设想　　D. 计划

2. 简答题。

（1）简述计划的概念。

（2）计划的前言部分包括哪些内容？

（3）计划的主体部分必须写清楚哪些内容？

3. 修改病文。

20××年爱国主义教育读书活动规划

根据市青少年爱国主义教育读书活动组委会的文件精神，我校本学年将在全校中开展“祖国明天更美好”为主题的教育读书活动，现将本次活动的有关内容做如下安排：

一、活动宗旨

通过“祖国明天更美好”这一主题活动，回顾新中国的创业史，描绘改革开放的巨大成果，弘扬中华民族的进取精神，激发青少年的历史责任感。

二、活动内容及措施

以爱国主义教育为红线，采用一些喜闻乐见的形式，让学生受到潜移默化的教育，并创造更多的教育途径和方式，激发、调动学生参与活动的积极性，不断增强活动的生机和活力。

（1）读十本书。

（2）举办三次活动。

（3）评出读书活动先进集体及个人，进行总结表彰。

××中学团委

20××年×月×日

4. 写作题。

假设你是大学一年级的新生，请你根据计划的写作格式和要求，制订一份本学期课外书阅读计划。

第四节　总　　结

总结是单位或个人对过去某个时期、某个阶段、某个方面已完成的工作进行回顾分析研究，从中找出经验教训并使之系统化、条理化，用以指导今后工作的一种事务文书。通过总结，可以全面、系统地了解工作的情况，从成功中获得经验，从失败中吸取教训，也可通过总结发现新问题、新情况、新经验，促进工作的开展和进步。

一、总结与计划的关系

总结与计划之间有着非常密切的联系。总结是事后的回顾，它不仅反映了计划的执行情况，还为修订计划和制订新计划提供依据；计划则是事前的打算，它既为总结打下良好的基础，又成为总结中检查和评析的对象。但是，总结和计划在内容要求上有明显不同：总结要回答“为什么这样做”“已经做了什么”“做得怎么样”“怎么做的”“分几个阶段完成的”等问题，计划则在于拟订一定时期的任务、指标、措施、步骤；总结是对计划的执行情况进行检查、评价、分析、研究；计划则要解决“根据什么做”“做什么”“做到什么程度”“怎么做”“分几个阶段做”的问题。

二、总结的作用和分类

（一）总结的作用

1. 总结经验和教训，便于指导工作

总结不仅是回顾过去的工作、学习情况，更重要的是对这些情况进行分析、研究，找出成功的经验或失败的教训，为以后的实践提供参考。“前事不忘，后事之师”，总结能帮助人们避免无谓的失误，使各项工作顺利开展，是今后工作的宝贵财富。

2. 互相交流信息，推动事业发展

总结不仅可以指导本单位的工作，有些总结，特别是成绩突出、经验先进的总结，还可以为其他单位事业发展提供借鉴，尤其在全球一体化的今天，在许多领域，人们需要及时交流信息，借鉴成功的经验，以使工作中少犯错误，少走弯路，更快更好地推动事业发展。

3. 提高工作效益，加强工作管理

总结可以看到成绩，发现不足，形成理论联系实际的工作作风，养成勤于思考、善于总结的习惯，更好地提高工作效益。总结还能沟通上下级的联系，使上级了解下级完成任务的情况，加强对工作的管理。

（二）总结的分类

总结的分类很多，依据其分类标准的不同，可以有以下几种分类方法。

（1）按时间划分，有年度总结、季度总结、月度总结、学年总结、学期总结等。如有需要，还可以进行周总结、日总结。

（2）按范围划分，有地区总结、部门总结、单位总结、科室总结、班组总结和个人总结等。

（3）按内容划分，有工作总结、学习总结、思想总结、生产总结等。

（4）按性质划分，有综合性总结和专题性总结。综合性总结又称全面总结，是对一个单位一定时期内整个工作情况的全面回顾。如《××厂20××年工作总结》《××大学20××—20××学年工作总结》等。这类总结比较全面，对前一阶段各项活动的经验、教训、存在的问题、今后努力的方向等都要一一叙述。专题性总结是对某项任务的经验或教训进行专门的总结，而对其他方面的情况则不涉及，内容集中而有针对性，可以随时根据需要予以总结，因此它比全面总结更为常用。

三、总结的结构与写法

总结一般由标题、正文和结尾三部分组成。

（一）标题

总结的标题，常见的有以下三种。

1. 公文式

由单位名称、总结时间、内容和文种构成。例如，《×市财政局20××年工作总结》《×局创先争优活动总结》。

2. 新闻式

采用双标题，正标题点名文章的主旨或中心，副标题一般用公文式标题。例如，《锐意改革，开拓进取——××公司人事分配制度改革总结》。

3. 文章式

标题只是内容的概括，没有文种“总结”两字。但一看内容就知道是总结，这种标题形式多样，不拘一格。例如，《内外兼修，争创名校》《走活三步棋，选好一把手》。

（二）正文

总结的正文怎么写，理论界并没有做出任何规定，但长期以来的约定俗成，已基本形成一种格式。

1. 总结正文的基本内容

总结正文由基本情况概述、经验教训、存在问题和今后的打算几部分组成。

（1）基本情况概述。一般作为正文的开头出现，简明扼要地交代工作的时间、地点、背景、成绩和结果等，先给人们一个大体的印象。基本情况概述对下面的内容具有总述、领起的作用，要求概述得好，中肯贴切，实事求是。

（2）经验教训。这是总结的重点部分，无论是综合性总结，还是专题性总结，都必须在介绍基本情况之后，对这一阶段的工作情况加以归纳分析，挖掘出大量平凡工作中的深层次的内容，将具体的问题上升到理论的高度，总结出带有规律性的东西，切忌就事论事，泛泛而谈，或报流水账。经验或教训都反映了事物的基本特征，是对工作实践的理性认识。

（3）存在问题和今后打算。这是总结的最后部分，做任何事情都很难十全十美，往往会存在这样或那样的失误和不足。这就应在总结中如实反映出这些不足和失误，并分析存在问题的原因，提出解决问题的意见，阐明今后努力的方向。因此，这部分内容要针对性强，不能说空话、喊口号，搞形式主义。

在具体写作过程中，因具体材料的差异、总结目的的不同，总结内容的侧重点和结构安排也不尽相同，既可按时间顺序或事物的自然顺序安排结构，也可按材料间的逻辑关系或论证主要观点的需要，把内容归纳为几个并列的部分，分别加以论述说明。

2. 总结正文的结构

采取何种结构写总结，应根据具体内容而定，没有统一的固定模式。只要做到层次分明，条理清楚就可以了。这部分常见的结构形式有以下几种。

（1）以要素为序，即按总结的“工作成绩、经验体会、存在问题、今后打算”等要素为序。

（2）以时间先后为序，即按工作的自然进程来写，每一个阶段的工作就是一个层次，每一个层次都突出地写一两个工作特点。工作分多少个阶段进行，总结就分多少个层次。

（3）以内容为序，即把全面的工作分成若干内容方面，如工业、农业、教育、卫生、文化等方面来安排层次。这是全面总结常用的结构方式。

（4）以分论点为序，即将全文分成若干意义段，每一个层次都写上一个小标题，每一个小标题或标明该层次的论点，或概括该层次的内容。这是专项经验总结常用的结构形式。

（三）结尾

总结的文尾一般是署名和日期。也有的总结在文尾部分署名之前写上“以上总结，如有不当请指正”之类的结语。另外，凡上级下发的总结，一般都签印，以示负责，这也是总结不同于其他日常应用文的地方。

四、总结的写作要求

1. 确立主题，突出重点

总结的目的是通过对以往实践活动的回顾、检查，将零碎的、表面的感性认识上升为全面的、本质的理性认识，从中找出规律性的认识，明确工作中的成绩和失误以及今后工作努力的方向，同时也为上级提供决策依据。

无论哪种类型的总结，都要先弄清总结的具体目的，以明确内容的侧重点，围绕确定的重点组织安排材料，突出重点，抓住关键，切忌主次不分，泛泛而谈。

2. 实事求是，提炼特色

总结只有建立在真实、丰富的材料基础上，才有价值。撰写总结，要坚持实事求是的原则，对占有的大量材料进行认真的分析研究，实事求是地肯定成绩，客观公正地查找问题，严肃细致地剖析原因。无论是单位还是个人，在总结时都应从工作实际出发，努力挖掘实践中的不同于以往的、新鲜的、有个性的东西，如新的成绩、新的经验、新的认识等。切忌年复一年，老生常谈。

3. 叙议结合，语言得当

总结重在从实践活动中提炼出经验性的、有价值的东西，因此充分运用材料，用丰富、典型的事实材料说明观点是总结写作的特点之一。这种由具体到抽象的总结过程，决定了总结中材料说明观点、观点统帅材料的写作思路，也呈现出叙述与议论各擅其长且相互交融的表达特征。总结用事实说话，语言要准确、朴实、简明、生动。准确是指尊重事实，用语恰当；朴实是指朴素平实，力戒华丽空泛；简明则是简洁明了，不拖泥带水；生动是指新颖活泼，灵活多变。

【例文】

融媒体中心20××年工作总结

融媒体中心始终坚持围绕中心，服务大局，用媒体的力量凝聚发展共识，提振发展信心。同时，积极探索县级融媒发展规律，不断推进生产方式升级、传播结构调整、关系模式更新、产业生态重构，有效提升了传播力、引导力、影响力和公信力。

1. 党史学习教育走心走实。制定实施工作方案，以中心组学习、党支部学习、专题研讨等多种形式，推动党员干部深入开展学习。组织开展“云颂会”、参观党史陈列室等主题党日活动，细化“办实事、解难题、减负担”专题实践活动，推进党史学习教育走深走实。精心策划“七个一”主题宣传，报纸、广播、电视、微信公众号、视频号、App等多平台联动，持续形成热潮。

2. 巡察整改全面完成。成立巡察整改工作领导小组，将巡察反馈问题整改与中心各项重点工作紧密结合起来，协同推进，举一反三，形成长效。

3. 主题报道出新出彩。围绕高水平“四个嵊州”建设、工业经济发展、全国文明城市等一系列重点工作，加强策划，形成贯穿全年、高潮迭起的主流宣传声势。强化与上级主流媒体的合作，做好对外宣传。

4. 融合发展深入推进。进一步完善制度，理顺管理运行机制，实现资源重组、流程重建、制度重塑。对媒体传播方式和内容输出进行全方位改革，立足差异化发展战略视角，运行好“爱嵊州”App、微信公众号、视频号、抖音号等网上平台，全力打造全媒体传播矩阵。

5. 品牌建设卓有成效。加强题材策划和储备，积极参加各类新闻奖评比，有60多件作品在国家、省、市评比中获奖。

6. 产业经营有效提升。全面调整广告经营体制，推动融合运作。稳固传统数字电视业务，推进各类智慧项目建设，优化产业结构。

7. 人才队伍得到锤炼。开展首席职务评聘工作，强化正向激励。开展“天天学技能”清单式培训，成立主持人品牌发展中心，组织参加各类竞赛，推动采编播人员主动转型，建强人才队伍。

××局融媒体中心

20××年×月×日

【思考与练习】

1. 选择题。

（1）总结主体的写作内容包括（　　）。

A. 具体做法　　B. 上级要求
C. 成绩和经验　　D. 存在问题和教训

（2）写总结的主要目的是（　　）。

A. 回顾工作成绩，树立今后工作的信心
B. 找出经验或教训，总结工作规律
C. 找出工作问题，以利于解决存在的问题
D. 详细记载工作历程，存档备查

（3）总结的写作一般是使用（　　）。

A. 第一人称　　B. 第二人称
C. 第三人称　　D. 三种人称互用

2. 判断题。

（1）内容简单的专题总结、个人小结等，适宜采用排列式结构形式。（　　）

（2）写总结时，要对材料有所取舍。只有敢于“割爱”，舍弃那些能说明问题的材料，才能突出重点。（　　）

（3）总结的主题句，其位置一般放在开头或结尾部分。（　　）

（4）总结的背景材料一般集中在开头部分，不能分散在各段交代。（　　）

（5）写总结时，段落的划分既要注意其单一性，又要注意其完整性。此之谓“分则为一段，合则为全篇”。（　　）

（6）能否找出带有规律性的认识，用以指导今后的工作，是衡量一篇总结质量好坏的标准。（　　）

（7）总结要既报喜，又报忧。（　　）

（8）总结要把感性认识上升到理性认识的高度。（　　）

（9）写总结一般用第三人称。（　　）

（10）写总结一定要按照完成工作的时间先后顺序来写。（　　）

3. 简答题。

（1）写总结时，应当怎样决定材料的取舍？

（2）总结的开头部分有哪些要求？

（3）写总结时要突出重点，必然要注意些什么？

4. 任何人在生活、工作、学习方面，总有取得成功的时候。请你回顾自己的生活，将你认为是成功的一个侧面或一件事，写成一篇总结。

第五节　调 查 报 告

一、调查报告的概念

调查报告是有目的地对某一情况、事件、问题、经验等进行调查研究后，再经过认真的

分析、综合而写成的报告。调查报告的应用范围非常广泛，各级机关、团体、单位及个人向上级汇报情况，解决各种实际问题，弄清事实真相，推广典型经验，批评揭露问题，进行科学研究等，都离不开调查报告。调查报告，顾名思义，一是调查，二是报告。调查是报告的基础，报告是调查的反映；调查是报告的依据，报告是对调查情况的综合。

二、调查报告的特点、作用和分类

（一）调查报告的特点

1. 真实性

真实性是调查报告最基本的特征。调查报告中所运用的材料必须是真实可靠的，确凿无误。时间、地点、人物、事件都不能虚构，数字必须准确，既不能夸大，也不能缩小，必须建立在客观事实的基础上，必须尊重客观事实。

2. 针对性

调查报告是针对人们普遍关心的事情或亟待解决的问题而写作的。它可能是当前社会的热点、重点事件，可能是工作中值得推广的先进经验，可能是要引以为戒的重大事故，也可能是需要扶持的新生事物。总之，它们都有意义重大、影响广泛的特点。调查报告在选题上要强调针对性，在明确目的的支配下，去选择调查报告的对象，才能发挥积极的指导作用。

3. 时效性

调查报告具有新闻的特点，十分强调新和快，要回答最急切、最有现实意义的问题。不论是从哪个角度取材、反映哪方面的问题，都要体现时效性。

4. 规律性

调查报告具有极强的指导作用，这就要求它的写作不能仅停留在一般事物和情况的介绍上，而应该通过对典型事例的分析研究，提炼出对事物发展的规律性认识，包括先进的经验、失败的教训、正确的方法、普遍适用的规律等。因此，调查报告除叙述外，还应该叙议结合，夹叙夹议。

（二）调查报告的作用

1. 提供决策依据

调查报告的重要作用之一是为各机关、团体和企事业单位制订决策时提供依据。调查研究是否深入、系统、翔实，决定了制订的决策是否科学正确。

2. 揭露社会问题

社会生活中存在种种问题，针对某一问题，调查报告在调查分析的基础上，应进行深入的揭露，从而达到弄清是非、鞭挞丑恶、解决问题的目的。

3. 推广典型经验

成绩突出的单位或个人在工作中所取得的典型经验，是人们做好各项工作的有效方法之一。调查报告以此为内容，着重介绍具体做法和体会，并上升到理论高度来总结，是推广先进经验的有力工具。

（三）调查报告的分类

调查报告从内容、作用上分，大体可以分成三种类型。

1. 典型经验调查报告

这类调查报告内容主要是总结先进典型经验，目的是对先进典型经验进行推广，因而应该写清楚先进典型的背景、事迹、收效及具体做法，以便其他单位参考学习。

2. 揭露问题的调查报告

这类调查报告的主要目的是对违法违纪的重大问题和工作中的严重事故进行深入调查，搞清事实真相，揭露问题实质，弄清是非曲直，以便引起有关方面的重视，尽快实事求是地解决问题。因此，写这类调查报告应十分重视材料的全面准确。

3. 反应基本情况的调查报告

这类报告是比较全面、系统地反映社会或企业的某一方面情况的调查报告，作为决策者制定方针、政策的依据。同时，也可以使读者了解社会或企业等基本状况，对群众进行教育。

三、调查报告的格式与写法

调查报告的格式一般由以下几个部分组成。

1. 标题

调查报告的标题有两种写法。

（1）公文写法，如《×局工会关于全局职工文化素养的调查报告》（机关+事由+文种）。

（2）新闻报道式写法，这种写法又分为单标题和双标题两种：

① 单标题，如《对××技术人员技术水平的调查》等，不管标题怎么写，都应突出调查的中心问题或事件。

② 双标题。正标题揭示主旨，副标题指明调查地点、内容或范围等，如《正人先正己，榜样力无穷——×分局×站领导班子自觉检查纠正不正之风的调查》。

2. 正文

正文一般分为三个部分。

（1）前言。前言是全文的开端，主要起到交代领起全文的作用。开头的写法多种多样，或侧重概括调查的目的、时间、地点、对象、经过和范围，或侧重概括被调查单位所取得的成绩、经验、突出主旨，或提出一个大家所关心的问题，引人注目的事情，突出其重要性等。开头部分要求开门见山，简明扼要，提纲挈领，紧扣主题，要求文字高度概括，简明扼要。

（2）主体。这是调查报告的重点所在，对调查报告的具体内容展开全面的阐述。这一部分内容较多，涉及面较广，安排时应做到条理清楚，层次分明，详略得当，结构严谨。为了把握情况，将问题搞清楚，可以根据具体内容的性质分成若干部分，每部分加一个标题。主体结构形式有以下几种。

① 并列式。根据内容上的特点，把主体分成几个部分，逐个进行报告。这种结构形式最为常见，几个部分之间是并列关系，各部分围绕中心从各个方面或不同角度去阐述，以便于全面地、深入地说明问题。

② 纵贯式。按照调查的顺序、时间的顺序或是根据事件发生的先后过程来写。这种纵贯式结构比较简单，适合表达线索单一、内容集中的报告内容。它的特点是内容连接贯通，结构条理清晰。

③ 总分式。在调查报告的开头先总起来说明问题，然后再分开阐述。它们之间的关系是总述和分述的关系。

④ 对比式。即把两个不同对象加以对比写。从自始至终的对比中让人们认识到不同的思想、不同的做法会产生不同的结果。

调查报告主体结构形式多样，采用哪种形式应根据调查报告的内容和要求，精心选择。

调查报告的主体，不管采用什么结构形式，都要做到观点和材料统一，要选用最典型的材料说明观点，要恰当地运用数字说明观点，善于运用不同的材料，从对比中说明问题，阐述问题。

3. 结尾

调查报告常在结尾部分显示作者的观点，对主体部分的内容进行概括、升华。结尾有下述三种特点。

（1）概括全文，明确主旨。在结束的时候将全文归结到一个思想的立足点上，为读者提供清醒的理性认识。

（2）指出问题，启发思考。如果一些存在的问题还没有引起人们的注意，或限于各种因素的制约，作者不可能提出解决问题的办法。那么，提出问题，引起有关方面的注意，或者启发人们对这一问题的思考，也是很有价值的。

（3）针对问题，提出建议。在揭示有关问题之后，对解决问题提供一些可行的建议。

4. 署名和时间

单位署名，有时将单位名称写在标题中，也可以写在正文下面。个人署名，应写于文尾之右下方，也可以署在标题下面，居中。文后应注明时间。

四、写调查报告应注意的问题

1. 要有明确的目的

写调查报告，首先要目的明确，为什么写，调查什么，事先都应有个设想和调查纲目。这个目的是在调查的基础上形成的，不是凭空想出来的。目的确定以后，如果情况发生变化，或是发现原定目的与现实状况有差距，就应该改变原定目的，使其符合实际。

2. 要注重调查研究

调查研究是写好报告的前提，只有掌握大量事实，并以正确的思想方法分析研究这些事实. 才能防止主观、片面，调查报告要把很大的功夫放在调查研究上。

3. 要处理好材料与观点的关系

调查报告必须有鲜明、正确的观点，同时又要有丰富、典型的材料。写调查报告，材料要和观点有机地结合，不能像记流水账一样，将调查得来的材料不分主次地罗列出来，让材料淹没观点；也不能笼统浮泛，评论很多，而无典型、扎实的材料做基础。

4. 要安排好结构

调查报告的结构形式多种多样，归纳起来，不外是“纵式结构”“横式结构”“纵横式结构”三种类型。纵式结构按照事物发展过程写，便于读者了解事物的来龙去脉，一般较适用于内容比较单一的调查报告。横式结构是按事物方面、类别、特点等分成几个问题，并列起来，分头叙述，这种写法容易使文章条理明晰，观点突出，一般较适用于涉及面较广或内容较多的调查报告。纵横式结构兼有以上两种结构的特点，是纵横交错组织而成的，一般适用于事物线索较为复杂的调查报告。

5. 语言要力求简洁、朴实、准确

评论事情要恰如其分，介绍情况要简明扼要，叙事要朴实明白，同时，也要注意吸收群众中生动活泼、富于表现力的语言，以增强文章的感染力和说服力。

【例文】

大学生共享单车调查报告

《大学生共享单车调查报告》就大学生共享单车使用现状进行统计分析，通过问卷星等方式对在校大学生进行调查，以大学生在使用共享单车中出现的问题和弊端为线索，就出现的问题进行探讨研究，结合国家法律法规，提出高效使用共享单车的策略，以期为共享单车的良性循环发展提供参考意见。

一、大学生共享单车使用现状分析

（一）大学生使用共享单车的情况

中国在线出行服务行业经历了“线下重资产+线上服务”向“互联网+共享经济”的转变，“互联网+单车”广为大学生所用。从大学生使用共享单车的男女比例情况来看，男女比例为 56:44。就集中的年级情况来看，大一学子占比 14.02%，大二学子占比 17.62%，大三学子占比 39.26%，大四学子占比 14.28%，研究生占比 14.82%。……校内“三点一线”式大学生活转化为“多点多线”，共享单车丰富了大学生活。

（二）共享单车对大学生的积极影响情况

《2016 年中国共享单车市场研究报告》指出中国共享单车用户规模达 0.28 亿人，《2017 年第四季度中国主要城市骑行报告》指出 2017 年共享单车全球注册近 4 亿用户，累计 115 亿订单。据不完全统计，18~25 岁使用共享单车占比约六成，大学生则占主干。就大学生使用共享单车的理由的调查结果显示，大学生对共享单车方便快捷这一优势投绝对赞成票，占比 82.49%，健康绿色环保占比 49.03%，新兴科技激起大学生的研究兴趣占比 14.40%。……第七届中国智慧城市博览会“分享经济”高层论坛上，国家信息中心发布的《共享单车行业就业研究报告》显示，中国共享单车行业带动劳动就业 10 万人，充分体现了新业态对就业的贡献效应，在一定程度上解决了大学生就业难的困境。

二、大学生使用共享单车遇到的问题

大学生使用共享单车遇到的问题突出表现在共享单车企业押金制度不完善，使用共享单车需付押金占比 56.81%，押金退还问题占比 17.12%，其他表现在共享单车投放不均、种类繁多分别占比 28.79%、22.18%，共享单车存在的安全隐患占比 20.23%，治理不善、车身被涂鸦占比 7%。

第一，共享单车企业押金制度尚不完善。……

第二，共享单车种类过多，投放不均，使用率不足。……

第三，共享单车存在个人信息泄露的内部安全隐患和单车质量差的外部安全隐患。……

第四，共享单车治理不足，车身被涂鸦，单车遭损坏。……

三、提高大学生共享单车使用效率的策略

“互联网+单车”式低碳出行模式契合国家“五大发展理念”，中国是发展中国家，社会是创新型社会，国家的发展离不开大学生这一群体的支持、创新。为提高大学生共享单车使用效率，提出以下四点策略，以期建设共享单车“经济新常态”，为共享单车的良性循环发展提供参考意见，为中国梦的实现提供有利条件。

第一，完善押金制度，保障大学生权益。……

第二，企业间协同合作，合理投放共享单车，提高共享单车使用率。……

第三，加强共享单车安全管理，完善企业制度。……

第四，政府、企业、大学生用户协同合作，互利互赢、互利互生。……

文章来源：《中国商论》2018（27）（有改动）

【思考与练习】

1. 选择题。

（1）典型调查法指（　　）。

A. 从总体中抽出部分样本进行调查

B. 从总体中选出具有代表性的对象进行调查

C. 针对总体进行全面调查

D. 深入现场进行实地观察

（2）常用的调查报告有（　　）。

A. 经验调查报告　　B. 情况调查报告

C. 问题调查报告　　D. 专题调查报告

（3）“关于高职教师收入情况的调查报告”这一标题属于（　　）。

A. 议论式标题　　B. 新闻式标题

C. 公文式标题　　D. 双标题

（4）调查报告的特点具有（　　）。

A. 真实性　　B. 时效性　　C. 针对性　　D. 规律性

（5）根据（　　）划分，可将调查报告分为情况型、经验型和问题型。

A. 内容　　B. 作用　　C. 意义　　D. 特点

2. 判断题。

（1）调查报告只能在内部发送，不能在报刊上公开发表。（　　）

（2）随着办公手段的逐步现代化，做调查报告越来越不需要深入基层、深入实际、深入群众了。（　　）

（3）开调查座谈会，事先要发座谈提纲，这是为了使与会者做好充分准备。（　　）

（4）做调查研究，就是找些例子来印证先拟出的观点。（　　）

（5）调查报告的材料如果只有全面情况，就会流于笼统浮泛；如果只有典型案例，就容易出现以偏概全的弊病。（　　）

3. 修改下面这份关于故乡教育情况的调查报告的开头。

我回到家乡，踏着古镇弯弯曲曲的青石板路，看着学校孩子天真无邪的笑脸陷入沉思：家乡的教育究竟有何新的面貌？

4. 结合教材的有关内容，概括调查报告主体内容的安排有几种方法。

5. 根据调查报告的写作特点，请你写出这份调查报告的前言部分。

××学院开展“珍惜青春，拒绝网毒”活动以来，建筑系同学上网情况到底如何，系团委组织了一个调查小组进行了一番实际调查。

第六节　简　　报

简报是机关、团体、企事业单位内部，或者是某项中心工作、某次重要会议用来沟通信息、交流经验、反映情况、汇报工作的期刊式文字载体，是一种比较普遍的报告式应用文体。简报在机关、团体比较常见的有“情况简报”“情况反映”“工作动态”“信息通报”“内部参考”等。

简报可以下情上报，向上级部门反映情况，汇报工作；可以上情下达，把上级部门的有关精神、意图及时传达给所属基层单位；也可以在平级间相互转发，沟通信息、交流经验。它在公务活动中发挥着重要的舆论工具的作用。

一、简报的特点和分类

（一）简报的特点

1. 时效性

简报在机关文书中以讲究时效著称，写得快，发得快，强调时效性。尤其是那些突发性的动态简报，类似新闻报道中的“快讯”。简报能否发生作用或发生作用之大小，关键是看其能否及时报道。

2. 简明性

简明扼要是简报的显著标志。简报需要及时反映情况，不能写得冗长、烦琐，这样能使阅读者不必花太多时间，却能获得不少信息。一般简报、篇幅较长的简报尽量不超过 2 000 字。

3. 真实性

简报内容必须完全真实，人名、地名、时间、事件，必须真实可靠，不能弄虚作假，不能虚构与想象。

4. 机密性

简报只在机关、单位内部发行、传阅，不公开发行，这是它与大众传播媒介的主要区别。不同的简报传阅的范围和机密程度也不相同，一般来说，简报发行范围越广，机密程度越低，发行范围越窄，机密程度越高；越是高级机关编写的简报，机密程度越高。

5. 新颖性

简报只有努力反映新情况，新动向、新问题、新经验，才能发挥它应有的作用。内容空洞、平淡，毫无新鲜感的简报，只会浪费阅读者的时间。

（二）简报的分类

简报的名称很多，常见的有《×简报》《×简讯》《×信息》《×动态》《×通报》《×通讯》及《内部参考》《情况反映》等。

从不同角度对简报有不同的分类，按内容来分，可分三种。

1. 综合简报

综合简报全面、综合地反映编发单位的工作进展、思想动态、成绩缺点等概况。综合简报多是常年定期编发，如某高校党委、校长办公室编发的《×工作动态》。

2. 中心工作简报

中心工作简报主要是为配合、推动当前某项中心工作，掌握思想动态、交流推广经验而编发。中心工作简报多在一定时期内不定期制发，如某单位在保持党员先进性教育中编发的《保先工作简报》。

3. 会议简报

会议简报报道会议概况，反映会议交流经验和探讨的问题，传达和贯彻会议精神和决议。会议简报用于大中型会议，视会期长短及规模在会议期间可只编发一期或多期，如某校学代会秘书组编发的《××学代会简报》。

二、简报的格式与写法

（一）报头与报尾的写法

简报的种类尽管很多，但其一般都包括报头、标题、正文和报尾四个部分，下面先介绍报头和报尾的写法要求。

1. 报头

简报一般都有固定的报头，一般是套红印刷。报头由简报的名称、期号、编发机关和印发日期、保密提示等项目组成。简报的名称印在简报第一页上方的正中间，为了醒目起见，字号宜大，尽可能用红色或黑色大字体书写。期号，位置在简报名称的正下方，一般按年度依次排列期号，有的还可以标出累计的总期号。编发单位，应标明全称，位置在期号的左下方。发行日期，以领导签发日期为准，应标明具体的年、月、日，位置在期号的右下方。报头部分与标题和正文之间，一般用一条红色粗横线隔开。

2. 报尾

正文结束后，在该页下方适当位置划两条平行横线（红色或黑色）。在平行线中间分两行写报送单位（指报送的上级机关）、分送单位（指平行或非隶属机关）、发送单位（指发给的下级单位）。机密简报要在右下方标明所印份数。

【例文】

会 议 简 报

（第十期）

（单位）×铁路局×段　　　　　　（时间）20××年×月×日

（机密）编号：××

正文（略）

报送：×××、×××　　　　　　（共印××份）

发送：×××、×××

（共印××份）

（二）正文结构及写作要求

1. 正文结构

简报的正文结构，由标题、导语、主体、结尾四部分构成，有的简报还需写必要的背景材料。

（1）标题。要求以简洁、明快的文字概括简报的中心内容。如《思想工作到位，生产面貌一新》《从领导机关做起，狠抓路风建设》。

（2）导语。简报的开头语称为导语。较短的简报，可用一两句话概括全文内容。篇幅长需要分段写的简报，可写一段文字概括全文的内容。

导语的写法多种多样，常用的有：

提问式——用设问句作为发端，引出下文；

叙述式——以叙述摘要的方法，概括主要事实，揭示简报主旨；

结论式——先写结论，而后分述。

导语的写法不可公式化，要根据实际需要灵活选择使用。

（3）主体。这是简报的主要部分。主体内容可以是单一的反映情况、介绍经验、指出存在问题，也可以三者兼而有之。

主体布局，可采取以下几种方式：

第一种，分列小标题的方式。这种结构方式适用于综合性简报。

第二种，平列式。选择一定的角度，将内容按逻辑关系依次排开，可分段叙述，也可列序号分别叙述。这种布局多用于专题性简报。

第三种，顺序式。按时间顺序安排材料，将事情的始末交代清楚。这种布局多用于情况简报。

第四种，三段式。如情况、问题、措施、原因、解决办法等，这种布局适合于情况简报或揭露问题的简报。

上述几种布局，可根据需要结合使用。

（4）结尾。必要时可用简短的语言总结全文内容，从而深化主旨；或指出事物发展趋向，提出要求、希望。如果没有必要，亦可不要结尾。

简报正文结构主要由上述四部分构成。必要时还可穿插背景材料，即简明地交代人物、事件产生的现实环境及历史联系，借以说明事件产生的原因及经验取得的客观条件。有些简报为了引起读者重视，还可以加编者按语。转发式简报一般要写编者按语，其内容或揭示主旨、要点，或强调意义，或说明其参考价值，或提出号召、希望，或补充背景材料等。

2. 简报的写作要求

编写简报的基本要求是：实、准、简、快。

（1）实，就是实事求是，材料要真实，要讲求实效。所以，必须认真进行调查研究，反复核实材料。在大量真实的材料中筛选出具有普遍指导意义的典型材料，有针对性地确定选择内容，以推动工作的开展。

（2）准，就是选材必须准确地体现党的方针政策，因此，采编者必须有较高的政策水平和理论水平，这样才能防止材料和观点的片面性。

（3）简，就是简明扼要，不要拖泥带水。简报是“千字文”，一般不超过 2 000 字。文字要力求干净、利落。写法要开门见山，不写空话废话。

（4）快，就是速度快。简报类似新闻报道中的“消息”，反映情况或问题必须及时迅速。这不仅需要细致的调查，还需要文思敏捷和较强的逻辑思维能力。

【例文】

××科技简报

第×期（总第××期）

××市科学技术局　　　　　　20××年×月×日

---

1. ××市高新技术产业基地龙头作用显著

2. ××市崛起高新技术产业群

××市高新技术产业基地龙头作用显著

××高新技术产业区按照“一区多园”的布局，建设与发展各具特色，高新技术产业基地对高新技术产业发展的龙头作用显著。据20××年科技部的综合评价，××高新区技术创新综合排名在53个国家级高新区中列第8位，经济发展综合排名第4位。全年高新区实现技工贸总收入555亿元，同比增长47%，其中工业总产值385.1亿元；外贸出口12亿美元，同比增长56%。

一、××科学城建设与发展势头迅猛。（略）

二、××软件园××新建区规划建设进展顺利。（略）

三、×××信息园专业化特色明显。（略）

四、民营科技园建设步伐明显加快。（略）

五、××资讯科技园建设进入新阶段。（略）

××市崛起高新技术产业群

一、软件产业集群快速发展。（略）

二、生物医药产业起步发展。（略）

三、电子信息产业成为三大支柱产业之一。（略）

四、新材料产业稳步发展。（略）

五、光电子产业异军突起。（略）

报：×××　（共印150份）

送：×××

发：×××、×××、×××　（共印150份）

评析：这是一份科技简报，全文包括“××市高新技术产业基地龙头作用显著”和“××市崛起高新技术产业群”两部分内容。正文前加了小标题作为目录，用以说明简报的内容。主体部分内容分层叙述，每个层次前用一句话来概括段旨，起到提纲挈领的作用，让人一目了然。简报的报头、报尾也齐全，符合简报的格式要求。

【思考与练习】

1. 选择题。

（1）简报的写作要求是（　　）。

A. 简要　B. 真实　C. 详尽　D. 适时

（2）简报的写作特点是（　　）。

A. 时效性　B. 简明性　C. 真实性　D. 新颖性

（3）简报在形式上的突出特点是（　　）。

A. 灵活　B. 快捷　C. 简短　D. 平时

（4）简报的开头，常用一句话或一段话把全文的中心和所要反映的主要事实概括地叙述出来，使人读了有一个总的印象。这样的开头很像新闻中的（　　）。

A. 背景　B. 导语　C. 按语　D. 副标题

（5）下列名称中，不属于工作简报范围的是（　　）。

A. ××情况　B. ××反映　C. ××信息　D. ××通报

2. 判断题。

（1）简报的分量不在于信息量，而在于文字量。（　　）

（2）简报的文字要精练，内容要避实就虚。（　　）

（3）简报要写出新意，应注意抓好以下三点：一抓热点，二抓难点，三抓空白点。（　　）

（4）简报是一种以陈述为主的文书。（　　）

（5）简报内容的表述如采用对比烘托的方式，则主体部分要略写，烘托部分要详写。（　　）

3. 请修改下列简报的格式错误。

2019 年 × × 市环保局编

第三期

简　报

今年我市环保工作又有新举措

（正文略）

20 × × 年 3 月 23 日　　报送：× × ×　× × ×　× × ×

4. 20 × × 年 1 月 × 市 × 区召开紧急会议，假设你是区办公室秘书，请根据下面的材料写一则简报。

会议地点：区政府四楼会议室。

会议时间：20 × × 年 1 月 27 日。

出席人：区委书记熊 × ×，区长胡 × ×，副区长陈 × ×，及相关部门负责人。

会议内容：安排部署全区抗冻救灾工作。区委书记熊 × ×说，要高度重视、落实措施；要结合我区实际，把抗冻救灾工作的措施落到实处；要建立救灾应急机制；要加强组织领导，立即建立抗冻救灾工作领导小组。区长胡 × ×说，各地、各部门要切实认清雨雪冰冻气候的严重危害，高度重视灾害性天气给经济、基础设施、群众生活等方面带来的严重影响；各地、各部门坚持加强对抗冻救灾工作的组织领导，严格督查。副区长陈 × ×还传达了全市抗冻救灾工作会议精神。

5. 就本院学生消费问题或本班同学对各门学科的学习兴趣、成绩情况在校园里或班上作一调查并写成简报。

第七节　个 人 简 历

一、个人简历的含义和特点

个人简历就是对某个人的生活经历有重点地加以概述的一种应用文。它是一个人生活经历的精要总结，在一定程度上是一个人的整体形象的缩影，因而是现代社会人事档案的一个重要组成部分。简历是获取面试机会的“敲门砖”，也是考察干部、选拔任用人才时必须具备的一份重要资料。

个人简历可以采用第一人称自己写自己，也可以采用第三人称，为他人而写。个人简历具有真实性、针对性、价值性和条理性的特点。

1. 真实性

个人简历是个人交给企业的第一张“名片”，不可以撒谎，更不可以掺假，但可以进行优化处理。可以选择性地把强项进行突出，将弱势进行弱化。例如，如果你是一个应届毕业大学生，可以重点突出在校时的学生会工作和实习、志愿者、支教等工作经历，不单单是陈述这些经历本身，更重要的是提炼出自己从中得到了什么具有价值的经验，而这些收获能让你在今后持续发挥效用。

2. 针对性

制作个人简历时可以事先结合职业规划确定出自己的求职目标，制作出有针对性的版本，运用专门的语言对不同企业进行求职递送，这样往往更容易得到用人单位的认可。

3. 价值性

把最有价值的内容放在简历中，无关痛痒的不需要浪费篇幅，使用语言讲究平实、客观和精练。通常简历的篇幅为 A4 纸版面 1～2 页，不宜过长，也不宜有半页，出现一页半的情况时，最好能压缩为一页。简历中尽量提供能够证明自己工作业绩的量化数据，如拓展了多少个新的市场客户，年销售业绩达到多少万元，每年发表学术论文多少篇等。最好还可以提供能够提高职业含金量的成功经历。对于自己独有的经历一定要保留，在著名公司工作、参加著名培训等都可以重点突出处理。

4. 条理性

将公司可能雇佣你的理由用自己过去的经历有条理地表达出来，最重点的内容有个人基本资料、工作经历（职责和业绩）、教育与培训经历，次重要的信息有职业目标（这个一定要标示出来）、核心技能、背景概述、语言与计算机能力以及奖励和荣誉信息，其他的信息可不作展示；对于自己的最闪光点可以点到即止，不要过于详细，留在面试时再作详尽展开。

二、个人简历的种类

个人简历有三种典型的形式，每一种都有特定的目的和特有的说服力。

1. 年代顺序排列型个人简历

用这种形式写个人简历时，个人经历、学习或在社会实践活动中取得的成就应按照时间先后次序排列，重点应强调近几年的情况。它的优点是一目了然，容易看懂。

2. 实用型个人简历

这种个人简历把个人取得的成绩分别列在了不同的实践活动名称下。写作时，把重要的成绩排列在前面。这种个人简历可以掩饰就业经历不足的劣势，可以针对最感兴趣的职位目标组织个人经历背景。

3. 目标型个人简历

这种简历在写明具体求职目标之后，第一项内容的标题应是“能力”，其中可以列举几种所能做好的事情，也可以列举认为可以胜任的、与求职目标相关的岗位。第二项内容的标题应是“成绩与才能”，应该从过去非职业性的成绩中选出具体事例，而且事例最好与“能力”一项呼应。这种个人简历的优点是可以让用人单位去判断你可能在哪个职位上会取得好成绩。

三、个人简历的结构和写法

个人简历并没有严格的格式，但一些基本内容是必不可少的。

1. 申请的职位

一定要明确地写出你申请哪个职位，这同时也意味着你必须已经符合这一职位的基本要求和明确的标准。所有的个人简历内容都要围绕申请的职位这一中心来思考、来写作。企业中的职位一般分为管理、专业技术、营销三大类。如果应聘管理类职位，就要突出你的组织沟通能力、协调能力；而应聘专业技术类职位，则要突出你的专业技能、科研能力、创新能力；如应聘营销类职位，要突出你的策划能力、公关能力和口语表达能力。有的求职者在个人简历中不明确写出申请的职位，在简历的写作中没有重心；有的求职者自以为聪明，把自己写成一个方方面面都优秀的“全能型”人才，这些做法都是不可取的。如果应聘者自己都不知道自己能胜任哪个职位，招聘者又如何判断呢?即使求职者真的是一位“全才”，也不一定会在招聘中占优势，因为招聘者的思路往往是：我们不是聘最优秀的，而是要聘最合适的。实践表明，如果求职者不明确地写出所申请的职位，这份简历很难会受到关注。

2. 教育背景

列出大学名称、所学专业、所获学位和参加培训的情况。一般个人简历的教育背景都按照时间先后的顺序排列，但从招聘者的思路出发，他最想了解的是应聘者最新的信息，所以也可采用逆时间顺序排列。一般的教育背景从大学写起，最多从高中写起，高中以前免写。如果是应届毕业生，由于缺少工作经历，可以写出和所聘职位密切相关的专业科目及其成绩，基础课可不必写出。

3. 个人信息

个人信息包括姓名、性别、年龄、家庭所在地、政治面貌、身体状况、婚姻状况等。要注意的是基本信息不一定全都一一列出，如果用人单位没有特别强调必须注明，应聘者可以根据所要应聘的职位，列出相应的信息。

4. 工作经验

首先，工作经验是强调你已具备所聘职位的经验和经历，而与此无关的，无论多么辉煌，都没有必要写进来。应届大学毕业生缺少工作经验，可以把重点放在与所聘职位相关的社会实践上，以及在校期间所任职务和所获得的主要荣誉等。但如果不是应届毕业生，则完全不必写在校时期的经历。其次，工作经历要写出你曾经工作过的公司名称、公司规模、所任职务、职责说明、取得的成绩等。工作经历一般也是按照时间顺序来写，但从招聘者的角度考虑，也可以把相对于所聘职位来说最重要的经历放在最前面。

5. 自我评价

写出自己的优势、特长以及突出的技能。这些优势和特长如果有相关材料或证书支持则更佳。例如，如果有很强的文字能力，就提供发表过的文章；如果自己英语水平很高，就提供英语等级测试证书等。

四、制作个人简历的要求

1. 真实是个人简历的基础

诚信是一个企业用人的基本标准，弄虚作假的“掺水”简历是招聘的大忌。

2. 简历要“简”

由于招聘者面对太多的简历，他们希望在尽量短的时间内，获得尽量多的信息。那些长篇大论的简历显然是不招人喜欢的。个人简历的行文要简洁，字数不宜过多，在一页纸内写完，或不超过一页半为最佳，最多不要超过两页。

3. 要紧扣主题

一份好的简历的主题应该是“我就是你要招聘的那个人”，即“我就是最适合这一职位的人”。而不好的简历总是把主题写成了“我就是这样的一个人”。在简历的写作中，所有的材料、内容都要紧紧围绕应聘职位这一中心，做到有主有次，主次分明，切忌把简历写成事无巨细的流水账。

4. 用数据和事实增加简历的含金量

个人简历要避免用虚华浮夸而又空洞无物的词汇。例如，“做出了很大贡献”“受到了大家的好评”“积极主动地”等，这些含糊的字句不能使招聘者获得准确的信息，又因是应聘者评价自己而使其客观性大打折扣。个人简历的用词要少用或不用形容词和修饰语；少用或不用程度副词；不用吹捧自己的过头话。要多用名词、动词和数词，例如，尽可能用数字去说明你管多少人，你增加销售的百分比，你创造利润的数目。这些数据和事实，会客观而又无可辩驳地证明你的能力和水平。

【例文】

个人简历

个人基本情况：

姓名：张××	政治面貌：党员
性别：女	学历：大专
年龄：20	系别：机电系
民族：汉	专业：计算机网络技术

求职意向：大型企业高级文秘或基层管理岗位

英语水平：

能熟练地进行听、说、读、写，并通过国家英语四级考试，尤其擅长撰写和回复英文商业信函，能熟练地运用网络查阅相关的英文资料，并能及时予以翻译。

计算机水平：

国家计算机等级考试二级，熟悉网络和电子商务，精通办公自动化，能熟练地操作并及时高效地完成日常办公文档的编辑工作。

社会实践：

2012年7月至11月，在××化工网站进行电子商务实习。实习期间的主要职责是协助网站编辑，在互联网上查阅国内以及国外的化工信息，搜集整理相关的中英文资料，整理和翻译英文资料。

主修课程：

网络管理与维护、网络综合布线工程、网络数据库、网页设计与网站建设、计算机程序设计、网络基础、网络操作系统等。

获证情况：

大学英语四级证书、国家计算机等级考试证（二级）、信息产业部网络工程师证。

自我评价：

做事踏实、认真负责、适应力强、勇于挑战。

评析：这份个人简历层次比较清晰，要素基本齐全，内容简明，关键词突出。

【思考与练习】

1. 下面是一则求职者的简历，存在哪些问题？请修改。

个 人 简 历

姓名：××

联系地址：×××

联系电话：×××

求职目标：经营部、营销部、广告部、管理部

资格能力：××××年×月毕业于××商学院商业管理系，获商业管理学学士学位。所修课程主要有商业经济、商业管理、市场营销、商业传播、广告学、公共关系学等。选修课程有零售企业管理、消费者行为和计算机原理与应用等。在校期间学习成绩一直优秀，撰写的毕业论文曾受到奖励，并在全国多家报刊上发表。

工作经历：××××年×月至现在皆在××市百货公司负责市场营销及有关管理工作。

社会活动：求学期间曾担任×××协会主席，曾在××市营销管理论坛上代表协会发表演讲，并在该论坛××××年×月举行的会议上当选为年度“明日之星”。

其他情况：××××年出生，未婚，能熟练运用各种现代办公设备，英语会话能力强，书写能力略逊。爱好旅游、打网球、摄影。

2. 根据你个人所学专业的特点与求职意愿，按个人简历的制作要求，拟写一份个人简历。

第八节 求 职 信

求职信是求职者向用人单位自我推荐的书面材料，是所有求职材料中至关重要的支柱性文件。求职信能否吸引招聘者的眼球，直接关系到求职者是否能获得面试机会，关系到择业的成功与否。因此，求职者需要学会精心设计求职信。

一、求职信的含义与特点

（一）求职信的含义

求职信，是指求职者向用人单位介绍自己的情况，展示个人能力和素质，以谋求某一职务或岗位的专用书信，亦称自荐信。求职信是求职者在求职的道路上迈出的第一步，也是关键的一步，既是求职时不可缺少的书面文字材料，也是用人单位对其进行考核并做出是否录用的重要依据。

（二）求职信的特征

针对性、自荐性和竞争性是求职信的主要特征。

1. 针对性

写求职信是为了找到理想的工作，因此，总会有一定的缘由。陈述缘由时，关键要对自己选定的求职单位有所了解，对自己的条件有所比较，要根据实际情况，针对求职单位对人才的需要情况和条件写，针对读信人的心理写。只有这样，送出去的求职信才有可能得到对方的重视，引起预期的反响。

2. 自荐性

求职信的作者与读者往往素昧平生，求职者希望得到读信人的信赖，引起读信人的重视，

进而达到被录用的目的，唯一的途径是毛遂自荐，全面而恰如其分地表现自己，自信而不妄自尊大，自谦而不妄自菲薄，重点介绍自己的特长和优势，使读信人为之怦然心动。

3. 竞争性

求职就是竞争，内容上，求职信应尽可能地展示自己与众不同的竞争条件，形式上，应注意体现个人风格，从而在同类信件中展现个性，脱颖而出。

二、求职信的格式与写法

求职信一般由标题、称谓、正文、结束语、落款、附件六部分组成。

1. 标题

标题可直接标明文种，如“求职信”“求职书”，位置居中。

2. 称谓

在标题下一行顶格书写。收信单位是单位或部门的，可直接写单位或部门的名称，如“××公司”“××学校人事处”；收信对象是单位联系人或单位、部门负责人的，则写上姓名、尊称或职务名称，如“××先生”“××小姐”“××经理”等。有时，还可以在称谓前面加上表示尊敬的词语，如“尊敬的××先生”。

3. 正文

正文是求职信的重点，在正文中，要恰如其分地介绍自己的求职条件。一般包括如下几个方面内容。

（1）求职的缘由。可开门见山说明求职的缘由，即为什么要向该用人单位求职，以及通过何种途径获得该用人单位的招聘信息，并根据用人单位所需和自己所长，提出所要应聘的具体岗位名称和职务。切忌同时要求多种不相干的职务。

（2）自荐人的基本条件。主要包括姓名、性别、年龄、籍贯、政治面貌、文化程度、职业等要素，要如实写清楚。特别要着重介绍自己的知识结构、业务能力、实践经历、工作成绩、基本素质、兴趣爱好等内容。自荐人的基本条件是决定求职者成败的关键，因此，这部分要写得既充分又具体，真正做到恰如其分。通常可采用“简历”式的写法，将自己在不同时期的工作或学习情况特别是所取得的成绩反映出来，尤其要注意对自身所具有的才能和专长的展示。通过展示，充分反映出自荐人胜任某项工作的能力，从而令单位或部门信服。

（3）被聘后的打算。这部分要用简明扼要的语言写明被录用以后应当如何去做。求职者应对自己所求职位有一定的了解，并可假设已被聘任，对应聘岗位提出自己的设想、目标及实现的具体措施。目标体现要明确，措施要有可行性。

（4）请求语。请求语是以诚恳的态度提出求职者的愿望和要求。如希望对方给予回信的愿望以及能有一个面谈的机会，等等。

4. 结束语

一般求职信以表示敬意或祝愿的话作为结束。另起一行空两格写“此致”，再转行顶格写“敬礼”。

5. 落款

在结尾语右下方写上姓名，可以用“敬上”或“谨上”等词，以示礼貌和谦逊。姓名下面写日期。

6. 附件

附件是求职信后附上的有关资料，如简历表、学历证书、资格证书、技术等级证书、获奖证书以及能证明自己优势的有关材料。附件要有较强的说服力和凭证性。此外，还要注明求职人的通信地址、邮编和电话号码等信息，以便于对方联系。

三、求职信的写作技巧

一封令人满意的求职信在写作时需要讲究技巧。成功的求职信应该表明自己乐意同将来的同事合作，并愿意为事业而奉献自己的聪明才智。因此，在写作求职信时，需要把握以下技巧。

1. 文字通顺，简明扼要

古人云："文如其人。"如果你的文章表述流利，内容集中明确，语言凝练明快，篇幅短小精悍，这首先能够把你的工作态度、精神状况、性格特征介绍给对方，加上你的求职条件，就会使你在众多的求职者中脱颖而出。

2. 富有个性，不落俗套

一封求职信，无论内容多么完备，如果引不起对方的注意，则一切枉然；如果对方对你的陈述不感兴趣，则前功尽弃。书写一封求职信，应不拘泥于通俗写法，立意新颖，以独特的语言及多元化的思考方式，给对方造成强烈的印象，引起用人单位的注意。

3. 自我推销，适当有度

求职是一个自我推销的过程，写求职信只能搞"适度推销"，绝不可夸大其词。在求职信中应该尽量避免使用"一定""肯定""最好""第一""绝对""完全可以""保证"等词以及类似"有很强的组织能力""有很强的活动能力"之类的语句。

谦虚是一种美德，一个谦虚的人，可以使对方产生好感。谦虚不是自我否定，是实事求是、恰如其分地表现自己。所以，写求职信应遵循"适度推销"的原则，但要视具体情况而定——由于文化上的差异，对外资企业可多一些自我表现，对国内企业应多一些谦虚。

4. 点面结合，突出重点

求职信要突出那些能引起对方兴趣、有助于获得工作的内容，主要包括专业知识、工作经验、自身特长和个性特点等。有一点需特别注意，即在介绍专业知识和学历时，切忌过分强调自己的学习成绩。实际上，用人单位重视的是经验和实际能力，所以写作时应力求重点突出。

5. 以情动人，以诚感人

写求职信也要有感情色彩，语言有情，会更有助于交流思想、传递信息、感动对方。那么写求职信怎样做到以"情"动人呢?关键在于摸透对方的心理，然后根据采取相应的对策。如果求职单位在你的家乡，你可以充分表达为建设家乡而贡献自己聪明才智的志向；如果求职单位在经济欠发达地区，你就要充分表达为改变地区面貌而奋斗的决心；如果是教学单位，你就要充分表达献身教育事业的理想……总之，你要设法引起对方的共鸣，或者得到对方的赞许。这样对方会主动地伸出友谊之手，给你以热情的帮助。

写求职信在注重以情动人的同时，还要以"诚"感人，以诚取信。只有诚于中才能形于外。"诚"指诚恳、诚实、诚意、诚信，就是态度诚恳、诚实，言出肺腑，内容实事求是，言而可信，优点要突出，缺点不隐瞒，恭敬而不拍马，自信而不自大。只有"诚"才能取信于人。

四、求职信的写作要求

条件展示是求职信的关键内容，主要应写清自己具有本专业知识和工作经验，有本专业技能和成就，有与本工作相符的特长、兴趣、性格和有关能力。写作时应该在这方面多下些功夫，甚至稍微有些创意。

1. 有的放矢

不要把求职信写成一种“到处撒网”的求职信，然后大量复制，到处投递。这种狂轰滥炸很少能击中目标。有效的求职信都具有很强的针对性，是针对公司的某一具体职位而写的。

2. 设置两个左右的兴趣点

写出你自己最关键的经历、最好的成绩、最重要的特长以及自己的愿望、心情和信心等，表明你所特有的教育背景、技能和个性特征将会为招聘单位做出的特殊贡献。

3. 对特别的词句加黑加粗

在求职信中，对需要特别强调的词句用另外一种字体或加黑加粗打出，更能吸引招聘者的目光。

4. 加个小故事或者事例

在每个人的成长过程中，总有一些特别的经历，会对自己的人生道路和自己对人生的看法发生重要的影响，会改变一个人对于人生、社会和世界的看法。尤其是重大的挫折、人生的转变，这样的事例往往最能打动招聘者的心弦。因为通过这些小故事能反映出自信、有责任感、不轻言放弃等品质，而这些良好的品质正是招聘单位所需要的。

5. 逆向思维，胜人一筹

求职应聘不附和、不随俗、不从众，是有主见的表现。有位同学写道：“其实我并不觉得贵公司条件有多好，只是感觉比较适合我的专业。而且我觉得最后能不能入选，关键在于实力而不在于运气。”这种写法往往能使招聘者眼前一亮，起到好的效果。

6. 自信

例如，“我虽刚刚毕业，但我年轻，有朝气，有能力完成任何工作。尽管我还缺乏一定的经验，但我会用时间和汗水去弥补。”口气坚决，信心十足，给人以精力旺盛、“初生牛犊不怕虎”的感觉。

【例文】

求 职 信

尊敬的领导：

您好！

衷心地感谢您在百忙之中阅读我的求职信，为一位满腔热情的大学生开启了一扇希望之门！怀着对贵单位积极进取精神的敬慕和对美好未来的憧憬，谨向贵单位发出这封求职信，请允许我毛遂自荐。

我叫×××，毕业于××大学外国语学院外语专业。普通的院校，普通的我却拥有一颗不甘于平凡的心。经历了四年的高等教育和高校生活，面对新的机遇和挑战，我更坚定了“自信、自强、勤奋、谦虚”的人生信条。本人自上大学以来，力求向“一专多能”的方向发展，努力培养和提高自身的综合素质，并加强社会实践能力。

思想上，我力求上进，关心时事，拥护党和国家的方针政策，深入学习贯彻习近平新时代社会主义思想。不断加强自己的理论修养，以提高自己的思想觉悟和政治素质。学习上，我本着对知识的热切追求，认真、努力地学好各门学科，特别是商务英语、越语听力、越语语音、越语写作、越语阅读、经贸越语、汉越互译、计算机运用基础等，现已较全面地具备了越南语的听说读写能力，具备了基本的越南语、英语翻译能力。掌握了计算机各种办公软件的运用。本人还利用课余时间参加学校举办的各种设计比赛、辩论赛等活动，例如××年在学校举办的第二届校园书画大赛中获得个人第二名的好成绩。社会实践是我大学生活的另一个活动重心。参加社会实践是我无限的热情与渴望，无论是社区服务、专业知识实践，还是校园的科技文化活动和集体活动，我都是活跃分子，积极地参与以提高自己的综合素质，在多种多样的角色和职位上尽力去做到最好。

在生活中，我优点是诚实守信，热心待人，勇于超越自我，拥有良好的生活习惯和一丝不苟的工作作风。本人天生亲和力很强，活泼开朗，一直以来与人相处甚是融洽，在校期间结交很多良师益友。

此外，我还积极地参加各种社会活动，抓住每一个机会，锻炼自己。并且爱好广泛，涉猎中外名著，积极参与各项体育运动，如篮球、乒乓球等。大学三年，我深深地感受到，与优秀的人共事，使我在竞争中获益；向实际困难挑战，让我在挫折中成长。“天下无难事，只怕有心人”是我的人生信条。

我深知现在的社会充满了竞争和挑战，需要具有特长、有才干、有魄力、有创新开拓精神及综合素质强的复合型人才。我正处于人生中精力充沛的时期，我渴望在更广阔的天地里展露自己的才能，因此我希望能够加入贵单位，尽绵薄之力，更好地发挥自己的才能，实现自己的人生价值。我会踏踏实实地做好属于自己的工作，竭尽全力地在工作中争做最好。我相信通过自己的勤奋和努力，一定会做出应有的贡献。

感谢您在百忙之中所给予我的关注，愿贵单位事业蒸蒸日上，屡创佳绩，祝您的事业百尺竿头，更进一步！

手捧菲薄求职之书，心怀自信诚挚之念，我期待着能为成为贵单位的一员！

此致

敬礼

×××敬上
20××年×月×日

联系地址：××大学外国语学院××级××班

邮政编码：××××××

联系电话：×××××××××××

评析：该例文用事实说话，从求职者的专业知识、综合素质等方面推销自己，在有限的篇幅里传达出大量的有用信息。

【思考与练习】

1. 下面是一封求职信，阅读后请回答下列问题：

（1）用语是否得体？应怎么修改？

（2）结构上欠缺些什么？应怎么补上？哪些内容是多余的？请删去。

× ×服装厂：

前天接到我的老同学× × ×的来信，说贵厂公开招聘生产管理员。我是× ×学校企业管理专的毕业生，在校读书时，学习成绩优秀，爱好体育运动，是学校篮球队的成员。贵厂就设在我的家乡，我想调回家乡工作，正合我的心意，而且生产管理员的职务，也和我所学的专业对口。不知贵厂是否同意，请立即给我回信。

此致

敬礼

× ×谨上

× × × ×年× ×月× ×日

2. 根据下边的招聘信息，写一封求职信。

××建设集团招聘信息

招聘专业：安全技术与管理、建筑装饰工程技术、建筑工程技术、地下与隧道工程技术、市政工程技术、城市轨道交通工程技术、工程机械运用技术、摄影测量与遥感技术。

招聘要求：20× ×届毕业生

1. 身体健康，遵纪守法，品行端正，诚信廉洁，在校期间学习成绩优良。

2. 吃苦耐劳，服从公司统一调配，具有良好的学习能力、沟通能力、适应能力和团队合作精神，积极乐观，责任心强。

3. 学生干部、优秀毕业生、有社会实践经历者优先。

薪资待遇：试用期 6 个月，试用期内工资× ×元/月，试用期结束后× ×万元/年。

工作地点：属地化管理，根据个人工作意向地分配。

联系人：李× ×

联系方式：130× × × ×1234

第九节　申　　论

一、概念

“申”即申述、申辩、申明；“论”指议论、论说、论证。“申论”就是针对给定文字资料进行必要分析，并对分析过程进行说明、申述，然后在此基础上发表中肯见解，提出方略，进行论证。从 2000 年开始，申论成为国家行政机关公务员考试时广泛使用的一种新的笔试科目。

二、特点

1. 内容涉及的广泛性

申论测试的内容一般侧重于应试者解决问题的能力，所以给定资料的范围极其广泛，内容涵盖了政治、经济、法律、教育等社会问题的诸多方面，资料的形式或是事件或是案例或是社会现象。应试者必须具备一定的阅读、分析、理解能力，能够在有限的时间内准确把握、理解资料，分析问题、解决问题。

2. 形式的灵活多样性

与传统作文相比，申论考试的形式比较灵活。就文体而言，概括内容部分既可能是记叙文、说明文、议论文中的某一种形式，也可能综合了多种文体形式，还可能是公文写作中的应用文形式；提出对策部分，主要是应用文写作；论述问题部分是议论文写作。因此，从这个意义上来说，申论既考查了普通文体的写作能力，也考查了公文的写作能力。

3. 考查目的的明确性

申论的考查目的是非常明确的，它主要考查应试者阅读理解能力、综合分析能力、提出问题的能力及文字表达的能力。应试者要仔细阅读所给定的材料，理清材料的逻辑关系，抓住主要问题，考虑特定的条件、环境，并且结合一定的社会实际，进行分析、判断，从而提出切实可行的解决对策。

三、写作步骤

1. 阅读理解

申论考试的结构比较规范，首先是给定一篇（或一组）资料，要求应试者在认真阅读给定资料的基础上，自命一个题目，紧扣给定资料反映的主要问题，申述、阐明、论证对问题的基本看法和解决问题的方法。申论的背景资料字数在 1500 左右。这就要求考生要更加注重对理解能力与归纳、概括能力的训练。应试者要以尽可能快的速度阅读资料，透过内容众多的背景材料，准确地抓住材料的主题思想，确定给定的材料要求分析、解决的问题是什么。

2. 总结概括

申论考试题往往要求考生对给定材料进行理解、分析、整理、归纳、概括、综合。这种概括限定了很少的字数，它考查的是应试者的理解能力与把握、提炼材料主要内容和观点的能力。它相当于一篇论文的“摘要”，但又不同于摘要。为一篇论文提炼摘要时，论文的中心思想或观点已经被作者理清了，其结构与逻辑思维已经很清晰了。但是为一大堆未经整理的原始材料概括中心思想，难度无疑要大得多。应试者应居高临下，统摄、总揽全部材料，透过材料表面和罗列的现象分析其本质，用简洁的语言提纲挈领地反映出材料的核心思想、主要观点或者蕴含的主要问题。由于这种概括非常凝练，所以在语言特点上往往是一两个句子表达一层意思或一个观点，而且句与句之间要反映出思维的层次性，保持清晰的思维逻辑顺序。

3. 提出对策

考核的核心是考查考生解决实际问题的能力。考生针对材料反映的问题，依据个人的知识进行思考，对问题提出自己的看法，提出解决问题的对策。

提出对策注意的事项，一是要进入“角色”。应试者要站在公务员的角度思考解决问题的方式、方法与措施。二是提出的对策必须具有针对性，要紧扣主题，对所要解决的问题或者现象提出相应的对策。三是提出的对策必须具有可行性。不能运用想象、夸张的文学手法，不能不切实际地夸夸其谈，应试者应从真实的社会实际出发，提出的对策应该切合社会现实，具有可行性。对策越是在社会现实中具有可操作性，越能反映应试者的社会实践能力。四是提出的对策必须合情、合理、合法。

4. 论证

申论考试中的论证，是指经过对所提供的材料的阅读、分析，确定材料所要解决的主要问题后，在给定的字数范围内全面阐述、论证自己的观点。要求中心突出，思想与观点充实，论述深刻，说服有力，逻辑性强。从论证的方法上来说，论说文的各种论证方法都可以应用。

当然，申论测试在问题的设计上灵活多变，试题的题型和结构不断在改变，但是不管题型怎样改变，其实质依然是论述与论证。

四、写作格式

申论包括标题和正文写作两部分。

1. 标题

申论均采用文章式标题，即用能精练概括作者主要观点的词句作标题，如《建设“新农村”不能只建新农居》《变相教育乱收费现象必须引起重视》。

2. 正文

申论正文一般包括以下三部分内容。

（1）给定材料的理解、归纳、概括。要求简要概括出给定资料所反映的主要问题。篇幅在150字左右。

（2）对主要问题提出见解、对策或具有可行性的解决方案。要求提出给定材料所反映问题的解决方案。要有条理地说明，要体现出针对性和可操作性。篇幅不超过300字。

（3）对见解、方案的论证。要求就上段应试者本人提出的见解或对策进行论述。要求中心明确，论述深刻，有说服力。篇幅在1200字左右。

以上三方面要求在试卷中，通常都是通过三个题目来体现的。但题目数量允许有灵活性，可以是三个题目，也可以是两个或四个题目。题目的样式也不会一成不变，也许要求概述事件，也许要求概括主要问题，也许会在不同层面上对解决什么问题或怎样解决问题提出不同要求。

五、写作要求

（1）注意平时的知识积累和对社会问题的浓厚兴趣。多思考讨论问题，锻炼自己全面综合思考和解决问题的能力。

（2）关注与政府工作有关的社会热门、热点话题。平时多看报纸，留心社会重大问题、焦点问题、社会思潮。

（3）熟悉政府机关工作常用文体或公文的写作方式。如对策建议、报告、请示、意见、讲话稿等。

（4）学会审题。多花点时间阅读材料，准确地抓住材料主题。为了更好地把握主题，在看材料之前，可以先看后面的考试要求，记住问题，再看材料，重点内容用笔画出来。

（5）掌握公文写作的基本规律与语言特点。少说废话，避免空泛的议论，主题思想突出，观点鲜明但不偏激。实事求是，不讲大话、空话、套话。语言平直、准确，少用华丽的辞藻、感叹语。

（6）养成书写规范的习惯。要讲究格式、标点符号的规范及写作格式，字迹千万不要潦草，乱涂乱抹，注意文面的美观度。

【思考与练习】

1. 仔细阅读给定资料，按照后面提出来的“作答要求”作答。

材料一

阳光伴随着讨价还价声，洒在谷底开阔的地方，这里正是小谷村集市所在的地点。驻村第一书记汪×正在摊前拉话时，镇长陈××打来了电话："不错呀，你这'无中生有'的集市渐成气候了。"集市上，来的人越来越多，大家一边赶集，一边说着过去种种，十分感慨："想过有改变，但没想到会有这么大的改变。"

从前的小谷村是什么样子呢?

汪×还记得他刚来小谷村的场景。因为山多平地少，村民择坡而居，住的都是篱笆屋。住得远的村民到村委会要走两个多小时，除了出山买必要的生活用品，几乎与世隔绝。

汪×刚到村里时，老百姓看到他，都躲得远远的。他走进住在深山的赵×家，看到他们家高高低低四个孩子，全都没有上学，而最大的孩子都已经 14 岁了。赵×说："女孩子就应该在家照顾猪鸡羊。"汪×问："男孩子呢？"赵×说，上学太远也太苦了。汪×说："小谷村会好起来的。"赵×只是笑。

很快，在国家政策的扶持下，小谷村的各项改造开始逐步推进。从县城到小谷村的苏民路正式动工，村内七条道路的拓宽硬化同步进行，五个易地住房安置集中点建设同时启动，安全饮水配套工程加快实施，电信宽带也进入村民家中。

改变小谷村硬件容易，但是人们的思想呢？连村干部都得过且过。汪×来的第四天才见到他们。汪×没有说什么，只是默默做事。他"化缘"来几台计算机，让村干部学习打字，带领他们学习习近平总书记《在解决"两不愁三保障"突出问题座谈会上的讲话》，组织大家一起交流心得体会。他还有意识地锻炼年轻村干部，鼓励他们独立解决问题。村纪检小组长刘×年轻，有些怕事，邻村一只狗咬死小谷村的一只羊，两村村民争吵起来，刘×觉得这事超出了村纪检小组长能管的范围，他解决不了。汪×鼓励刘×，村干部样样事都得会干，越复杂的事越不能往后退，并指导他具体怎么做。刘×大着胆子处理好了这件事，觉得自己以后干工作更有底气了。现在，村里到处都能看到村干部的身影，或在走访解决问题，或在填路上的积洼，或在调解邻里纠纷。

孩子是小谷村的将来，要改变不能落下他们。那天从赵×家出来，汪×就下了这个决心。他开始奔波，提议筹办专为大龄失学儿童提供义务教育的"桐华班"。筹办还算顺利，"桐华班"由县教育局牵头，集中县里的优秀老师，加上一些知名高校的学生志愿者，自己编写教材，精心安排课程。学生们初来时，有的还哭哭啼啼的，汪×对他们就像对自己的孩子，给他们爱与鼓励。

可是，汪×找来找去，发现学生里面没有赵×的大女儿。他去赵×家做工作，赵×就是不同意大女儿上学。一个深夜，汪×跑去镇上找陈××商量，最终他们决定换个方式——送法上门。第二天，汪×带着司法所工作人员去了赵×家，工作人员告诉赵×，他们这样做违反了义务教育法，并苦口婆心陈述其中利害。赵×终于同意大女儿去上学。"做人的工作也许不像修房修路那样起眼，但最根本，也最长远，哪怕我们暂时看不到结果，也必须全力去做。"汪×记得和陈××探讨的那个深夜，离别时，陈××说了这番话，并按着他的肩说："夜色难免黑凉，前行必有曙光。"

曙光里，新修的苏民路冲开群山，伸进小谷村的谷底，村民们也搬进了新家。村里的孩子在"桐华班"学习后，渐渐有了明确的方向，他们想着继续读初中、高中，还要考大学。想到未来的生活，他们的脸上焕发着光彩，看向远方的目光更加坚定。

只有付出过，才知道其中艰难。汪×希望自己离开后，小谷村能有东西永远留下来。同在一个镇，柏香村做茶园、搞旅游，后池村有苗圃基地。小谷村做什么呢？汪杰把小谷村的事捧在手里，掂来掂去，突然有了一个主意：在小谷村造一个集市。

经过一番努力，大集热热闹闹开张了。汪×到处吆喝，逢人宣传，他坚信只要坚持几个月，一定会有一个稳定、成规模、可持续的小谷村集市。汪×做了两手准备，先是成立了村合作社，搞了小谷村集市专卖，然后告诉村民，哪怕拿鸡蛋来卖，合作社都收。同时，汪×去镇里动员商户来小谷村做买卖。刚开始，商户们听到要去小谷村，满腹怀疑，他们印象中的小谷村是个“鸟不拉屎的地方”。但汪×坚信，生活总要柴米油盐，吃穿总要必需品，只要坚持下去，集市会越来越热闹，他们自然就来了。果然，两个月后，商户们看到小谷村的集市热闹非凡，主动来找汪×，要在集市上做买卖。

小谷村的集市越来越有模有样，汪×又开始谋划新的出路。一个由土地、稻穗、绿叶、白云和火把组成的小谷村 logo 产生了。汪×想在村里建一个老川茶制茶厂，与大茶户合营，聘请有经验的制茶师，让山中那些野生老茶树的茶叶打上小谷村的 logo 后，可以不出村就能卖到茶客的手里，也让小谷村的 logo 能够深入到他们的心里。他还在想方设法加快建设标准化的养殖场，让“走的是神仙路、喝的是山泉水、吃的是神仙草”的小谷村生态羊走向城市餐桌。

勤劳致富之风在小谷村慢慢形成，汪杰掩饰不住地高兴。他想，这些努力和奋斗所换来的，有形的会老去，无形的却能从此改变小谷村。

材料二

“李总监，您好，我是芯谷产业功能区项目投资科的小罗，从今天开始，我就是你们公司的项目专员，以后有什么问题您都可以找我。”W 光学有限公司总务部总监李××接到小罗的电话时，既意外又暖心。

近期，S 市进行了“局区合一”改革，小罗的岗位，也从芯谷产业功能区规划建设部职员变成了项目投资科专员。小罗所在的项目投资科有二三十人，在一个开放办公室集中办公。坐在她斜对面的是部门首席，他原来是芯谷产业功能区规划建设部部长，坐在她旁边的是原市发改局政策法规科的工作人员。

“改革之后，我们探索了‘首席+专员’岗位设置方式，减少了管理层级。现在有问题您提出来，我可以和大家直接沟通交流，问题会很快得到解决的。”小罗进一步跟李××说。

时光转到一年前。那时候，W 光学有限公司刚刚跟市政府签订协议，投资 5.2 亿元建设新基地，落在芯谷产业功能区。李××负责新基地项目建设。

“基地建设涉及很多专业事项，对标高啊，航空限高啊，我都一头雾水。”李××说，“项目需要更新坐标系，我咨询功能区管委会，被告知要去自然资源局。去了之后，发现还要再去找测绘队。申报一个事项要跑很多部门。最后我招了五个办事员，专门负责到各部门跑材料。办事员告诉我，由于不清楚办事流程，他们要一次次到管委会咨询，工作人员态度特别好，就是解决不了问题，只能当信息的‘二传手’。”李××想起往事，皱起眉头。

现在，李××很快跟小罗敲定了一场设计交流会。房子的外形、色彩、标高有什么要求，大门怎么开，道路怎么建，水电气的接点在哪，申报手续怎么办……40 min 时间里，有关新基地建设设计问题，相关部门都一一作了解答。

S 市某领导说："我们要想改变过去产业功能区'协调办''二传手'的角色，就要解决产业功能区职能太弱、功能不齐备的问题。因此，我们要思考：如何发挥产业功能区对主导产业的支撑保障？如何给产业功能区赋能？"

最终的答卷是"局区合一"改革，也就是把市政府职能部门和产业功能区管理机构整合到一起。

S 市首先把发改局、航空经济局等与产业功能区关联度最高的市级部门作为主体局，通过与功能区管委会合署办公，实现整体职能覆盖功能区。目前，S 市发改局的职能定位与芯谷产业功能区的建设阶段特征相契合，与城市发展、产业发展、项目落地等事宜联系最紧密。改革后，S 市发改局黄局长多了两个职务：芯谷产业功能区管委会主任、党工委书记，办公地点也由 S 市的机关大院搬到了管委会。"我们按照'局区合一'改革的要求，把'两个班子、两套人员'变为'一个班子、一套人员'。"黄局长介绍，目前发改局和管委会在事项申报、项目促建、招商引资等方面已实现职能整合，可以更好地聚焦企业服务和经济发展。

与此同时，S 市把行政审批局、自然资源局、住建交通局、生态环境局等与产业功能区发展要素保障紧密相关的部门作为职能局，通过设立园区服务机构，实现核心职能下沉功能区；文体旅游局、国资金融局、人社局、教育局等部门作为事项局，通过设立投资促进机构，实现涉企服务职能延伸功能区。

黄局长介绍，"局区合一"改革后，市发改局和功能区管委会合并，原来的 21 个下设机构调整为 6 个；同时，精准定岗定责，探索"首席+专员"岗位设置方式，形成了管理运行新格局。"我们希望以组织再造促进流程再造，以内部放权推动整体赋能。"

目前，174 项涉企市级部门审批服务事项已全部下沉功能区办理，一般性企业开办时间由 20 天压减至 0.5 天，建设项目开工前审批时间从 197 天压减至 60 天。产业功能区的资源也得到有效整合，产业规模加速壮大。2019 年，已有 17 个项目建成投运，42 个项目正在加快建设中，航空经济、电子信息、生物产业三大主导产业规模近 2 000 亿元。

"我们的改革，没有局限于简单的修修补补，也不是机械的'头痛医头'。我们敢于直面根本问题，深入了解基层需求，通过创新体制机制，激发企业内生动力。现在来看，我们的改革之所以成功，离不开务实的精神和理性的思考。唯有如此，才能充分发挥理论和制度的效能，实现预期目标。"黄局长如此总结。

材料三

"小李，我跟你说，修志工作有三苦哇！清苦、辛苦、艰苦。做地方工作，你必须受得了这些苦！"F 市地方志办公室编纂处副处长杨 × 向刚到处里工作的小李再三叮嘱道。

"我搞地方志工作整整 23 年了，来这里工作，就要习惯坐'冷板凳'！"老同志王 × 也如此教导小李。

半年后，小李依然有些疑惑："只有加深对历史的掌握和理解，才能鉴古知今。地方志中充满了中国传统文化的智慧，对现代社会治理大有裨益。我们为什么不走出去，而只是躲在屋里修志编志呢？"

小李的问题引起了处长林 × 深深的思考，他准备在处里开一个讨论会，让大家谈谈地方志编纂工作的"冷与热"。

讨论会开得很热烈。

王×抢先说：“我觉得地方志的编纂工作是外冷内热。内热，就是指价值高。我们的地方志编纂工作能为经济社会发展提供参考，你说这编纂工作重要不重要？当然，编纂工作是辛苦的，需要清心静欲，耐得住冷清。”

杨×说：“我赞同。地方志工作看似没有地位，但只要修志者有‘为’，就一定会有‘位’；地方志部门虽然是‘冷线’，但只要干好了，也会成为‘热线’。地方志有存史、育人和资政的功能。做存史工作时，我们要沉得下心；做育人工作时，我们还得走出去；做资政工作时，我们要能摆正自己的位置。”

王×表示同意：“存史需要冷，存史才是我们地方志编纂工作最主要的功能。我们自己能感觉到工作的成就感就可以了，没必要在乎冷热之分。”

林×说：“存史是基本功能，育人、资政是现实功能。存史，我们也可以想想，我们要记录和保存什么样的历史？比如，是不是能记录咱们F市干部群众创新创业、建设美丽家乡的业绩，来以‘冷’存‘热’呢？”

王×说：“跟时代贴合、记录当下工作，确实是我们地方志编纂的重要内容。比如，我们应该做好年度大事记的编纂工作。”

林德说：“这个建议非常好，年度大事记的编纂是存史的功能，但从另一个角度说，这是不是也有育人、资政的功能呢？”

王×听了若有所思。

杨×接话说：“在修志存史时，如果多结合育人、资政的应用功能，我们修志的视野应该会更广阔，也应该能创造出更多的机会走出去，更好地服务社会。”

王×说：“我接着说年度大事记的编纂工作，这个工作我可以负责做，我们需要把市里的各项决策部署工作全面记录下来。”

林×补充说：“除此以外，我们要征集一下全市党员干部的典型案例和先进事迹，聚焦实录全市各界不惧艰险、无私奉献的感动瞬间。”

小李说：“这个工作带着我一起做吧。另外，我觉得，在记录历史、风土人情方面，我们编纂了很多高质量的志书。但是，是不是可以形式更生动活泼一点，让老百姓也爱读呢？比如，针对儿童和青少年群体，开发一些介绍我市风土人情的课程。”

杨×说：“咱们有很好的史料基础，如果我们能选一些有影响力的人物，以人物故事的形式出版成书，应该也会受大家欢迎。”

林×说：“杨×和小李，你们找时间把风土人情课程和人物故事书籍的建议，形成工作方案，我看是可以做的。”

王×坦诚地说：“我之前一直觉得我们把编纂工作做好就可以，今天大家的讨论给了我很多启发，走出去，也可以更好地宣传我们的修志成果，这是相辅相成的，而且啊，能把‘冷’变‘热’了。”

林×说：“‘以古人之规矩，开自己之生面’，是我们挖掘、梳理和萃取中华传统文化思想精华的目标方向。我们需要以积极姿态，让中华优秀传统文化价值向当代转化。这就要求我们转变工作理念和思路，对已有的工作形式进行拓展，这样就把冷门工作做‘热’了。对了，大家对发挥资政功能有什么好的建议吗？”

小李说：“我读书时，看到地方志提供了很多有价值的资料，当时就非常兴奋。比如说地处山区的千阳县，水土流失严重，土地瘠薄。但是根据志书的描述，古时候这个地方林木茂盛，土地肥沃，宋代曾将它划为牧马良区。清朝以后，山坡被垦殖，森林减少，千阳县才逐渐变成了穷山区。地方志中还有当地种桑养蚕的记录。千阳县就参考这些记载，决定以种草植树、发展多种经营来重新振兴山区经济，并且将种桑养蚕列为其中一个重要项目。所以，要是我们的编志修志工作也能提供这种经济建设方面的资政功能，也是不辱使命了。”

王×说：“关于资政功能，关键还是在于咱们能体现出智库作用。咱们要根据地方志资料，结合经济社会生活重大课题，加强调研，为市委市政府提供有价值的资政材料。”

林×说：“今天的讨论很有意义。老王，你先列一些重大课题，回头咱们再集体讨论一下。”

材料四

在江城博物馆，有一个专门为视障人士等特殊群体设计的博爱馆。原材料同比例复制的文物，可以操作体验的展品、首部用于视障和行走障碍观众的全自动导览车……

“除了桌子上、扶手上可以触摸到的盲文之外，我印象比较深的展品，有设计精巧的铜牛灯、长着翅膀的青瓷羊，还有脖子上戴着项圈的金兽。”20××年11月，江城市盲人学校组织师生到博物院参观。虽然时间已经过去了近一年，但学生孙×还记得来这里参观的感受。在孙×的印象中，博物院的镇馆之宝之一——汉代铜牛灯不仅摸起来感觉造型独特，而且可以拆卸、旋转，更有一根长长的管子来搜集点燃油脂后产生的烟雾，形成闭环系统。他很兴奋：“这个设计在古代是‘高科技环保型’的，我们都很惊奇。”在铜牛灯仿制品前，学生们亲手触摸的同时，语音播放器也被触发，开始播放展品的介绍，而旁边的“盲文点显器”则可以介绍这件文物的历史背景，构造功能等信息。该校尹老师说：“此前也去过其他博物馆，由于缺乏有针对性的介绍，同学们感觉索然无味。但一到博爱馆，大家就对这种可听、可摸、可操作的参观体验兴趣十足。专设这个博爱馆，特殊群体可以有尊严、自主地参观展览，说明文化为民理念逐步辐射到不同人群，起了很好的示范作用。”

在展厅的不同区域，展品类型、现场布置、光线明暗等均有所不同，在弱视区和怕光区，展品以书画为主，观众可以扶着护栏，贴近细看。当有人经过书画前，语音讲解就会自动播放，每幅画还有一小段盲文介绍；在全盲区，展品则以造型类文物仿制品为主，观众在触摸展品时，也能同步听到讲解词。

江城博物院藏有60余万件文物，博爱馆展厅中展示了其中按照1∶1的比例、以真实材料复制的40多件展品。为何选中这40多件？博物院信息部张主任说，考虑到不同年龄层次、知识背景、兴趣爱好的观众需求，博物院从不同门类、不同材质的馆藏珍品中反复比较，经过多轮筛选和残障志愿者的测试，最终保留下他们印象最深刻、最喜爱的展品，设计出一个特殊的综合展览。“我们不以珍贵程度作为首要因素，更重要的是要让特殊人群方便解读。”策展人李×进一步解释，展品不仅要代表江城博物院深厚的文化底蕴，也要与现代生活有关联、能想象、可互动。对于书画类展品，需要轮廓形态清楚、色彩对比强烈、故事性相对突出，让弱视群体方便观看且有代入感。对于造型类展品，造型上要有特点、纹饰要清晰、用途要体现实用性。在制作中，没有使用成本较低的3D打印，而是采用与文物相同材质的复制品，从而保证获得原材质的触感，“要让手指的叩击声也保持一致”。

不仅如此，博爱馆在设计理念方面还体现出许多贴心的细节。位置选择上，博爱馆位于一层，避开人群拥挤的主入口，降低了声音对信息获得的干扰。采光上，展馆采用玻璃顶，并安装了多个射灯，光线更通透明亮，可满足弱视群体需要。在馆内，盲道铺设的路线规划更加清晰。高低两层扶手上的盲文，在介绍产品的同时兼具引导功能。此外，江城博物院还研制了全国博物馆中首部用视障和行走障碍观众的全自动导览车。车载计算机控制车辆前边的路径和展示点，可前行、倒退、拐弯、避让，到达展示点后自动触发感应装置，播放产品的讲解语音。

博物院不断深化服务意识，建立了意见反馈机制，认真听取参观者的建议并积极加以改善。博物院馆藏的“金兽”是国宝级文物，模样似虎类豹像狮，究竟是什么动物至今没有结论。几位视障学生对如何通过触摸理解“金兽”讲出了自己的困惑：“语音讲解上说，这个猛兽很温顺，该怎么理解呢？”这使李×意识到，尽管采纳了很多专业建议，但依然存在“用明眼人的视角来办无障碍展览”的问题。经过对意见的研判和进一步调整设计策划，在介绍猛兽的温顺时，针对听障观众，扫描二维码可观看手语讲解视频；针对视障观众，除语音讲解和盲文介绍外，提示观众可以摸一下猛兽脖颈上的项圈，告诉他们这是被驯养的动物。

李×说：“要改变以视觉为中心的参观感受，带给观众更丰富的感官体验，工作上还应当有更多更细致的换位思考，虽然要求高了，但能看到孩子们纯真的笑脸，我也感到很快乐。”

问题一

材料一中说：“这些努力和奋斗所换来的，有形的会老去，无形的却能从此改变小谷村。”请你结合料一，谈谈对这句话的理解。

要求：分析全面，条理清晰；不超过 300 字。

问题二

材料二中，S 市进行了“局区合一”改革，请你概括这项改革的背景、措施和成效。

要求：全面、准确、有条理；不超过 250 字。

问题三

请根据材料三，回答下列两个问题。

（1）谈谈什么是地方志编纂工作的“冷”与“热”。

（2）假如你是 F 市地方志办公室编纂处的工作人员，请根据讨论内容，按照“将冷的工作做‘热’”的工作思路，起草下一步的工作要点。

要求：准确全面，简明扼要，条理清晰；工作要点包括工作任务及其工作措施；不超过 400 字。

问题四

请根据材料四，为这篇报道写一则短评。

要求：观点明确，简明深刻；紧扣资料，重点突出；有逻辑性，语言流畅；不超过 500 字。

问题五

材料一中说“夜色难免黑凉，前行必有曙光”，材料二中说“我们的改革之所以成功，离不开务实的精神和理性的思考”。请深入理解这两句话的含义，参考给定材料，联系实际，自拟题目，写一篇文章。

要求：观点明确，见解深刻；参考所给材料，但不拘泥于所给材料；思路清晰，语言流畅；1 000 ~ 1 200 字。

第十节　贺　　信

一、贺信的概念

贺信是指在隆重的会议或喜庆的仪式场合中，对人、对事表示祝贺或是对对方在某一方面所取得的成就或突出贡献表示庆贺、赞扬、表彰的信函。对某一项科研任务的成功，某一重要工程的竣工，某一重大会议的召开以及对某个人物的寿辰、某个节日等，也可以写信表示祝贺。上下级单位、同级之间都可发出贺信。重要的贺信往往对人们有很大的激励和教育作用。

二、贺信的特点

贺信的根本特点是表达祝贺、道喜、祝愿，或根据对象表达互相勉励和希望的内容，语词热情，鼓舞性较强。其作用主要是沟通、交流，并在沟通与交流中加深友谊，同时也能活跃现场气氛。

三、贺信的种类

（一）按贺信的作者分

贺信的作者可分为组织和个人两类。

（二）按祝贺的内容分

祝贺的内容可分为贺结婚、贺寿、贺升学、贺得奖、贺成就、贺节日等。在现代日常社会人们的交往中，人们常用的贺信大致有两种：一是与日常生活有关；二是与事业有关。

1. 与日常生活有关的贺信

如贺结婚、贺迁居、贺寿、贺得子（女）等，这类贺信在于亲朋好友之间互相慰勉、祝愿、鼓励等。

2. 与事业有关的贺信

如贺毕业、贺升迁、贺公司开业、贺会议开幕、贺重大工程开幕等，祝贺的主旨是为了表示希望事情顺利进行，取得成功。

（三）按祝贺的对象分

（1）上级对下级所属职工、群众发出的贺信。可以是贺节日，也可以对其所取得的成绩表示祝贺，并提出希望与要求。

（2）同级单位之间的贺信。这类贺信在表示祝贺外，主要是表示向对方学习，起到互相鼓励的效果。

（3）下级给上级的贺信。在表示祝贺之外，还表示对完成某项任务的决心和行动。

（4）以个人或单位、组织的名义给某人祝寿，或者向在某一方面做出突出贡献的人表示祝贺。

四、贺信的写作技巧

贺信一般由标题、称谓、正文、结尾、落款五部分组成。

（一）标题

贺信标题有以下三种。

（1）标题由文种名构成，如第一行正中写上“贺信”二字。

（2）标题由被祝贺者和文种名构成，如“祝×××的贺信”。

（3）标题由祝贺者、被祝贺事由和文种名构成，如“×××祝……的贺信”。

（二）称谓

顶格写被祝贺单位或个人的称呼，称呼之后加冒号。若是写给单位，写其全称；写给个人的，要加“先生”“女士”“同志”等相应的称呼，姓名前往往加上“尊敬的”“敬爱的”等修饰语以示尊重。

（三）正文

另起一行，空两格写正文，正文一般由三部分组成。

1. 开头

简述当前的形势和对方所取得成绩的社会背景，或重要会议召开的历史条件。

2. 主体

简要说明对方在哪些方面所取得的成绩，并分析对方取得成绩的主观原因和客观原因。如果是寿辰贺信，应概况地说明对方的贡献和品德。如果是重要会议的贺信，应说明会议的重要内容与重要性，充分肯定其深远意义和长期影响。

3. 结语

向对方表示热烈的祝贺和称赞，并写出祝贺者的决心和未来的打算。同时，给予热情的鼓励，还可提出殷切的希望，表达双方共同的理想。

（四）祝福语

结尾部分另起一行，写上祝福话语，如“祝大会圆满成功”“祝您健康长寿”等。

（五）落款

另起一行，在右下方写发信单位或个人姓名。署名下面写上年月日。

五、贺信的写作要求

（1）贺信的内容视祝贺的对象及祝贺的事情而定。主要是要体现真诚的祝福，感情要饱满充沛，字里行间要洋溢着喜庆、热烈的气氛，要给人以热情和鼓舞。

（2）对祝贺人的赞扬要实事求是，对成绩和贡献的评价要恰如其分，评价用语得当和颂扬不能过分，否则适得其反，有溢美之嫌。表示决心要切实可行，不能空发口号。

（3）写作时要注意祝贺者与被祝贺者的关系，语气应有所区别。

（4）贺信中避免用不吉祥的词汇，以免引起对方误解。

（5）语言要精练、明快、通俗流畅，不能堆砌华丽的辞藻，篇幅要短小。

六、贺信的注意事项

与贺信的性质、写法相同的还有贺词（辞）、贺电。贺信是寄对方或者是派人送去的；贺词是直接到会宣读的。贺信与贺词有所不同，贺词内容篇幅较长，贺信要求简单短小，不宜长篇大论。贺电是因为对方距离远，为加快传递的速度，用电报形式拍发的。

【例文】

贺　信

××房地产公司全体职工：

喜闻10月2日是贵公司成立三周年纪念日，特此表示热烈祝贺！

三年来，贵公司全体职工发扬艰苦创业、自力更生、增产节约、多做贡献的可贵精神，不仅为我市建成了大批优质高档住宅小区，而且培养了大批房地产专业技术人才，支援了兄弟单位。三年来，贵公司在技术力量方面，给我公司以无私的帮助和支援。对此，我们表示衷心的感谢，并决心以实际行动向贵公司全体职工学习，努力钻研技术，提高产品质量，为达到同行业的先进水平而努力。

最后，祝公司全体职工在新一年的项目开发中取得更大的成绩！

此致

敬礼

×××公司

20××年×月×日

【思考与练习】

1. 改错题。

巩×和新×同学:

你们好！喜息你们考上了高职，非常高兴，仅向你们表示衷心的祝贺！说来惭愧，我们同学三年，独我落选。不过，鄙人虽然这次不幸名落孙山，但绝不灰心，决意明年再考，即使考不上也不灰心，高等学府外自学成才的人也大有人才，如今，自学计划已初步拟出，你们成绩显著，有何经验之谈和锦囊妙计，望能抛砖引玉，切莫保守，来信告诉我。余不赘陈，愿我们在学习道路上比翼双飞。

2. 学校将在今年9月举行建校50周年校庆，请你给学校写一封贺信。

第十一节 请 柬

一、请柬的概念

请柬又称请帖，是单位或个人为邀请有关人员出席会议、典礼、值得纪念的活动而制发的一种礼仪性专门信函，多用于较隆重的庆典活动宴请宾客，比一般的信函更具有庄重色彩。其中请是邀请之意，柬通“简”，为信札之意。一般制成帖子形式，故又称柬帖。

中华民族具有悠久的文化传统，自古以来，我国邀请宾客前来参加会议或精心安排的活动时，常采用请柬这种书面形式。在现今的商务活动中，为促进贸易双方相互了解、增进友谊、扩大贸易，解决一些通过函电难以解决的问题，常会用到请柬，以示礼貌和尊重。请柬的应用范围较广，在举办商品贸易会、展览会、招待会及庆祝、纪念、典礼等活动时，都可以发出请柬。

二、请柬的种类

根据活动性质，请柬可分为公务性活动请柬、文娱性活动请柬、宴会请柬和庆吊请柬。

三、请柬的特点

请柬应用广泛，有许多会议和活动都可以发请柬，团体、单位和个人都可以发。概括起来，请柬具有以下特点。

（一）文字性

请柬的文字性就是它的书面性，它与一般的通知是有区别的，通知可以是书面式的，也可以是口头传达式的；而请柬只能是正规的书面式邀请，或直接当面呈递，或托人致送，或邮寄。

（二）广泛性

随着现代社会人们交往的日益频繁，各种活动逐渐增多，小到个人的生日宴会，大到一个国家的庆典等，都通过请柬邀请客人来参加，可见请柬使用的广泛性。

（三）非保密性

请柬作为一种专用书信，与一般的来信不同。一般的书信对象性强，只有收传人才有权看到书信的内容，其他人则无此权，也就是说书信具有保密性。而请柬的内容在一般情况下是可以公开的，可允许被邀请人以外的人看，在请人托带时，信封常常不用封口。

四、请柬的写作格式

请柬一般由标题、称谓、正文、落款等组成。

（一）标题

写“请柬”字样，如果请柬是折页纸，封面写“请柬”二字，封面还要做些艺术加工，如图案装饰，文字用美术体，并可套红或烫金。如果请柬是单页纸，第一行正中写“请柬”二字，字体要略大，要醒目和美观。

（二）称谓

封内顶格写被邀请者的单位名称或个人姓名。个人的姓名之后要有职务，或称“先生”“女士”“小姐”等称谓，称呼应视与收柬人的关系而定。亲近者称呼可以亲近或亲昵；一般者应表示尊重。按照我国的文化习俗，讳去名字，只称姓氏及“先生”“老师”，表示尊敬；讳去姓氏，只称名字及“先生”“同志”等，表示正式。发给长辈的请柬可以省略姓名，直接写称谓，如伯父、伯母、舅父、舅母等；发给平辈或小辈的请柬，则应加上姓名或只写姓名，如×××侄儿、×××妹妹、×××同志、×××先生、×××女士等。

（三）正文

请柬的正文一般要交代清楚活动的内容、时间、地点等。为了便于被邀请者赴会，有的还应注明如何接送，或乘什么车辆可以直接抵达。如有其他要求，亦应在此写出，以便被邀请者准备。文后多以“敬请参加”“敬请光临”“请届时光临”等语作结。“敬请”“敬候”一类的词语应空四格写，“参加”“光临”须另起一行顶格写，无须更多的陈述或描绘。

（四）落款

注明发请柬的单位或个人，并写明发请柬的日期（年、月、日），若为单位所发请柬，还需加盖公章。

五、请柬的写作及有关要求

（1）内容简明扼要，附加说明要交代清楚。宴会活动如有电影、文艺演出等活动，应说明凭请柬入场。或附上入场券，说明凭请柬和入场券入场。

（2）请柬在格式上有横写、竖写两种，前者简洁灵便，文字多寡皆宜，容易打印。后者比较庄重，富于特色，两者的选择，须视具体情况而定。

（3）外观上讲究美观大方，以示对被邀请者的尊重。请柬一般不用信纸，而是用硬纸卡片。在款式和装帧设计上，要特别讲究艺术性。

（4）文字上，用语简洁、明确、庄重、典雅，表达意思周全，被邀请者看后能清楚明白，尤其是活动的内容、时间、地点等。被邀请者的姓名、头衔必须准确无误，并能领会邀请者的诚意和礼貌。注意对象、内容、场合的区别，反映各自的特点，如邀请长辈的请柬和邀请小辈的请柬、代表大会的请柬和舞会的请柬，其措辞有所不同，不应千篇一律。尽量多用口语，少用文言。

（5）请柬要提前发出，让被邀请人有足够的时间准备。过早容易比被邀请有遗忘，过晚有可能让被邀请者措手不及，进而影响活动效果。

（6）请柬写好后，一般应放在信封里，派专人选去，也可直接邮寄给被邀请者，条件允许时，最好不用间接方式递送。

（7）请柬不宜乱用，一般性会议可用通知，不用请柬。

六、请柬的写作例文

【展销会邀请】

请　　柬

×××：

兹订于2018年8月10—18日，在××大厦召开×××展销会，并于8月10日11:30在××大酒店举行开幕典礼，敬备酒宴恭候。请届时光临。

×××有限公司敬约

【画展邀请】

请　　柬

中国山水画展定于20××年×月×日在××市工人文化宫西展厅举行预展，敬请光临指导。

展出时间：20××年×月×—×日

上午：7：30—11：30

下午：2：30—6：00

中国美术家协会×××分会

20××年×月×日

【寿宴请柬】

请　　柬

公元20××年8月18日为家慈七旬整诞，即日午12时敬备薄酒于××酒家恭候。

敬请光临。

×××

20××年×月×日

【文娱活动邀请】

请　　柬

×××同志：

为庆祝我校成立九十周年，特定于20××年11月11日14：00在校礼堂举行庆祝大会，届时敬请光临。

顺致

敬礼

×××大学

20××年×月×日

【思考与练习】

1. 院团委、学生会将于2022年12月29日晚在文体中心举行“庆元旦”文艺晚会，请你代表他们邀请院长前来观看，拟写一份请柬。

2. ××集团将于20××年4月15日12:00在××酒店举行集团50周年庆典，请你代表××集团邀请市委书记前来参加，拟写一份请柬。

第三章　专 用 文 书

第一节　策　划　书

一、文体知识

策划的第一步是明确顾客的需求，进行相关内容的调查与分析，并发现问题，提出解决问题的方案的过程，它是一个思维过程，不是一个文本格式与形式。策划书就是在市场调查研究基础上，对某整体活动或某一方面活动的预先设想和策划。

策划书的种类：广告策划、宣传策划；产品策划、营销策划；市场分析、营销渠道策划；等等。

二、格式和写法

（一）策划书的封面

策划书的封面由以下四部分构成。

（1）策划书的名称，将策划主题体现出来，让使用者一目了然。策划书名称应尽可能具体地写出，如“××××年××月××工会××活动策划书”。

（2）策划者姓名，将策划小组名称及成员姓名列示出来。

（3）策划书制作时间，年、月、日。

（4）策划书的编号。

（二）策划书的正文

策划书的正文包含以下内容。

（1）摘要，策划目的以及对策划内容的简要说明；目录；前言，策划经过的说明；策划内容的详细说明；策划实施步骤以及各项具体分工：时间、人员、费用、操作等；策划的期望效果与预测效果；策划中的关键环节，策划实施中应注意的事项。

（2）活动背景，这部分内容应根据策划书的特点在以下项目中选取内容重点阐述；具体项目有基本情况简介、主要执行对象、近期状况、组织部门、活动开展原因、社会影响、以及相关目的动机。应说明问题的环境特征，主要考虑环境的内在优势、弱点、机会及威胁等因素，对其进行全面的分析，将内容重点放在环境分析的各项因素上，对过去、现在的情况进行详细的描述，并通过对情况的预测制订计划。如环境不明，则应该通过调查研究等方式进行分析加以补充。

（3）活动目的、意义和目标。活动的目的、意义应用简洁明了的语言表述清楚；在陈述目的要点时，该活动的核心构成或策划的独到之处及由此产生的意义（社会效益、经济效益、媒体效应等）都应该明确写出。活动目标要具体化，并需要满足重要性、可行性、时效性。

（4）资源需要。列出所需人力资源、物力资源，包括使用的地方，如教室或使用活动中心，都详细列出。可以列为已有资源和需要资源两部分。

（5）活动开展。作为策划的正文部分，表现方式要简洁明了，使人容易理解，但表述方面要力求详尽，写出每一点能设想到的东西，确保没有遗漏。在此部分中，不仅仅局限于用文字表述，也可适当加入统计图表等；对策划的各工作项目，应按照时间的先后顺序排列，绘制实施时间表有助于方案核查。人员的组织配置、活动对象、相应权责及时间地点应在这部分加以说明，执行的应变程序也应该在这部分加以考虑。这里可以提供一些参考方面：会场布置、接待室、嘉宾座次、赞助方式、合同协议、媒体支持、校园宣传、广告制作、主持、司仪、会场服务、电子背景、灯光、音响、摄像、信息联络、技术支持、秩序维持、指挥中心、现场气氛调节、接送车辆、活动后清理人员、合影、餐饮招待、后续联络等。请根据实情自行调节。

（6）经费预算。活动的各项费用在根据实际情况进行具体、周密的计算后，用清晰明了的形式列出。

（7）活动中应注意的问题及细节。内外环境的变化，不可避免地会给方案的执行带来一些不确定性因素，因此，当环境变化时是否有应变措施、损失的概率是多少、造成的损失多大、应急措施等也应在策划中加以说明。

（8）活动负责人及主要参与者。注明组织者、参与者姓名、嘉宾、单位（如果是小组策划应注明小组名称、负责人）。

（三）策划书的附录

供参考的文献与案例；如有第二、第三备选方案，列出其概要；其他与策划内容相关的事宜。

【例文】

活动标题

——副标题（如果有）

一、活动主题

____。

二、活动宗旨/目的

____。

三、活动组织机构

（1）主办单位：______________________________

（2）承办单位：______________________________

四、活动对象

____

五、活动时间、地点

时间：________________

地点：________________

六、活动流程

1. 前期准备

（1）____。

（2）____。

（3）____。

2. 活动的主要内容及具体安排

（1）____。

（2）____。

（3）____。

七、物资、经费统计

（注：有商家赞助要说明）

项目	用途	单价	数量	总价	备注
合　　计					

主要负责人：×××

20××年×月×日

八、附件

1. 如有需要，附相应的海报、横幅、场地等相关申请。

2. 如果有商家赞助，要附与商家的协议书、策划书。

三、注意事项

（1）本策划书提供基本参考方面，小型策划书可以直接填充；大型策划书可以不拘泥于表格，自行设计，力求内容详尽、页面美观。

（2）可以专门给策划书制作封页，力求简单、凝重；策划书可以进行包装，如用设计的徽标做页眉，图文并茂等。

（3）如有附件可以附于策划书后面，也可单独装订。

（4）策划书应从纸张的长边装订。

（5）一个大策划书，可以有若干子策划书。

【思考与练习】

1. 策划书的内容包括哪些？

2. ××学校将要举行建校50周年歌唱比赛，请制作一份策划书。

第二节　招 投 标 书

一、文体知识

招标是指招标人在规定的时间和地点发出招标书或招标单，提出准备施工的工程或准备买进商品的品种、数量及有关条件，招引或邀请应招单位或人员进行投标的行为。投标是指投标人应招标人的邀请，根据招标书或招标单位的规定条件，在规定的时间内，向招标方报价，争取达成交易的行为。

（一）招标和投标业务的基本程序

招标和投标业务的基本程序包括招标、投标、开标、评标、决标及中标签约等几个环节。

1. 招标的基本程序

（1）发布招标书：根据招标方式的不同，可以采用颁发招标通知或在国内报纸、杂志上刊登招标广告。招标通知与招标广告的内容基本相同，一般包括招标项目、有关的交易条件和投标须知等。发送招标通知和刊登招标广告都必须及时。按照国际惯例，招标通知或招标广告一般在开始招标前两日发出。

（2）资格预审：资格预审是指招标人对投标人的基本情况、财务状况、供应与生产能力、经营作风及信誉等进行全面预先审查。预审合格方能取得投标资格。目前国际上招标人进行资格预审的方式很多，通常采用分发“资格预审调查表”的方式，招标人根据投标人所提供的数据“分项评分”进行评价。

（3）编制招标文件：在物资采购的招标中，招标文件又称“标书”或“标单”，内容较为简单，主要列明商品的各种交易条件，如同一般买卖合同的条件，唯独价格条件由投标人投标时报价。在工程承包中，招标文件的内容要复杂一些。

2. 投标的基本程序

（1）投标前的准备工作：投标人参加投标之前，需做许多准备工作，包括编制投标资格审查表、分析招标文件、寻找投标担保单位等。其中，分析研究招标文件是一个核心问题。投标人对招标文件中的招标条件、技术标准、合同格式等要认真分析，做到量力而行。

（2）编制投标文件和提供保证函或保证金：投标人经过慎重研究标书之后，一旦决定参加投标，就要根据招标文件要求的规定编制和填报投标文件。为防止投标人在中标后不与招标人签约，招标者通常要求投标人提供投标保证金或投标保证函。

（3）递送投标文件：投标文件须在投标截止日期之前送达招标人，逾期无效。递送投标文件，一般应密封后挂号邮寄，或派专人送达。

3. 开标、评标、决标、中标签约

（1）开标：开标是指在指定日期、时间和地点将全部投标者寄来的投标书中所列的标价予以公开唱标，使全体投标人了解最高标价以及最低标价。开标日期、时间、地点通常在招标文件中予以规定。

（2）屏蔽和决标：开标后，有些可以当场决定由谁中标，有的要由招标人组织人员进行评标后决标，选定中标人，然后决定招标人。

（3）中标签约：中标人必须与招标人签约，否则保证金予以没收。

（二）招标书和投标书的种类

1. 招标书的种类

按照招标范围，可分为招标书（用于招标内容比较重大而且面向国内外的招标）、招标启事（面向国内一般事项的招标）、招标函（直接通知有承包能力的单位参加投标）三种类型；按照招标目的不同，可分为采购招标书、科技项目招标书、建设工程招标书、企业法人招标书四种类型。

其他还有：招标选聘法人代表公告，是企业为了改变现状，提高管理水平，吸引优秀人才，适应社会发展的要求而通过招标的形式来选聘法人代表的活动。这种形式的招标书的重点内容要交代招聘条件（如年龄、性别、学历、专业水平等）、任期及中标后的权利和义务等；招标竞争承揽公告，是政府或企事业单位为了采购大宗商品、开展科学研究、进行建筑设计和工程建设而进行的招标活动。目的是寻求质量好、条件优的合作伙伴。这种类型的招标书技术性要求比较强，其主要内容有招标项目、有关的各项交易条件、投标须知等。由于其技术要求高，因此一些技术性问题或者有关的数据往往不写入招标书，而另外写入其他招标文件中，供有兴趣的投标者索取。

2. 投标书的种类

按照对招标书的种类的划分，投标者根据招标书的要求和具体条件，针对招标书中的企业或事业单位的实际情况，将自己的经营方针、经营策略，以及为达到招标者要求的经营目标而进行的可行性分析、具体措施和方案及违约责任全部表示出来而写成的投标方案。这类投标书的重点是对经营方案的可行性分析，要切实可行，让招标者满意。

其他还有：竞争承揽商的投标书，是投标者根据招标书的具体要求，将自己在规定期限内愿意接受招标任务或项目的愿望表示出来，并且提出自己的应标条件或报价，以及顺利完成招标书中提出的任务所准备采取的措施、方法、步骤及完不成任务或出现意外问题所承担的责任等内容全部表达出来而形成的书面投标方案。这类投标书中应说明自己能够完成招标书中各项要求所具备的技术条件、设备条件、管理优势以及自己报价的合理性，甚至还要简要写出投标者过去对类似承揽项目的完成情况，以自己的优势和实力去参与竞标。

（三）招标书和投标书的特点

1. 招标书的特点

（1）公开性，招标本身就是一项公开进行的周知性交易行为，发布招标公告的目的，就是要将事项告知于人，吸引人们参与投标，这就决定了招标书的公开性。

（2）明确性，为了吸引人们参与投标，招标书必须写明招标内容、条件和有关要求，因此具有明确性。

（3）竞争性，招标通过发布招标书吸引众多的单位参与投标竞争，以便“货比三家”，择优录用，因此招标书的内容和语言都要表现出竞争性。

（4）具体性，招标书是涉及具体业务项目的文书，其内容越具体，越能引导人们通盘考虑是否投标竞争，不能笼统抽象、含糊不清。

2. 投标书的特点

（1）针对性，投标书的针对性表现在两个方面：一是必须针对投标项目、招标条件和要求来写；二是必须针对投标单位自身的实际承受能力来写。

（2）真实性，投标书的内容必须真实，因为投标单位一旦中标后，便对自己的承诺负责，要承担法律责任。

（3）竞争性，投标是一种竞争性很强的商业交易行为。为了能够中标，投标书的内容必须具有竞争性，尽可能显示投标单位所具有的某些优势条件，以击败其他竞争者。

二、格式和写法

（一）招标书的结构

由于招标的目的不同，招标书的写法也就各不相同。且不论哪种类型的招标书，在结构上都应包含以下几个方面的内容。

1. 标题

招标书的标题一般有招标单位名称、招标项目和文种三部分构成。招标单位的名称要写全称；招标项目要求用简介的文字概括招标的具体内容；文种可以用“公告”“通知”“启示”等，如《××银行××分行办公大楼施工招标书》《××市××宾馆招标选聘经理公告》。

2. 前言

招标书的前言也称“导语”或“引言”，其内容主要是说明该项工程或贸易活动或选聘活动的性质、特点、意义以及要公开的意义，招标单位的基本情况等。

3. 正文

招标书的正文一般要用分列条款的形式将主要内容和具体事宜叙述出来。正文的主要内容有招标项目、招标步骤、保证条件、落款和附件等。

招标项目应该写明项目的具体情况，如具体名称、数量、质量要求、价格条款、投标者资格等。招标步骤包括招标的起止日期，发送文件的日期、方式、地点，文件售价，开标日期和地点等。保证条件包括担保人、保证金等保证投标人中标后工作顺利开展的基本条件。

落款要写清招标单位的全称、地址、邮政编码、电话、网址、传真、联系人姓名等。

4. 附件

在大型的招标书中，常常为了正文的简洁，而把复杂的内容或技术性的要求，如建筑工程中的工程质量要求、材料质量、建筑图纸、技术规格等有关内容，作为附件列于文后，或者编号另发。

（二）投标书的结构

投标书是针对招标书的内容进行逐项回答的书面文字。由于招标书的内容各不相同，投标书的写法也自然不同，但在结构上基本上都有以下几方面的内容。

1. 标题

投标书的标题应和招标书的标题相对应，只是在文种上有差异，一般由投标项目加文种组成，也有的是由投标单位名称加文种构成。例如，针对《××银行××分行办公大楼施工招标书》的投标书的标题应为《××银行××分行办公大楼施工投标书》或《××建筑公司投标书》。有的投标书的标题直接写成《投标书》或《投标申请书》，而不涉及招标的项目和投标单位。

2. 称谓

这里的称谓是指在投标书的标题下写招标单位的名称或招标机构的名称。如果招标书中对投标书的递送有明确的规定，则按规定要求写称谓即可。这一项有时也可以省略。

3. 导语

导语部分是投标单位或个人把自己对招标投标意义的认识、对竞标的态度以及自己的基本情况等用简洁的语言表达出来。

4. 主体

主体是投标书的中心内容，是鉴定投标方案是否可取、投标人能否中标的关键部分。

竞争法人代表的投标书，一般要写自己的年龄、学历、工作经验、工作业绩、对招标对象现状的分析，包括存在的问题、不足、优势。接着要提出自己的经营目标，这一目标一般和招标书中的要求相符合。然后对现实经营目标进行可行性分析，同时提出自己的具体措施。其中心内容是实现经营目标的具体措施。投标者提出的措施要切实可行，令招标者信服，切忌自吹自擂，夸大其词。

竞争承揽商的投标书，首先要写投标单位的基本情况，如级别、技术力量、过去的经营业绩；标价以及对自己提出标价的分析证明；投标者的承诺，如时间保证、技术质量、设备状况、固定资产等情况。

投标书的主体部分的内容较多，一般按照相应的招标书的要求顺次写出即可，有时也可根据招标书的要求分部分来写。总之，无论怎么写都要做到数据准确，分析有理，标价适当，方法妥当，措施可行。只有这样，才能令招标者信服，才有中标之可能。

5. 落款

落款就是在投标书正文后署名，应依次写上投标单位或投标个人的名称、法人代表姓名、盖章、通信地址、联系电话、传真、网址等，最后写上发文日期。

6. 附件

投标书正文的有些内容，由于对正文只具有补充或解释的作用，就不必在正文部分详细写出，而以附件的形式列于投标书之后。例如，担保单位的名称、营业执照、银行开出的保证金或提供的担保函、商品的规格及价格、企业的设备清单、工程清单或单位工程主要部分标价明细表等。

三、注意事项

（一）招标书的写作要求

首先，在起草和发布招标书之前，必须经上级有关主管部门的批准。在招标书中，一般都要写清经过什么单位批准而实行公开招标。这样既增加了招标书的权威性，又使投标单位有了责任感。

其次，要求合法、科学。招标书中的具体要求应符合有关法律、政策的要求，不能违法，特别是招标书中的技术要求应科学，符合国际标准或国家颁布的标准。公告的各项数字，一定要认真核实，做到准确无误。

招标书的内容要力求清楚、全面、准确，使投标者能够权衡利弊，做到一目了然，有章可循，避免产生误解。

文字要严谨简洁。招标书的写作要做到干净利落，层次清晰，不可拖沓冗长，语言要严谨准确，表述要准备无误。首先，招标项目涉及的标准要准确，如对物资设备、工程或科研项目的质量标准，应当明确是国际标准还是国家标准、部颁标准或者单位自定标准；其次，有关技术规格要准确，不能含糊不清，不能用“大约”“近似”等模糊语言来表述。招标书要求篇幅短小，表述直截了当，因此语言必须简洁明了。

（二）投标书的写作要求

慎重严肃。在写投标书之前，要对招标书的各项内容进行深入细致的研究，对招标书所涉及的各种情况要了如指掌，切不可随便应付。因为一旦中标，投标书即是对招标、投标双方签订合同的依据，因此，写作时要慎重严肃，严格按照有关要求和投标者的具体情况进行写作。

准确有效。投标书中要防止无效标书的漏洞，如未加盖单位公章和法人代表私人印章，字迹涂改或辨认不清等。还应防止未附投标保证书或保证书的时间与规定不符。同时，在语言上要简明扼要，严谨准确，不可用“大约”“左右”“前后”等模糊词语，计算数字要核对准确无误，也不能把与投标无关或关系不大的内容写于投标书，要重点突出，防止冲淡主题。

标价要适中，投标者的标价既要保证自己的经营效益，又要兼顾社会效益，要使招标者和投标者双方都能接受；同时，投标书中的各项承诺，要根据自己的实力提出，一经提出就要保证能做到，切忌轻易许诺。

理清写作思路。要按照表明态度—介绍概况—说明投标内容—提出保证事项的顺序编写。

掌握语言要求。语言要求首先是明确。在投标书中，无论是介绍性说明，还是分条分项说明，语言都要具体明确，不能含糊其词，模棱两可，让人费解。其次是严密。投标书必须具有说理力量，才能使招标单位信服。说理力量来自实事求是的态度和对事理的严密论证。因此，在写作时，应当努力做到论点和论据统一。

【思考与练习】

某学院需要增建一个运动场，现向社会公开招标。

（1）请你拟写一份招标书。

（2）假设××建筑公司准备投标，请你拟写一份投标书。

第三节　可行性研究报告

一、文体知识

可行性研究报告，是指在确定某一经济建设项目或科研项目之前，对其政策和规模、技术力量和水平、实施方案或措施及其投入与产出等，进行全面的技术论证和经济分析，从而确定该项目实施的可行性和有效性的书面报告。

撰写可行性研究报告的前提是进行可行性研究。可行性研究大约于 20 世纪 30 年代由美国首先推行，我国 70 年代末开始在工程项目建设前期的技术经济分析中应用。80 年代初，正式将可行性研究列入基建程序，规定所有新建、扩建的大中型项目都要进行可行性研究，提出可行性研究报告，以此作为审批项目设计计划书的依据。1982 年 2 月，国家计划委员会制定了《关于建设项目进行可行性研究的试行管理办法》，对拟建项目的可行性研究报告的编制程序和内容等有关问题做出明确规定。后来可行性研究的范围进一步扩大，已进入政治、军事、经济、文化等各个领域，成为各级领导机关决策前进行研究的必要环节。当前，经济管理、基本建设、外贸引进、技术开发、承担工程建设任务等，编写可行性研究报告，已作为一项制度规定下来。

（一）可行性研究报告的作用

1. 为领导者提供项目决策的重要依据

无论什么经济活动，在正式启动之前都应该有一个完备的论证过程。例如，这个项目是不是需要实施，应该做什么及怎样做，通过何种途径才能获得“技术上合理，经济上合算”的最佳效果，都要经过认真研究。可行性研究报告就是以确认的资料、科学的数据为依据，从多角度、多层面来考察、分析拟建项目，为决策者描绘拟建项目的全貌，并把意见或建议提供给决策者，以帮助决策做出正确的选择。

2. 为保证资金来源提供条件

新项目的实施需要资金保证，资金来源有上级拨款、银行贷款、外商投资等多种形式。要保证资金来源，可行性研究报告就是他们进行分析、研究不可缺少的材料。上级主管部门、贷款方或投资方要对可行性研究报告进行审核、评估，以考察该项目是否可以实施，是否能够取得令人满意的社会效益和经济效益。如果没有可行性研究报告，这些工作将无从着手。

（二）可行性研究报告的特点

1. 高度的科学性

可行性研究报告的写作是在科学调查、科学研究、科学预测的基础之上的，要以运用现代化的科学技术手段和方法为条件，不仅要阐明项目在技术上和经济上所依据的理论、原理，说明它的科学性，还要运用大量的数字、资料来论证该项目在技术上、经济上是否可行，其内容应当是科学的、客观的。

2. 严密的论证性

可行性研究忌讳的是一言堂，崇尚的是集思广益式的群言堂；所忌讳的是主观主义的臆测，所崇尚的是实事求是的调查和充分可靠的论证。具体地说，可行性研究报告具有以下几个特点：第一，它是集体智慧的结晶，是领导、专家、技术人员共同研究的成果；第二，它的技术资料和数据是准确无误的，具有不可逆转的论证性和说服力；第三，在论证过程中所采用的方法一般是理论和事实相结合、宏观和微观相结合、长远和现实相结合、政治和经济相结合。

3. 学科的多样性

成功地完成一个经济项目往往需要得到多学科支持，所以完成可行性研究报告的写作也需要所涉及各个学科的专业人员的合作。就其内容而言，一个拟建项目可行或不可行，通常要从规模、资源、地质、环保、方案设计、工艺技术、施工组织、人员选定及经济效益、财务评价等多方面进行考察。就其学科范围而言，则涉及地质学、建筑学、工艺学、工程学、财务管理学、行政管理学、美学以及生态学等，这就需要多学科专家和技术人员通力协作。

（三）可行性研究报告的主要研究方法

1. 系统研究法

系统研究法，即运用系统的理论来分析、综合事物，并把事物作为多方面联系的动态整体来研究的一种方法。可行性研究，不论研究对象是什么性质的项目，都有学科的多样性和内容的系统性，是内部各个部分和各种因素相互联系、有机结合的整体。因此，可行性研究无论是在内容上还是在工作程序上，都要按照对象系统的内在联系和发展顺序有系统地进行研究。一个可行性项目往往同时具备几个不同的系统，在研究时，应抓住主要系统，兼顾次要系统，做到以点带面，纲举目张。

2. 比较研究法

比较研究法，是把同一基础上两个或两个以上的研究对象进行分析比较从而择优选择的一种研究方法。比较研究法在可行性研究报告中运用得十分广泛，同一方案中的经济指标进行比较可用，同类项目相比较也可用。总之，纵比横比都可用。

二、格式和写法

可行性研究报告一般由标题、正文、附件三部分组成。

1. 标题

标题一般有两种形式：第一种形式，标题包括建设单位名称、项目名称及文种三项内容，如《××机床厂关于开发新产品 Y 系列电机壳流水线的可行性研究报告》《××省××银行关于新建××市光明区居民点的可行性研究报告》《关于建立××电厂的可行性研究报告》等。

2. 正文

正文通常包括前言、主题、结论三部分。

（1）前言。可行性研究报告前言的写法有固定模式，常见的写法是概括介绍拟建项目提出的背景、依据、目的及其经济效益，说明可行性研究的范围、要求。

（2）主体。主体部分是对项目可行性的分析论证，是可行性研究报告的核心部分。由于论证对象不同，所以这一部分的写法也不尽相同。从总体上看，大多数可行性研究报告都包含以下几个方面的内容。第一，市场调查。通过分析市场现状和未来前景，考察该项目实施后进入市场的发展状况，包括对国内外的市场需求、价格、竞争能力等做出分析。如果市场调查的结论是否定的，那么该项目就是不可行的。第二，对规模和方案的分析。包括对项目名称、规格（规模）、技术性能、实施计划和方案的分析。第三，技术力量和水平的说明与分析。说明与分析的项目包括地址选择及其理由，原材料、资源配备，技术设备、工艺流程、辅助设施，组织机构设置、所需人员及培训方案，项目的实施方案、工程设计、设备订货、工程施工和验收、设备安装和调试、试生产和正式投产的时间安排和进度，现有的环境状况及工程实施后给环境带来的影响及如何控制环境污染，等等。第四，资金来源分析。确定资金来源的方式，对投资数额进行估算，对资金到位的时间、资金偿还的办法、流动资金的合理安排和使用等进行分析。第五，经济效益分析。分析投资的收支、盈亏状况等财务问题，评价项目的经济效益。以上是可行性分析的主要内容，由于拟建项目的性质不同，所分析的内容各有不同，在写作时应按实际情况灵活掌握和处理。

（3）结论。结论是对整篇研究报告内容的总结、概括。应就项目实施的可行性提出明确的结论性意见，也可对主体部分中一些较为重要的内容，如实施该项目可带来的社会效益、经济效益，实施中须注意的关键性问题等加以强调。

概括而言，可行性研究报告的正文大都包括三方面内容：概括说明情况—从不同的角度展开论证—阐明结论。由于可行性研究报告是一种论证性、专业性较强的文种，而且篇幅较长，所以多采用“总—分—总”式（即先总述，再分述，最后加以总结）结构模式，也有的采用“总分”式结构模式，把情况概述和结论都放在开头部分。

3. 附件

很多可行性研究报告的正文之后都有一些附件，如统计图表、设计图纸、实验数据及文字性论证材料。这些材料具有很强的说服力和参考价值，但又不宜放在正文中。把它们作为附件放在正文后，既可以保证正文内容的简洁、顺畅，又可以保证资料的齐全。

【例文】

一般技术研究开发项目可行性研究报告样本

一、立项理由

介绍本项目的意义、项目实施的必要性和所要达到的目标。

1. 相关产品和技术发展的概况，其代表产品、技术和公司及发展趋势；该产品在市场容量、主要用户、年销售量及价格变化情况等；国内已取得的最新阶段成果和达到的技术水平，开展相应工作的主要单位及情况。

2. 该项目曾列入过哪级哪种科技计划，取得的阶段成果。

3. 该项目完成后市场需求前景、推广应用领域、达到的技术水平，以及在促进出口结构调整方面发挥的作用。

二、项目产品创新性、先进性

1. 该项目产品的技术发展情况及主要特点。

2. 现有项目产品技术研发力量状况分析。

3. 与现有产品、技术和装备的对比分析。

4. 要达到的技术性能指标和参数。

5. 采用的技术标准。

三、实施方案

1. 技术特点、关键技术和关键工艺。

2. 产品外观形状图、结构图和原理图。

3. 实施的具体内容和技术路线。

4. 实施方式（自主开发、消化吸收、国际合作）。

5. 进度与完成期限。

四、项目产品预计的社会效益及经济效益

1. 社会效益。

2. 项目形成的生产能力。

3. 采用量-本-利分析法，找出盈亏平衡点，根据市场需求及生产能力，求得最大收益。

4. 计算投资回收期（年）＝投资总额/（年利税+年折旧）。

5. 预计年产量、成本、市场销售额、利税、创汇。

五、项目资金概算及使用合理性

1. 项目总资金概算和年度资金预算（资金构成及比例）。

2. 资金使用明细表。

3. 贷款偿还金额、年度和期限。

六、项目承担单位财务状况

进行项目财务分析，附上项目承担单位上一个财政年度有关财务报表（包括损益表、现金流量表、资金来源与运作表、资产负债表）。

七、项目承担单位及项目协作单位能力

1. 申报单位以及参加协作的企业、研究院所、高等院校等单位的概况。

2. 各自承担的主要工作。

3. 技术力量和人员结构。

4. 完成项目所具备的技术创新条件。

5. 已完成的主要成果。

八、其他需要说明的问题

略。

九、项目申报单位签章

申报单位名称:（公章）

法人代表（签字）:年　月　日

十、专家论证意见

（附三名以上专家名单）

三、注意事项

1. 要实事求是，做好调查研究

在动笔撰写可行性研究报告之前，首先必须以实事求是的态度，认真、全面、细致地做好调查研究工作。通过调查研究获取全面、准确、可靠的资料。

可行性研究报告所用的资料主要有两种。一是“死资料”，包括文字材料和数据，如公开出版物上的记载、内部档案资料等。二是“活资料”，可分为两种，第一种是“有关人员”反映的各种情况，“有关人员”主要是指项目的领导人员、主管人员、承办人员及与该项目有关的群众，以上人员因各自所处的位置不同，看待问题的角度不同，反映的情况可能也有所不同；第二种是现场材料，调研人员一定要亲自到项目现场进行考察，了解工作和生活环境、地域特点、基础设施状况等。

2. 要虚心学习，掌握有关专业知识

可行性研究报告具有很强的专业性，因此常需要组成一个专家组进行可行性研究，一般来说技术专家三人、经济专家七人为专家组的最佳构成比例。联合国工业发展组织认为任何大型项目的可行性研究小组成员都应该包括下列人员：一名工业经济专家，一名市场分析专家，若干名精通建设项目的工艺师和一名会记，一名机械师工业工程师，一名土木工程师。可行性研究报告的撰写人员必须虚心学习与项目有关的专业知识，了解和把握与整个项目有关的专业知识。

3. 要认真研究，进行科学的分析

在对材料进行整理的基础上，对材料进行综合分析。分析工作可按两个步骤进行：首先，要按类别分析材料，根据材料对各种情况做出准确的判断；其次，要从理论上对具体材料及根据材料做出的判断加以分析，对各项指标认真进行核算，最后得出科学、客观、明确的结论。应当注意的是在对经济效益所做出的分析中，必须重视对不确定因素的分析。所谓不确定因素，主要是指有可能造成事先估算与实际情况之间产生出入的各种客观因素。不确定性因素的变化有可能导致项目经济效益的变动，会给项目带来潜在的风险。

不确定因素分析的内容主要包括：第一，盈亏平衡分析，这是在一个时期和范围内（一般是正常生产的年份），探讨成本、产量、价格等和盈余的关系，从而对项目的市场需求变化适应能力、项目的抗风险能力等做出判断的分析方法；第二，敏感性分析，这是分析项目的某一个主要因素（如产量、成本、投资等）的变动，对经济效益指标（如投资收益率、返本期等）的影响的方法，通过对多个方案敏感性大小的对比，选择敏感性较低的方案，可使项目风险减少到最低程度；第三，概率分析，这是按概率研究不确定性因素对项目的经济效益的影响的一种定量分析方法，即通过研究几个按一定概率分布同时变动的因素，来预测经济指标的概率分布情况，从而判断不确定因素有可能给项目带来的损失或风险。

【思考与练习】

1. ××学院拟在家属区建一个超市，请分析讨论其建设规模及可行性。
2. ××学院计划在南校区建一个运动场，请写一份可行性研究报告。

第四节　经 济 合 同

一、文体知识

合同亦称合约、契约、协议书。它是平等主体的自然人、法人及其他组织之间为实现一定的经济目的，明确相互利益义务而依法订立的书面协议。经济合同是法人之间为实现一定经济目的，明确相互权利义务关系的协议。

合同关系即法律关系，具有强制性。合同已经签订就对当事人具有法律约束力，违反合同就要承担相应的经济和法律责任。合同是协作关系的具体反映，是管理的有效手段，也是合同双方保证完成计划、达到一定目的的有效方法。

根据《中华人民共和国民法典》(以下简称《民法典》) 规定，目的常见的经济合同主要有以下几种。

（1）买卖合同。买卖合同是出卖人转移标的物的所有权于买受人，买受人支付价款的合同。

（2）供用电、水、气、热力合同。供用电合同是供电人向用电人供电，用电人支付电费的合同。供用水、供用气、供用热力合同，参照适用供用电合同的有关规定。

（3）赠与合同。赠与合同是赠与人将自己的财产无偿给予受赠人，受赠人表示接受赠与的合同。

（4）借款合同。借款合同是借款人向贷款人借款，到期返还借款并支付利息的合同。

（5）保证合同。保证合同是为保障债权的实现，保证人和债权人约定，当债务人不履行到期债务或者发生当事人约定的情形时，保证人履行债务或者承担责任的合同。

（6）租赁合同。租赁合同是出租人将租赁物交付承租人使用、收益，承租人支付租金的合同。

（7）融资租赁合同。融资租赁合同是出租人根据承租人对出卖人、租赁物的选择，向出卖人购买租赁物，提供给承租人使用，承租人支付租金的合同。

（8）保理合同。保理合同是应收账款债权人将现有的或者将有的应收账款转让给保理人，保理人提供资金融通、应收账款管理或者催收、应收账款债务人付款担保等服务的合同。

（9）承揽合同。承揽合同是承揽人按照定作人的要求完成工作，交付工作成果，定作人支付报酬的合同。

（10）建设工程合同。建设工程合同是承包人进行工程建设，发包人支付价款的合同。

（11）运输合同。运输合同是承运人将旅客或者货物从起运地点运输到约定地点，旅客、托运人或者收货人支付票款或者运输费用的合同。

（12）技术合同。技术合同是当事人就技术开发、转让、许可、咨询或者服务订立的确立相互之间权利和义务的合同。

（13）保管合同。保管合同是保管人保管寄存人交付的保管物，并返还该物的合同。

（14）仓储合同。仓储合同是保管人储存存货人交付的仓储物，存货人支付仓储费的合同。

（15）委托合同。委托合同是委托人和受托人约定，由受托人处理委托人事务的合同。

（16）物业服务合同。物业服务合同是物业服务人在物业服务区域内，为业主提供建筑物及其附属设施的维修养护、环境卫生和相关秩序的管理维护等物业服务，业主支付物业费的合同。

（17）行纪合同。行纪合同是行纪人以自己的名义为委托人从事贸易活动，委托人支付报酬的合同。

（18）中介合同。中介合同是中介人向委托人报告订立合同的机会或者提供订立合同的媒介服务，委托人支付报酬的合同。

（19）合伙合同。合伙合同是两个以上合伙人为了共同的事业目的，订立的共享利益、共担风险的协议。

《民法典》以法律的形式对合同的各个方面作了具体规定。概括起来讲，经济合同具有以下几个主要特点。

（1）合法性。经济合同的订立和履行，是当事人受到法律保护和监督的合法行为。合同的主体是具有平等民事权利的法人、其他经济组织或自然人。当事人任何一方不履行合同，都要承担由此引起的法律后果。订立合同时，必须遵守法律和行政法规。如果订立的合同符合当事人双方的意愿，但损害国家利益和社会公共利益，也是违法的。

（2）协商性。经济合同是双方或多方当事人意思表示一致的法律行为，不是单方面的法律行为。当事人在合同关系中的地位是平等的，订立合同，应当遵循平等互利、协商一致的原则。任何一方不得把自己的意志强加给对方，任何单位和个人不得非法干预合同双方履行自己的义务。订立合同，必须经过要约和承诺的法律程序，以贯彻平等、协商的原则。所谓要约，是指当事人一方向另一方提出订立合同的要求或建议；所谓承诺，是指当事人一方向另一方提出的订立合同的要求或建议表示完全同意。事实上，双方一拍即合，一下就取得完全一致意见是很难做到的，通常都要经过讨价还价、多次洽谈，才能最后达成双方都可以接受的协议。

（3）公平性。经济合同是一种以公正为取向的法律行为。合同的公平性首先表现在当事人的法律地位平等，不允许一方有超越他方的法律地位；其次表现为双方采取自愿协商、自主决定的方式来达成协议。显失公平性的合同，或乘人之危签订的合同，都是存在瑕疵的合同，都存在着成为无效合同的可能。

签订经济合同的作用是：作为合作双方交易的法律依据；便于合同双方互相监督，有利于很好地执行合同。

二、格式和写法

经济合同的表现形式有两种，即条文式合同和表格式合同。经济合同文书由标题、签约当事人的名称或姓名、正文、结尾四部分组成。

1. 标题

标题就是合同的名称。一般只写明合同的种类，如《供用合同》《承揽合同》等。

此外，标题还有以下几种写法：

（1）将经营范围和合同名称写在一起，如《纺织品购销合同》《针棉织品购销合同》等。

（2）将合同有效期和合同名称写在一起，如《20××年第一季度购销合同》《20××年货物运输合同》等。

（3）将签约单位名称并列写在合同名称的前面，如《××市××公司与××厂购销合同》。

2. 签约当事人的名称或姓名

在合同标题的下方，分行并列写明签订合同当事人双方的单位名称（全称）或者姓名和住所，有的在单位名称之前还写明合同的性质。为了行文方便，可在括弧里注明一方是“甲方”或“供方”，另一方是“乙方”或“需方”，但不能写成“我方或者“你方”，以免理解时产生歧义。

3. 正文

正文部分一般包括合同的主要条款和双方自愿协议的内容。

根据《民法典》的规定，合同应具备以下条款：

（1）当事人的姓名或者名称和住所。

（2）标的。标的是合同中双方当事人权利和义务的所指对象。任何合同都必须有标的，没有标的或标的不明确，双方的权利和义务就没有所指，合同就无法履行。例如，购销合同中的标的是某种产品，建设工程合同中的标的是某项设计或工程等。合同的标的必须有利于当事人权利和义务的具体实现，因而不能含糊抽象，要有明确的限制，清楚的界限。

（3）数量。数量是衡量合同双方利益义务大小的尺度，它包括数字和计量单位。除了数字要具体准确外，计量单位的度必须明确。有些产品数量较难做到十分精确，则应规定要交货数量允许的超欠幅度、正负尾数和运输耗损；有些工业产品附带给予易耗备品、配件和安装修理工具，合同上要注明件数并标明已计入成本或另行收费。

（4）质量。质量是标的的外观形态和内在素质的综合体现，产品质量的技术要求，包括物理（或机械）性能、化学性能、使用特征、耗能指标、工艺要求、卫生和安全要求等。凡是有法定标准可依的，要指出属于哪一级标准；没有法定标准的，要明确双方协议的具体标准以及检验方法。验收和检疫方法，按国家的有关规定执行，没有规定的由当事人双方协商确定；有些分等级的产品，要规定等级品率。

（5）价款或者报酬。价款或者报酬是指取得对方的产品、劳务或智力、成果所支付的表现为货币的代价。以事务为标的的叫价款，以劳务为标的的叫报酬。报酬除了数额以外，还要明确计算依据（根据某项国家规定的价格，或是由当事人协商议定的价格），规定支付方式。国内经济关系，除法律另由规定的以外必须用人民币计算和支付；除国家允许使用现金履行义务的以外，必须通过银行办理转账或者票据结算。

（6）履行期限、地点和方式。履行期限是指交货或完成劳务等日期。明确期限有利于双方安排生产和工作，以及有计划、有步骤地完成任务。合同对当事人双方应履行的权利和义务都要规定明确的期限，同时期限也是判定当事人双方能否按期履约的客观标准。履行地点和方式是指当事人在什么地点、以什么方式履行合同，这些直接影响费用的计算，应明确规定。例如，自提产品应明确规定提供地点、送货单位，要对交货地点、运费的承担、运价标准和途中耗损等，都做出明确的规定。

（7）违约责任。违约责任又称“罚则”，是对不按合同规定履行义务的制裁措施。合同的核心问题是责任，明确违约责任对维护合同的法律严肃性，督促当事人信守合同义务，具有重要意义。违约的经济制裁措施主要是违约方给对方支付违约金和承担由于违约造成的经济损失。

（8）解决争议的方法。当事人可以通过和解或者调解解决合同争议。当事人不愿和解、调解或者和解、调解不成的，如由仲裁约定的应根据仲裁协议向仲裁机构申请仲裁；当事人没有订立仲裁协议或者仲裁协议无效的，可以向人民法院起诉。

此外，根据法律规定的或按合同性质必须具备的条款，以及当事人有要求必须规定的条款，也是合同应包括的内容。

4. 结尾

结尾是合同合法性和有效性的标记，一般包括双方公章、法定代表人或委托代理人签章，还应写明地址、电话、开户银行和账户号。条款式合同最后还要注明签字时间和地点。如果该合同需经过鉴证或公证，还要载明鉴（公）证意见以及经办人签章和鉴（公）证机关公章。

【例文】

××××××××××改造工程项目

建筑安装（含材料）工程施工采购合同

发包方：××××××××××（简称“甲方”）

承包方：××××××××××（简称“乙方”）

鉴于：

1. 乙方提供保证具有承包该工程相关法律、法规规定的所有的资质和能力。

2. 本工程采用乙方包工、包料、包勘测、包设计、包安全、包环保、保质量、保工期等全面承包方式进行施工，甲方仅就验收合格的工程量依约向乙方支付工程款。

3. 其他约定。

依照《中华人民共和国民法典》《中华人民共和国建筑法》及其他有关法律法规和规章的规定，遵循平等、自愿、公平、诚实信用的原则，并结合本工程具体情况,经双方充分协商，签订本合同。

一、工程信息

1. 工程名称：××××××××××改造工程

2. 业主（最终用户）：××××××××××

3. 总承包方：××××××××××××

4. 施工现场：××××××××××××××××××

二、乙方工作范围

由甲方提出工程需求，乙方依照甲方要求进行土建的方案研究、土建施工（含材料）、验收，工程具备送电条件。具体施工量见工程量清单。

三、材料供应

本工程所需材料、机具租赁等均由乙方自行采购，但质量应符合相关国家和行业强制标准，并应符合甲方和业主有关制度和技术标准的要求。

四、工程价款

本项目总价（含税）为人民币××××元（大写：××××）（含配合甲方的人员和设备工具等费用），开票为×%增值税专用票。

五、工程质量要求

工程质量的标准或要求：符合国家标准、行业标准、××电网及设计标准要求，同时满足国家关于产品质量、安全、工业卫生、劳动保护、环保、消防等强制性标准的要求。

六、工期

略。

七、工程款支付

略。

八、保修期

保修期自甲方签收书面工程验收合格文件之次日起算，保修期为两年（出现质量问题在接到通知后24小时内到场进行修复工作），满一年后无质量问题即向承包方退还保修金，但不免除保修责任。

九、双方派驻本工程项目的代表

略。

十、双方权利

1. 甲方权利

（1）根据工程需要调换派驻施工场地的代表，但应提前 5 日书面通知乙方；调换后代表的权责不变。

……

2. 乙方权利

（1）在征得甲方同意后，根据工程需要调换派驻本工程施工场地的代表，调换后代表的权责不变。

……

十一、双方义务

1. 甲方义务

……

2. 乙方义务

……

十二、施工安全、环保及节能要求

略。

十三、施工设备和临时设施

略。

十四、现场劳动用工

略。

十五、工程的验收

本工程以甲方出具其签章的书面验收文件，作为本工程验收合格的唯一证明文件。

1. 隐蔽工程验收：具备隐蔽条件的工程部位，乙方应在自检合格后通知甲方代表验收，验收合格并经甲方代表在检验记录上签字后，乙方才可进行隐蔽和继续施工。

2. 竣工验收。

十六、违约责任

1. 甲方有权根据现场情况的变更，变更本合同的工程量和工期，甲方不承担任何违约责任。

2. 乙方有以下违约行为，甲方有权单方解除合同，并不承担任何违约责任：

（1）拖延工期，或者未能达到甲方要求的施工进度的。

……

3. 乙方有以下违约行为，甲方有权单方解除合同，甲方不承担任何违约责任并有权要求乙方赔偿甲方损失：

（1）因乙方之违约行为导致安全事故，甲方认为需要解除本合同的。

……

4. 因乙方原因导致工期延误

因乙方原因使竣工日期延误，甲方有权按下例比例向乙方收取违约金，迟交 1~4 周，每周违约金额为该合同金额的 1%；迟交 5~8 周，每周违约金额为该合同金额的 2%，迟交 9 周以上，每周违约金额为该合同金额的 3.0%，不足一周的按一周计算。

十七、保密义务

1. 双方项目参加人员应对在合同履行过程中了解到的涉及双方技术信息、经验信息、商业秘密以及其他尚未公开的有关信息、资料负有保密义务，并采取相应的保密措施。双方应承担的保密义务包括但不限于：

（1）未经双方书面同意，不得将上述信息、资料披露给任何第三人；

……

2. 本合同项下的保密义务至相关商业秘密信息、资料正式向社会公开之日或双方书面解除本合同项下保密义务之日起终止。

十八、合同变更、暂停和终止

1. 甲方有权对合同项目进行变更。该变更作为合同不可分割的部分，具有与合同同等效力。

2. 如果业主要求，甲方亦有权暂停或终止合同。甲方无须为此承担违约责任。

3. 当乙方破产或无清偿能力时，甲方可在任何时候以书面形式通知乙方终止合同。该终止合同并不损害或影响甲方已采取或将采取补救措施的任何权利。

十九、合同组成文件及效力顺序

（1）本合同；

（2）成交通知书（如果有）；

（3）图纸；

（4）工程量清单；

（5）报价单；

（6）标准、规范及有关技术文件；

（7）技术协议书；

（8）双方约定的其他合同文件。

上述各项合同文件包括双方就该项合同文件所作出的补充和修改，属于同一类内容的合同文件应以最新签署的为准。附件须经合同当事人签字或盖章。

二十、承诺

乙方承诺按照法律规定及合同约定组织完成工程的设计、采购和施工等工作，确保工程质量和安全，不进行转包及违法分包，并在缺陷责任期及保修期内承担相应的工程维修责任。

二十一、不可抗力

1. 不可抗力是指合同当事人在订立合同时不可预见，在合同履行过程中不可避免、不能克服且不能提前防备的自然灾害和社会性突发事件，如地震、海啸、瘟疫、骚乱、战争、业主行为和合同条件中约定的其他情形。

2. 合同一方当事人觉察或发现不可抗力事件发生，使其履行合同义务受到阻碍时，有义务立即通知合同另一方当事人，书面说明不可抗力和受阻碍的详细情况，并提供必要的证明。

3. 不可抗力持续发生的，合同一方当事人应每隔28日向合同另一方当事人和工程师提交中间报告，说明不可抗力和履行合同受阻的情况，并于不可抗力事件结束后 28 日内提交最终报告及有关资料。

4. 如果不可抗力使交货时间严重影响工程进度，甲方有权终止合同，遗留问题由双方通过友好协商妥善解决。

二十二、本项目负责联系人

1. 在本合同有效期内，甲乙双方确认以下联络信息为有效信息，合同约定应当或可以电话、邮寄、电子邮件传递信息的，均应以本条约定的信息为准：

甲方指定本项目联系人为：×××，联系电话：139××××，邮箱：××××@qq.com，联系地址：×××××××××××。

乙方指定本项目联系人为：×××，联系电话：181××××，邮箱：××××@qq.com，联系地址：××××××××××。

2. 甲乙双方指定的项目联系人承担以下责任：

（1）负责组织协调合同的签订、履行；

（2）负责有关资料的传送；

（3）甲乙双方有关信息的联络及交换。

一方变更项目联系人的，应当及时以书面形式通知另一方。未及时通知并影响本合同履行或造成损失的，应承担相应的责任。

二十三、其他事项

1. 乙方按照××××有限公司管理制度要求办理进场前手续，严格遵守××××有限公司一切管理规定；否则，由此造成的任何损失和责任应由乙方承担。

2. 乙方在施工过程中自行应采取有效的安全措施，因施工原因造成人身安全事故，均由乙方完全负责；乙方损坏非乙方设施及物品需要照价赔偿。

……

10. 本合同于20××年7月订立。

11. 本合同在×××××××××订立。

二十四、特别约定

本特别约定是合同各方经协商后对合同其他条款的修改或补充，如有不一致，以特别约定为准。

20××年7月

三、注意事项

（1）必须符合国家的政策、法令，遵循一定的原则。

① 必须遵守国家的有关法律、政策和行政法规，不得利用合同进行违法活动，扰乱社会经济秩序，损害国家利益和社会公共利益。

② 应当遵循平等互利、协商一致的原则，任何一方不得把自己的意志强加给对方。

③ 必须切实维护当事人的合法权益。

④ 必须以能够全面履行合同规定的义务为前提，不能写入无法履行义务的条款。

（2）内容要具体明确，条款要齐全完备。写作合同，应当具备《民法典》及有关合同条例规定的条款。条款的内容要具体明确，不能使用模糊语言来表述。

（3）要严肃合同纪律，不得随意涂改或终止。《民法典》规定："依法成立的合同，受法律保护。依法成立的合同，仅对当事人具有法律约束力，但是法律另有规定的除外。"因此，在写作合同时，必须自觉维护合同纪律的严肃性，未经当事人之间的协商一致，不得随意涂改合同的内容。此外，在填写政府有关监督、管理部门统一监制的合同时，字迹要工整清晰，书写要规范，应当用毛笔或钢笔填写，以便保存。

（4）理清写作基本思路。明确签订合同的目的，即为什么签订合同；明确签订合同的主要依据或原则；明确国家有关政策和法律规定的当事人共同享有的权利和应尽的义务，即当事人各自在履行合同过程中针对对方应享有什么权利，怎样行使权利，应尽什么义务，怎样履行义务以及权利和义务的标准、条件等；明确当事人应当承担的责任，即当事人违反了国家有关政策和法律时应承担的责任，当事人在履行合同过程中出现违约行为而导致合同不能正常履行的情况时应承担责任（违约方发生不可抗力的情况除外）。

（5）掌握语言要求。合同是受到法律制约的文书，一经成立就不能随意改动；合同又是有偿性的，直接与当事人的经济利益有关，因此，要求语言必须准确严密，不允许有丝毫的含混，更不能产生歧义。写作时，对于合同全文尤其是主要条款的表述，一定要字斟句酌，准确无误地表达既定的含义。合同语言的严密性突出体现在主要条款的表达上。首先，每一条款的表意要严密，该表达的意图一定要表达清楚，不要有疏漏；其次，各条款之间的内在逻辑关系要严密，不能颠三倒四，前后重复或矛盾。

【思考与练习】

甲公司6月20日向乙公司发出书面信函，以20万元价格求购一台机床，要求乙公司于7月10日前承诺。乙公司6月24日收到信函，并未立即回复。6月27日，甲公司电话催问，乙公司表示同意按甲公司报价供应机床，要求甲公司于7月1日来人签订合同文本。甲公司即对机床使用场地、配套设备及运输方式等做了准备，并于7月1日派人员前往签约，但乙公司提出要加价，未获甲公司同意，乙公司遂拒绝签约。甲公司认为乙公司的行为造成了其为签约谈判花费的差旅劳务费、为准备工作支出的费用及未及时获得机床等损失。

问题：

（1）甲公司要约何时生效？

（2）乙公司收到信函未立即回复是否合法？

（3）该买卖合同是否成立？

（4）乙公司行为是否构成违约？

第五节　商务谈判方案

一、文体知识

（一）商务谈判

商务谈判也称商务洽谈，是指业务双方为协调彼此的关系，满足各自的需求，通过协商对话以争取达到意见一致的行为和过程。简单地说，就是指业务双方之间为实现一定的经济目的，明确相互的权利义务关系而进行协商的活动。商务谈判是在商品经济条件下产生和发展起来的，它已经成为现代社会经济生活必不可少的组成部分。可以说，没有商务谈判，经济活动便无法进行，小到生活中的购物还价，大到企业法人之间的合作、国家与国家之间的经济技术交流，都离不开商务谈判。

商务洽谈一方面具有一般谈判所具有的特征，另一方面也有其自身特有的一些特征：以获得经济利益为目的；以价值谈判为核心；注重合同条款的严密性与准确性；是双方合作与冲突的对立统一；谈判的行为特别是协议的产生不能突破双方的利益底线；各方所得利益的确定，取决于各自的谈判技巧和实力，以及各种相关的环境因素等。

在商务谈判过程中既要保证自己的合理利益，又要达到预定目标，并不是一件轻松的工作，稍不留意，谈判就容易破裂。商务谈判须遵循以下基本原则：

（1）扩大总体利益原则。

（2）营造公开、公平、公正的竞争局面原则。

（3）明确目标，善于妥协原则。

（4）把人的问题与谈判问题分开原则。

（5）重利益不重立场原则。

（6）坚持使用客观标准原则。

（7）科学性与艺术性相结合原则。

（8）其他应遵循的原则：诚信、可信性、少玩弄花招、不随便威胁对方。

根据不同的标准，可以把商务谈判划分为不同的类型：按参加谈判的人数规模，可以把商务谈判分为个体谈判和集体谈判；按谈判的利益主体的数目，可以把商务谈判分为双边谈判和多边谈判；按谈判双方接触的方式，可以把商务谈判分为口头谈判和书面谈判；按谈判进行的地点，可以将谈判分为主场谈判、客场谈判、中立谈判；按谈判中双方所采取的态度和方针，可以将谈判分为让步型谈判、立场型谈判和原则型谈判。

（二）商务谈判方案

商务谈判方案又称谈判计划，是谈判之前，根据谈判目的和要求预先拟定的谈判的具体内容和步骤。

商务谈判方案内容上一般包括四个要素。

（1）谈判主题，商务谈判方案必须有明确的主题，在整个商务谈判活动中，谈判小组的各项工作都要围绕谈判主题而开展。

（2）谈判目标、谈判的主题确定后，还需要确定谈判具体目标，如技术要求、交易条件、价格等。

（3）谈判程序，要安排好所谈事项的先后次序。

（4）谈判组织，确定谈判小组成员，并进行明确分工。

三、格式和写法

商务谈判方案通常由标题、正文、落款三部分组成。

1. 标题

一般为事由+文种。如《关于进口××的谈判方案》《与××公司洽谈商品的方案》。

2. 正文

包括以下两项内容：前言，写明谈判的总体构想、原则，说明谈判内容或谈判对象的情况；具体条款，包括谈判主题、谈判目标、谈判程序、谈判组织等条款。

3. 落款

写明谈判小组和日期。

【例文】

关于引进××公司矿用汽车的谈判方案

五年前我公司曾经经手××公司的矿用汽车，经试用性能良好，为适应我矿山技术改造的需要，打算通过谈判再次引进××公司矿用汽车及有关部件的生产技术。××公司代表于4月3日应邀来京洽谈。

1. 谈判主题

以适当价格谈成29台矿用汽车及有关部件生产的技术引进。

2. 目标设定

（1）技术要求：

① 矿用汽车车架运押15 000 h不准开裂。

② 在气温为40 ℃条件下，矿用汽车发动机停止运转8 h以上再接入220 V的电源后，发动机能在30 min内启动。

③ 矿用汽车的出动率在85%以上。

（2）试用期考核指标：

① 一台矿用汽车试用10个月（包括一个严寒的冬天）。

② 出动率达85%以上。

③ 车辆运行375 h，行程3 125 km。

（3）技术转让内容和技术转让深度：

① 利用购29台车为筹码，××公司免偿（不作价）转让车架、厢斗、举升机、转向缸、总装调试等技术。

② 技术文件包括图纸、工艺卡片、技术标准、零件目录手册、专用工具、专用工装、维修手册等。

（4）价格：

① ××××年购买××公司矿用汽车，每台单价为23万元；5年后的今天如果仍能以每台23万元成交，那么定为价格下限。

② 5年时间按国际市场价格浮动10%计算，今年成交的可能性价格为25万美元，此价格为上限。

小组成员在心理上要做好充分准备，争取价格下限成交，不急于求成；与此同时，在非常困难的情况下，也要坚持不能超过上限达成协议。

3. 谈判程序

第一阶段：就车架、厢斗、举升红、总装调试等技术附件展开洽谈。

第二阶段：商定合同条文。

第三阶段：价格洽谈。

4. 日程安排（进度）

4月5日上午9：00—12：00、下午3：00—6：00为第一阶段；

4月6日上午9：00—12：00为第二阶段；4月6日晚7：00—9：00为第三阶段。

5. 谈判地点

第一、二阶段的谈判安排在公司十三楼洽谈室。第三阶段的谈判安排在××饭店二楼咖啡厅。

6. 谈判小组分工

主谈：张××为我方谈判小组总代表，为主谈判。

副主谈：李××为主谈判提供建议，或见机而谈。

翻译：叶××随时为主谈、副主谈担任翻译，还要留心对方的反应情况。

成员 A：负责谈判记录的技术方面的条款。

成员 B：负责分行动向、意图，负责财务及法律方面的条款。

矿用汽车引进小组

20××年×月×日

三、注意事项

（一）搜集信息要全面

在拟定商务谈判方案前，要多渠道地收集与谈判活动有密切关系的各种信息资料，包括谈判者自身的情况，谈判对手企业及谈判对手个人的情况，谈判环境资料（如政治法律环境、社会文化环境、经济政策、经济制度、自然资源、基础设施、生产力发展水平、技术发展水平）、市场信息资料（如商品所属行业特征、竞争情况、销售情况、需求情况）等。准确充分的信息资料，是写好商务谈判方案的基础。

（二）谈判目标要明确

商务谈判的目的就在于追求最佳利益目标，因此，在谈判方案中要明确提出谈判的目标。谈判目标可以分为三个等级：第一级目标是最优期望目标，如能达到这一目标，整个谈判可谓获得圆满成功；第二级目标是可接受目标，这一目标的实现也意味着谈判的胜利；第三级目标是最低目标，是必须达到的基本目标，没有再进行讨价还价的余地，否则宁可离开谈判桌。

（三）谈判程序要合理

合理的谈判程序，是谈判顺利进行的重要保证。具体的谈判程序，应根据不同的谈判内容和目标来确定。一般有以下几种安排方法：第一种是先易后难，这种程序的确定主要考虑到为整个谈判活动创造一个良好的气氛，先将容易谈妥的事项确定下来，可为谈判较困难的问题打下基础。第二种是先难后易，这种程序的确定主要是为了突出洽谈的重点和难点，先集中谈判各方的精力和时间将重点和难点谈清，剩余的问题也就容易取得共识，易于得到解决。第三种是混合型，即不分主次，把所有的问题都排列出来以供讨论，经过一段时间后，把各种要讨论的意见归纳起来，将已经明确统一的意见放开，再就尚未解决的问题加以讨论，以求最终得到解决。

（四）谈判策略要适当

拟定商务谈判方案，要对谈判各方实力及影响其实力的各种因素的认真分析研究，制定谈判策略。如分析研究对方最终要达到一个什么目标，对方可以做出哪些让步，为实现其目标对方最有利的条件是什么，最不利的因素是什么，从而有针对性地确定出我方的各级目标，把握谈判中的利益界限，让对方做出更大的让步。而对谈判对方可能提出的各种要求和问题也应有所准备，规划出小组成员在讨价还价中妥协的方法和让步的原则，这样就可以避免仓促应战而出现的被动局面。

（五）谈判时最好写好商务谈判备忘录

商务谈判备忘录，是指在业务谈判时，经过初步讨论后，记载双方的谅解和承诺，以作为进一步洽谈时参考的一种记事性文书。商务谈判备忘录的结构及写作方法：标题，可写成“备忘录”或“××谈判备忘录”；谈判双方情况，包括双方国别、单位、名称、谈判代表姓名、会谈时间、地点、会谈项目；事项，即双方通过谈判，各自做出的承诺；签署双方谈判代表署名。

【思考与练习】

1. 澳大利亚某草籽公司得知 A 国正在致力于环保建设工程，其中包括绿色工程。在该工程的项目中，让城市绿起来的计划占了很大成分，于是，派遣了一位与 A 国某进口公司副总经理很熟的经理——托尼先生推销其草籽。经谈判，托尼先生成功地推销了 10 t 生草坪用草籽，5 t 足球场用草皮草籽。由于 A 方急需，且竞争的新西兰客户没有澳大利亚公司的产量大、草籽质量高，A 方虽欲用“货比三家”的策略来压澳方，但由于托尼先生是老朋友，又提供了优质产品，最终合同在托尼先生的条件下成交。

问题：

（1）托尼先生与 A 方公司进行的交易属何种交易？

（2）在这场交易的谈判中，构成谈判的“三要素”是什么？

（3）A 方进行的谈判属什么类型的谈判？托尼先生进行的谈判又属什么类型？

2. 以××局谈判小组的名义拟写一份向××机械厂购买架桥机的商务谈判方案。

第六节　施工技术交底

一、施工技术交底的概念

建筑施工企业中的技术交底，是在某一单位工程开工前，或一个分项工程施工前，由主管技术领导向参与施工的人员进行的技术性交代，其目的是使施工人员对工程特点、技术质量要求、施工方法与措施和安全等方面有一个较详细的了解，以便于科学地组织施工，避免技术质量等事故的发生。各项技术交底记录也是工程技术档案资料中不可缺少的部分。

二、施工技术交底的种类

（1）设计交底，即设计图纸交底。这是在建设单位主持下，由设计单位向各施工单位（土建施工单位与各专业施工单位）进行的交底，主要交代建筑物的功能与特点、设计意图与要求和建筑物在施工过程中应注意的各个事项等。

（2）施工设计交底。一般由施工单位组织，在管理单位专业工程师的指导下，主要介绍施工中遇到的问题，和经常性犯错误的部位，要使施工人员明白该怎么做，规范上是如何规定的等。

（3）技术交底。一般包括专项方案交底、分部分项工程交底、质量（安全）技术交底、作业等。

三、施工技术交底的内容

（1）工地（队）交底中有关内容：如是否具备施工条件、与其他工种之间的配合与矛盾等，向甲方提出要求，让其出面协调等。

（2）施工范围、工程量、工作量和施工进度要求：主要根据自己的实际情况，实事求是地向甲方说明即可。

（3）施工图纸的解说：设计者的大体思路，以及自己以后在施工中存在的问题等。

（4）施工方案措施：根据工程的实况，编制出合理、有效的施工组织设计以及安全文明施工方案等。

（5）操作工艺和保证质量安全的措施：先进的机械设备和高素质的工人等。

（6）工艺质量标准和评定办法：参照现行的行业标准以及相应的设计、验收规范。

（7）技术检验和检查验收要求：包括自检以及监理的抽检的标准。

（8）增产节约指标和措施。

（9）技术记录内容和要求。

（10）其他施工注意事项。

四、技术交底形式

（1）施工组织设计交底可通过召集会议形式进行技术交底，并应形成会议纪要归档。

（2）通过施工组织设计编制、审批，将技术交底内容纳入施工组织设计中。

（3）施工方案可通过召集会议形式或现场授课形式进行技术交底，交底的内容可纳入施工方案中，也可单独形成交底方案。

（4）各专业技术管理人员应通过书面形式配以现场口头讲授的方式进行技术交底，技术交底的内容应单独形成交底文件。交底内容应有交底的日期，有交底人、接收人签字，并经项目总工程师审批。

【例文 1】

施工技术交底

项目工程名称			
建设单位			
施工单位			
单位工程名称			
交底部位		交底日期	
交底内容			
交底单位			
编制		复　核	
交底人			
接受交底单位			
接受人			

【例文2】

钢筋工安全技术交底

工程名称：××发电有限责任公司煤场扬尘治理改造工程

交底人：×××

交底地点：施工现场

交底日期：××××年××月××日

交底内容：

一、基本内容

1. 进入施工现场人员必须正确戴好合格的安全帽，系好下颚带，锁好带扣。

2. 作业时必须按规定正确使用个人防护用品，着装要整齐，严禁赤脚和穿拖鞋、高跟鞋进入施工现场。

3. 在没有可靠安全防护设施的高处（2 m以上，含2 m）和陡坡施工时，必须系好合格的安全带，安全带要系挂牢固，高挂低用，同时高处作业不得穿硬底和带钉易滑的鞋，穿防滑胶鞋。

4. 新进场的作业人员，必须首先参加入场安全教育培训，经考试合格后方可上岗，未经教育培训或考试不合格者，不得上岗作业。

5. 从事特种作业的人员，必须持证上岗，严禁无证操作，禁止操作与自己无关的机械设备。

6. 施工现场禁止吸烟，禁止追逐打闹，禁止酒后作业。

7. 施工现场的各种安全防护设施、安全标志等，未经领导及安全员批准严禁随意拆除和挪动。

二、钢筋绑扎

1. 绑扎基础钢筋，应按规定安放钢筋支架、马凳，铺设走道板（脚手板）。

2. 在高处（2 m以上含2 m）绑扎立柱和墙体钢筋时，不得站在钢筋骨架上或攀登骨架上下，必须搭设脚手架或操作平台和马道。脚手架应搭设牢固，作业面脚手板要满铺、绑牢，不得有探头板、非跳板，临边应搭设防护栏杆和支挂安全网。

3. 绑扎圈梁、挑梁、挑檐、外墙和边柱等钢筋时，应站在脚手架或操作平台上作业。

4. 脚手架或操作平台上不得集中码放钢筋，应随使用随运送，不得将工具、箍筋或短钢筋随意放在脚手架上。

5. 严禁从高处向下方抛扔或从低处向高处投掷物料。

6. 在高处楼层上拉钢筋或钢筋调向时，必须事先观察运行上方或周围附近是否有高压线，严防碰触。

7. 绑扎钢筋的绑丝头，应弯回至骨架内侧，暂停绑扎时，应检查所绑扎的钢筋或骨架，确认连接牢固后方可离开现场。

8. 六级以上强风和大雨、大雪、大雾天气必须停止露天高处作业。在雨、雪后和冬季，露天作业时必须先清除水、雪、霜、冰，并采取防滑措施。

9. 要保持作业面道路通畅，作业环境整洁。

10. 作业中出现不安全险情时，必须立即停止作业，撤离危险区域，报告领导解决，严禁冒险作业。

三、钢筋加工

（一）冷拉

1. 作业前，必须检查卷扬机钢丝绳、地锚、钢筋夹具、电气设备等，确认安全后方可作业。

2. 冷拉时，应设专人值守，操作人员必须位于安全地带，钢筋两侧 3 m 以内及冷拉线两端严禁有人，严禁跨越钢筋和钢丝绳，冷拉场地两端地锚以外应设置警戒区，装设防护挡板及警告标志。

3. 卷扬机运转时，严禁人员靠近冷拉钢筋和牵引钢筋的钢丝绳。

4. 运行中出现滑脱、绞断等情况时，应立即停机。

5. 冷拉速度不宜过快，在基本拉直时应稍停，检查夹具是否牢固可靠，严格按安全技术交底要求控制伸长值。

6. 冷拉完毕，必须将钢筋整理平直，不得相互乱压和单头挑出，未拉盘筋的引头应盘住，机具拉力部分均应放松再装夹具。

7. 维修或停机，必须切断电源，锁好箱门。

（二）切断

1. 操作前必须检查切断机刀口，确定安装正确，刀片无裂纹，刀架螺栓紧固，防护罩牢靠，空运转正常后再进行操作。

2. 钢筋切断应在调直后进行，断料时要握紧钢筋，螺纹钢一次只能切断一根。

3. 切断钢筋，手与刀口的距离不得小于 15 cm。断短料手握端小于 40 cm时，应用套管或夹具将钢筋短头压住或夹住，严禁用手直接送料。

4. 机械运转中严禁用手直接清除刀口附近的断头和杂物，在钢筋摆动范围内和刀口附近，非操作人员不得停留。

5. 作业时应摆直、紧握钢筋，应在活动切口向后退时送料入刀口，并在固定切刀一侧压住钢筋，严禁在切刀向前运动时送料，严禁两手同时在切刀两侧握住钢筋俯身送料。

6. 发现机械运转异常、刀片歪斜等，应立即停机检修。

7. 作业中严禁进行机械检修、加油、更换部件，维修或停机时，必须切断电源，锁好箱门。

（三）弯曲

1. 工作台和弯曲工作盘台应保持水平，操作前应检查芯轴、成型轴、挡铁轴、可变挡架有无裂纹或损坏，防护罩牢固可靠，经空运转确认正常后，方可作业。

2. 操作时要熟悉倒顺开关控制工作盘旋转的方向，钢筋放置要和挡架、工作盘旋转方向相配合，不得放反。

3. 改变工作盘旋转方向时，必须在停机后进行，即从正转—停—反转，不得直接从正转—反转或从反转—正转。

4. 弯曲机运转中严禁更换芯轴、成型轴和变换角度及调速，严禁在运转时加油或清扫。

5. 弯曲钢筋时，严格依据使用说明书要求操作，严禁超过该机对钢筋直径、根数及机械转速的规定。

6. 严禁在弯曲钢筋的作业半径内和机身不设固定销的一侧站人。

7. 弯曲未经冷拉或有锈皮的钢筋时，必须戴护目镜及口罩。

8. 作业中不得用手清除金属屑，清理工作必须在机械停稳后进行。

9. 检修、加油、更换部件或停机，必须切断电源，锁好箱门。

四、钢筋运输

1. 作业前应检查运输道路和工具，确认安全。

2. 搬运钢筋人员应协调配合，互相呼应。搬运时必须按顺序逐层从上往下取运，严禁从下抽拿。

3. 运输钢筋时，必须事先观察运行上方或周围附近是否有高压线，严防碰触。

4. 运输较长钢筋时，必须事先观察清楚周围的情况，严防发生碰撞。

5. 使用手推车运输时，应平稳推行，不得抢跑，空车应让重车。卸料时，应设挡掩，不得撒把倒料。

6. 使用汽车运输，现场道路应平整坚实，必须设专人指挥。

7. 用塔吊吊运时，吊索具必须符合起重机械安全规程要求，短料和零散材料必须要用容器吊运。

五、成品码放

1. 严禁在高压线下码放材料。

2. 材料码放场地必须平整坚实，不积水。

3. 加工好的成品钢筋必须按规格尺寸和形状码放整齐，高度不超过 150 cm，并且下面要垫枕木，标识清楚。

4. 弯曲好的钢筋码放时，弯钩不得朝上。

5. 冷拉过的钢筋必须将钢筋整理平直，不得相互乱压和单头挑出，未拉盘筋的引头应盘住。

6. 散乱钢筋应随时清理堆放整齐。

7. 材料分堆分垛码放，不可分层叠压。

8. 直条钢筋要按捆成行叠放，端头一致平齐，应控制在三层以内，并且设置防倾覆、滑坡设施。

参加交底人员（签字）:

20× ×年×月×日

【思考与练习】

某涵洞施工即将结束，请你代表公司拟写一份施工交底。

第七节　竣工验收报告和工程总结

一、竣工验收报告

竣工验收报告是指工程项目竣工之后，经过相关部门成立的专门验收机构，组织专家进行质量评估验收以后形成的书面报告。

竣工验收报告是竣工文件的重要内容。它是基本建设工程（包括新线、改建、扩建、大修工程）经过工程检查、现场初验、正式验收等程序之后而编写的重要文件。验收总报告经验收委员会核准签字后，该工程即由接管单位按确定的时间接管，开办运营或投入生产。

竣工验收报告的结构与内容的繁简，应根据报告具体工程而定。分期、分项工程及小型项目的验收报告可简略一些；大中型建设项目的验收报告是在分期、分项工程验收报告的基础上形成的，内容较为繁复。以下简要介绍验收总报告的结构与内容。

（1）建设的依据及经过（包括设计简要过程）。

（2）修建意义及工程概况，包括工程的意义或重要性、沿线生产情况、主要技术标准、主要工程数量及重点工程特点、困难区段、输迟能力、牵引定数、主要机构及设施地点等。

（3）施工及临时运营情况，包括推行先进技术、具有显著成效的技术等新项目及其成效、降低造价及重大浪费的情况；全线完成的总造价与概算对比；施工单位开办临时运营时间；完成客、货运量情况。

（4）验收交接经过及工程评价。包括验收依据、验收项目的起讫点和里程、验收过程及日期、对各项工程的评价（合格、优、良比率及主要优缺点）、设计与施工等方面的主要优缺点，以及对验收过程中各项试验项目的描述。

（5）主要指标完成情况，包括每公里平均造价、平均使用劳动力、材料费、运杂费、水泥、钢材、木材的数量。

（6）对主要问题的处理意见，按照验收委员会的决议分项编写。

（7）结论；确定是否可以交付运营及其方式、年限。

（8）落款。包括验收委员会委员签名（主任委员、副主任委员、委员的职务、姓名）、日期及地点。

（9）主要附件，包括设计概算、主要工程数量完成情况、劳材消耗情况、未完工程及所增工程统计表。

（10）报送及分发情况。

【例文 1】

工程竣工验收报告

（建筑工程）

工程名称：______________________________

验收日期：______________________________

施工单位（盖章）：__________________________

竣工项目审查

表 1

工程名称		工程地址			
建设单位		结构形式			
勘察单位		层　数		幢数	
设计单位		工程规模			
监理单位		开工日期	年　月　日		
施工单位		竣工日期	年　月　日		
施工许可证号		总 造 价			
审查项目及内容		审查情况			

一、完成设计项目情况 1. 基础、主体、室内外装饰工程、防水工程 2. 给排水工程、燃气工程、消防工程 3. 建筑电气安装工程 4. 智能建筑工程 5. 通风与空调工程 6. 电梯、电扶梯安装工程 7. 室外工程	
二、完成合同约定情况 1. 总包合同约定 2. 分包合同约定 3. 专业承包合同约定	
三、技术档案和施工管理资料 1. 建设前期、施工图设计文件审查等技术档案 2. 监理技术档案和管理资料 3. 施工技术档案和管理质料	

一、验收机构

（一）领导层

表2

主　任	
副主任	
成　员	

（二）专业组

验收专业组	组长	组员
建筑工程		
给排水、燃气工程		
建筑电气安装工程		
智能建筑工程		
通风与空调工程		
电梯安装工程		
室外工程		

注意：建设、监理、勘察、设计、施工单位的专业人员均必须参加相应的验收专业组，外聘专家应注明职务、职称。

二、验收组织程序

（一）建设单位主持验收会议；

（二）施工单位介绍施工情况；

（三）监理单位介绍监理情况；

（四）各验收专业组核查质保资料、并到现场检查；

（五）各验收专业组总结发言，建设单位做好记录。

工程质量评定

表 3

<table>
<tr><td>分部工程名称</td><td>评定等级</td><td rowspan="2">质量保证资料评定</td><td rowspan="2">观感质量评定</td></tr>
<tr><td>地基与基础工程</td><td></td></tr>
<tr><td>主体结构工程</td><td></td><td rowspan="9">共核查______项，
其中符合要求______项，经鉴定符合要求______项</td><td rowspan="9">应得______分
实行______分
得分率______%</td></tr>
<tr><td>装饰装修工程</td><td></td></tr>
<tr><td>屋面工程</td><td></td></tr>
<tr><td>给排水、燃气工程</td><td></td></tr>
<tr><td>建筑电气安装工程</td><td></td></tr>
<tr><td>智能建筑工程</td><td></td></tr>
<tr><td>通风与空调工程</td><td></td></tr>
<tr><td>电梯安装工程</td><td></td></tr>
<tr><td colspan="2">室外工程</td></tr>
</table>

单位工程评定等级

（公章）

建设单位负责人： 年 月 日

<table>
<tr><td rowspan="6">执行标准情况</td><td>建筑工程</td><td></td><td></td></tr>
<tr><td>电气工程</td><td></td><td></td></tr>
<tr><td>给排水、燃气工程</td><td></td><td></td></tr>
<tr><td>智能建筑工程</td><td></td><td></td></tr>
<tr><td>通风、空调工程</td><td></td><td></td></tr>
<tr><td>电梯工程</td><td></td><td></td></tr>
</table>

二、工程总结

工程总结的编写是总结施工的经验与教训，不断改进施工组织、提高技术水平的重要手段。按惯例，一般工程只写综合性的工程竣工总结、干线工程及具有技术特征的工程，如特大桥、长隧道等还应编写技术总结。

（一）工程总结的内容

工程总结的内容主要包括工程概况、修建经过、施工组织指挥方法、主要经验教训等，并附工程统计表和分析表。

（二）技术总结的内容

技术总结的内容主要包括施工方法、技术措施、设计改善和技术安全等，应侧重从技术理论上加以验证提高。

此外，在工程进展过程中，可根根据需要编写“施工小结”，其内容与工程总结类似。内容包括：

（1）主要施工方法和采用的新技术、新材料、新产品。

（2）工程质量情况。

（3）施工中遇到的重大问题，处理措施和观察情况。

（4）变更计划。

（5）存在的主要问题及注意事项。

【例文2】

××××有限责任公司煤场改造施工总结报告

一、工程概况

1. 本工程为煤场，封闭轴线间尺寸为216 m×180 m，改造完成后可以满足××发电有限责任公司现役三期2×660 MW燃煤发电机组约20天的耗煤量。本工程拟采取的煤场封闭方案为拆除原有抑尘网和挡煤墙，新建单跨全封闭干煤棚。

2. 我公司所负责工程：拆除工程、桩基工程及土建工程。其中拆除工程包括煤场四周抑尘网、挡煤墙基础、施工范围内管网、沟道、混凝土路面；桩基工程包括灌注桩1000 mm直径181根，800 mm直径69根；土建工程包括主结构承台、短柱、滑移梁、挡煤墙，门框柱基础，皮带封闭基础，射雾器基础；还包括煤场西北侧单体建筑：配电室一个；附属工程：煤场四周散水，南北侧排水沟，大门坡道。

二、人员组成

序号	姓 名	职 位	备注
1	×××	项目经理	
2	×××	安全负责人	
3	×××	技术总负责人	
4	×××	生产总负责人	
5	×××	土建技术员	
6	×××	资料员	
7	×××	业务员	

三、质量管理情况

我单位在工程施工中对工程项目实行质量目标管理，使工程质量达到一次验交合格率100%，优良率90%以上，具体实施中有以下控制措施：

1. 建立完善的质量管理体系和质量保证体系，制定创优规划，使每道工序都在严格的质量监控之下进行、实行全面质量管理。

2. 根据工程项目特点组织精明强干的施工队伍，明确分工，加强协作，注重上道工序与下道工序间的密切配合。

3. 各单项工程、各工种均实行项目负责制和岗位责任制，质量指标直接与施工人员经济挂钩，奖优罚劣、重奖重罚，分项分部工程质量指标均列入奖罚内容。

4. 采取多种形式对项目全员进行质量教育，树立“百年大计，质量第一”的思想，强化项目全员的质量意识，施工前有针对性地进行各工种的技术培训，提高施工人员的操作技能，为创优质工程创造条件。

5. 运用科学的管理方法和现代化的检测工具，强化工程质量管理，认真执行设计图纸审核制度，并做好施工技术交底，使每一个施工人员都能做到心中有数，熟悉本工程的技术要求，做到严格按照设要求施工，严格按照施工规范作业。

6. 加强试验检测工作，严格检验各种工程材料，严格按照施工配料，确保各部位强度达到设计要求。

7. 做好质量检查工作，项目部设专职质量检查人员，监督检查工程质量，对每一道工序均进行全面严格的质量检查，实行内部质量上级管理制度，隐蔽工程在业主及监理人员检查签证后方可进行下道工序的施工，确保工程质量。

8. 根据工程特性，提供施工机械，为工程创优夯实基础。

9. 搞好样板工程，用样板领路，全面推广，达到创全优工程的目标。

施工中工程质量自检情况及工程质量问题的处理情况：我单位在施工中对工程质量严格按照自检制度进行操作，先由施工队操作工人自检和各施工班组长自检，经检合格后，上报项目部质检员，项目部质检员再进行检验，工程质量得到确认后报验监理工程师。上下工序之间还要进行交接检验，上道工序不合格下道工序不接收，上道工序的质量事故隐患决不留给下道工序。同时，项目经理部每月组织一次质量大检查，对所存在的质量问题进行紧急整改和处理。质量大检查以检查工程质量为主，同时检查质量管理工作，查看各项规章制度落实情况。对检查中发现的质量问题，检查组根据实际情况及时提出改进措施，限期改正，并进行复查。质量大检查后，检查组汇总检查情况，在工程会上进行通报，奖优罚劣，以示激励。对施工中发现的工程质量问题，坚决处理到底，决不留质量隐患，在哪发现问题，就从哪进行处理。

对完工质量的评价：

经过项目全体人员的努力，工程终于完工。对于完工质量，通过分项、分部、单位工程质量评定汇总，总体工程质量达到优良。

四、施工安全与文明施工情况

施工安全方面，项目部成立安全领导小组，设安全部长，由项目经理担任组长，组员由项目部各职能部门负责人组成。各施工组也成立了安全检查小组，并在各施工组设专职安全员，坚持经常性的施工安全检查及监督指导。施工中，坚持正确处理安全与施工生产统一、与施工速度互保、与质量互补、与效益兼顾、与危险并存的关系。坚持预防为主、综合考虑的原则，坚持安全与生产同步进行的原则，坚持全员、全过程、全方位和全天候的“四全”动态管理原则，坚持安全管理具有明确目的性的原则。在各级明确安全管理范围，组织职工学习有关劳动保护的政策、条例、规程和制度，规范操作。采取得当安全管理措施，落实安全责任，实施责任管理，建立各级人员的安全责任制度，明确相应的安全责任，定期检查落实情况。因此保证了从开工到竣工验收未发生安全事故。

文明施工方面，我单位采取了以下几点措施：

1. 建立健全各项规章制度，工地现场悬挂文明施工标牌条幅、张贴宣传标语，采用多种形式向项目全员进行文明施工教育，提高全员文明施工意识。

2. 现场布置统一建临时房屋，统一室内配备、布置，统一现场标识。

3. 施工场地、便道、各种材料、机具等布置、堆放、停置有序，并进行标识，做好文明施工。

4. 教育全体员工遵纪守法、行为规范、文明施工，争创文明工地。

五、施工进度控制

开工前，项目经理部成立了项目管理领导小组并建立健全目标责任制度、进度检查制度、工期奖惩制度等规章制度，同时与各施工组签订目标责任状。在施工过程中，领导小组根据资源配备的情况，结合工程的常规做法和材料机具供应实际，广泛征求技术人员和广大施工人员的意见，合理、可行地安排总体进度计划。另外，根据已完成工程的进度快慢、施工人员的增减、业主要求的计划变更等诸多因素，不断调整进度计划，动态监控关键线路的变化，以适时调整人员分配和施工顺序，使施工生产持续有效地按计划正常进行。施工中尽可能采用先进、高效的施工机械和新工艺，提高劳动效率，加快施工进度，保证阶段性工期目标的实现。尽可能采用一些实用的新技术，提高生产效率。周密计划和不断调整工序搭配，避免或尽可能缩短工序之间的间隙时间。

虽然本项目总工期有些滞后，但在主结构土建部分按时交付，未影响下一步钢结构、彩板、消防、电气的安装施工。

六、工程款支付情况

本公司对该项目单独设账，公司对该工程的准备资金及工程款的拨付资金，做到专款专用。

工人要进行登记造册，每月按时劳务账对项目部上报工资金额，以便项目部做好资金安排，按时发放工人工资。从开工至项目交付从未发生因工资问题产生的负面影响。

七、施工体会

随着工程施工市场竞争日趋激烈，工程质量的不容掉以轻心，企业只有以质量求生存以效益求发展。这就要求施工企业务必做到质量第一、信誉第一，即遵循以下几点：

1. 加强企业内部管理、塑造企业文化、打造企业形象。

2. 严格控制工程质量：全面贯彻 ISO 9000 系列标准，建立健全各种质量控制制度。

3. 控制工程进度：建立强有力的满足工程进度的各种保障制度，制订详细的工程施工进度计划书并进行动态管理，合理科学地安排各工序的施工，掌握各种工序之间的关联与衔接，对关键的施工工序进行全面监控。

4. 严格控制工程费用：资金是工程运作的血液，在整个工程进行过程中决不能出现资金的断链。

××××建设第一工程有限公司

20××年 12 月 31 日

【思考与练习】

1. 某综合大楼已经竣工，请你代表某建筑公司拟写一份竣工验收报告。
2. 某铁路大桥已经修建完成，请你代表某工程公司拟写一份工程总结。

第四章　公 文 写 作

第一节　公文基础知识

一、公文的含义和特点

（一）含义

公文是最常见和最重要的应用文，其全称为公务文书，有广义和狭义之分。广义公文是机关团体、企事业单位等依法成立的社会组织用来从事业务性、日常性的工作而撰写的具有一定格式的应用文。狭义公文专指党政机关公文。党政机关公文是党政机关实施领导、履行职能、处理公务的具有特定效力和规范体式的文书，是传达贯彻党和国家方针政策，公布法规和规章，指导、布置和商洽工作，请示和答复问题，报告、通报和交流情况等的重要工具。

（二）“新条例、新格式”

2012 年 4 月 16 日，中共中央办公厅、国务院办公厅联合下发了《党政机关公文处理工作条例》（以下简称《条例》），同时废止了 1996 年中办印发的《中国共产党机关公文处理条例》和 2000 年国务院印发的《国家行政机关公文处理办法》。自 2012 年 7 月 1 日起，党政机关统一按照新的《党政机关公文格式》（以下简称《格式》）国家标准的要求执行。这是自 20 世纪 80 年代以来，党的机关公文处理相关规定与国家行政机关公文处理相关规定由原来的分别设立，到走向统一要求、统一规范、统一实施的重要里程碑。对强化我国党政机关公文的管理，确保党政机关公文处理的严谨一致，更好地发挥党政机关公文的效力，提高党政机关公文的整体质量水平具有重要现实意义。《条例》广泛适用于中国共产党机关和国家行政机关的公文处理工作，也为其他各行各业的公文处理工作提供借鉴，是党政机关公文处理工作的法规性文件。纵观公文格式国家标准从 1988 年第一次试行到 2012 年第二次修订完成，经历了不断修改和完善的过程。可以看出公文处理工作也是在实践中边发现问题，边总结归纳改进做法，不断提高和完善的过程。

（三）特点

公文与其他应用文相比，有以下五个特点。

1. 作者法定性

公文的法定作者是依法成立并能以自己的名义行使职权及承担义务的组织。如党政机关、社会团体、企事业单位等都是依据法律或行政法规成立的，它们都是法定的作者，均可根据工作需要，在自己的职能和权限范围内制作并发布公文。有的公文以单位领导人的名义制定、发布，这是领导人行使自己法定职权的一种表现，但公文的法定作者仍是领导人所在的组织。

2. 法定权威性

所谓权威性，是指公文具有代行法定职权的功能，对受文机关在法定的时间和空间范围内具有强制的作用。国家以法律手段或行政手段保证它的权威性。

3. 效用时限性

所谓效用时限性，是指公文主要在现行工作中使用，效用具有一定的时限性。

4. 体式规范性

规范化体式是公文处理规范化、制度化、科学化的要求，是在长期的实践中逐步形成的，它必须符合《党政机关公文格式》规定的体式。公文有了规范的体式，才能维护公文的严肃性、政策性、权威性和实效性。

5. 处理程序性

公文从准备撰写到制作成文，再到整理归档，都有严格的程序。为了维护公文的权威性、严肃性，充分发挥公文特有的执行效用，公文在制发程序上要履行法定的审批手续。一般性公文，由规定的机关负责人对要发出的公文作全面审核后，再履行签发手续；联合制发的公文，由联合制发机关或单位的负责人审核公文的全部稿件后，履行完备的会签手续式会议通过后，再由领导人签署发布，否则不能生效。

公文的发文、收文、归档、管理的具体程序为：发文包括拟稿、审核、签发、复核、缮印、用印、登记、分发等程序；收文包括签收、登记、审核、拟办、批办、承办、催办、答复等程序；归档要及时、齐全、完整。公文管理由文秘部门或专职人员统一收发、审核、用印、归档和销毁。

二、公文的种类和作用

（一）公文的种类

根据新《条例》第八条规定，党政机关公文种类主要有：决议、决定、命令（令）、公报、公告、通告、意见、通知、通报、报告、请示、批复、议案、函、纪要 15 种。这 15 个文种的适用范围如下：

（1）决议。适用于会议讨论通过的重大决策事项。

（2）决定。适用于对重要事项作出决策和部署、奖惩有关单位和人员、变更或者撤销下级机关不适当的决定事项。

（3）命令（令）。适用于公布行政法规和规章、宣布施行重大强制性措施、批准授予和晋升衔级、嘉奖有关单位和人员。

（4）公报。适用于公布重要决定或者重大事项。

（5）公告。适用于向国内外宣布重要事项或者法定事项。

（6）通告。适用于在一定范围内公布应当遵守或者周知的事项。

（7）意见。适用于对重要问题提出见解和处理办法。

（8）通知。适用于发布、传达要求下级机关执行和有关单位周知或者执行的事项，批转、转发公文。

（9）通报。适用于表彰先进、批评错误、传达重要精神和告知重要情况。

（10）报告。适用于向上级机关汇报工作，反映情况，回复上级机关的询问。

（11）请示。适用于向上级机关请求指示、批准。

（12）批复。适用于答复下级机关请示事项。

（13）议案。适用于各级人民政府按照法律程序向同级人民代表大会或者人民代表大会常务委员会提请审议事项。

（14）函。适用于不相隶属机关之间商洽工作、询问和答复问题、请求批准和答复审批事项。

（15）纪要。适用于记载会议主要情况和议定事项。

按公文的行文方向划分可分为上行文、下行文、平行文三种。

（1）上行文是指下级机关对上级领导机关的行文。如请示、报告等。

（2）平行文是平级机关或不相隶属机关之间的行文。如函、平行性通知、议案等。

（3）下行文是上级机关向下级机关的行文。如命令、决定、公告、批复、通报等。

公文按其机密程度，可分为绝密公文、机密公文、秘密公文、普通公文。绝密、机密、秘密公文又称保密文件，是指内容涉及党和国家的机密，需要控制知密范围和知密对象的文件。文件的密级越高，传达、阅办、保管的要求越严。

（二）公文的作用

1. 法规依据作用

党政管理工作需要制定各种法规和规章，并以文件的形式发布。这些规范性文件一经发布，便作为管理工作和活动的规范与依据，具有法规的约束作用，任何社会组织或个人都必须依照执行，不可违反。

2. 领导指挥作用

各级党政领导机关和业务主管部门通过制定和发布各种有关公文，如决定、通知等，来领导和指导下级机关或下级业务部门的工作。下级机关或业务部门按照上级的部署、意见和决策进行工作。

3. 宣传教育作用

党政机关公文是各级机关执政为民、贯彻党的方针政策的具体表现。其本身就是一种对广大干部群众思想政策方面的宣传教育，而且较之新闻传媒更有权威性和宣传效力。

4. 联系沟通作用

各机关单位在处理日常事务工作中，要靠公文进行上下左右的联系和沟通。公文在同一系统的上下级机关、平级机关以及不相隶属机关之间，都能起到沟通情况、商洽工作、协调关系、处理问题的公务联系作用。

5. 凭证记载作用

公文反映了制发机关的意图和要求，具有法定效力，收文机关办理时以此作为凭证和依据。公文还是机关单位现行公务活动的记载，在完成了它现行的作用以后，将立卷归档，成为档案，所以又具有记载和史料的作用。

三、党政机关公文的格式

格式即规格式样。公文的格式不是随意确定的，它是由国家有关部门颁布的规范性文件所规定的。《条例》第三条规定：“党政机关公文是党政机关实施领导、履行职能、处理公务的具有特定效力和规范体式的文书，是传达贯彻党和国家方针政策，公布法规和规章，指导、布置和商洽工作，请示和答复问题，报告、通报和交流情况等的重要工具。”从中可以看出，公文具有特定效力和规范体式。规范体式就是要求公文的排布和标志要素统一规范，要标准化。这样才能准确、有效地拟制、传递和存贮公文信息。《格式》中对公文格式各要素的排布、公文采用的介质、公文的印制要求、数据表现形式等做了统一要求。

（一）公文格式各要素的排布

《条例》第十条规定：“公文的版式按照《党政机关公文格式》国家标准执行。”《格式》将版心内的公文格式各要素划分为版头、主体、版记三部分。公文首页红色分隔线以上的部分称为版头；公文首页红色分隔线（不含）以下、公文末页首条分隔线（不含）以上的部分称为主体；公文末页首条分隔线以下、末条分隔线以上的部分称为版记。

1. 版头部分

党政机关公文的版头部分包括份号、密级和保密期限、紧急程度、发文机关标志、发文字号、签发人等项。

（1）份号。公文印制份数的顺序号。涉密公文应当标注份号。份号一般用6位三号阿拉伯数字，顶格编排在版心左上角第一行。标注份号的目的，是准确掌握公文的印数、分发范围和对象，便于公文的管理。

（2）密级和保密期限。《条例》规定，密级和保密期限是指公文的秘密等级和保密的期限。秘密等级是标识公文保密程度的标志。涉密公文根据涉密程度分别标注“绝密”“机密”“秘密”和保密期限。一般密级和保密期限之间可用“★”分隔，如“秘密★1 年”“绝密★10年”。如没有保密期限，两字之间空一字，如“机密”。

（3）紧急程度。紧急程度是公文送达和办理的时限要求。根据紧急程度，紧急公文应当分别标注“特急”“加急”，电报应当分别标注“特提”“特急”“加急”“平急”。标注在版心左上角。

（4）发文机关标志。由发文机关全称或规范化简称加“文件”二字组成。也可使用发文机关全称或者规范化简称。发文机关标志居中排布，颜色为红色，以醒目、美观、庄重为原则。联合行文时，如需同时标注联署发文机关名称，一般应当将主办机关名称排列在前；如有“文件”二字，应当置于发文机关名称右侧，以联署发文机关名称为准上下居中排布。

（5）发文字号。发文字号是发文机关按照发文顺序编排的顺序号。由发文机关代字、年份、发文顺序号加“号”组成。年份、序号用阿拉伯数字标识；年份应当标全称，用六角括号“〔 〕”括入，不是[ ]；序号不编虚位（即1不编为001），不加“第”字，如“中办发〔2021〕2号”，联合行文时，使用主办机关的发文字号。发文字号之下4 mm处印一条与版心等宽的红色分隔线。

（6）签发人。签发人是指在上报的公文中批准签发的领导人姓名，签发人必须是本机关正职或主持工作的领导。上行文应当标注签发人姓名。

2. 主体部分

党政机关公文的主体部分包括标题、主送机关、正文、附件说明、发文机关署名、成文日期、印章、附注、附件等项。

（1）标题。完整的公文标题结构为发文机关＋事由（表明文件主要内容）＋文种。“事由”的结构：“关于……的”，要求准确概括公文内容。“关于”二字在发文机关后。如《中共××

市委××市政府关于进一步整治和改善经济发展环境的实施意见》，其中“中共××市委××市政府”是发文机关名称，“关于进一步整治和改善经济发展环境的实施”是事由，“意见”是文种。

公文标题应当准确、简要地概括公文的主要内容，发文机关名称可以用发文机关全称或规范化简称。

公文标题中除法规、规章名称加书名号外，一般不用标点符号，在实际工作中，标题中确有除书名号之外的其他标点符号存在，如顿号、括号、引号、破折号。标题中标点符号的使用应注意以下两点：

① 法律、法规、规章名称全称应加书名号。

② 如果在事由部分出现多个机关、人名等并列时，每个机关、人名之间用顿号分开，不使用空格。

（2）主送机关。公文的主要受理机关，应当使用机关全称、规范化简称或者同类型机关统称。所谓同类型机关的统称，如“各省、自治区、直辖市人民政府，国务院各部委、各直属机构”“各区、县委，各区、县政府，市委、市政府各委办局，各总公司，各人民团体，各高等院校”。主送机关应写在标题下左顶格，加冒号。

有些公文可能没有主送机关，如选用公告文种的公文，用于向国内外宣布重要事项或法定事项，一般通过报纸、电视、广播电台、网络向国内外公开发布和传播，所以没有特定的主送机关。对于上行文，原则上只能有一个主送机关，以便公文的办理。

（3）正文。正文是公文的主体部分，用来表述公文的内容。公文首页必须显示正文。从结构上说，正文一般由三部分组成：事由＋事项＋结尾。

正文内容要符合党和国家的政策法令，文字简洁，观点明确，逻辑严密，文理通顺，标点符号正确。

结构层次序数一般不超过四层。第一层：汉字“一”，后面顿号，黑体字；第二层：汉字加括号“(一)”，后面不能跟标点符号，楷体字；第三层：阿拉伯数字“1”，后面跟小圆点“.”；第四层：阿拉伯数字加括号“(1)”，后面不能加标点符号，仿宋体字。层级序数可以越级使用，如果公文结构只有两层，第一层用“一”，第二层既可用“(一)”，也可以选用“1.”。

公文中关于阿拉伯数字和汉字数字的用法：数字用法应符合 GB/T 15835 的要求。

① 在使用数字进行计量、编号的场合，已定型的含阿拉伯数字的词语（如 5G 手机、MP3 播放器等）中，应该使用阿拉伯数字。

② 作为非公历纪年、概数（如三四个月、一二十个）、已定型的含汉字数字的词语时，应使用汉字数字。

③ 如果表达计量或者编号所需要用到的数字个数不多，选择汉字数字还是阿拉伯数字在书写的简洁性和辨识的清晰性两方面没有明显差异时，两种形式均可使用，如 17 号楼（十七号楼）、3 倍（三倍），如果要突出简洁醒目的表达效果，应使用阿拉伯数字，如果要突出庄重典雅的表达效果，应使用汉字数字另外，公文的正文中使用字母词、计量单位、数字等的时候，要严格规范，按照国家标准中的要求正确使用。

公文中涉及字母词的应严格规范，制作公文时一般不应使用字母词，如确需使用，应当在文中首次出现时以括注方式注明准确的汉语译名。如使用 GDP 这个概念，应该以（国民生产总值）方式引用。

公文正文中的计量单位的用法应符合 GB 3100、GB 3101 和 GB 3102.1–13 的要求。应使用法定计量单位，以面积单位为例，可根据实际面积大小，选用平方米、公顷、平方公里等计量单位。

（4）附件说明。《条例》规定，附件说明是公文附件的顺序号和名称。

公文如有附件，在正文下空一行左空二字用 3 号仿宋体字标识“附件”，后标全角冒号和名称。如公文带有两个及两个以上附件，附件名称前面用阿拉伯数字标注附件的顺序号，顺序号后面紧跟一个小圆点，如“附件：1.××××× ”。附件名称后不加标点符号，附件名称较长需回行时，应当与上一行附件名称的首字对齐。公文中涉及附件处的标注内容、附件说明处的标注内容及附件的标注内容前后要相一致。需要注意的是在正文中写明报送、批转、转发、印发等字样的公文，在其生效标志后附的内容不是公文的附件，因此在附件说明处不必标注相关内容。

（5）发文机关署名、成文日期和印章。这三个要素构成了公文的生效标识。

发文机关署名要署发文机关全称或者规范化简称。公文一般以发文机关名义署名，特殊情况（如议案、命令等文种）需要由签发人署名的，应当写明签发人职务并加盖签发人签名章。发文机关署名应与发文机关标志、标题中发文机关名称相一致。联合行文时，若发文机关标志并用联合发文机关名称，发文机关署名的顺序应与发文机关标志的排列顺序一致成文时间。

成文日期是公文的生效时间，是党政机关公文生效的重要标志。成文时间署会议通过或者发文机关负责人签发的日期。联合行文时，署最后签发机关负责人签发的日期。成文日期确定的原则：会议通过的决议、决定等以会议正式通过的日期为准；经发文机关负责人签发的公文以领导人签发的日期为准；联合行文以最后签发机关负责人签发的日期为准；电报则以发出的日期为准。标注成文日期时，年份应标全称月、日，不标虚位（即 1 不编为 01）。在公文中的标注位置有两种：①在公文标题之下，写全年、月、日并用圆括号（ ）括起来，如会议通过的决议、决定等公文；②成文日期在公文正文或附件说明的右下方标注，写全年、月、日。成文日期中的数字统一使用阿拉伯数字，如“2021 年 7 月 1 日”。

印章。公文加盖印章是体现公文效力的表现形式，是公文生效的标志，是鉴定公文真伪最重要的依据，不得出现空白印章。公文中有发文机关署名的，应当加盖发文机关印章，并与署名机关相符。印章用红色。上行文一定要加盖印章，纪要一般不加盖印章。联合下行文时，所有联署行文机关均需署名并加盖与发文机关署名、发文机关标志相符的印章。签发人签名章也属于印章的一种特殊形式。对于以机关负责人名义制发的公文，需要署签发人的签名章（如议案、命令等）。

（6）附注。是需要说明的其他事项，如公文的发放范围、政府信息公开方式、联系人和联系电话等。印发传达范围一般针对平行文和下行文，如“此件公开发布”“此件发至县团级”等，对发送范围和阅读对象进行限定。“请示”件应在附注处注明联系人和电话。

需要注意的是附注不是对公文正文内容的解释，对正文的注释或解释一般在公文正文中采用句内括号或句外括号的方式解决。

（7）附件。公文正文的说明、补充或者参考资料。附件应当另面编排，并在版记之前。

附件应与公文正文一起装订，并在附件左上角第一行顶格标识“附件”（黑体字），如果有多个附件，后面必须紧跟附件顺序号，顺序号后无须加冒号；附件的序号和名称应与附件说明标注一致。附件标题以及附件中行、字、段落等编排与主体部分相应格式要素的要求一致。

3. 版记

版记一般包括抄送机关、印发机关和印发日期等要素。

（1）抄送机关。除主送机关外需要执行或者知晓公文内容的其他机关，应当使用机关全称、规范化简称或者同类型机关统称。抄送机关应按一定顺序排列。首先是上级机关在前，其次是同级机关，再次为下级机关。按照党、政、军、群的顺序排列抄送机关。抄送机关是指除主送机关外，其他需要知晓公文内容或协助办理公文事项的机关。抄送机关标注在主题词下 1 行。

（2）印发机关和印发日期。公文的送印机关和送印日期。

印发机关指公文的印制主管部门，一般应是各机关的办公厅（室）或文秘部门，有的印发机关没有专门的文秘部门，发文机关就是印发机关。印发机关用机关全称或规范化简称。

标注印发日期是为了准确反映公文的送印时间。一般来说，公文在负责人签发之后，也就是成文日期之后，往往需要经过打字、校对、复核等环节，因此成文日期与印发日期通常存在时间差。印发时间以公文付印的日期为准，用阿拉伯数字将年、月、日标全，年份应当标全称，月、日不编虚位（即 1 不编为 01）。

版记中如有其他要素，应当将其与印发机关和印发日期用一条细分隔线隔开。如翻印公文时，翻印的公文应当注明翻印机关和翻印日期，编排在印发机关、印发日期之下，末条分隔线之上。翻印机关用全称或规范化简称；翻印日期用阿拉伯数字完整写明年、月、日，后加“翻印”二字。

以上所说的三个部分以及三个部分的构成要素，是一份文件最完备的格式。但并非所有的公文都必须由这些要素组成，其中的发文机关标志、标题、主送机关、正文、成文日期、印章、印发机关和印发日期这几个要素是一般公文的固定组成部分，其他要素是否标注要视具体情况而定。

4. 页码

《条例》将公文的页码作为公文格式的一项要素，这充分说明页码是公文的一项重要组成部分，是保证公文有效性和完整性的标志。在公文中标注页码，还有利于对公文进行查阅、统计、检索、印制和装订，甚至有助于公文的防伪。页码一般用 4 号半角宋体阿拉伯数字编排在版心下边缘之下，页码数字左右两边各空一个半角空格，放一条“一”字线，“一”字线距版心下边缘 7 mm。单页码右边的“一”字线右空一字，双页码左边的“一”字线左空一字。公文的版记页前有空白页的，即将版记放到最后一面时，前面会出现空白页的情况，空白页和版记页均不编排页码，即页码只标识到公文主体部分结束的那页。公文附件与正文一起装订时，页码应当连续编排；附件与正文不一起装订时，附件另页编码。

（二）其他公文的文面格式

公文格式除了上述“文件式”外，还有“信函式”“命令式”“会议纪要式”三种格式。

信函式格式：发文机关标志使用发文机关全称或规范化简称（名称后不加“文件”二字），居中排布，上边缘至上页边为 30 mm（与通用公文格式比，发文机关标志往上移了 42 mm），推荐使用红色小标宋体字（大小自定）。联合行文时，使用主办机关标志。

发文机关标志下 4 mm 处印一条红色双线（上粗小细）（以前俗称武文线），距下页边 20 mm 处印一条红色双线（上细下粗）（以前俗称文武线），线长均为 170 mm，居中排布。如需标注份号、密级和保密期限、紧急程度，应当顶格居版心左边缘编排在第一条红色双线下，按照份号、密级和保密期限、紧急程度的顺序自上而下分行排列，第一个要素与该线的距离为三号汉字高度的 7/8。

发文字号顶格居版心右边缘编排在第一条红色双线下，与该线的距离为三号汉字高度的 7/8。标题居中编排，标注在份号、密级和保密程度、紧急程度、发文字号中最后一个要素的下边缘下空两行位置。第二条红色双线上一行如有文字，与该线的距离为三号汉字高度的 7/8。首页不显示页码，由第二面开始标注页码。记不加印发机关和印发日期，只有抄送机关，抄送机关上下不加分隔线，位于公文最后一面版心内最下方。

命令式格式：发文机关标志由发文机关全称加“命令”或“令”组成，一般不使用发文机关规范化简称，居中排布。发文机关标志上边缘至版心上边缘为 20 mm，推荐使用红色小标宋体字，字号大小由发文机关自定。联合发布的命令（令），发文机关名称顺序分行编排，两端对齐，“命令”或“令”字置于所有联署发文机关名称右侧，上下居中排布。令号：令号是命令（令）的编号，作用等同于发文字号。发文标志下空两行居中编排令号，一般采用“第××号”的形式，不编虚位。标题和正文：命令（令）一般无标题。令号和正文间无红色分隔线，令号下空两行编排正文，正文的内容一般较为简短。签名章：正文下空两行右空四字编排签发人签名章，签名章左空二字编排签发人职务，相对于签名章上下居中。联合发布的命令，应当先编排主办机关签发人职务、签名章，其余机关签发人职务、签名章依次向下编排；签发人职务应写全称。成文日期置于签名章下空一行位置，右空四字编排，签名章一般用红色。

会议纪要式格式：纪要标志由“×××纪要”组成，不加“文件”二字，推荐使用红色小标宋体，字号大小自定。纪要编号作用等同于发文字号，可居中编排在发文机关标志下空两行位置，可以采用“第××号”的形式，不编虚位。标注出席人员名单，一般用三号黑体字，在正文或附件说明下空一行左空两字编排“出席”二字，后标全角冒号，冒号后用三号仿宋字标注出席人单位、姓名，同一单位不同人员之间、不同单位之间的分隔符号可根据实际情况确定，回行时与冒号后的首字对齐，段末加句号。如需标注请假和列席人员名单，除依次另起一行并将“出席”二字改为“请假”或“列席”外，编排方法同出席人员名单。

四、公文的行文方式与规则

（一）公文的行文方式

从行文对象来划分，公文的行文方式有以下几种：

逐级行文：行文机关向自己的直接上级上行公文或向直接下级下行公文。

越级行文：行文机关越过自己的直接上级或直接下级，向非直接上级或非直接下级行文。如遇特殊情况、紧急情况、突发事件，需直接向再上一级机关或再下一级机关汇报情况、布置工作、请求事项，可采用越级行文。

多级行文：行文机关同时向直接上级（下级）和非直接上级（下级）发文的行文方式。

普发行文：行文机关向所属的所有机关一次性发文的方式。

通行行文：行政机关向隶属机关和非隶属机关、群众等的一次性泛向行文，这类行文往往没有明确的收文对象，比如公告。

从发文机关的数量来划分，可分为单独行文和联合行文。

单独行文：指只以一个机关的名义发出的公文，大多数公文都属于这种类型。

联合行文：指以两个或两个以上的平行机关的名义共同发出的公文，通告、倡议经常采用这种行文。

（二）公文的行文规则

依据《条例》规定，公文有以下行文规则：

（1）行文应当确有必要，讲求实效，注重针对性和可操作性。

（2）行文关系根据隶属关系和职权范围确定。一般不得越级行文，特殊情况需要越级行文的，应当同时抄送被越过的机关。

（3）向上级机关行文，应当遵循以下规则：

① 原则上主送一个上级机关，根据需要同时抄送其他相关上级机关和同级机关，不抄送下级机关。

② 党委、政府的部门向上级主管部门请示、报告重大事项，应当经本级党委、政府同意或者授权，属于部门职权范围内的事项应直接报送上级主管部门。

③ 下级机关的请示事项，如需以本机关名义向上级机关请示，应当提出倾向性意见后上报。不得原文转报上级机关。

④ 请示应当一文一事，不得在报告等非请示性公文中夹带请示事项。

⑤ 除上级机关负责人直接交办事项外，不得以本机关名义向上级机关负责人报送公文，也不得以本机关负责人名义向上级机关报送公文。

⑥ 受双重领导的机关向一个上级机关行文，必要时应当抄送另一个上级机关。

⑦ 不符合行文规则的上报公文，上级机关的文秘部门可退回下级呈报机关。

（4）向下级机关行文，应当遵循以下规则：

① 主送受理机关，根据需要抄送相关机关。重要行文应当同时抄送发文机关的直接上级机关。

② 党委、政府的办公厅（室）根据本级党委、政府授权，可以向下级党委、政府行文，其他部门和单位不得向下级党委、政府发布指令性公文或者在公文中向下级党委、政府提出指令性要求。需经政府审批的具体事项，经政府同意可由政府职能部门行文，文中需注明已经政府同意。

③ 党委、政府的部门在各自职权范围内可以向下级党委、政府的相关部门行文。

④ 涉及多个部门职权范围内的事务，部门之间未协商一致的，不得向下行文；擅自行文的，上级机关应当责令其纠正或者撤销。

⑤ 上级机关向受双重领导的下级机关行文，必要时抄送该下级机关的另一个上级机关。

（5）同级党政机关、党政机关与其他同级机关必要时可以联合行文。属于党委、政府各自职权范围内的工作，不得联合行文。党委、政府的部门依据职权可以相互行文。部门内设机构除办公厅（室）外不得对外正式行文。

五、公文的用语要求

与文学作品相比较，公文有其独特的语体风格，讲究准确、明晰、简洁、朴素、庄重。公文一般不使用口语词、方言词、土俗俚语，而应使用规范化的书面词语。为了增强公文的庄重性，公文中可适当使用文言词语和文言句式。经过长期的公务实践，公文已形成了一套常用的专用（特定）用语，如：

开端用语：为、为了、依据、按照、鉴于、兹。

称谓用语：本（公司）、你（局）、贵方、该（处）、我（部）。
递送用语：报、呈、颁发、颁布、发布。
引叙用语：据、悉、接、近接、顷接、收悉。
拟办用语：责成、交办、办理、执行。
经办用语：经、业经、兹经、已经。
期请用语：请、拟请、恳请、特请、即请、切盼、尚望、即请查照、希即遵照。
征询用语：当否、可否、妥否、是否妥当、如无不当、如无不妥。
表态用语：同意、不同意、可行、不可。
综述过渡用语：为此、对此。
结尾用语：为要、为盼、为荷、特此（通知、报告、函达、函复）。

六、公文式样

（一）A4 型公文用纸页边及版心尺寸

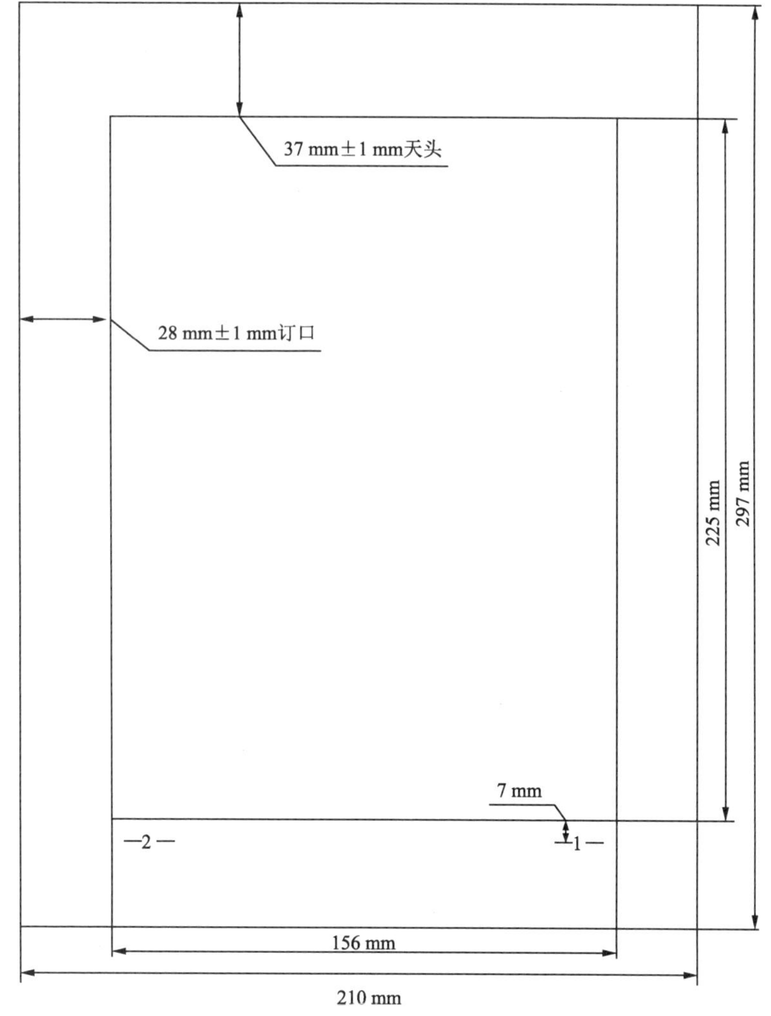

A4型公文用纸页边及版心尺寸

（二）公文各要素示例

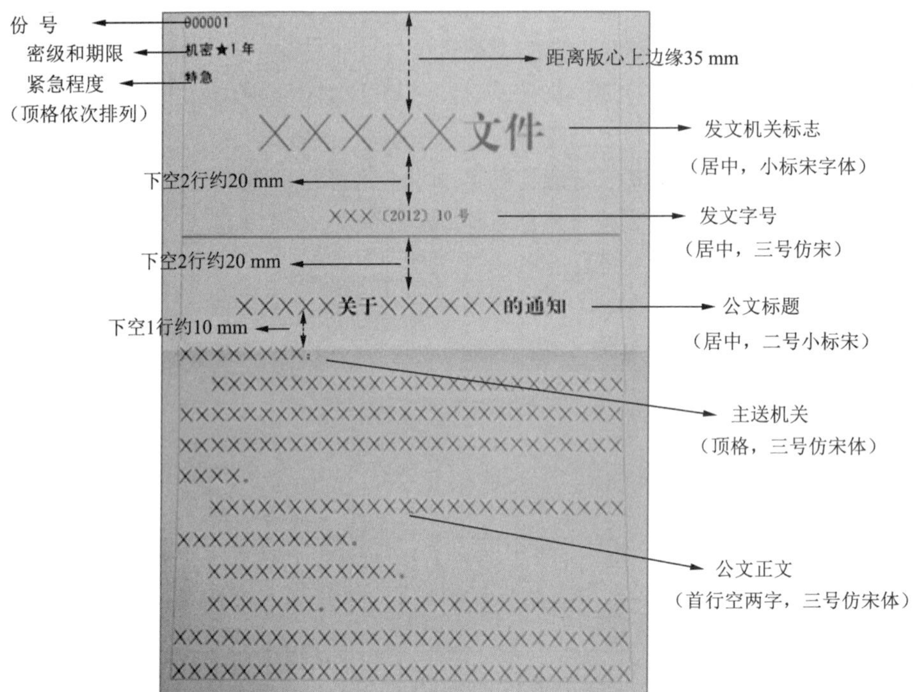

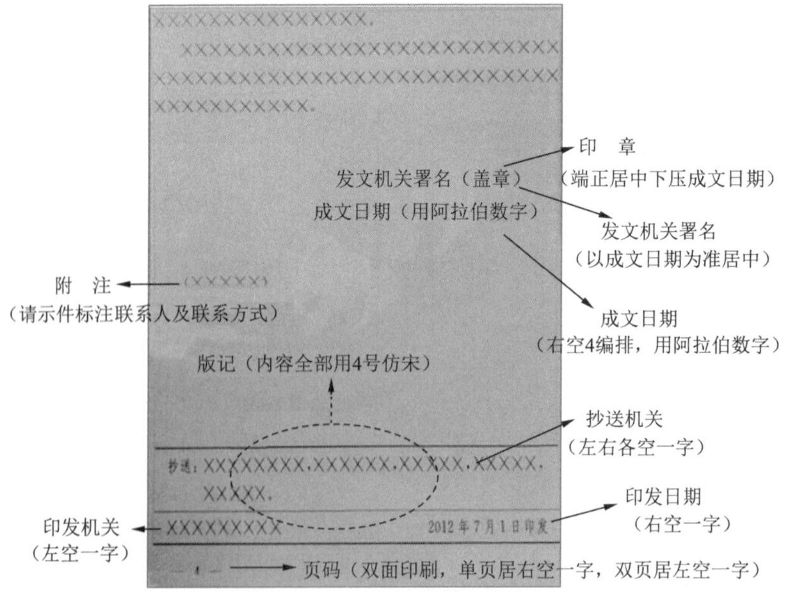

【思考与练习】

1. 请拟写一份格式完整的公文。
2. 选择题

（1）党政机关公文的作者是（　　）

A. 公文印制者　　B. 公文的签发者

C. 公文的撰拟者　　D. 法定的组织或该组织的领导人

（2）下列文种属于下行文的是（　　）

A. 函　　B. 报告　　C. 决定　　D. 通知

（3）公文的主要受理机关称为（　　）。

A. 主办机关　　B. 抄送机关　　C. 抄报机关　　D. 主送机关

（4）国务院 2021 年印发的第 20 号公文，它的发文字号应该是（　　）。

A. 国发〔2021〕第 20 号　　B. 国发 20 号〔2021〕

C.〔2021〕国发 20 号　　D. 国发〔2021〕20 号

3. 简答题。

（1）我国党政机关公文有哪些文种？它们的适用范围是什么？

（2）公文的作用和特点表现在哪些方面？

第二节　通　　知

一、通知的概念

通知是党政机关经常使用的公文之一，适用于批转下级机关的公文，转发上级机关和不相隶属机关的公文，传达要求下级机关办理和需要有关单位周知或者执行的事项，任免的公文。其特点有：一是使用范围广。从国家颁布的政策法令，小到基层单位的会议安排，无论党政机关，还是企事业单位，上到中央，下至地方，无论大小单位，都可以使用通知。二是权威性强。通知的精神，一般是国家政策、法规的具体化表现，要求有关机关和有关人员必须遵照执行和实施，因此具有较强的权威性。三是对象的明确性。大多通知都是针对特定机关和特定人员发放的，因此具有明确性特点。

二、通知的种类

根据通知的作用和适用范围，可分为下列三类。

1. 批示性通知

包括批转性和转发性两种。一是用于批转下级机关的公文，如《国务院批转发展改革委等部门关于深化收入分配制度改革若干意见的通知》。二是转发上级机关和不相隶属机关的公文。如《四川省人民政府办公厅转发自然资源厅关于四川省 2022 年地质灾害防治方案的通知》。

2. 传达性通知

一般来讲，传达性通知分为三种。一是用于传达要求下级机关办理的事项，包括部署工作、开展业务、举办活动等，如《关于开展全省制造业招商引资“百日攻坚”行动的通知》。二是用于传达需要有关单位周知的事项，包括设置机构、召开会议、启用印章、变更地址及电话号码等，如《关于成立企业安全生产领导小组的通知》。三是用于传达需要有关单位执行的事项。这种通知又有两种：按内容分，有指示性、规定性通知。前者侧重于阐述方针、政策，如《关于做好装配式建筑建筑面积扶持政策相关工作的通知》；后者主要载明遵守事项，如《关于严格落实××防控有关事项的通知》。按形式分，有直述性、发布性、印发性通知。直述性通知，在正文中直接叙说执行的事项，如《关于对在岗职工进行经济补偿的通知》；发布性通知，是各级人民政府发布除行政法规、规章之外的其他规范性文件，如《关于发布科技计划科技重大专项指南的通知》；印发性通知，是机关、企事业单位因工作之需将会议纪要等公文，制度、规则等规范性文件，讲话稿、总结、调查报告等事务文书印制并发给有关单位，如《关于印发营商环境创新改革行动计划的通知》。

3. 任免性通知

用于任免人员。包括任职、免职、任免职等。如《××省人民政府关于曹××等同志职务任免的通知》。

三、通知的格式与写法

1. 标题

通知的标题主要有以下两种写法：

（1）发文机关+事由+文种。如《国务院安委会关于开展高层建筑重大火灾风险专项整治的通知》。

（2）事由+文种。如《关于成立集中打击整治危害药品安全违法犯罪工作领导小组的通知》。

发布性通知标题中的“事由”一项，由“关于发布”“关于颁布”“关于实施”“关于印发”等词语原文名称（不省略书名号）组成。如《国务院关于印发〈广州南沙深化面向世界的粤港澳全面合作总体方案〉的通知》。

批转性通知的标题，一般采用完全式（发文机关+事由+文种），其中“事由”一项有两种写法：一种是由“转发”或“批转”二字与省略了书名号的原文名称组成，如《国务院批转国家土地管理局关于加强农村宅基地管理工作请示的通知》；另一种是由“关于转发”或“关于批转”与原文编号加“文件”二字组成，如《关于转发教育部 国家语委教语信〔2021〕1号文件的通知》。

2. 主送机关

标题下、正文前顶格书写。

3. 正文

通知的正文，主要包括缘由、事项、要求三部分。不同种类的通知，其正文的写法有所不同，下面分别进行介绍。

（1）指示性通知的正文。其缘由部分一般简要说明发文的背景、依据或目的，然后以“特通知如下”或“特作如下通知”转入通知的事项；事项部分大多采用分条列项法，具体提出工作要求、措施和办法。结尾可写可不写，如写结尾，可用“特此通知”的惯用语。

（2）批示性通知的正文。一般要写明发文的缘由，对批转、转发文件的评价，以及贯彻执行的具体要求等。有的批转、转发性通知，不仅要表明本机关的态度，还要结合本地区、本单位、本部门的实际情况作出补充性的规定。对下级机关要求的惯用语，有“参照执行”“遵照执行”“研究执行”“认真贯彻执行”等，要根据所批转、转发文件的具体情况恰当选择。

（3）发布性通知的正文。正文很简短，写明发布的意义、目的和执行要求即可。

（4）任免通知的正文。要写明任免人员的具体职务、决定任免的时间，必要时并写明任免依据。

（5）会议通知的正文。通过文件发出的会议通知，一般应写明召开会议的机关、会议名称、会议起止时间、主要议题、到会人员、报到时间及地点、与会人员需携带的材料等内容。通常采用条文式写法，要求内容周密，表述准确，无歧义。机关、单位内部张贴（或广播）的会议通知，应写明会议的时间、地点、内容、出席人员，以及需要准备的材料等内容。

（6）知照性通知的正文。交代清楚告知的事项或信息即可。

4. 落款

通知落款的写法，与其他公文大致相同。要求加盖发文机关公章，下有发文日期。

拟写通知，主题要集中，重点要突出，措施要具体，要求要明确，语言要规范简洁。还要讲求时效，避免贻误时机。

【例文 1】

国务院办公厅关于印发深化医药卫生体制改革
2022 年重点工作任务的通知

国办发〔2022〕14 号

各省、自治区、直辖市人民政府，国务院各部委、各直属机构：

《深化医药卫生体制改革 2022 年重点工作任务》已经国务院同意，现印发给你们，请结合实际，认真组织实施。

国务院办公厅

2022 年 5 月 4 日

评析：这是一则印发性通知。是由国务院办公厅发文。标题是典型的“发文机关+事由+文种”形式，主送机关中同类型机关的统称间用顿号隔开。正文中的《深化医药卫生体制改革 2022 年重点工作任务》随正文发出，是实质上的主件。

【例文 2】

教育部关于公布课程思政示范项目
名单的通知

教高函〔2021〕7 号

各省、自治区、直辖市教育厅（教委），新疆生产建设兵团教育局，有关部门（单位）教育司（局），部属各高等学校、部省合建各高等学校，国家开放大学、教育部考试中心：

为深入贯彻落实习近平总书记关于教育的重要论述和全国教育大会精神，贯彻落实中共中央办公厅、国务院办公厅《关于深化新时代学校思想政治理论课改革创新的若干意见》，深入实施《高等学校课程思政建设指导纲要》，经组织推荐、专家遴选、会议评议和网络公示等，确定课程思政示范课程 699 门、课程思政教学名师和团队 699 个、课程思政教学研究示范中心 30 个。现予以公布。

各地各高校要进一步强化课程思政建设主体责任，强化示范引领，健全优质资源共享机制和平台建设，加大支持保障力度，构建国家、地方、高校多层次课程思政建设示范体系，全面推进课程思政高质量建设。

附件：1. 课程思政示范课程、教学名师和团队名单

2. 课程思政教学研究示范中心名单

教育部

2021 年 5 月 28 日

评析：标题由发文机关、事由、文种三部分组成。正文第一段简短地交代了发文的缘由，并交代了项目数量，第二段提出了要求，课程、团队和示范中心具体名单以附件形式发出。文末落款处写上发文单位机关并加盖公章，用阿拉伯数字书写发文日期。

【思考与练习】

1. 填空题。

（1）根据通知的作用和适用范围，可将通知分为________、________、________。

（2）通知的正文包括________、________、________三部分。

（3）批示性通知包括________________和________________两种。

2. 指出下面通知的错误。

关于开会的通知

为提高我区社区教育整体水平，更好地迎接省“教育强区”评估验收，经研究，定于5月4日（星期五）上午召开社区教育经验交流现场会。现将有关事项通知如下：

一、会议时间：20××年×月×日上午9：00

二、会议地点：××街道××社区办公楼×楼（××路××号）

三、参加人员：相关人员

四、会议议程：

1. A社区、B社区、C社区分别介绍社区教育工作经验；

2. 参会人员现场参观交流。

20××年×月×日（公章）

3. 下面是关于举办2××年度第一期××省高校心理健康教育专题培训班的通知，请加上标题，并划分层次，概括出每层的意思。

各普通高等学校：

为进一步加强我省高校心理健康教育工作，推进心理健康教育教师队伍专业化建设，省委教育工委委托××教育干部培训中心定于4月下旬举办20××年度第一期全省高校心理健康教育专题培训班，现将有关事宜通知如下：一、培训内容 本次培训主要围绕如何有效开展大学生心理健康和咨询等内容设置主题讲座，通过专家授课、互动研讨相结合的方式，培训心理危机预防和干预的基本技能，提升我省大学生心理健康教育专兼职教师和辅导员的业务素质和工作水平。二、培训对象 全省各高校（含独立学院）工作未满三年的辅导员或心理健康教育专兼职教师，每校1人。三、培训时间与地点 时间：20××年4月28日—29日，27日下午报到，29日离会。地点：××教育干部培训中心。四、有关要求（一）各高校要高度重视本次培训工作，选派相关人员按时参加培训。请于4月17日前将培训人员报名回执表（见附件）发送邮件至×××××××××。（二）培训期间统一安排食宿，食宿费、培训费等由省委教育工委承担，培训人员学习用具自理，往返交通费由所在单位承担。联系人及电话：1. ××教育干部培训中心　×××　电话：××××××××××× 2. 省委教育工委×××　电话：××××××××

2021年4月10日（印章）

4. 模拟写作。

××学院要召开校企合作研讨会，会议内容分为两个阶段：第一阶段：就业质量发布暨就业工作会议；第二阶段为企业专家做毕业生质量报告。会议时间为12月9日上午8:30—

11:00，地点在××大学学术报告厅。参会人员包括××学院处科级干部、骨干教师、各系学生代表。请以学院名义发一则会议通知的公文。日期自定。

第三节 通　报

通报，是在一定范围内表彰先进、批评错误，传达事项的告知性公文。《条例》规定，通报“适用于表彰先进，批评错误，传达重要精神和告知重要情况”。

由于不少下行公文都具有传达精神或情况的功能，通报在实际工作中多适用于表彰先进和批评错误，传达性的通报较为少见。

一、通报的类型

根据通报的适用范围，可以把通报分为表彰性通报、批评性通报和传达性通报三种。

1. 表彰性通报

用来表彰先进个人或群体，介绍他们的先进事迹，宣布给他们奖励，号召向他们学习的通报。如《国务院办公厅关于对国务院第八次大督查发现的典型经验做法给予表扬的通报》。

2. 批评性通报

用来批评严重错误的通报，其内容为对重大责任事故的处理，对违纪案件处分决定的公布等。如《国务院办公厅关于部分债务沉重地区违规兴建楼堂馆所问题的通报》。

3. 传达性通报

用于传达重要精神与情况的通报，多为对工作失误或不正之风等进行批评，以引起警觉与注意，对当前的工作起到警示作用。如《关于20××年第一季度国家外汇管理局政府网站及政务新媒体抽查情况的通报》。

二、通报的格式和写法

通报一般由标题、主送机关、正文和成文日期四部分组成。

1. 标题

通报的标题有“发文机关+事由+文种”或“事由+文种”两种写法。如《国务院办公厅关于对“十三五”时期实行最严格水资源管理制度成绩突出的省级人民政府给予表扬的通报》《关于2022年第一季度教育部政府网站抽查情况的通报》。

2. 主送机关

通报的主送机关有两种情况：一是有确指的受文对象，同其他公文一样，在标题左下方，顶格标明；二是不标注，而把受文对象、范围放到正文中去表达，通常以“为此，特在……范围内给予通报表扬（批评）”等语言来体现。

3. 正文

正文一般分为三部分。（1）错误事实或先进事迹。表彰性通报要突出主要先进事迹，批评性通报要抓住主要错误事实。（2）处分决定或表彰决定。表彰性和批评性的通报，都应写明组织结论和予以表彰或处理的决定。（3）分析原因并提出要求。表彰性通报，在介绍先进事迹的基础上，提出值得学习与发扬的精神。批评性通报要分析错误的性质、危害，产生的根源和责任，同时提出要求。为了防范和杜绝类似错误发生，批评性通报的结尾处，通常要有针对性地提出防范的措施或规定。

4. 成文日期

正文之后，标明成文日期并加盖公章。

【例文 1】

××省教育厅关于表彰第×届中国国际“互联网+”大学生创新创业大赛组织工作先进集体和先进个人的通报

各普通高等学校，有关单位：

20××年 6—11 月，根据教育部的部署要求，省教育厅组织开展了第×届中国国际“互联网+”大学生创新创业大赛××赛区省级复赛和全国总决赛参赛工作。在 11 月 17 日－21 日举行的全国总决赛中，我省成绩优异，荣获金奖×项、银奖××项、铜奖××项，金奖数量和获奖总数再创新高。××交通大学、××工业大学、××科技大学获大赛高校先进集体奖。××省教育厅获大赛优秀组织奖和大赛“青年红色筑梦之旅”活动优秀组织奖。××大学获得“青年红色筑梦之旅”赛道金奖×项，××工业职业技术学院获得职教赛道金奖×项，这是自 2015 年该赛事举办以来，××省属高校和高职院校首次获得“青年红色筑梦之旅”赛道和职教赛道全国总决赛金奖。

经省教育厅研究，决定授予在大赛组织工作中做出突出贡献的中国××银行股份有限公司××省分行、××科技大学、××大学三个单位“特别贡献奖”，并对大赛组织工作中表现突出的××交通大学电气工程学院等 26 个先进集体、××等 46 名先进个人予以通报表彰（名单见附件）。

希望受表彰的集体和个人，不忘初心、再接再厉，充分发挥模范带头作用，为我省大学生创新创业工作的深入开展贡献力量；希望全省高校积极向受表彰的先进集体和个人学习，以举办“互联网+”大学生创新创业大赛为抓手，把深化创新创业教育改革作为推进我省高等教育综合改革的突破口，大力推进创新创业教育贯穿人才培养全过程，不断提高创新创业人才培养质量。

××省教育厅

20××年 1 月 29 日

附件：略。

评析：这是一篇表彰通报，是对“互联网+”大学生创新创业大赛组织工作中的先进集体和先进个人的通报。正文先陈述了××省高校的优异成绩，接下来宣布表彰决定，最后提出希望，发出号召。全文用词准确，语句简练通顺，要求具体明确，结构也很完整。

【例文 2】

关于批评×××违反考勤制度的通报

属各部厅：

公司品质管理部×××在近半年来的考勤多次出现迟到现象，经总经办劝诫屡教不改，该员工的行为在公司管理层与基层员工中造成严重的负面影响。根据《员工奖惩制度》，该员工触犯第 5.8.4 条：违反考勤制度，屡教不改者，给予记大过处分。经公司研究决定给予通报批评并经济处罚 300 元。

各管理处、中心及职能部门员工应引以为戒，端正工作态度，严格遵守公司的管理规定。

特此通报！

××有限公司总经办

20××年 3 月 12 日

评析：这是一份批评性通报。标题由事由、文种组成。正文简要介绍该同志违纪的基本情况，并给出了处分决定，最后为了防范和杜绝此类错误再次发生，提出了要求。

【思考与练习】

1. 简述通报与通知的区别。

2. 模拟写作。

2021年7月中旬，××省境内连续强降雨，省内多个县市出现洪涝灾害，给人民的生活造成了极大不便，人民的生命财产受到严重威胁。××工程局第三公司××项目部全体人员连夜赶往受灾最严重的××县，投身到在抗洪抢险的第一线。经过五天五夜的奋战，终于协助当地政府将所困人民群众转移至安全地带，有力地保障了人民的生命和财产安全。事后，他们还帮助当地政府安置受灾群众并完成几处水坝的修缮工作。

请以××工程局的名义写一则表彰性通报，表彰××项目部全体人员不顾生命危险、无私奉献的精神，日期自定。

3. 根据下面的材料，代××市税务局拟写一份通报。

（1）原××县农贸市场协税员李×，男，27岁。

（2）该员工在应聘期间，组织纪律性较差，法制观念淡薄，经领导帮助尚未认识到自己问题的严重性，而且对收取的税款不按规定及时上交入库。

（3）于20××年8月20日至20××年5月25日应聘为农贸市场协税员。

（4）挪用税款57 845元，用于赌博。

（5）问题暴露后，不但不及时向组织报告，反而外逃躲避，后被公安机关抓获，予以行政拘留。

（6）李×利用工作之便，贪污国家税款，已丧失办税人员的职业道德，对国家造成一定的损失和恶劣影响。

（7）经研究决定，责令李×必须把贪污的税款限期退清，并予以辞退。为加强对办税人员的管理，提出以下意见。

（8）各单位组织税务人员认真学习通报，增强税务人员的法制观念，提高税务人员遵纪守法的自觉性，并建立和健全各种规章制度，严防贪污、挪用税款等类似事件的发生。

第四节　请 示 批 复

一、请示

（一）请示的概念

请示是“适用于向上级机关请求指示、批准事项”的公文。是党政机关都广泛应用的一种上行文。

（二）请示的特点

1. 期复性

在公文体系中，请示是为数不多的双向对应文体之一，与它相对应的文体是批复。下级有一份请示报上去，上级就会有一份批复发下来。不管上级是否同意下级的请示事项，都必须给请示单位一个回复。因此可以说，写请示最直接的目的就是得到批复。我们把这一特点称为“期复性”。

2. 单一性

与其他上行文相比，请示更要强调遵循“一事一请示”的原则。在一份请示中，只能就一项工作或一种情况、一个问题作出请示，不得在一份公文中就若干事项请求指示和批准。

3. 针对性

请示的行文，有很强的针对性。必须针对本机关没有对策、没有把握或没有能力解决的重要事件和具体问题，才能运用请示。

4. 时效性

请示所涉及的情况和问题，都有一定的迫切性，应该及时写作、及时发出，如有延误，就有可能耽误解决的时机。

（三）请示的种类

1. 请求指示的请示

请求指示的请示运用于以下三种情况：遇到新情况、新问题，在有关的方针、政策、规章以及上级的指示中，都找不到相应的处理依据，无章可循，因而没有对策，需要上级机关给以指示；对有关方针、政策和上级机关发布的规定、指示有疑问，需要上级机关给予解释和说明；与友邻机关或协作单位在较重要的问题上出现意见分歧，需要上级机关裁决。

2. 请求批准的请示

请求批准的请示可分为以下三种：请求批准有关规定、方案、规划；请求审批某些项目、指标；请求批转有关办法、措施。

3. 请求批转的请示

请求上级机关对本部门就全局性或普遍性问题所提出的解决办法予以批转各单位执行。

（四）请示的文体结构

1. 标题

请示的标题由发文机关、事由、文种构成。例如：《××职业技术学院关于请求增加单独自主招生名额的请示》。

2. 主送机关

请示的主送机关只能有一个，只能主送直接上级机关。

3. 正文

请示的正文由开头、主体、结语三部分构成。

（1）开头。开头主要表述请示的缘由，是上级机关批复的主要依据。一般而言，这部分要写明所遇到的新情况、新问题，或自身没有能力解决的困难，要写得充分、恰当、具体。

如果请示仅仅是为了履行一下规定的程序，开头可以写得简略一些。如：“根据《关于做好20××年××省成人高等教育新增专业申报工作的通知》，我院进行了广泛的市场调研，结合我院当前的办学情况，特申请新开设成人函授工程造价专业，招生对象为高中毕业生，学制三年。”

（2）主体。主体是表明请示事项的部分，也是请示最核心、最重要的部分。请求指示的请示，主体要写明打算在哪些具体问题、哪些方面得到指示。请求批准的请示，要把要求批准的事项分条列款一一写明。如果在请求批准的同时还需要人、财、物等方面的支持和帮助，更需要把编制、数量、途径等表达清楚、准确，以便上级及时批准。

如果请示内容十分复杂，可以在条款之上分列若干小标题，每一小标题下再分条列款。

（3）结语。请示的结语比较简单，在主体之后，另起一段，按程式化语言写明期复请求即可。期复请求用语常见的有“当否，请批示”“妥否，请批复”“以上请示，请予审批”“以上请示如无不妥，请批转有关部门执行”等。

（五）报告与请示的区别

请示与报告都属于上行文，都具有反映情况、提出建议的功用，但也有其明显的不同。

1. 内容要求不同

请示的内容要求一文一事；报告的内容可一文一事也可一文数事。

2. 侧重点不同

请示属于请示性公文，侧重于提出问题和请求指示、批准；报告属于陈述性公文，侧重于汇报工作，陈述意见或者建议。

3. 行文目的不同

请示的目的是请求上级机关批准某项工作或者解决某个问题；报告的目的是让上级机关了解下情，掌握情况，便于及时指导。

4. 行文时间不同

请示必须事前行文；报告可以在事后或者事情发展过程中行文。

5. 结束用语不同

请示的结尾一般用“妥否，请批示”或“特此请示，请予批准”等形式，请示的结束用语必须明确表明需要上级机关回复的迫切要求；报告的结尾多用“特此报告”等形式，一般不写需要上级必须予以答复的词语。

6. 处理结果不同

请示属于“办件”，指上级机关应对请示类公文及时予以批复；报告属于“阅件”，对报告类公文上级机关一般以批转形式予以答复，但也没必要件件予以答复。

【例文 1】

××社区卫生服务站关于成立党支部的请示

中国共产党××街道委员会：

××社区卫生服务站系一所综合性卫生服务站，具有独立法人资格，承担辖区内基本医疗和公共卫生任务，现有职工 10 名，均为专业技术人员，本站现有中共正式党员 3 名。为加强党对基层单位的领导，按照《中国共产党章程》第五章第三十条“凡是有正式党员三人以上的，都应当成立党的基层组织”之规定，现特申请成立“中国共产党××社区卫生服务站支部委员会”。

妥否，请批示。

××社区卫生服务站

20××年 11 月 12 日

（联系人：×××　　联系电话：×××××××××××）

评析：本例为请求批准的请示。该社区卫生服务站因工作需要，请求上级机关批准成立党支部。格式规范，内容要素正确齐全。

【例文 2】

××省农业厅关于申请抗旱救灾资金的请示

××省人民政府：

自 20××年入春以来，受气候异常影响，我省大部分地区降雨持续偏少，干旱形势严峻，个别地区滴雨未下，给农业和粮食生产造成严重影响和损失，对粮食生产稳定发展构成严重威胁。截至 20××年 4 月 25 日，我省农作物总受灾面积达到 19 万余亩；其中××县受灾面积达到 10 万余亩，××县 7 万余亩、××县 1 万余亩。农作物成灾（重灾）面积达到 10 万余亩。目前因干旱绝收面积达到 1 万 3 千亩，农作物预计经济损失达到 4 800 万元；目前有 38 000 亩农作物因干旱无法下播，干旱天气致使部分农作物发生虫灾，影响了农作物的正常生长。

为了切实加强当前抗旱救灾工作，我厅派出抗旱救灾工作组，对各市区的旱情进行核查，并积极指导和协助各县做好抗旱救灾工作，同时要求各市区农业部门加强旱情监测，严格灾情值班制度，密切关注旱情发展变化。根据旱情发展动态，完善农业抗旱应急预案，强化分地区、分作物的抗旱救灾措施，以指导农民做好补种改种和田间管理。目前我省农业抗旱工作正在紧张有序地进行，各级农业部门正积极做好春耕备耕工作，但由于我厅财政紧张、资金缺乏，特请示省政府解决抗旱救灾资金 5 000 万元。

以上请示，请予审批。

××省农业厅（印章）

20××年 4 月 25 日

（联系人：×××　　　联系电话：××××××××）

评析：本例为求助性请示。因××省农业厅无力解决抗旱救灾资金问题而向上级机关请求帮助，是“请示”文种类。

（1）格式规范。全文由标题、主送机关、正文、发文机关、成文日期及印章等要素构成，正确齐全。

（2）主送机关为××省人民政府，符合“请示”只送一个机关的要求。

（3）请示的正文由请示理由、请示事项和结尾组成。请示理由部分，在第一自然段开门见山指出该省农业遭遇的瓶颈问题，并列举了灾情的详细情况。第二段是请示事项部分，请求上级解决抗旱救灾资金。最后用惯用语“以上请示，请予审批”结尾。整篇请示条理清楚，理由充分，说服力强，事项明确具体，顺理成章。

二、批复

“批复”是上级机关答复下级机关请示事项的公文，它与“请示”是一种上下行文的对应关系。一般来说，下级有请示，上级就得及时给予批复。如有的政府及部门为提高办事效率，改变机关工作作风，还明文规定时限，在收到下级请示的限期内，若上级机关没有及时予以批复，下级机关可视作默认而实施，而上级机关对此应予以负责。这种做法对遏制官僚主义和办事拖沓作风等大有裨益。

批复属回复性、指示性下行文。

（一）批复的特点

1. 被动性

批复是被动行文，它依赖请示而存在，使用批复的先决条件是下级机关上报请示，没有下级机关的请示，批复就无理由发。

2. 针对性

批复是专门针对下级机关的请示而发的，一般是一个请示对一个批复，不涉及请示以外的其他事项。

3. 权威性

批复具有很强的权威性。上级机关通过批复表明准许怎么做，不准怎么做，下级机关必须遵照执行。

（二）批复的种类

批复以请示为存在前提，没有请示，也就无所谓批复。因此，与请示相对应，批复也只有两种类型。

1. 指示性批复

指示性批复即指对下级请求指示事项的批复。

2. 批准性批复

批准性批复即对下级请求批准事项的批复。

（三）批复的写法

批复一般由标题、主送机关、正文、落款、成文日期组成。

1. 标题

批复的标题除“发文机关+事由+文种”和“事由+文种”两种常用形式外，还有“发文机关+事由+行文对象+文种”的形式。如《国务院办公厅关于深圳特区私人建房问题给广东省人民政府办公厅并转福建省人民政府办公厅的批复》。这个标题中的“国务院办公厅”是发文机关，“关于深圳特区私人建房问题”是“发文事由”，“给广东省人民政府办公厅并转福建省人民政府办公厅”是行文对象，“批复”是文种，这个标题是由四个要素组成。

2. 主送机关

批复与请示是对应关系，原则上它的主送机关就是下级请示机关，谁请示，就批复谁。

3. 正文

批复正文一般由引叙、批复、要求和结语组成。

引叙，是正文开头的第一句话或第一个自然段。常用“你××（单位称呼）×月×日《关于……的请示》(××〔20××〕××号）收悉，”或“你××（单位称呼）×年×月×日的请示收悉”等语来引叙，然后就针对下级请示事项或问题作出批复。

批复，是上级机关或部门针对下级机关的请示事项或问题经研究后作出的具体而明确的答复。这部分的写法大体分三种情况。

（1）完全同意。这种情况批复时，不仅要给出肯定意见，还要同时复述原请示事项的要点，不能笼统地说“同意”或“完全同意”了事。

（2）部分同意与部分不同意。这种情况批复时，除叙述同意部分的内容外，还要说明不同意部分的理由。

（3）完全不同意。这种情况批复时，要委婉提出研究后的意见，并说明理由。

要求，是上级对下级执行批复提出的要求。有具体要求则写，无则不写。

结语，批复常用的结语有“此复”“特此批复”等。

4. 落款

批复落发文机关款，也可不落款，只在成文日期上盖上发文机关的印章。

5. 成文日期

要用阿拉伯数字书写完整的年、月、日。

（四）批复写作的注意事项

1. 表态要明朗

是同意，还是不同意，或是部分同意，必须表态明朗，不能含糊，否则下级就无法执行或无所适从。

2. 要有理有据

同意或不同意的原因和依据都要说清楚，这样才能让下级信服。

3. 批复对象（即受文单位）要明确

批复原则上是谁请示，就批复谁，如果所请示的问题带有普遍性，或要告知其他机关，其处理办法是：具有普遍性的问题，可将有关意见，另用“通知”行文；需要告知其他机关的，可批复原单位并转有关单位或将批复抄送有关单位。

【例文】

国务院关于“十四五”新型城镇化实施方案的批复

国函〔2022〕52号

国家发展改革委：

你委《关于报送〈“十四五”新型城镇化实施方案〉（送审稿）的请示》（发改规划〔2021〕1940号）收悉。现批复如下：

一、原则同意《“十四五”新型城镇化实施方案》（以下简称《方案》），请认真组织实施。

二、《方案》实施要以习近平新时代中国特色社会主义思想为指导，全面贯彻党的十九大和十九届历次全会精神，坚持稳中求进工作总基调，完整、准确、全面贯彻新发展理念，加快构建新发展格局，以推动城镇化高质量发展为主题，以转变城市发展方式为主线，以体制机制改革创新为根本动力，以满足人民日益增长的美好生活需要为根本目的，统筹发展和安全，深入推进以人为核心的新型城镇化战略，持续促进农业转移人口市民化，完善以城市群为主体形态、大中小城市和小城镇协调发展的城镇化格局，推动城市健康宜居安全发展，推进城市治理体系和治理能力现代化，促进城乡融合发展，为全面建设社会主义现代化国家提供强劲动力和坚实支撑。

三、各省、自治区、直辖市人民政府要加强组织领导，明确责任分工，完善工作机制，细化任务举措，将《方案》明确的重要任务和改革举措与本地区“十四五”时期经济社会发展紧密衔接，确保将各项目标任务和政策措施落到实处。《方案》实施中涉及的重要政策、重大工程、重点项目要按规定程序报批。

四、各有关部门要根据职责分工，加强协调配合，加大指导支持力度，形成推动新型城镇化的政策合力。充分发挥城镇化工作暨城乡融合发展工作部际联席会议制度作用，统筹推进重大事项，推动解决《方案》实施中的重大问题。国家发展改革委要加强综合协调，及时跟踪《方案》实施进展情况，适时总结推广典型经验。重大事项及时向党中央、国务院报告。

此复

国务院

2022年5月31日

（此件公开发布）

评析：这份批复标题是完整格式，正文由引叙、批复和要求和结语组成，省略了结语。

第一句引叙来文的标题和发文字号，然后说明来文“收悉”，“收悉”是来文收到、内容知悉的意思，这是文言的说法，它能使语言简洁、庄重、高雅。引叙来文是批复不可缺少的内容，不是一般意义上的开头语。紧接着是批复事项，是对请示事项的答复，写得具体明确，而不是笼统写上“同意”或“同意你市的意见”这种不确切、欠具体的话。再另起一段提出要求。

【思考与练习】

1. 填空题。

（1）批复是____________________________________的公文。

（2）批复不转发______________，但可以抄送____________________。

（3）向上级机关______________和______________用请示。

（4）请示分为________和________两类。

（5）请示的结构一般包括________、________、________、________。

2. 请指出下文错误，并予以修改。

请　　示

××市政府、××市长:

因工作需要，我局急需购买小轿车一辆，请批准调拨经费 10 万元。另：我局尚缺专业对口技术人员 3 名，请在制定明年人员编制时一并考虑。

上述意见与要求如无不妥，请立即批复。

××局

20××年 3 月 11 日

3. 请修改下文。

关于修建××大厦请示的批复

××字〔20××〕××号

××局:

有关请示已悉。关于修建××大厦一事，经研究，还是以不建为宜。此复。

××市政府

20××年 6 月 8 日

4. 请把下面一段文字理顺，形成一篇格式正确、结构严谨的批复公文。

（1）××省人民政府

（2）国发（20××）×号

（3）关于××省撤销××县设立××市的批复

（4）经国务院批准，同意撤销××县，设立××市（县级），由省直辖，以原××县的行政区域为××市的行政区域，不增加机构和人员编制。

（5）你省 20××年 5 月 8 日《关于撤销××县设立××市的请示》收悉。

（6）20××年 8 月 9 日

（7）国务院（盖章）

（8）此复。

5. 写作题。

某县政府为拉动全县经济发展，急需修一条县级公路，在该县资金不足的情况下，请替该县县政府拟写一则向市政府请求财政支援的请示。

第五节　报　　告

一、报告的概念

报告适用于向上级机关汇报工作，反映情况，答复上级机关的询问。报告主要是为上级机关提供信息，使之准确及时地了解下情，指导工作。报告的特点有三个：一是陈述性，报告的主要内容是具体陈述工作各方面情况，包括取得的成绩、做法或经验、存在的问题和今后的打算等；二是汇报性，报告的作用主要是向上级机关汇报工作，以便上级机关及时了解下级情况，为正确决策提供依据；三是客观性，报告所反映的情况、提供的信息，应是客观存在的、真实的，不得有任何虚构。

二、报告的特点和分类

（一）报告特点

1. 行文的陈述性

报告的主要作用在于如实地向上级汇报、反映有关情况，陈述自己的意见、看法。因此，在行文中对情况事实及相关的看法，就必须通过实事求是的客观陈述的方式来表达。

2. 内容的主见性

报告的内容不能只摆事实，而必须要有写作单位自己对情况、问题的明确观点、清醒认识、鲜明态度和独到见解，才有助于上级了解下情和考虑问题。

（二）报告的分类

报告根据其功用的不同可以分为工作报告、情况报告、建议报告、答复报告、报送报告四大类。

1. 工作报告

工作报告是将本单位的日常情况向上级机关作出的报告，内容包括目前工作的进展情况、取得的成绩和存在的问题以及今后的打算等。

2. 情况报告

情况报告是向上级机关反映工作中遇到的新问题和特殊事件。

3. 答复报告

答复报告是针对上级机关的询问汇报有关情况的报告。与其他种类报告不同的是，它不是主动呈报的，而是被动报告。

4. 报送报告

报送报告是向上级机关报送文件时加在前面的报告，目的是使不能直接行文的普通公文文书（如计划、总结、调查报告等）能够以法定公文的形式上报。

三、报告的格式与写法

报告的结构包括标题、主送机关、正文、落款四部分组成。

1. 标题

报告的标题有两种形式：一是发文机关+事由+文种的写法，如《××省人民政府关于工业生产情况的报告》；二是省略了发文机关，只有事由+文种的写法，如《关于进一步加强森林防火工作的报告》。

2. 主送机关

行政机关的报告，主送机关尽量要少，一般只送一个上级机关即可。有时主送机关不止一个，则采取“向上级机关行文，应当主送一个机关；如需其他相关的上级机关阅知，可以抄送”。

3. 正文

报告的正文通常由导语、主体、结语三部分组成，但在不同类型的报告中，它们的内容结构是不一样的。工作报告的正文由报告缘由（发文的原因、目的、依据）、报告事项和报告结语组成；情况报告的正文则由情况（问题）、分析原因、处理意见和结语组成；建议报告的正文则由情况（问题）、说明理由、提出建议和结语组成。

（1）导语。导语是报告的开头部分，起引导全文的作用。不同类型的报告，导语的写法也不同。概括起来，报告的导语有以下几种类型：

① 背景式导语。就是交代报告产生的现实背景。

② 根据式导语。就是交代报告产生的根据。

③ 叙事式导语。在开头简略叙述一个事件的概况，一般用于反映情况的报告。

④ 目的式导语。将发文目的明确阐述出来作为导语。

（2）主体。报告主体有多种写法，常见的有：

① 总结式。主要用于工作报告。以成绩、做法、经验、体会、打算、安排为主，在叙述基本情况的同时，有所分析、归纳，找出规律性认识。例如，20××年政府工作报告，全文分为三个部分，分别是：一、20××年工作回顾；二、20××年经济社会发展总体要求和政策取向；三、20××年政府工作任务。

②“情况—原因—教训—措施”四步式。多用于情况报告。先将情况叙述清楚，然后分析情况产生的原因，接着总结经验教训，最后提出下一步的行动措施。例如，《××省商业厅关于××市百货大楼重大火灾事故的报告》，采用的就是这样的写法。

③ 指导式。多用于建议报告。希望上级部门采纳建议，批转给有关部门执行、实施，是建议报告的基本写作目的。为此，建议要针对某项工作提出系统完整的方法、措施和要求，对工作实行全面的指导。形式上采用分条列项的方法逐层表达。例如，《××市政府关于进一步加强厂矿企事业单位提高安全生产大检查大整治的报告》，针对安全生产大检查大整治工作向省人民政府提出了四条建议：一、加强组织领导；二、明确职责；三、提高干部素质；四、落实经费。

（3）结语。报告的结语比较简单，可以重申意义、展望未来，也可以采用模式化的套语收结全文。模式化的写法大致是“特此报告”“以上报告，请审阅”“以上报告如无不妥，请批转执行”等。

4. 落款

落款处为发文机关，加盖公章，并注明成文日期。

四、写报告的注意事项

（1）在报告标题的文种前，一般不要写报告的来由，如“总结”“调查”等，因为“总结报告”和“调查报告”是国家行政机关的非正式公文。

（2）报告事项中不要夹带请示事项，报告与请示要分开行文，领导机关对下级机关的报告不一定要批复。

【例文】

××事务局关于2022年法治政府建设情况的报告

××区政府：

一年来，我区坚持以习近平新时代中国特色社会主义思想为指导，全面贯彻落实党的十九届历次全会和习近平法治思想，深入学习贯彻党的二十大精神，按照区委、区政府加强法治政府建设的工作部署，结合工作实际，强化服务保障法治化建设，着力提升依法行政能力，扎实推进法治政府建设工作。现将相关情况报告如下：

一、推进法治政府建设的主要举措和成效

（一）提高政治站位，抓好整体统筹谋划。将法治政府建设工作纳入全局重要议事日程，结合工作实际，专题研究部署法治政府建设年度重点工作，将法治政府建设落实到工作中各个环节。局党组会议多次研究讨论、学习有关法治建设、重大行政决策、行政规范性文件，听取法治工作情况汇报，强化法治思维和依法行政意识，依法推进工作开展。认真梳理职责，编制我局责任清单和责任工作任务计划。

（二）深入开展学习，强化依法行政意识。坚持把法治政府建设列入局党组理论学习中心组学习内容，认真学习中央全面依法治国工作会议精神，深入学习贯彻党的二十大精神，深刻领会新时代推进法治中国建设战略部署，重点抓好《中华人民共和国宪法》《中华人民共和国退役军人保障法》和社会主义法治理念的学习宣传，积极组织领导干部及工作人员以自主学习与集中学习相结合的方式进行学习，提高系统工作人员法律意识和法治观念。

（三）深化政务公开，提高政务服务效能。认真学习贯彻区2022年政务公开工作要点有关要求，坚持以公开为常态、不公开为例外，并遵循严格依法、全面真实、及时便民的原则，积极主动地开展工作。强化信息公开平台管理，完善公开方式，切实保障人民群众知情权和监督权，全力推进政府信息公开工作扎实有序开展。及时发布重要政策信息、通知公告、股室动态，公开各类计划总结及股室预算、决算类信息，完成政府信息公开指南、机构职能、主动公开权责清单等栏目信息公开工作，认真答复群众提出的问题和建议。

（四）坚持依法行政，全面规范权力运行。一是注重建立健全各项规章制度，规范办事规则和工作流程，坚持以制度管人管事，以制度规范工作秩序。持续深入服务保障体系建设，用心用情用力扎实开展建档立卡及优待证申领发放工作。二是强化政策刚性，完善退役军人移交程序，健全阳光安置工作机制，严格落实2022年度安置工作。三是全面落实优待抚恤政策，及时发放各项优抚补助经费，大力开展走访慰问工作。坚持重大决策集体讨论决定，确保决策的科学性。坚持按照民主集中制原则作出决策，对涉及退役军人工作的重大行政决策，集体讨论研究决定，如实记录，形成会议纪要完整存档。

二、推进法治政府建设存在的不足和原因

今年以来，我局落实法治政府建设工作取得了一定的成绩，但仍存在一些问题和不足，主要表现在：一是运用法治思维和法治方式推动工作、解决问题的能力有待加强，从实践看，有时还存在业务工作与法治工作割裂开来的现象；二是法治教育实效有待进一步提升。法治教育在培育法律意识、塑造健全人格、预防退役军人不良行为和违法犯罪等方面，仍有进一步探索的空间。

三、2023年推进法治政府建设工作计划

（一）扎实开展好普法宣传活动，创新宣传方式和载体。一是全面贯彻普法规划的总体部署和要求，严格履行“谁执法谁普法”责任制，形成以领导带头垂范、机关各股室认真落实、退役军人普遍参与的法治宣传教育格局，营造良好的尊法学法守法用法的法治氛围。二是大力宣传退役军人事务领域法律法规，创新开展退役军人事务法律法规普法活动。三是结合春节、建军节等重要节日，将普法工作纳入活动议程，让普法更贴民心、接地气。

（二）提高依法行政能力，加强法治队伍建设工作。一是严格贯彻落实各项法规政策，坚持依法行政。增强法治政府建设的思想自觉和行动自觉。健全法规制度，加强权利保障，防范社会风险，坚持在法治轨道上统筹做好各项工作。树牢“全心全意服务退役军人”理念，全面做好退役军人思想政治、就业安置、权益维护、服务保障等工作，实现新发展，展现新作为。二是抓好领导干部这个“关键少数”。领导干部带头学法、守法、用法，学习贯彻党的二十大精神和习近平总书记关于依法治国系列重要论述论，学习宪法和相关的法律法规。三是积极开展机关工作人员学法活动，切实抓好业务培训。把普法与退役军人工作实际相结合，采取自学、集中学习等形式学习法律知识。加强对全系统人员的业务培训，努力提高全体干部职工对法律法规和规章的学习理解能力、分析判断能力以及文书制作运用能力。针对个别人员业务知识不精、相关法律法规不熟的情况，以专题培训、学考为抓手，全面提高工作人员的综合素质和能力水平。

专此报告。

××事务局（公章）

2023年1月12日

（素材来自网络，有改动）

评析：这是一份情况报告，是职能部门针对上级部门交办的事情所作的情况报告。报告正文包括三部分：开头写报告的缘起，主体着重就上级来文要求，对政府法制建设情况开展了自查。末尾用惯用语“专此报告”作结。这份报告格式规范，且语言简洁、表意明了。

【思考与练习】

1. 报告和请示有何相近之处？二者在功能作用和结构内容上有哪些本质区别。
2. 指出下列报告的不足之处。

×××省进出口分公司关于请求允许本公司购买卡车的报告

总公司：

目前，我们公司只有卡车一辆，我们出口任务十分繁重，不能完成上级交给的任务。

几年来，在党的对外开放政策的正确指引下，经过本公司的齐心协力，我们的出口任务完成很好，基本落实了计划，公司形势喜人。但是发展外贸，扩大出口，没有卡车不能保证出口任务完成。为此请求增加两辆卡车。

上述意见如无不当，请批示。

×××省进出口公司

×年×月×日

3. 根据下面提供的材料，请以××市商务局的名义向××省商务厅起草一份报告。

（1）2月20日上午9点20分，××市××百货大楼发生重大火灾事故。

（2）事故后果：未造成人员伤亡，但烧毁三层楼房一幢及大部分商品，直接经济损失 792 万元。

（3）施救情况：事故发生后，市消防队出动 15 辆消防车，经 4 个小时扑救，大火才被扑灭。

（4）事故原因：直接原因是电焊工 × × 违章作业，电焊火花溅到易燃货品上引起火灾，但也与 × × 百货公司领导及员工安全意识淡漠，公司安全制度不落实，许多安全隐患长期得不到解决有关。

（5）善后处理：市商务局副局长带领有关人员赶到现场调查处理；市人民政府召开紧急防火电话会议；市委、市政府对有关人员视情节轻重，做了相应的处理。

第六节　函

函是用途比较广泛的平行文，是不相隶属机关之间相互洽谈工作、询问和答复问题，向有关主管部门请求批准时使用的一种公文。

一、函的特点

1. 使用范围广泛性

函是一种使用范围广泛的文种，可以从两个方面来理解。一是函的使用群体具有广泛性，上至国务院，下至基层组织，各级政府机关、各社会团体、各企事业单位都可以使用函来商洽工作、传递信息。二是函的功能具有多样性，广泛地用于交流情况、询问事项等，也用于请求帮助解决问题，催办事项等。总之，其他文体不宜表述传递的，通常都可以用函。

2. 反映内容的单一性

函作为一个沟通上下，联系左右的一个重要文种，主要功能是务实办事，目的在于沟通情况、协调工作、解决问题。因此，在所反映的内容上多为一事一函，内容一般不超出商洽、问答、请求、批准等。

3. 行文格式的灵活性

在写作上，函的行文格式一般没有十分严格的要求，结构形态不拘一格。篇幅短小，一文一事，语言表述灵活自便，请求批准事项的函，与答复事项函，要求笔调庄重严肃，而商洽事物的函，则要求语气委婉，笔调谦恭有礼。

二、函的分类

1. 按照行文方向分类

按照行文方向分类可分为去函和复函两大类。去函也称为来函，一般是商洽工作、询问事情、提出问题、请求对方答复。复函是针对来函的问题向来函单位回答相应商请或询问事项。

2. 按照函的性质分类

按照函的性质分析，可分为公函和便函。公函属于正式文件，主要用于商洽、询问和答复一般工作事项，需按规定格式行文，红色文件头并加以编号，加盖公章，要存档。便函行文比较随意，多采用书信的格式，一般用来商洽、询问、答复某些事务性事宜，是处理日常事务使用的，不拟文件标题，不编文件号，发出时可盖公章，也可签个人姓名。其格式与普通书信差不多，但不能视为私人信件。

三、函的结构与写法

函一般由标题、主送机关、正文、落款等组成。

1. 标题

函的标题有三种格式。一是由“发文机关 + 事由 + 文种”三项构成，如《××省教育厅关于选拔出国人员的函》。一是由“事由 + 文种”组成，如《关于中国××协会设立科技开发型企业问题的函》。一是“发文对象 + 文种”，如《给中国××协会的函》。

2. 主送机关

主送机关即接受公函的机关。复函的主送机关与发函的发文机关是一致的。

3. 正文

去函和复函的写法略有不同。

（1）去函。正文一般由三部分组成：开头，说明商洽工作或请求批准的原因或理由。中间，讲清商洽内容或请求批准的事项。最后，提出希望，一般多用“盼予复函”“请予复函”“特此函达，盼蒙允诺”“请予审核批准”等习惯用语。

（2）复函。开头类似批复，先引述来函。然后用“经研究，函复如下”过渡到下文。中间对来函所商洽或询问的事项给予明确的答复。结尾部分常用“此复”“特此复函”“专此复函”等语结束。

4. 落款

行文最后注明发文明间，加盖公章。

四、函的写作要求

（1）要一函一事，切忌一函数事。

（2）要体现平等坦诚精神，语气恳切得体，谦和有礼。

（3）要求针对性强，措辞简明得体。

【例文 1】

××省人民政府关于“中国原生民歌大赛”的复函

文旅部：

贵部《关于商请××省人民政府联合主办“中国原生民歌大赛”的函》(办教科函〔×××〕×××号）收悉。经研究，我省同意与贵部共同主办“中国原生民歌大赛”，由××省广播电影电视局、××省电视台等单位与文化和旅游部民族民间文艺发展中心联合承办，并希望将“中国原生民歌大赛”这一文化活动每年或两年一次持续在××市举行。我省将积极协调各有关方面，为大赛的顺利举办提供支持，与贵部共同将“中国原生民歌大赛”打造成为一项具有重大影响的国家级文化活动。

专此函复。

××省人民政府

×年×月×日

（联系人：×××　　联系电话：×××××××××××）

评析：这是一份答复函，答复的事项是“商请××省人民政府联合主办‘中国原生民歌大赛’”。两个不相隶属机关之间用函这种形式答复问题，合乎情理，符合规定。

【例文2】

国务院办公厅关于同意建立疫苗管理部际联席会议制度的函

国办函〔2019〕27号

市场监管总局：

你局关于建立疫苗管理部际联席会议制度的请示收悉。经国务院同意，现函复如下：

国务院同意建立由市场监管总局、国家卫生健康委、国家药监局牵头的疫苗管理部际联席会议制度。联席会议不刻制印章，不正式行文，请按照国务院有关文件精神认真组织开展工作。

附件：疫苗管理部际联席会议制度（略）

国务院办公厅

2019年3月22日

评析：这是一份问答函。在行文的主体部分第一段就点明了函复所针对的问题，紧接着分条分款地对所针对的问题，援引相关的措施进行阐述，可谓有理有据，无懈可击。

【思考与练习】

1. 比较下面两份函，哪份好些？为什么？

函1：

××县××学校：

×月×日来函收悉。我校教学改革刚刚开始试点，校长办公会决定，目前对外一律不接待，请勿前来。此复。

××学院

×月×日

函2：

××县××学校：

×月×日来函收悉。我校教学改革工作尚处于摸索阶段，目前提供不出较为成熟的经验。另外，食宿不便，请暂无前来。待我们教学改革稍有体会时再行联系，请予谅解。

××学院

×月×日

2. 请指出下面这则函的不当之处。

××市服务厂关于抓紧归还劳动服务公司借款的函

市××公司：

你厂2022年1月，从我厂借去资金三万元，作为你厂劳动服务公司开办费，当时双方讲好年内一定偿还。目前已经是2023年3月了，我厂正在编制上年度的财务决算，为使我们能及时搞好各类款项的清理结账，要求你厂务必将所借之款于三月二十日前归还我厂，切不要一拖再拖，给我厂财务工作顺利进行带来不应有的困难。

此致

敬礼

2023年3月7日

3. 模拟写作。

× ×市工商管理局于 2023 年 3 月 10 日收到来函后，经研究，同意接受× ×市经济管理学院的学生来该局实习，并于 3 月 12 日复函。

第七节　会 议 纪 要

会议纪要是用于记载、传达会议情况和议定事项的公文。会议纪要不同于会议记录。会议纪要对企事业单位、机关团体都适用。

会议纪要与会议记录是两个不同的概念，二者的区别十分明显。从应用写作和文字处理的角度来探析，二者截然不同。会议纪要是一种法定的公务文书，其撰写与制作属于应用写作和公文处理的范畴，必须遵循应用写作的一般规律，严格按照公文制发处理程序办事。而会议记录则只是办公部门的一项业务工作，属于管理服务的范畴，它只需忠实地记载会议实况，保证记录的原始性、完整性和准确性，其记录活动同严格意义上的公文写作完全是两码事。二者在载体样式、称谓用语、适用对象、分类方法、内容重点等诸多方面都有明显区别。

一、会议纪要的性质

（一）会议纪要具有独立性和正式性

会议纪要用于传达会议的主要精神和议定事项，要求与会单位共同遵守的行政公文。经会议研究决定形成的各种意见归纳成文，会后便于统一贯彻执行，避免传达贯彻的主观性、片面性与随意性。

（二）会议纪要具有总结性和凝练性

会议纪要把会议的主要精神和议定事项，用书面文字整理出来提交大会讨论通过，作为大会总结性的文件要求与会单位回去遵照执行。具有决议的性质，但又不同于决议，决议的内容重要，行文庄重，是决策性的文件，面向广大干部与群众，实施对象很广。会议纪要则着重记述会议本身的情况，内容与要求具体，有特定使用范围，用于也比较灵活多样。

（三）会议纪要具有记录性和反映性

在会议纪要中要把会议的时间、地点、人员、目的任务、进程、报告、发言乃至研究问题等一一加以叙述，反映会议的基本风貌和精神，但它不同于会议记录和会议报道。会议记录是会议情况的原始记载，只做会议文件的参考依据，是一种附带的材料，供内部使用。会议报道是对会议情况的一般反映，它传递会议的信息和概况，并利用大众传播媒介，直接公布于众。会议纪要是对会议的综合与概括，不仅有关单位要知晓，更重要的是要求照此办理实施贯彻。

二、会议纪要的分类

会议纪要一般分为决议性会议纪要、部署性会议纪要和情况性会议纪要三种。

（1）决议性会议纪要、部署性会议纪要和情况性会议纪要。决议性会议纪要一般是各级或各单位党政机关领导集体开会，经过讨论、商议然后对某些事项或问题作出一致决定，采用纪要形式记载下来，以便共同执行或遵守。这种纪要在日常工作中经常使用。

（2）部署性会议纪要是就某项工作所存在的问题开会进行研究，决定解决问题的指导原则、措施和办法，然后以纪要形式进行部署。这类纪要既要体现出党的方针政策，又要有较强的针对性和部署性。

（3）情况性会议纪要，主要是为了交流信息，沟通常况，互通情报。它属讨论型会议纪要。如：重要的座谈会、经验交流会、学术讨论会的会议纪要等均属此类。这种纪要不具备法律效力和行政权威性。

三、会议纪要的特点

（一）纪实性

会议纪要必须是会议宗旨、基本精神和所议定事项的概要纪实，不能随意增减和更改内容，任何不真实的材料都不得写进会议纪要。

（二）概括性

会议纪要必须精其髓，概其要，以极为简洁精练的文字高度概括会议的内容和结论。既要反映与会者的一致意见，又可兼顾个别同志有价值的看法。有的会议纪要还要有一定的分析说理。

（三）指导性

会议纪要是传达会议情况、会议精神的主要载体，是传达会议精神的主要依据，也是指导与会单位和相关部门落实会议精神．完成会议布置的任务的依据。

（四）条理性

会议纪要要对会议精神和议定事项分类别、分层次予以归纳、概括，使之眉目清晰、条理清楚。

四、会议纪要的结构和写法

会议纪要的结构主要包括标题、正文两部分。

（一）标题

标题由“会议全称 + 纪要”或“发文机关 + 会议名称 + 文种”组成，如《××市人民政府办公会纪要》。成文日期（会议结束日期）或纪要编号通常写在标题下正中间。

（二）正文

纪要的正文包括会议概况、会议内容、结语三部分。

会议概况是会议纪要的开头部分，通常要求概括写出会议的主办单位、时间、地点、参加人、主持人、会议议题、会议的意义和作用等项内容。有的会议纪要还须交代会议根据上级什么精神或根据什么工作需要而召开的。例如：

6月27日，根据公司董事会要求，××分公司管理班子召开安全专项巡视整改领导小组第三次会议。领导小组副组长××主持会议。会议听取了各责任部门对安全巡视整改工作任务落实情况汇报，安排部署了下一阶段安全巡视整改工作。

会议内容是会议纪要的主体部分，其写作内容包括会议上反映的情况、研究的问题、解决的问题、对今后工作提出的任务和要求。从文章的结构分析，主体部分常见的写法有以下三种：

1. 归纳式

根据会议的主题，围绕着中心议题，将会议讨论、研究的内容进行归纳整理，最后分几个方面进行表述。如果会议讨论的问题比较多、涉及的面比较广，可以将这些问题分类，并按照问题的内在逻辑关系来安排文章的结构层次。可以用添加小标题的方法把这一类的纪要写好，从而确切、集中地反映会议的主要精神。

2. 概括式

对于一些小型的、业务性的会议，可采用将有关的会议发言和讨论用概括叙述的方法加以表述。这样写能使文章的主题更明确。

3. 摘要式

按照会上发言的顺序，把每个发言人的主要观点和意见摘要出来。这样写能如实地反映会议的进程、重要观点、发言人的不同看法和会议的原貌。一些座谈会的纪要和高级领导会议的纪要常采用这种结构。

例如，《全国城市经济体制改革试点工作座谈会纪要》，将会议的内容、精神概括为五个方面：

（1）统一认识，明确今年改革的行动方针和主要任务。

（2）进一步简政放权，搞活企业，尤其是搞活大中型企业。

（3）打开城门，放手发展横向经济联系。

（4）综合运用经济杠杆，理顺经济关系。

（5）精心指导，保证改革健康发展。

结语部分是会议纪要的收束，一般写法是提出号召和希望。但要根据会议的内容和纪要的要求，有的是以会议名义向本地区或本系统发出号召，要求广大干部认真贯彻执行会议精神，夺取新的胜利；有的是突出强调贯彻落实会议精神的关键问题，指出核心问题；有的是对会议做出简要评价，结合提出希望要求。

五、会议纪要应注意的问题

（1）突出中心，吸收正确意见，使之条理化、理论化。

（2）认真做好会议记录，忠于会议的实际内容，并认真研究会议精神，以便对材料进行正确取舍，合理删减。

（3）会议纪要是与会者共同意志的体现，落款应是全体与会单位，故不写落款，不加盖公章，与会者带回去执行即可。

【例文 1】

×市财政局第十次办公会议纪要

20××年3月20日，在市财政局第一次会议室召开了第十次办公会议，与会者有×××局长、×××副局长、×××行政处长、×××局长办公室主任以及各直属分局主要负责人。由×××局长主持会议。

会上，由×××局长传达市人民政府《关于压缩行政经费的通知》并作了较详细的说明。接着会议就如何按照《通知》的精神，抓好行政费用的合理开支问题进行了热烈的讨论。会议一致认为，既要切实做到勤俭节约，又不要影响正常行政开支及其他有关必要活动的开展。会议作出以下四点决议：

1. 各处、各分局在本周内用两个半天时间，组织

有关人员集中传达、学习《通知》精神，提高认识，统一思想。

2. 各处、各分局利用下周政治学习时间向群众传达、宣讲，对全局机关工作人员普遍开展一次勤俭节约、艰苦朴素的传统教育。

3. 各处、各分局责成有关人员根据《通知》的压缩指标，重新审查和修订本年度行政经费的开支预算，并于两周内报局长办公室。

4. 各处、各分局的财务部门必须从严控制出差经费。

20××年3月22日

评析：这是一则办公会议纪要。标题由事由与文种两大部分组成。事由写得比较笼统，只是交代厂"第十次办公会议"，没有概括具体内容。这是办公会议纪要标题的通常写法。前言部分简明扼要地陈述了会议的时间、地点、与会者及主持人。主体部分写明会议讨论的问题、与会者的认识。并用事项排列写明四点决议。中心突出，简明扼要。整个纪要行文规范。

【例文 2】

××公司第一次会议纪要

20××年9月3日的上午，公司总经理在公司509会议室召开总经理办公会议。会议听取了办公室关于参与20××年国际酒类博览会相关事宜，会议审议了公司投资项目管控模式及机构调整方案、公司多元化企业管理体制改革实施方案，讨论研究了相关事宜。现将会议议定事项纪要如下：

一、关于参与20××年酒类博览会相关事宜。8月24日，酒类博览会执委会来函，拟于20××年9月9日至13日在××举办第二届酒类博览会（以下简称酒博会）。希望我司按照省政府有关要求，积极参与并给予相关支持。会议认为，此类情况要理性对待，一旦投入就要对品牌形象传播产生积极效果。会议明确：一是在酒博会会场租用一定场地开展企业形象和品牌形象宣传，费用控制在××万元左右。

二、关于公司领导休假事宜。

自公司执行带薪休假制度以来，公司处以上干部大部分未休过假。为此，会议明确，今年××会议前后，公司领导班子成员带头执行年休假制度。

三、审议通过《公司投资项目管控模式及机构调整方案》。

有关生产厂易地技改工作要全面实施，建设项目要启动，投资项目管控模式及机构调整应着重解决：技改项目如何在讲求质量的前提下高效推进；如何使用好现有的人力资源；如何确保项目建设上不出问题、不出廉政问题；集中管理和充分授权如何实施四个方面问题。综合计划部要认真梳理、汇总会议意见后进行调整。

四、审议通过《公司多元化企业管理体制改革实施方案》。

法律与改革部按照会议意见修改后报×××。会议明确，一是公司多元化管理体制改革的定位为已成立公司投资管理公司为契机理顺公司投资管理关系。二是投资管理公司批复后，人力资源部上相关部门提出人员配置意见。先要明确需求，再确定岗位配置，关键要组建好管理团队。三是劳动用工分配管理，一开始就要把事做正确。人力资源部商投资管理部进一步理顺劳动用工关系。四是公司多元化投资管理体制改革工作组抓紧推进投资管理公司建立的各项工作，待人员配置完成后，再理顺管理关系。

参会人员：××× ××× ××× ××× 会议记录：×××

发：公司各部门、各单位 送：公司领导、副巡视员、总经理助理

×××有限责任公司办公室

20××年9月4日印发

【思考与练习】

1. 根据近期班会情况，试拟一份会议纪要，要求先拟好提纲。

2. 下面是一则中共××市委党委会议纪要的正文，正文顺序已被打乱，请按正确顺序排列。

（1）会议决定，在省委传达中央工作会议精神后，召开市委工作会议，通过传达中央工作会议精神，分析我市治理整顿形势和任务，提高认识，统一思想，动员广大党员一心一意搞好治理整顿。会议定于4月底召开，由市委办公室做好会议筹备工作。

（2）会议认真学习了省委20××年6月5日《关于进一步统一认识，坚决搞好治理整顿》的通知，对我市前段治理整顿的情况和一季度形势逐项进行了分析和深入讨论。进一步统一了思想，明确了当前和今后治理整顿的任务和工作重点。

（3）20××年4月8日下午至10日，×市长在市委主楼218会议室主持召开了第二届中共××市委常委会，出席人有×××、×××、×××。列席人有×××、×××、×××。

（4）会议认为，半年来我市在贯彻中央治理整顿方针的过程中，态度坚决，工作扎实，初见成效，但对成绩不能估计过高，要看到思想认识的差距和治理整顿任务的艰巨，要按照中央精神进一步统一思想，认真抓好治理整顿的各项工作。

3. 下面是一篇格式完整、规范的会议记录，请你以会议主办单位的名义，将其整理成议纪要。

××学院第×次办公会议记录

时间：×年×月×日上午×时

地点：第一会议室

出席人：罗××（院长）、吴××（总务室秘书）及各系各部门主要负责人

缺席人：朱××、王××（到省开会）

主持人：罗××（院长）　　记录人：谢××（院长办公室秘书）

（一）报告

1. 吴××报告院基本建设进展情况（略）。

2. 主持人传达省人民政府《关于压缩行政经费的通知》（略）。

（二）讨论

我院如何按照省人民政府的《通知》精神抓好行政费用的合理开支，切实做到既勤俭节约又不影响正常教学。

（三）决议

1. 利用两个半天时间（具体时间各系各单位自己安排，但必须安排在本周内）组织有关人员集中传达学习《通知》精神，提高认识，统一思想。

2. 各系各单位负责人在认真学习的基础上利用下周政治学习时间向群众传达宣传。

3. 各系各单位责成有关人员根据通知的指示精神，重新审查和修订本年度行政经费开支预算，并于两周内报院长办公室。

4. 各系各单位必须严格控制派出参加校外会议及外出学习的人数。财务部门要严格把关控制经费开支。

5. 利用学习和贯彻《通知》精神的机会，对全院师生员工普遍开展一次勤俭节约、艰苦朴素的传统教育。

主持人（签名）

记录员（签名）

第二部分　文学知识及书法知识

第五章　经 典 鉴 赏

经典文学是指在历史潮流中得以脱颖而出的文学精品，是人类宝贵的文化遗产。它们荟萃了人类文化遗产的精华，再现了世界文坛的群星璀璨，具有极大的阅读价值。

回顾中外文学的发展，在文学史上产生过许许多多具有深远影响的名家名篇，鉴赏阅读这些文学作品，能让大学生在愉悦性情、陶冶情操中，培养和提高鉴别、欣赏人类精神产品的感悟能力和认知能力。

解读经典作品的基本方法就是要从语言入手，从文本出发，结合自己的人生经验和阅读体验，丰富地联想，大胆地想象，把文学作品“转化”为具体生动的艺术形象和艺术境界。与此同时还要明白，鉴赏虽然也离不开理论的指导，但更需要突出欣赏者的再创造。“鉴赏”确切地说就是审美的解读，它强调文鉴赏活动的主体性投入，要求鉴赏者多一些审美的体验、感悟和表达。

经典文学鉴赏是打开经典文学之门的钥匙，在经典鉴赏中，要做到：①解读经典：让学生在鉴赏中学会欣赏；②广泛阅读，搜集资料，选择恰当的“范例”融会贯通；③引导学生研究“范例”，总结文学鉴赏的方法。

常念为经，常数为典。当代大学生有责任有义务成为经典的传承者。

通过本章的学习，希望能够启发学生回归经典，坚持阅读经典，在经典鉴赏中陶冶情操，提高综合文化素质。

第一节　诗 歌 鉴 赏

木　　瓜

[先秦]佚名

投我以木瓜[1]，报之以琼琚[2]。匪[3]报也，永以为好也！

投我以木桃[4]，报之以琼瑶。匪报也，永以为好也！

投我以木李[5]，报之以琼玖。匪报也，永以为好也！

注释

[1]木瓜：一种落叶灌木（或小乔木），蔷薇科，果实长椭圆形，色黄而香，蒸煮或蜜渍后供食用。按：今粤桂闽台等地出产的木瓜，全称为番木瓜，供生食，与此处的木瓜非一物。

[2]琼琚（jū）：美玉，下“琼玖”“琼瑶”同。

[3]匪：非。

[4]木桃：果名，即楂子，比木瓜小。

[5]木李：果名，即榠楂，又名木梨。

赏析

《诗经》是我国第一部诗歌总集，它收集了自西周初年至春秋中叶大约五百年的诗歌305篇。先秦称《诗经》为《诗》，或取其整数称《诗三百》《三百篇》。西汉时被尊为儒家经典，称为《诗经》并沿用至今。《诗经》约成书于春秋时期，汉代传授《诗经》的有四家：齐之辕固、鲁之申培、燕之韩婴、赵之毛苌。或取国名，或取姓氏，而简称齐、鲁、韩、毛四家。东汉以后，齐、鲁、韩三家先后亡失，仅存《毛诗外传》。

《诗经》内容上分为风、雅、颂三部分，其中“风”是地方民歌，有十五国风，共一百六十首；“雅”主要是朝廷乐歌，分大雅和小雅，共一百零五篇；“颂”主要是宗庙乐歌，有四十首。

《诗经》有赋、比、兴三种表现手法。“赋”就是铺陈（敷陈其事而直言之也），“比”就是类比（以彼物比此物也），“兴”就是启发（先言他物以引起所咏之词也）。《诗经》思想和艺术价值最高的是民歌，“饥者歌其食，劳者歌其事”，《伐檀》《硕鼠》就是“风”的代表作。

风、雅、颂和修辞手法赋、比、兴，合称《诗经》的“六义”。风、雅、颂，既是诗经的体裁，也是诗经作品分类的主要依据。

《国风·卫风·木瓜》为先秦时代郑国华夏族民歌。全诗三章，每章四句。被后世认为是描述男女情谊的佳篇，其作者不详。此诗主旨有很多争论，经过汉人、宋人、清人乃至当今学者的考释，对此诗，文学史上大致出现“美齐桓公说”“男女相互赠答说”“朋友相互赠答说”“臣下报上说”“讽卫人以报齐说”“讽刺送礼贿赂说”“表达礼尚往来思想说”等说法。在艺术上，全诗语句具有极高的重叠复沓特点，具有很强的音乐性，而句式的参差不齐又造成跌宕有致的韵味，取得了声情并茂的效果。

【思考与练习】

1. 这首诗采用了诗经通常什么的章法，每章只换了几个字？
2. 谈谈你对“投桃报李”这个成语的认识。
3. 阅读诗歌《桃夭》，并总结主题思想。

桃　　夭

[先秦]佚名

桃之夭夭，灼灼其华。之子于归，宜其室家。

桃之夭夭，有蕡其实。之子于归，宜其家室。

桃之夭夭，其叶蓁蓁。之子于归，宜其家人。

击　　鼓

[先秦]佚名

击鼓其镗[1]，踊跃用兵[2]。土国城漕[3]，我独南行[4]。
从孙子仲[5]，平陈与宋[6]。不我以归[7]，忧心有忡[8]。
爰居爰处[9]？爰丧其马[10]？于以求之？于林之下[11]。
死生契阔[12]，与子成说[13]。执子之手，与子偕老。
于嗟阔兮[14]，不我活兮[15]。于嗟洵兮[16]，不我信兮。

注释

[1]镗（tāng）：鼓声。

[2]踊跃：操练武术时的动作。兵：武器。

[3]“土”“国”同义。城漕：在漕邑筑城。漕邑在今河南省滑县东南。

[4]南行：指出兵往陈、宋。这两国在卫国之南。三四句表示宁愿参加国内城漕的劳役，不愿从军南征。

[5]孙子仲：当时卫国领兵南征的统帅。“孙”是氏，“子仲”是字。孙氏是卫国的世卿。

[6]陈国国都在宛丘，今河南省淮阳县。宋国国都在睢（suī）阳，今河南省商丘市南。“平陈与宋”是说平定这两国的纠纷。

[7]不我以归：“以”和“与”通。“不我以归”就是说不许我参与回国的队伍。卫军一部分回国一部分留戍。

[8]有忡（chōng）：犹“忡忡”。心不宁貌。

[9]爰（yuán）：疑问代名词，就是在何处。这句是说不知道哪里是我们的住处。

[10]丧：丢失。这句是说不知道将要在哪儿打败仗，把马匹丧失了。

[11]于以：犹“于何”。以下两句是说将来在哪儿找寻呢？无非在山林之下吧。这是忧虑战死，埋骨荒野。

[12]“死生契阔”：言生和死都结合在一起。契：合。阔：疏。“契阔”在这里是偏义复词，偏用“契”义。

[13]成说：犹“成言”，就是说定了。所说就是“死生契阔”“与子偕老”。子：作者指他的妻。下同。

[14]于嗟：叹词。阔：言两地距离阔远。

[15]活：相会。

[16]洵（xún）：《释文》谓《韩诗》作“夐（xiòng）”，久远。末章四句是说这回分离得长远了，使我不能和爱人相会，实现“偕老”的誓言。

赏析

《击鼓》是《诗经·国风》中的一首古诗。《毛诗序》云：“《击鼓》，怨州吁也。卫州吁用兵暴乱，使公孙文仲将而平陈与宋。国人怨其勇而无礼也。”郑笺以《左传·隐公四年》州吁伐郑之事实之。姚际恒《诗经通论》以为“与经不合者六”，此实乃《春秋·宣公十二年》“宋师伐陈，卫人救陈”之事，在卫穆公时。今以为姚说较《毛序》为合理，姑从姚氏。

这是卫国远戍陈宋的兵士嗟怨想家的诗。据《左传》，鲁宣公十二年，宋伐陈，卫穆公出兵救陈。十三年，晋国不满意卫国援陈，出师讨卫。卫国屈服。本诗可能和这段史事有关。揣想当时留守在陈宋的军士可能因晋国的干涉和卫国的屈服，处境非常狼狈，所以诗里有“爰丧其马”这类的话。第三章和末章都是悲观绝望的口气，和普通征人念乡的诗不尽同。

【思考与练习】

1. 总结《击鼓》的主题思想，并与《采薇》的主题思想进行比较。

采　　薇

[先秦]佚名

采薇采薇，薇亦作止。曰归曰归，岁亦莫止。
靡室靡家，玁狁之故。不遑启居，玁狁之故。
采薇采薇，薇亦柔止。曰归曰归，心亦忧止。
忧心烈烈，载饥载渴。我戍未定，靡使归聘！
采薇采薇，薇亦刚止。曰归曰归，岁亦阳止。
王事靡盬，不遑启处。忧心孔疚，我行不来！
彼尔维何？维常之华。彼路斯何？君子之车。
戎车既驾，四牡业业。岂敢定居？一月三捷！
驾彼四牡，四牡骙骙。君子所依，小人所腓。
四牡翼翼，象弭鱼服。岂不日戒，玁狁孔棘！
昔我往矣，杨柳依依；今我来思，雨雪霏霏。
行道迟迟，载渴载饥。我心伤悲，莫知我哀！

2. 谈谈你对《击鼓》中“执子之手，与子偕老”的理解和认识。

3. 查找唐诗中和这首诗主题相同的两首诗歌，并从思想内容和表达方式两方面进行比较。

载　　驰

[先秦]许穆夫人

载驰载驱[1]，归唁卫侯[2]。驱马悠悠[3]，言至于漕[4]。大夫跋涉[5]，我心则忧。

既不我嘉[6]，不能旋反。视尔不臧[7]，我思不远[8]。既不我嘉，不能旋济[9]。视尔不臧，我思不閟[10]。

陟[11]彼阿丘，言采其蝱[12]。女子善怀[13]，亦各有行[14]，许人尤之[15]，众稺且狂[16]。

我行其野，芃芃其麦[17]。控于大邦[18]，谁因谁极[19]？大夫君子[20]，无我有尤。百尔所思，不如我所之[21]。

注释

[1]载：语助词。驰、驱：孔疏“走马谓之驰，策马谓之驱”。

[2]唁（yàn）：向死者家属表示慰问，此处不仅是哀悼卫侯，还有凭吊宗国危亡之意。毛传：“吊失国曰唁。”卫侯：指作者之兄已死的卫戴公申。

[3]悠悠：远貌。

[4]漕：地名，毛传“漕，卫东邑”。

[5]大夫：指许国赶来阻止许穆夫人去卫的许臣。

[6]嘉：认为好，赞许。

[7]视：表示比较。臧：好，善。

[8]思：忧思。远：摆脱。

[9]济：止。

[10]閟（bì）：同“闭”，闭塞不通。另说：余冠英《选择》：“同‘毖’，慎也。”

[11]陟（zhì）：攀登。

[12]言：语助词。阿丘：有一边偏高的山丘。蝱（音 méng）：贝母草，可以治病。采蝱治病，喻设法救国。

[13]女子：许穆夫人自指。怀：怀恋。忧虑。善怀：多愁善感。

[14]行：指道理、准则，一说道路。

[15]许人：许国的人们。尤：责怪。

[16]众：“众人”或“终”。樨（xī）：幼稚。

[17]芃（péng）：草木茂盛的样子。

[18]控：往告，赴告。

[19]因：亲也，依靠。极：至，指来援者的到达。

[20]大夫君子：指许国大夫

[21]之：往，指行动。

赏析

许穆夫人（约公元前 690—前 656），姬姓。周庄王七年（卫惠公十年）左右生于卫国都城朝歌定昌，长大后嫁给许穆公，周惠王二十一年（卫文公四年）卒于许国，大约活了三十四岁，是中国文学史上见于记载的第一位女诗人，也是世界文学史上见于记载的第一位女诗人。存诗三篇，均收于《诗经》。

据《左传·闵公二年（前 660）》记载：“冬十二月，狄人伐卫，卫懿公好鹤，鹤有乘轩者，将战，国人受甲者，皆曰‘使鹤’。……及狄人战于荥泽，卫师败绩。”当卫国被狄人占领以后，许穆夫人心急如焚，星夜兼程赶到曹邑，吊唁祖国的危亡，写下了这首《载驰》。

据清魏源《诗古微》考证，除此篇外尚有《泉水》《竹竿》二诗也为其所作，其中尤以《载驰》思想性最强，它在强烈的矛盾冲突中表现了深厚的爱国主义思想。全诗分为四章，不像《桃夭》《相鼠》等篇每章句数、字数甚至连意思也基本相似，而是每多变化，思想感情也复杂得多。之所以如此，是因为作者的叙事抒情是从现实生活出发，从现实所引起的内心矛盾出发。故诗歌的形式随着内容的发展而发展，形成不同的语言和不同的节奏。

【思考与练习】

1. 总结诗歌的主题思想。
2. 谈谈你对“百尔所思，不如我所之”的理解和认识。
3. 阅读诗歌《无衣》，并从思想内容和表达方式两方面和《载驰》进行比较。

无　衣

[先秦]佚名

岂曰无衣？与子同袍。王于兴师，修我戈矛，与子同仇！

岂曰无衣？与子同泽。王于兴师，修我矛戟，与子偕作！

岂曰无衣？与子同裳。王于兴师，修我甲兵，与子偕行！

十五从军征

[汉]佚名

十五从军征，八十始[1]得归[2]。
道[3]逢[4]乡里人：家中有阿[5]谁？
遥看[6]是君[7]家，松柏[8]冢[9]累累[10]。
兔从狗窦[11]入，雉[12]从梁上飞。
中庭[13]生[14]旅[15]谷[16]，井上生旅葵[17]。
舂[18]谷持作饭，采葵持[19]作[20]羹。
羹[21]饭一时[22]熟，不知贻[23]阿谁！
出门东向看，泪落沾[24]我衣。

注释

[1]始：才。

[2]归：回家。

[3]道：路途上。

[4]道逢：在路上遇到。

[5 阿：语气词。

[6]遥望：远远地望去。

[7]君：你，表示尊敬的称呼。

[8]松柏（bǎi）：松树、柏树。

[9]冢（zhǒng）：坟墓。

[10]累累：与“垒垒”通，形容丘坟一个连一个的样子。

[11]狗窦（gǒu dòu）：给狗出入的墙洞。窦，洞穴。

[12]雉（zhì）：野鸡。

[13]中庭：屋前的院子。

[14]生：长。

[15]旅：旅生，植物未经播种而野生。

[16]旅谷：野生的谷子。

[17]旅葵（kuí）：即野葵。

[18]舂（chōng）：把东西放在石臼或乳钵里捣掉谷子的皮壳或捣碎。

[19]持：用。

[20]作：当做。

[21]羹（gēng）：就是饭菜的意思。

[22]一时：一会儿就。

[23]贻（yí）：送，赠送。

[24]沾：渗入。

赏析

《十五从军征》出自《乐府诗集·横吹曲辞·梁鼓角横吹曲》。此诗描绘了一位在外征战的老兵返乡途中与到家之后的种种场景，揭露了古代社会不合理的兵役制度对于劳动人民的残酷奴役和对于人性的损害，具有一定的史诗意义。诗境被一种怨愁情绪所弥漫，基调极为悲凉。全诗叙事自然流畅，语言朴实真切，具有汉乐府民歌的特点。

【思考与练习】

1. “十五”“八十”是______的手法，这样写的目的是什么？
2. 主人公归家后，看到家中凄凉破败的景象是“______________________________”。
3. 此诗抒发了老翁怎样的心情？通过哪句诗体现出来的？
4. 查找并阅读五首以上同类题材的古诗词。

把酒问月·故人贾淳令予问之[1]

[唐]李白

青天有月来几时？我今停杯一问之。
人攀明月不可得，月行却与人相随。
皎如飞镜临丹阙[2]，绿烟灭尽清辉发。
但见[3]宵从海上来，宁知晓向云间没？
白兔捣药[4]秋复春，嫦娥孤栖与谁邻？
今人不见古时月，今月曾经照古人。
古人今人若流水，共看明月皆如此。
唯愿当歌对酒时[5]，月光长照金樽里。

注释

[1]题下作者自注：故人贾淳令予问之。

[2]丹阙，朱红色的宫殿。绿烟，指遮蔽月光的浓重的云雾。

[3]但见，只看到。宁知，怎知。没，隐没。

[4]白兔捣药，是古代的神话传说，西晋傅玄《拟天问》：“月中何有，白兔捣药”。嫦娥，传说中后羿的妻子，她偷吃了后羿的仙药，成为仙人，奔入月中。见《淮南子·览冥训》。

[5]当歌对酒时，在唱歌饮酒的时候。曹操《短歌行》：“对酒当歌，人生几何？”金樽，精美的酒具。

赏析

李白（701—762），字太白，号青莲居士，唐朝诗人，有“诗仙”之称，浪漫主义诗人。出生于西域碎叶城（今吉尔吉斯斯坦托克马克），5岁随父迁至剑南道之绵州（巴西郡）昌隆县（712年更名为昌明县，今四川绵阳江油市青莲乡），祖籍陇西郡成纪县（今甘肃平凉市静宁县南）。存世诗文千余篇，代表作有《蜀道难》《行路难》《梦游天姥吟留别》《将进酒》等诗篇，有《李太白集》传世，762年病逝于安徽当涂，享年61岁。

《把酒问月》是唐代诗人李白创作的一首咏月抒怀诗。诗人以纵横恣肆的笔触，从多侧面、多层次描摹了孤高的明月形象，通过海天景象的描绘以及对世事推移、人生短促的慨叹，展现了作者旷达博大的胸襟和飘逸潇洒的性格。

【思考与练习】

1. 统计一下李白诗歌中以月亮为题材的代表作有哪些。
2. 诗人眼中的明月既然“皎如飞镜”，却为什么还要写到“绿烟”？

3. 诗人写神话中的嫦娥，并没有想象其美丽，而是问道“孤栖与谁邻”，你从中体会到诗人内心怎样的心绪？

4. 全诗塑造了一个怎样的明月？从中又显露出一个怎样的诗人自我？请结合诗句进行分析。

5. 阅读李白的《行路难》，总结诗中所表达的人生态度。

行路难

[唐]李白

金樽清酒斗十千，玉盘珍羞直万钱。
停杯投箸不能食，拔剑四顾心茫然。
欲渡黄河冰塞川，将登太行雪满山。
闲来垂钓碧溪上，忽复乘舟梦日边。
行路难！行路难！多歧路，今安在？
长风破浪会有时，直挂云帆济沧海。

兵车行[1]

[唐]杜甫

车辚辚[2]，马萧萧，行人弓箭各在腰。
爷娘妻子走[3]相送，尘埃不见咸阳桥。
牵衣顿足拦道哭，哭声直上干[4]云霄。
道旁过者[5]问行人，行人但云点行频。
或[6]从十五北防河，便至四十西营田[7]。
去时里正[8]与裹头，归来头白还戍边。
边庭流血成海水，武皇[9]开边[10]意未已。
君不闻汉家山东二百州，千村万落生荆杞[11]。
纵有健妇把锄犁，禾生陇亩无东西。
况复秦兵[12]耐苦战，被驱不异犬与鸡。
长者[13]虽有问，役夫敢申恨？
且如今年冬，未休关西[14]卒。
县官急索租，租税从何出？
信知生男恶，反是生女好。

生女犹得嫁比邻[15]，生男埋没随百草。
君不见，青海头[16]，古来白骨无人收。
新鬼烦冤旧鬼哭，天阴雨湿声啾啾[17]！

注释

[1]行：本是乐府歌曲中的一种体裁。但《兵车行》是杜甫自创的新题。

[2]辚辚：车轮声。萧萧：马鸣声。行（xíng）人：指被征出发的士兵。

[3]走：奔跑。咸阳桥：指便桥，汉武帝所建，唐代称咸阳桥，故址在今陕西咸阳市西南。

[4]干（gān）：冲。点行（hāng）频：频繁地点名征调壮丁。

[5]过者：过路的人，这里是杜甫自称。点行（hāng）：当时征兵用语，即按名册点名征召出征。“但云”以下，全是行人的答话。

[6]或：不定指代词，有的、有的人。防河：当时常与吐蕃发生战争，曾征召陇右、关中、朔方诸军集结河西一带防御。因其地在长安以北，所以说“北防河”。

[7]西营田：古时实行屯田制，军队无战事即种田，有战事即作战。"西营田"也是防备吐蕃的。

[8]里正：唐制，每百户设一里正，负责管理户口。检查民事、催促赋役等。右时以皂罗（黑绸）三尺裹头，曰头巾。新兵因为年纪小，所以需要里正给他裹头。

[9]武皇：汉武帝刘彻。唐诗中常有以汉指唐的委婉避讳方式。这里借武皇代指唐玄宗。唐人诗歌中好以“汉”代“唐”开，下文“汉家”也是指唐王朝。

[10]边：用武力开拓边疆。

[11]荆杞（qǐ）：荆棘与杞柳，都是野生灌木。陇（lǒng）亩：耕地。陇，通“垄”，在耕地上培成一行的土埂，中间种植农作物。

[12]秦兵：指关中一带的士兵。耐苦战：能顽强苦战。这句说关中的士兵能顽强苦战，像鸡狗一样被赶上战场卖命。

[13]长者：即上文的“道旁过者”，即杜甫。征人敬称他为“长者”。“役夫敢伸恨”：征人自言不敢诉说心中的冤屈愤恨。这是反诘语气，表现士卒敢怒而不敢言的情态。

[14]关西：当时指函谷关以西的地方。这两句说，因为对吐蕃的战争还未结束，所以关西的士兵都未能罢遣还家。

[15]比邻：近邻。

[16]青海头：即青海边。这里是自汉代以来，汉族经常与西北少数民族发生战争的地方。唐初也曾在这一带与突厥、吐蕃发生大规模的战争。

[17]啾啾：象声词，表示一种呜咽之声。

赏析

杜甫（712—770 年），字子美，自号少陵野老。汉族，祖籍襄阳，河南巩县（今河南省巩义）人。唐代现实主义诗人，与李白合称“李杜”。

杜甫在中国古典诗歌中的影响非常深远，被后人称为“诗圣”，他的诗被称为“诗史”。后世称其杜拾遗、杜工部，也称他杜少陵、杜草堂。杜甫创作了《春望》《北征》《三吏》《三别》等名作。759 年杜甫弃官入川，虽然躲避了战乱，生活相对安定，但仍然心系苍生，胸怀国事。虽然杜甫是个现实主义诗人，但他也有狂放不羁的一面，从其名作《饮中八仙歌》不难看出杜甫的豪气干云。杜甫的思想核心是儒家的仁政思想，他有“致君尧舜上，再使风俗淳”的宏伟抱负。杜甫共有约 1 500 首诗歌被保留了下来，大多集于《杜工部集》。

《兵车行》是一首反对唐玄宗穷兵黩武的政治讽刺诗。全诗借征夫对老人的答话，倾诉了人民对战争的痛恨和它所带来的痛苦。地方官吏在这样的情况下还要横征暴敛，百姓更加痛苦不堪。这是诗人深切地了解民间疾苦和寄予深刻同情的名篇之一。

全诗以“道旁过者问行人”为界分为两段：首段摹写送别的惨状，是纪事；次段传达征夫的诉苦，是纪言。此诗具有深刻的思想内容，借征夫对老人的答话，倾诉了人民对战争的痛恨，揭露了唐玄宗长期以来的穷兵黩武，连年征战，给人民造成了巨大的灾难。全诗寓情于叙事之中，在叙述次序上参差错落前后呼应，变化开阖井然有序，并巧妙运用过渡句和习用词语，造成了回肠荡气的艺术效果。诗人自创乐府新题写时事，为中唐时期兴起的新乐府运动作出了开创性的贡献。

【思考与练习】

1. 了解写作背景，赏析并积累名句。理解诗人在诗中控诉战争的情感和对百姓疾苦的同情，真正理解战争与和平。

2. “行人但云点行频”的意思是频繁地征兵，许多唐诗研究专家认为，这“点行频”是全篇的“诗眼”。请分析其理由。

3. 杜甫为什么让役夫讲出“信知生男恶，反是生女好”这样的话呢？是不是重男轻女的观念真正变了呢？

4. “耶娘妻子走相送，尘埃不见咸阳桥。牵衣顿足拦道哭，哭声直上干云霄。”这四句诗是从哪两个角度描写送别场面的？

5. 对比阅读《闻官军收河南河北》，深刻体会诗人的家国情怀。

闻官军收河南河北

[唐]杜甫

剑外忽传收蓟北，初闻涕泪满衣裳。
却看妻子愁何在，漫卷诗书喜欲狂。
白日放歌须纵酒，青春作伴好还乡。
即从巴峡穿巫峡，便下襄阳向洛阳。

走马川[1]行奉送封大夫[2]出师西征

[唐]岑参

君不见走马川行雪海边[3]，平沙莽莽黄入天。
轮台[4]九月风夜吼，一川碎石大如斗，随风满地石乱走。
匈奴[5]草黄马正肥，金山[6]西见烟尘飞，汉家[7]大将西出师。
将军金甲夜不脱，半夜军行戈相拨[8]，风头如刀面如割。
马毛带雪汗气蒸，五花[9]连钱旋作冰，幕中草檄[10]砚水凝。
虏骑闻之应胆慑，料知短兵[11]不敢接，车师[12]西门伫[13]献捷。

注释

[1]马川：即车尔成河，又名左未河，在今新疆境内。行：诗歌的一种体裁。

[2]封大夫（dà fū）：即封常清，唐朝将领，蒲州猗氏人，以军功擢安西副大都护、安西四镇节度副大使、知节度事，后又升任北庭都护，持节安西节度使。西征：一般认为是出征播仙。

[3]走马川行雪海边：一作“走马沧海边”。雪海：在天山主峰与伊塞克湖之间。

[4]轮台：地名，在今新疆米泉境内。封常清军府驻在这里。

[5]匈奴：借指达奚部族。

[6]金山：指天山主峰。

[7]汉家：唐代诗人多以汉代唐。汉家大将：指封常清，当时任安西节度使兼北庭都护，

岑参在他的幕府任职。

[8]戈相拨：兵器互相撞击。

[9]五花：即五花马。连钱：一种宝马名。五花连钱：指马斑驳的毛色。

[10]草檄（xí）：起草讨伐敌军的文告。

[11]短兵：指刀剑一类武器。

[12]车师：为唐北庭都护府治所庭州，今新疆乌鲁木齐东北。蘅塘退士本作“军师”。

[13]伫：久立，此处作等待解。献捷：献上贺捷诗章。

赏析

岑参（约715—770），唐代边塞诗人，南阳人，后徙居江陵。岑参早岁孤贫，从兄就读，遍览史籍。唐玄宗天宝三载（744 年）进士，初为率府兵曹参军，后两次从军边塞，先在安西节度使高仙芝幕府掌书记；天宝末年，封常清为安西北庭节度使时，为其幕府判官。代宗时，曾官嘉州刺史（今四川乐山），世称“岑嘉州”。大历五年（770 年）卒于成都。

此诗作于公元754年（唐玄宗天宝十三载）或755年（天宝十四载），当时岑参担任安西北庭节度使判官。这期间，封常清曾几次出兵作战。这是岑参封常清出兵西征而创作的送行诗，与《轮台歌奉送封大夫出师西征》系同一时期、为同一事件、馈赠同一对象之作。

【思考与练习】

1. 下面关于诗歌的赏析不正确的一项是（　　）。
   A. 岑参之边塞诗意奇语奇，或清新隽逸，或雄浑壮美。此诗为前者，属于清新隽永风格的
   B. 诗虽叙征战，却以叙寒冷为主，暗示冒雪征战之伟功。全诗句句用韵，三句一转，节奏急切有力，激越豪壮，别具一格
   C. 为了表现边防将士高昂的爱国精神，诗人用了反衬手法，极力渲染、夸张环境的恶劣，来突出人物不畏艰险的精神
   D. 诗人抓住了马身上那凝而又化、化而又凝的汗水进行细致的刻画，以少胜多，充分渲染了天气的严寒，环境的艰苦和临战的紧张气氛
2. 诗歌中大量描写环境险恶的作用是什么?请你结合具体句子加以分析。
3. 谈谈本诗所蕴含的思想感情。

江 城 子[1]·乙卯正月二十日夜记梦[2]

[宋]苏轼

十年生死两茫茫[3]，不思量[4]，自难忘。千里孤坟[5]，无处话凄凉。纵使相逢应不识[6]，尘满面，鬓如霜[7]。

夜来幽梦忽还乡[8]，小轩窗[9]，正梳妆。相顾无言[10]，惟有泪千行。料得年年肠断处[11]，明月夜，短松冈[12]。

注释

[1]江城子：词牌名。

[2]乙卯（mǎo）：公元1075年，即北宋熙宁八年。

[3]十年：指结发妻子王弗去世已十年。

[4]思量：想念。“量”按格律应念平声 liáng。

[5]千里：王弗葬地四川眉山与苏轼任所山东密州，相隔遥远，故称“千里”。孤坟：孟启《本事诗·徵异第五》载张姓妻孔氏赠夫诗：“欲知肠断处，明月照孤坟。”此指其妻王氏之墓。

[6]纵使：即使。

[7]尘满面，鬓如霜：形容饱经沧桑，面容憔悴。

[8]幽梦：梦境隐约，故云幽梦。

[9]小轩窗：指小室的窗前。小轩：有窗槛的小屋。

[10]顾：看。

[11]料得：料想，想来。肠断处：一作“断肠处”。

[12]明月夜，短松冈：苏轼葬妻之地。短松：矮松。

赏析

苏轼（1037—1101），字子瞻，又字和仲，号东坡居士，世称苏东坡、苏仙。汉族，北宋眉州眉山（今属四川省眉山市）人，祖籍河北栾城，北宋著名文学家、书法家、画家。嘉祐二年（1057 年），苏轼进士及第。宋神宗时曾在凤翔、杭州、密州、徐州、湖州等地任职。元丰三年（1080 年），因“乌台诗案”受诬陷被贬黄州任团练副使。宋哲宗即位后，曾任翰林学士、侍读学士、礼部尚书等职，并出知杭州、颍州、扬州、定州等地，晚年因新党执政被贬惠州、儋州。宋徽宗时获大赦北还，途中于常州病逝。宋高宗时追赠太师，谥号“文忠”。

苏轼是宋代文学最高成就的代表，并在诗、词、散文、书、画等方面取得了很高的成就。其诗题材广阔，清新豪健，善用夸张比喻，独具风格，与黄庭坚并称“苏黄”。词开豪放一派，与辛弃疾同是豪放派代表，并称“苏辛”；其散文著述宏富，豪放自如，与欧阳修并称“欧苏”，为“唐宋八大家”之一；苏轼亦善书，为“宋四家”之一；工于画，尤擅墨竹、怪石、枯木等。有《东坡七集》《东坡易传》《东坡乐府》等传世。

这首词是苏轼为悼念原配妻子王弗而写的一首悼亡词，表现了绵绵不尽的哀伤和思念。此词情意缠绵，字字血泪。上阙写词人对亡妻的深沉的思念，写实；下阙记述梦境，抒写了词人对亡妻执着不舍的深情，写虚。上阙记实，下阙记梦，虚实结合，衬托出对亡妻的思念，加深全词的悲伤基调。词中采用白描手法，出语如话家常，却字字从肺腑镂出，自然而又深刻，平淡中寄寓着真淳。全词思致委婉，境界层出，情调凄凉哀婉，为脍炙人口的名作。

【思考练习题】

1. 这是一首感情深挚的悼亡词，就其风格而言，属于哪一种词风？点明题意的是哪句？
2. 请说出词中所运用的一种表现手法，并通过具体的词句简要说明。
3. 比较“十年生死两茫茫”和“千里孤坟”中数字的寓意。
4. 对比阅读《离思五首·其四》，并总结诗歌的主题思想。

离思五首·其四

[唐]元稹

曾经沧海难为水，除却巫山不是云。

取次花丛懒回顾，半缘修道半缘君。

丑奴儿[1]·书博山[2]道中壁

[宋]辛弃疾

少年[3]不识愁滋味，爱上层楼。爱上层楼，为赋[4]新词强说愁。

而今识尽[5]愁滋味，欲说还休[6]。欲说还休[7]，却道天凉好个秋。

注释

[1]丑奴儿：词牌名。

[2]博山：在今江西省广丰区西南。因状如庐山香炉峰，故名。淳熙八年（1181年）辛弃疾罢职退居上饶，常过博山。

[3]少年：指年轻的时候。不识：不懂，不知道什么是。

[4]“为赋”句：为了写出新词，没有愁而硬要说有愁。强（qiǎng）：勉强地，硬要。

[5]识尽：尝够，深深懂得。

[6]欲说还（huán）休：一是指男女之间难于启齿的感情；二是指内心有所顾虑而不敢表达。

[7]休：停止。

赏析

辛弃疾（1140－1207），原字坦夫，后改字幼安，号稼轩，山东东路济南府历城县（今济南市历城区遥墙镇四风闸村）人。南宋豪放派词人、将领，有“词中之龙”之称。与苏轼合称“苏辛”，与李清照并称“济南二安”。

辛弃疾一生以恢复为志，以功业自许，却命运多舛、备受排挤、壮志难酬。但他恢复中原的爱国信念始终没有动摇，而是把满腔激情和对国家兴亡、民族命运的关切、忧虑全部寄寓于词作之中。其词艺术风格多样，以豪放为主，风格沉雄豪迈又不乏细腻柔媚之处。其词题材广阔又善化用典故入词，抒写力图恢复国家统一的爱国热情，倾诉壮志难酬的悲愤，对当时执政者的屈辱求和颇多谴责；也有不少吟咏祖国河山的作品。现存词六百多首，有词集《稼轩长短句》等传世。

这首词是辛弃疾被弹劾去职、闲居带湖时所作。他在带湖居住期间，闲游于博山道中，却无心赏玩当地风光。眼看国事日非，自己无能为力，一腔愁绪无法排遣，遂在博山道中一壁上题了这首词。在这首词中，作者运用对比手法，突出地渲染了一个“愁”字，以此作为贯穿全篇的线索，感情真率而又委婉，言浅意深，令人回味无穷。

【思考与练习】

1. 这首词运用了什么艺术手法？

2. “为赋新词强说愁”和“而今识尽愁滋味”这两句中的“愁”的含义是否相同？为什么？

3. “少年”“爱上层楼”的原因是为了写出新词，没有愁而硬要说愁，结果是尝遍了愁的滋味却说秋天很美好。作者为什么在“欲说还休”之后忽然“却道天凉好个秋”？

一　剪　梅[1]

[宋]李清照

红藕香残玉簟秋[2]，轻解罗裳，独上兰舟[3]。云中谁寄锦书来[4]？雁字回时，月满西楼。

花自飘零水自流，一种相思，两处闲愁。此情无计可消除，才下眉头，却上心头。

注释

[1]一剪梅：词牌名。

[2]玉簟（diàn）秋：意谓时至深秋，精美的竹席已嫌清冷。

[3]兰舟：《述异记》卷下谓，木质坚硬而有香味的木兰树是制作舟船的好材料，诗家遂以木兰舟或兰舟为舟之美称。一说“兰舟”特指睡眠的床榻。

[4]锦书：对书信的一种美称。《晋书·窦滔妻苏氏传》云：苏蕙织锦为回文旋图诗，以赠其被徙流沙的丈夫窦滔。这种用锦织成的字称锦字，又称锦书。

赏析

李清照（1084—1155），号易安居士，齐州章丘（今山东章丘）人。宋代女词人，婉约词派代表，有“千古第一才女”之称。

李清照出身于书香门第，早期生活优裕，其父李格非藏书甚富，她小时候就在良好的家庭环境中打下文学基础。出嫁后与夫赵明诚共同致力于书画金石的搜集整理。金兵入据中原时，流寓南方，境遇孤苦。所作词，前期多写其悠闲生活，后期多悲叹身世，情调感伤。形式上善用白描手法，自辟途径，语言清丽。论词强调协律，崇尚典雅，提出词“别是一家”之说，反对以作诗文之法作词。能诗，留存不多，部分篇章感时咏史，情辞慷慨，与其词风不同。有《易安居士文集》《易安词》，已散佚。后人有《漱玉词》辑本。今有《李清照集校注》。

这首词作于词人与丈夫赵明诚离别之后，寄寓着作者不忍离别的一腔深情，反映出初婚少妇沉溺于情海之中的纯洁心灵。作品以其清新的格调，女性特有的沉挚情感，丝毫“不落俗套”的表现方式，给人以美的享受，是一首工致精巧的别情词作。

【思考练习题】

1. 这首词的起句“红藕香残玉簟秋”，陈廷焯赞赏其“精秀特绝”，请结合全词，说说此句写了什么，在整首词中有何作用。

2. “花自飘零水自流”一句写的是所见之景，请仔细品味“自”字，谈谈此字的表达作用。

3. “此情无计可消除，才下眉头，却上心头”三句历来为人称道，请谈谈你的理解。

4. 词的结拍三句，从范仲淹《御街行》“残灯明灭枕头攲，谙尽孤眠滋味。都来此事，眉间心上，无计相回避”化用而来，你认为她化用得成功吗？请具体分析，说明理由。

5. 查找阅读李清照晚年词作《声声慢·寻寻觅觅》。

卜算子·咏梅[1]

[宋]陆游

驿外[2]断桥[3]边，寂寞[4]开无主[5]。已是黄昏独自愁，更著[6]风和雨。

无意[7]苦[8]争春[9]，一任[10]群芳[11]妒[12]。零落[13]成泥碾[14]作尘[15]，只有香如故[16]。

注释

[1]卜（bǔ）算子·咏梅：选自吴氏双照楼影宋本《渭南词》卷二。“卜算子”是词牌名。又名《百尺楼》《眉峰碧》《楚天遥》《缺月挂疏桐》等。万树《词律》卷三《卜算子》：“毛氏云：‘骆义乌（骆宾王）诗用数名，人谓为“卜算子”，故牌名取之。’按山谷词，‘似扶著卖卜算’，盖取义以今卖卜算命之人也。”

[2]驿（yì）外：指荒僻、冷清之地。驿：驿站，供驿马或官吏中途休息的专用建筑。

[3]断桥：残破的桥。一说“断”通“簖”，簖桥乃是古时在为拦河捕鱼蟹而设簖之处所建之桥。

[4]寂寞：孤单冷清。

[5]无主：自生自灭，无人照管和玩赏。

[6]更：副词，又，再。著（zhuó）：同“着”，遭受，承受。更著：又遭到。

[7]无意：不想，没有心思。自己不想费尽心思去争芳斗艳。

[8]苦：尽力，竭力。

[9]争春：与百花争奇斗艳。此指争权。

[10]一任：全任，完全听凭；一：副词，全，完全，没有例外。任：动词，任凭。

[11]群芳：群花、百花。百花，这里借指诗人政敌——苟且偷安的主和派。

[12]妒（dù）：嫉妒。

[13]零落：凋谢，陨落。

[14]碾（niǎn）：轧烂，压碎。

[15]作尘：化作灰土。

[16]香如故：香气依旧存在。

赏析

陆游（1125—1210），南宋诗人、词人。字务观，号放翁。越州山阴（今浙江绍兴）人。少时受家庭爱国思想熏陶，高宗时应礼部试，为秦桧所黜。孝宗时赐进士出身。中年入蜀，投身军旅生活，官至宝章阁待制。晚年退居家乡。其一生笔耕不辍，今存九千多首，内容极为丰富。与王安石、苏轼、黄庭坚并称“宋代四大诗人”，又与杨万里、范成大、尤袤合称“中兴四大诗人”。著有《剑南诗稿》《渭南文集》《南唐书》《老学庵笔记》等。

陆游的一生可谓充满坎坷。他出生于宋徽宗宣和七年（1125），正值北宋摇摇欲坠、金人虎视眈眈之时。不久随家人开始动荡不安的逃亡生涯，“儿时万死避胡兵”是当时的写照，也使他在幼小的心灵深处埋下了爱国的种子。绍兴二十三年（1153），陆游赴临安应进士考试，因其出色的才华被取为第一，但因秦桧的孙子排在陆游之后，触怒了秦桧，第二年礼部考试时居然被黜免。秦桧黜免陆游的原因，一方面是挟私报复，一方面也是因其“喜论恢复”，引起这一投降派首脑的嫉恨。直到秦桧死后，陆游方开始步入仕途。这之后，陆游的仕途也并非一帆风顺，而是几起几落。他曾到过抗金前线，身着戎装投身火热的战斗生活，从而体会到了“诗家三昧”。

《卜算子·咏梅》是陆游创作的一首词，这首词以清新的情调写出了傲然不屈的梅花，暗喻了自己的坚贞不屈，笔致细腻，意味深隽，是咏梅词中的绝唱。那时陆游正处在人生的低谷，他的主战派士气低落，因而十分悲观，整首词十分悲凉，尤其开头渲染了一种冷漠的气氛和他那不畏强权的精神。

【思考练习题】

1. 词的上阙写了哪些景物？这些景物给我们营造了怎样的一种意境？为什么？

2. 试从含义及作用两方面比较分析下面两句诗中“风雨”的异同之处。

（1）已是黄昏独自愁，更著风和雨。

（2）安得广厦千万间，大庇天下寒士俱欢颜！风雨不动安如山。（杜甫《茅屋为秋风所破歌》）

3. 阅读陆游的诗歌《枕上作》，总结诗的前两联是如何描写诗人枕不成眠的？第二联运用了什么手法？在表情达意上有何作用？

枕上作

[宋]陆游

一室幽幽梦不成，高城传漏过三更。
孤灯无焰穴鼠出，枯叶有声邻犬行。
壮日自期如孟博，残年但欲慕初平。
不然短楫弃家去，万顷松江看月明。

海　燕

[苏]高尔基

在苍茫的大海上，狂风卷集着乌云。在乌云和大海之间，海燕像黑色的闪电，在高傲地飞翔。

一会儿翅膀碰着波浪，一会儿箭一般地直冲向乌云，它叫喊着，——就在这鸟儿勇敢的叫喊声里，乌云听出了欢乐。

在这叫喊声里——充满着对暴风雨的渴望！在这叫喊声里，乌云听出了愤怒的力量、热情的火焰和胜利的信心。

海鸥在暴风雨来临之前呻吟着，——呻吟着，它们在大海上飞窜，想把自己对暴风雨的恐惧，掩藏到大海深处。

海鸭也在呻吟着，——它们这些海鸭啊，享受不了生活的战斗的欢乐：轰隆隆的雷声就把它们吓坏了。

蠢笨的企鹅，胆怯地把肥胖的身体躲藏在悬崖底下……只有那高傲的海燕，勇敢地，自由自在地，在泛起白沫的大海上飞翔！

乌云越来越暗，越来越低，向海面直压下来，而波浪一边歌唱，一边冲向高空，去迎接那雷声。

雷声轰响。波浪在愤怒的飞沫中呼叫，跟狂风争鸣。看吧，狂风紧紧抱起一层层巨浪。恶狠狠地把它们甩到悬崖上，把这些大块的翡翠摔成尘雾和碎末。

海燕叫喊着，飞翔着，像黑色的闪电，箭一般地穿过乌云，翅膀掠起波浪的飞沫。

看吧，它飞舞着，像个精灵，——高傲的、黑色的暴风雨的精灵，——它在大笑，它又在号叫……它笑那些乌云，它因为欢乐而号叫！

这个敏感的精灵，——它从雷声的震怒里，早就听出了困乏，它深信，乌云遮不住太阳，——是的，遮不住的！

狂风吼叫……雷声轰响……

一堆堆乌云，像青色的火焰，在无底的大海上燃烧。大海抓住闪电的箭光，把它们熄灭在自己的深渊里。这些闪电的影子，活像一条条火蛇，在大海里蜿蜒游动，一晃就消失了。

——暴风雨！暴风雨就要来啦！

这是勇敢的海燕，在怒吼的大海上，在闪电中间，高傲地飞翔；这是胜利的预言家在叫喊：

——让暴风雨来得更猛烈些吧！

赏析

高尔基（1868—1936），原名阿列克赛·马克西莫维奇·彼什科夫，苏联作家。高尔基于1892年开始发表自己创作的作品。其中剧本《小市民》、散文《鹰之歌》、散文诗《海燕》等作品一经面世即反响热烈。1906 年，高尔基发表长篇小说《母亲》，该小说被视为第一部社会主义现实主义作品。1934 年，高尔基当选为苏联作家协会主席。高尔基的自传体三部曲是《童年》《在人间》《我的大学》。

《海燕》是一篇著名的散文诗，它是高尔基早期的代表作品，写于 1901 年，那时正是俄国 1905 年革命前夕最黑暗的年代，俄国工人运动不断高涨，动摇着沙皇统治的根基。来自社会底层、深谙底层人民疾苦的高尔基，触摸到刚刚开始跳动的新时代脉搏，以敏锐的艺术感悟力创造出了“海燕”的艺术形象，来欢呼即将来临的革命风暴，为无产阶级唱出了一曲充满战斗激情的颂歌。

在写作技巧上，《海燕》最突出的特色是象征手法的运用。“大海”象征革命高潮时人民群众排山倒海的力量，“乌云”“狂风”象征反革命势力和黑暗的社会环境，象征手法使思想更加形象、可感，而且拓展了作品的思想内涵和审美空间。

作品还兼用对比、反复、烘托、比喻、拟人等多种修辞手法，进一步增强了艺术表现力和形象的立体感：不是平面地塑造“海燕”的形象，而是同时刻画了对暴风雨充满恐惧的“海鸥”。它们象征了形形色色怯于革命、不革命和假革命者，它们的胆怯、自私和逃避现实，对比、烘托出了海燕勇敢、执著、不畏强暴和勇于献身的崇高精神；正是在对暴风雨的截然不同的两种态度所形成的鲜明对照中，一个勇敢无私、乐观坚定、卓然不群的海燕的形象呼之欲出。写“风”“雷”“云”“电”也是为了反衬“海燕”矫健、勇猛的战斗雄姿和乐观无畏的革命豪情。

高尔基运用形象的对比、烘托，抑恶扬善，鞭挞恶丑，褒扬美善，塑造出了“海燕”这一饱含力与美、深刻反映了时代特征的艺术形象，从而吹响了一曲嘹亮的时代进军的号角，唤醒民众，鼓励他们勇敢地投入争取解放的斗争中去。

【思考练习题】

1. 读了《海燕》之后，你受到了那些启发？
2. 作者为什么用“黑色的闪电”来比喻“海燕“？为什么用“高傲“来修饰“飞翔“？

当你老了

[爱尔兰]叶芝

当你老了，头发白了，睡意昏沉，
炉火旁打盹，请取下这部诗歌，
慢慢读，回想你过去眼神的柔和，
回想它们昔日浓重的阴影；
多少人爱你青春欢畅的时辰，
爱慕你的美丽，假意或真心，
只有一个人爱你的灵魂，
爱你衰老了的脸上痛苦的皱纹；
垂下头来，在红光闪耀的炉子旁，
凄然地轻轻诉说那爱情的消逝，
在头顶的山上它缓缓踱着步子，
在一群星星中间隐藏着脸庞。

赏析

威廉·巴特勒·叶芝（William Butler Yeats，1865—1939），1865年6月13日出生于都柏林。曾在都柏林大都会美术学院学习绘画，1887年开始专门从事诗歌创作。1939年1月28日，在法国南部罗克布鲁纳逝世。

叶芝早年的创作具有浪漫主义的华丽风格，善于营造梦幻般的氛围，例如他在1893年出版的散文集《凯尔特曙光》。然而，进入不惑之年后，叶芝的创作风格发生了比较激烈的变化，更加趋近现代主义了。

叶芝曾于1923年获得诺贝尔文学奖，获奖的理由是"以其高度艺术化且洋溢着灵感的诗作表达了整个民族的灵魂"。1934年，他和拉迪亚德·吉卜林共同获得古腾堡诗歌奖。

《当你老了》是叶芝于1893年创作的一首诗歌，是叶芝献给女友毛特·冈妮热烈而真挚的爱情诗篇。诗歌语言简明，但情感丰富真切。诗人采用了多种艺术表现手法。文章通过深入剖析诗作中诗人所使用的艺术表现手法，诸如假设想象、对比反衬、意象强调、象征升华，再现了诗人对女友忠贞不渝的爱恋之情。揭示了现实中的爱情和理想中的爱情之间不可弥合的距离。

【思考与练习】

1. 诗歌以"当你老了"作为开头，这是一种什么开头方法？有怎样的表达效果？
2. "炉火"这个意向词，在诗中有什么特殊寓意？
3. 诗歌的最后两句运用了什么手法？作者要表达怎样的思想感情？
4. 阅读《木兰词·拟古决绝词柬友》，和《当你老了》对比，总结两首诗的主题思想。

木兰词·拟古决绝词柬友

[清]纳兰性德

人生若只如初见，何事秋风悲画扇。
等闲变却故人心，却道故人心易变。
骊山语罢清宵半，泪雨零铃终不怨。
何如薄幸锦衣郎，比翼连枝当日愿。

第二节　小说鉴赏

三国演义（节选）
曹操煮酒论英雄

[元末明初]罗贯中

却说董承等问马腾曰：“公欲用何人？”马腾曰：“见有豫州牧刘玄德在此，何不求之？”承曰：“此人虽系皇叔，今正依附曹操，安肯行此事耶？”腾曰：“吾观前日围场之中，曹操迎受众贺之时，云长在玄德背后，挺刀欲杀操，玄德以目视之而止。玄德非不欲图操，恨操牙爪多，恐力不及耳。公试求之，当必应允。”吴硕曰：“此事不宜太速，当从容商议。”众皆散去。次日黑夜里，董承怀诏，径往玄德公馆中来。门吏入报，玄德迎出，请入小阁坐定。关、张侍立于侧。玄德曰：“国舅夤夜至此，必有事故。”承曰：“白日乘马相访，恐操见疑，故黑夜相见。”玄德命取酒相待。承曰：“前日围场之中，云长欲杀曹操，将军动目摇头而退之，何也？”玄德失惊曰：“公何以知之？”承曰：“人皆不见，某独见之。”玄德不能隐讳，遂曰：“舍弟见操僭越，故不觉发怒耳。”承掩面而哭曰：“朝廷臣子，若尽如云长，何忧不太平哉！”玄德恐是曹操使他来试探，乃佯言曰：“曹丞相治国，为何忧不太平？”承变色而起曰：“公乃汉朝皇叔，故剖肝沥胆以相告，公何诈也？”玄德曰：“恐国舅有诈，故相试耳。”于是董承取衣带诏令观之，玄德不胜悲愤。又将义状出示，上止有六位：一，车骑将军董承；二，工部侍郎王子服；三，长水校尉种辑；四，议郎吴硕；五，昭信将军吴子兰；六，西凉太守马腾。玄德曰：“公既奉诏讨贼，备敢不效犬马之劳。”承拜谢，便请书名。玄德亦书“左将军刘备”，押了字，付承收讫。承曰：“尚容再请三人，共聚十义，以图国贼，”玄德曰：“切宜缓缓施行，不可轻泄。”共议到五更，相别去了。

玄德也防曹操谋害，就下处后园种菜，亲自浇灌，以为韬晦之计。关、张二人曰：“兄不留心天下大事，而学小人之事，何也？”玄德曰：“此非二弟所知也。”二人乃不复言。

一日，关、张不在，玄德正在后园浇菜，许褚、张辽引数十人入园中曰：“丞相有命，请使君便行。”玄德惊问曰：“有甚紧事？”许褚曰：“不知。只教我来相请。”玄德只得随二人入府见操。操笑曰：“在家做得好大事！”唬得玄德面如土色。操执玄德手，直至后园，曰：“玄德学圃不易！”玄德方才放心，答曰：“无事消遣耳。”操曰：“适见枝头梅子青青，忽感去年征张绣时，道上缺水，将士皆渴；吾心生一计，以鞭虚指曰：‘前面有梅林。’军士闻之，口皆生唾，由是不渴。今见此梅，不可不赏。又值煮酒正熟，故邀使君小亭一会。”玄德心神方定。随至小亭，已设樽俎：盘置青梅，一樽煮酒。二人对坐，开怀畅饮。酒至半酣，忽阴云漠漠，骤雨将至。从人遥指天外龙挂，操与玄德凭栏观之。操曰：“使君知龙之变化否？”玄德曰：“未知其详。”操曰：“龙能大能小，能升能隐；大则兴云吐雾，小则隐介藏形；升则飞腾于宇宙之间，隐则潜伏于波涛之内。方今春深，龙乘时变化，犹人得志而纵横四海。龙之为物，可比世之英雄。玄德久历四方，必知当世英雄。请试指言之。”玄德曰：“备肉眼安识英雄？”操曰：“休得过谦。”玄德曰：“备叨恩庇，得仕于朝。天下英雄，实有未知。”操曰：“既不识其面，亦闻其名。”玄德曰：“淮南袁术，兵粮足备，可为英雄？”操笑曰：“冢中枯骨，吾早晚必擒之！”玄德曰：“河北袁绍，四世三公，门多故吏；今虎踞冀州之地，部下能事者极多，可为英雄？“操笑曰：“袁绍色厉胆薄，好谋无断；干大事而惜身，见小利而忘命：非英雄也。玄德曰：“有一人名称八俊，威镇九州：刘景升可为英雄？”操曰：“刘表虚名无实，非英雄也。”玄德曰：“有一人血气方刚，江东领袖——孙伯符乃英雄也？”操曰：“孙策藉父之名，非英雄也。”玄德曰：“益州刘季玉，可为英雄乎？”操曰：“刘璋虽系宗室，乃守户之犬耳，何足为英雄！”玄德曰：“如张绣、张鲁、韩遂等辈皆何如？”操鼓掌大笑曰：“此等碌碌小人，何足挂齿！”玄德曰：“舍此之外，备实不知。”操曰：“夫英雄者，胸怀大志，腹有良谋，有包藏宇宙之机，吞吐天地之志者也。”玄德曰：“谁能当之？”操以手指玄德，后自指，曰：“今天下英雄，惟使君与操耳！”玄德闻言，吃了一惊，手中所执匙箸，不觉落于地下。时正值天雨将至，雷声大作。玄德乃从容俯首拾箸曰：“一震之威，乃至于此。”操笑曰：“丈夫亦畏雷乎？”玄德曰：“圣人迅雷风烈必变，安得不畏？”将闻言失箸缘故，轻轻掩饰过了。操遂不疑玄德。后人有诗赞曰：“勉从虎穴暂趋身，说破英雄惊杀人。巧借闻雷来掩饰，随机应变信如神。”

天雨方住，见两个人撞入后园，手提宝剑，突至亭前，左右拦挡不住。操视之，乃关、张二人也。原来二人从城外射箭方回，听得玄德被许褚、张辽请将去了，慌忙来相府打听；闻说在后园，只恐有失，故冲突而入。却见玄德与操对坐饮酒。二人按剑而立。操问二人何来。云长曰：“听知丞相和兄饮酒，特来舞剑，以助一笑。”操笑曰：“此非鸿门会，安用项庄、项伯乎？”玄德亦笑。操命：“取酒与二樊哙压惊。”关、张拜谢。须臾席散，玄德辞操而归。云长曰：“险些惊杀我两个！”玄德以落箸事说与关、张。关、张问是何意。玄德曰：“吾之学圃，正欲使操知我无大志；不意操竟指我为英雄，我故失惊落箸。又恐操生疑，故借惧雷以掩饰之耳。”关、张曰：“兄真高见！”

操次日又请玄德。正饮间，人报满宠去探听袁绍而回。操召入问之。宠曰：“公孙瓒已被袁绍破了。”玄德急问曰：“愿闻其详。”宠曰：“瓒与绍战不利，筑城围圈，圈上建楼，高十丈，名曰易京楼，积粟三十万以自守。战士出入不息，或有被绍围者，众请救之。瓒曰：‘若救一人，后之战者只望人救，不肯死战矣。’遂不肯救。因此袁绍兵来，多有降者。瓒势孤，使人持书赴许都求救，不意中途为绍军所获。瓒又遗书张燕，暗约举火为号，里应外合。下书人又被袁绍擒住，却来城外放火诱敌。瓒自出战，伏兵四起，军马折其大半。退守城中，被袁绍穿地直入瓒所居之楼下，放起火来。瓒无走路，先杀妻子，然后自缢，全家都被火焚了。今袁绍得了瓒军，声势甚盛。绍弟袁术在淮南骄奢过度，不恤军民，众皆背反。术使人归帝号于袁绍。绍欲取玉玺，术约亲自送至，见今弃淮南欲归河北。若二人协力，急难收复。乞丞相作急图之。”玄德闻公孙瓒已死，追念昔日荐己之恩，不胜伤感；又不知赵子龙如何下落，放心不下。因暗想曰：“我不就此时寻个脱身之计，更待何时？”遂起身对操曰：“术若投绍，必从徐州过，备请一军就半路截击，术可擒矣。”操笑曰：“来日奏帝，即便起兵。”次日，玄德面奏君。操令玄德总督五万人马，又差朱灵、路昭二人同行。玄德辞帝，帝泣送之。

玄德到寓，星夜收拾军器鞍马，挂了将军印，催促便行。董承赶出十里长亭来送。玄德曰：“国舅宁耐。某此行必有以报命。”承曰：“公宜留意，勿负帝心。”二人分别。关、张在马上问曰：“兄今番出征，何故如此慌速？”玄德曰：“吾乃笼中鸟、网中鱼，此一行如鱼入大海、鸟上青霄，不受笼网之羁绊也！”因命关、张催朱灵、路昭军马速行。

赏析

罗贯中（约 1330—约 1400），名本，字贯中，号湖海散人，山西并州（今太原）人，汉族，元末明初著名小说家、戏曲家，是中国章回小说的鼻祖，代表作《三国演义》。其他主要作品有小说《隋唐两朝志传》《残唐五代史演义》《三遂平妖传》。《三国志通俗演义》（简称《三国演义》）是罗贯中的力作，这部长篇小说对后世文学创作影响深远。除小说创作外，尚存杂剧《赵太祖龙虎风云会》。

《三国演义》是中国古代第一部长篇章回小说，是我国古典四大名著之一，是历史演义小说的经典之作。该小说描写了公元3世纪以曹操、刘备、孙权为首的魏、蜀、吴三个政治、军事集团之间的矛盾和斗争。在广阔的社会历史背景上，展示出那个时代尖锐复杂又极具特色的政治军事冲突，在政治、军事谋略方面，对后世产生了深远的影响。《三国演义》刻画了近200个人物形象，其中最为成功的有诸葛亮、曹操、关羽、刘备等人；描写了大大小小的战争，构思宏伟，手法多样，使我们清晰地看到了一场场刀光剑影的战争场面。其中官渡之战、赤壁之战等战争的描写波澜起伏、跌宕跳跃，读来惊心动魄。全书文不甚深，言不甚俗，简洁明快，气势充沛，生动活泼。对后世产生了深远的影响。

《曹操煮酒论英雄》选自《三国演义》第二十一回，董承约会刘备等立盟除曹。刘备恐曹操生疑，每天浇水种菜；曹操闻知后，以青梅绽开，煮酒邀刘备宴饮，议论天下英雄。当曹操说“天下英雄，唯使君与操耳”，刘备闻之大惊失箸。时雷雨大作，刘备以胆小、怕雷掩饰而使曹操释疑，并请征剿袁术，借以脱身。

【思考与练习】

1. 本文描写了刘备和曹操怎样的内心活动？他们的性格有什么不同之处？
2. 举例说明本文运用了哪些人物描写手法来刻画曹操和刘备的性格特征？
3. 课外阅读小说《三国演义》。

西游记（节选）
婴儿戏化禅心乱 猿马刀归木母空

[明]吴承恩

却说那孙大圣兄弟三人，按下云头，径至朝内，只见那君臣储后，几班儿拜接谢恩。行者将菩萨降魔收怪的那一节，陈诉与他君臣听了，一个个顶礼不尽。正都在贺喜之间，又听得黄门官来奏：“主公，外面又有四个和尚来也。”八戒慌了道：“哥哥，莫是妖精弄法，假捏文殊菩萨哄了我等，却又变作和尚，来与我们斗智哩？”行者道：“岂有此理！”即命宣进来看。众文武传令，着他进来。行者看时，原来是那宝林寺僧人，捧着那冲天冠、碧玉带、赭黄袍、无忧履进得来也。行者大喜道：“来得好！来得好！”且教道人过来，摘下包巾，戴上冲天冠；脱了布衣，穿上赭黄袍；解了绦子，系上碧玉带；褪了僧鞋，登上无忧履。教太子拿出白玉圭来，与他执在手里，早请上殿称孤，正是自古道：“朝廷不可一日无君。”那皇帝那里肯坐，哭啼啼跪在阶心道：“我已死三年，今蒙师父救我回生，怎么又敢妄自称尊？请那一位师父为君，我情愿领妻子城外为民足矣。”那三藏那里肯受，一心只是要拜佛求经。又请行者，行者笑道：“不瞒列位说，老孙若肯做皇帝，天下万国九州皇帝，都做遍了。只是我们做惯了和尚，是这般懒散。若做了皇帝，就要留头长发，黄昏不睡，五鼓不眠，听有边报，心神不安；见有灾荒，忧愁无奈。我们怎么弄得惯？你还做你的皇帝，我还做我的和尚，修功行去也。”那国王苦让不过，只得上了宝殿，南面称孤，大赦天下，封赠了宝林寺僧人回去。却才开东阁，筵宴唐僧，一壁厢传旨宣召丹青，写下唐师徒四位喜容，供养在金銮殿上。那师徒们安了邦国，不肯久停，欲辞王驾投西。那皇帝与三宫妃后、太子诸臣，将镇国的宝贝，金银缎帛，献与师父酬恩。那三藏分毫不受，只是倒换关文，催悟空等背马早行。那国王甚不过意，摆整朝銮驾请唐僧上坐，着两班文武引导，他与三宫妃后并太子一家儿，捧毂推轮，送出城廓，却才下龙辇，与众相别。国王道："师父啊，到西天经回之日，是必还到寡人界内一顾。"三藏道："弟子领命。"那皇帝阁泪汪汪，遂与众臣回去了。

那唐僧一行四僧，上了羊肠大路，一心里专拜灵山。正值秋尽冬初时节，但见霜凋红叶林林瘦，雨熟黄粱处处盈。日暖岭梅开晓色，风摇山竹动寒声。师徒们离了乌鸡国，夜住晓行，将半月有余，忽又见一座高山，真个是摩天碍日。三藏马上心惊，急兜缰忙呼行者。行者道："师父有何吩咐？"三藏道："你看前面又有大山峻岭，须要仔细提防，恐一时又有邪物来侵我也。"行者笑道："只管走路，莫再多心，老孙自有防护。"那长老只得宽怀，加鞭策马，奔至山岩，果然也十分险峻。但见得：高不高，顶上接青霄；深不深，涧中如地府。山前常见骨都都白云，圪腾腾黑雾。红梅翠竹，绿柏青松。山后有千万丈挟魂灵台，台后有古古怪怪藏魔洞，洞中有叮叮猪猪滴水泉，泉下更有弯弯曲曲流水涧。又见那跳天搠地献果猿，丫丫叉叉带角鹿，呢呢痴痴看人獐。至晚巴山寻穴虎，待晓翻波出水龙。登得洞门唿喇的响，惊得飞禽扑鲁的起，看那林中走兽鞠律律的行。见此一伙禽和兽，吓得人心圪磴磴惊。堂倒洞堂堂倒洞，洞堂当倒洞当仙。青石染成千块玉，碧纱笼罩万堆烟。师徒们正当悚惧，又只见那山凹里有一朵红云，直冒到九霄空内，结聚了一团火气。行者大惊，走近前，把唐僧搊着脚，推下马来，叫："兄弟们，不要走了，妖怪来矣。"慌得个八戒急掣钉钯，沙僧忙轮宝杖，把唐僧围护在当中。

话分两头。却说红光里，真是个妖精。他数年前，闻得人讲："东土唐僧往西天取经，乃是金蝉长老转生，十世修行的好人。有人吃他一块肉，延生长寿，与天地同休。"他朝朝在山间等候，不期今日到了。他在那半空里，正然观看，只见三个徒弟，把唐僧围护在马上，各各准备。这精灵夸赞不尽道："好和尚！我才看着一个白面胖和尚骑了马，真是那唐朝圣僧，却怎么被三个丑和尚护持住了！一个个伸拳敛袖，各执兵器，似乎要与人打的一般。噫！不知是那个有眼力的，想应认得我了，似此模样，莫想得那唐僧的肉吃。"沉吟半晌，以心问心的自家商量道："若要倚势而擒，莫能得近；或者以善迷他，却到得手。但哄得他心迷惑，待我在善内生机，断然拿了。且下去戏他一戏。"好妖怪，即散红光，按云头落下，去那山坡里，摇身一变，变作七岁顽童，赤条条的，身上无衣，将麻绳捆了手足，高吊在那松树梢头，口口声声，只叫"救人！救人！"

却说那孙大圣忽抬头再看处，只见那红云散尽，火气全无，便叫："师父，请上马走路。"唐僧道："你说妖怪来了，怎么又敢走路？"行者道："我才然间，见一朵红云从地而起，到空中结做一团火气，断然是妖精。这一会红云散了，想是个过路的妖精，不敢伤人，我们去耶！"八戒笑道："师兄说话最巧，妖精又有个甚么过路的？"行者道："你那里知道，若是那山那洞的魔王设宴，邀请那诸山各洞之精赴会，却就有东南西北四路的精灵都来赴会，故此他只有心赴会，无意伤人。此乃过路之妖精也。"三藏闻言，也似信不信的，只得攀鞍在马，顺路奔山前进。正行时，只听得叫声"救人！"长老大惊道："徒弟呀，这半山中，是那里甚么人叫？"行者上前道："师父只管走路，莫缠甚么人轿骡轿，明轿睡轿。这所在，就有轿，也没个人抬你。"唐僧道："不是扛抬之轿，乃是叫唤之叫。"行者笑道："我晓得，莫管闲事，且走路。"

三藏依言，策马又进，行不上一里之遥，又听得叫声"救人！"长老道："徒弟，这个叫声，不是鬼魅妖邪；若是鬼魅妖邪，但有出声，无有回声。你听他叫一声，又叫一声，想必是个有难之人，我们可去救他一救。”行者道：“师父，今日且把这慈悲心略收起收起，待过了此山，再发慈悲罢。这去处凶多吉少，你知道那倚草附木之说，是物可以成精。诸般还可，只有一般蟒蛇，但修得年远日深，成了精魅，善能知人小名儿。他若在草科里，或山凹中，叫人一声，人不答应还可；若答应一声，他就把人元神绰去，当夜跟来，断然伤人性命。且走！且走！古人云，脱得去，谢神明，切不可听他。”长老只得依他，又加鞭催马而去，行者心中暗想：“这泼怪不知在那里，只管叫阿叫的。等我老孙送他一个卯酉星法，教他两不见面。”好大圣，叫沙和尚前来：“拢着马，慢慢走着，让老孙解解手。”你看他让唐僧先行几步，却念个咒语，使个移山缩地之法，把金箍棒往后一指，他师徒过此峰头，往前走了，却把那怪物撇下，他再拽开步，赶上唐僧，一路奔山。只见那三藏又听得那山背后叫声“救人!”长老道：“徒弟呀，那有难的人，大没缘法，不曾得遇着我们。我们走过他了，你听他在山后叫哩。”八戒道：“在便还在山前，只是如今风转了也。”行者道：“管他甚么转风不转风，且走路。”因此，遂都无言语，恨不得一步插过此山，不题话下。

却说那妖精在山坡里，连叫了三四声，更无人到，他心中思量道：“我等唐僧在此，望见他离不上三里，却怎么这半晌还不到？想是抄下路去了。”他抖一抖身躯，脱了绳索，又纵红光，上空再看。不觉孙大圣仰面回观，识得是妖怪，又把唐僧撮着脚推下马来道：“兄弟们，仔细！仔细！那妖精又来也！”慌得那八戒、沙僧各持兵刀，将唐僧又围护在中间。那精灵见了，在半空中称羡不已道：“好和尚！我才见那白面和尚坐在马上，却怎么又被他三人藏了？这一去见面方知。先把那有眼力的弄倒了，方才捉得唐僧。不然啊，徒费心机难获物，枉劳情兴总成空。”却又按下云头，恰似前番变化，高吊在松树山头等候，这番却不上半里之地。

却说那孙大圣抬头再看，只见那红云又散，复请师父上马前行。三藏道：“你说妖精又来，如何又请走路？”行者道：“这还是个过路的妖精，不敢惹我们。”长老又怀怒道：“这个泼猴，十分弄我！正当有妖魔处，却说无事；似这般清平之所，却又恐吓我，不时的嚷道有甚妖精。虚多实少，不管轻重，将我搊着脚，捽下马来，如今却解说甚么过路的妖精。假若跌伤了我，却也过意不去！这等，这等！”行者道：“师父莫怪，若是跌伤了你的手足，却还好医治；若是被妖精拐了去，却何处跟寻？”三藏大怒，哏哏的，要念《紧箍儿咒》，却是沙僧苦劝，只得上马又行。

还未曾坐得稳，只听又叫“师父救人啊!”长老抬头看时，原来是个小孩童，赤条条的，吊在那树上，兜住缰，便骂行者道：“这泼猴多大惫懒！全无有一些儿善良之意，心心只是要撒泼行凶哩！我那般说叫唤的是个人声，他就千言万语只嚷是妖怪！你看那树上吊的不是个人么？”大圣见师父怪下来了，却又觌面看见模样，一则做不得手脚，二来又怕念《紧箍儿咒》，低着头，再也不敢回言，让唐僧到了树下。那长老将鞭梢指着问道：“你是那家孩儿？因有甚事，吊在此间？说与我，好救你。”噫！分明他是个精灵，变化得这等，那师父却是个肉眼凡胎，不能相识。

那妖魔见他下问，越弄虚头，眼中噙泪，叫道：“师父呀，山西去有一条枯松涧，涧那边有一庄村，我是那里人家。我祖公公姓红，只因广积金银，家私巨万，混名唤做红百万。年老归世已久，家产遗与我父。近来人事奢侈，家私渐废，改名唤做红十万，专一结交四路豪杰，将金银借放，希图利息。怎知那无籍之人，设骗了去啊，本利无归。我父发了洪誓，分文不借。那借金银人，身贫无计，结成凶党，明火执杖，白日杀上我门，将我财帛尽情劫掳，把我父亲杀了，见我母亲有些颜色，拐将去做甚么压寨夫人。那时节，我母亲舍不得我，把我抱在怀里，哭哀哀，战兢兢，跟随贼寇，不期到此山中，又要杀我，多亏我母亲哀告，免教我刀下身亡，却将绳子吊我在树上，只教冻饿而死，那些贼将我母亲不知掠往那里去了。我在此已吊三日三夜，更没一个人来行走。不知那世里修积，今生得遇老师父，若肯舍大慈悲，救我一命回家，就典身卖命，也酬谢师恩，致使黄沙盖面，更不敢忘也。”三藏闻言，认了真实，就教八戒解放绳索，救他下来。那呆子也不识人，便要上前动手，行者在旁，忍不住喝了一声道：“那泼物！有认得你的在这里哩！莫要只管架空捣鬼，说谎哄人！你既家私被劫，父被贼伤，母被人掳，救你去交与谁人？你将何物与我作谢？这谎脱节了耶！”那怪闻言，心中害怕，就知大圣是个能人，暗将他放在心上，却又战战兢兢，滴泪而言曰：“师父，虽然我父母空亡，家财尽绝，还有些田产未动，亲戚皆存。”行者道：“你有甚么亲戚？”妖怪道：“我外公家在山南，姑娘住居岭北。涧头李四，是我姨夫；林内红三，是我族伯。还有堂叔堂兄都住在本庄左右。老师父若肯救我，到了庄上，见了诸亲，将老师父拯救之恩，一一对众言说，典卖些田产，重重酬谢也。”八戒听说，扛住行者道：“哥哥，这等一个小孩子家，你只管盘诘他怎的！他说得是，强盗只打劫他些浮财，莫成连房屋田产也劫得去？若与他亲戚们说了，我们纵有广大食肠，也吃不了他十亩田价。救他下来罢。”呆子只是想着吃食，那里管甚么好歹，使戒刀挑断绳索，放下怪来。那怪对唐僧马下，泪汪汪只情磕头。长老心慈，便叫：“孩儿，你上马来，我带你去。”那怪道：“师父啊，我手脚都吊麻了，腰胯疼痛，一则是乡下人家，不惯骑马。”唐僧叫八戒驮着，那妖怪抹了一眼道：“师父，我的皮肤都冻熟了，不敢要这位师父驮。他的嘴长耳大，脑后鬃硬，搠得我慌。”唐僧道：“教沙和尚驮着。”那怪也抹了一眼道：“师父，那些贼来打劫我家时，一个个都搽了花脸，带假胡子，拿刀弄杖的。我被他唬怕了，见这位晦气脸的师父，一发没了魂了，也不敢要他驮。”唐僧教孙行者驮着，行者呵呵笑道：“我驮！我驮！”那怪物暗自欢喜，顺顺当当的要行者驮他。行者把他扯在路旁边，试了一试，只好有三斤十来两重。

行者笑道：“你这个泼怪物，今日该死了，怎么在老孙面前捣鬼！我认得你是个那话儿呵。”妖怪道：“师父，我是好人家儿女，不幸遭此大难，我怎么是个甚么那话儿？”行者道：“你既是好人家儿女，怎么这等骨头轻？”妖怪道：“我骨格儿小。”行者道：“你今年几岁了？”那怪道：“我七岁了。”行者笑道：“一岁长一斤，也该七斤，你怎么不满四斤重么？”那怪道：“我小时失乳。”行者说：“也罢，我驮着你，若要尿尿把把，须和我说。”三藏才与八戒、沙僧前走，行者背着孩儿随后，一行径投西去。有诗为证，诗曰：道德高隆魔障高，禅机本静静生妖。心君正直行中道，木母痴顽躐外趟。意马不言怀爱欲，黄婆无语自忧焦。客邪得志空欢喜，毕竟还从正处消。孙大圣驮着妖魔，心中埋怨唐僧不知艰苦：“行此险峻山场，空身也难走，却教老孙驮人。这厮莫说他是妖怪，就是好人，他没了父母，不知将他驮与何人，倒不如掼杀他罢。”那怪物却早知觉了，便就使个神通，往四下里吸了四口气，吹在行者背上，便觉重有千斤。行者笑道：“我儿啊，你弄重身法压我老爷哩！”那怪闻言，恐怕大圣伤他，却就解尸，出了元神，跳将起去，伫立在九霄空里，这行者背上越重了。猴王发怒，抓过他来，往那路旁边赖石头上滑辣的一掼，将尸骸掼得像个肉饼一般，还恐他又无礼，索性将四肢扯下，丢在路两边，俱粉碎了。

那物在空中，明明看着，忍不住心头火起道：“这猴和尚，十分惫懒！就作我是个妖魔，要害你师父，却还不曾见怎么下手哩，你怎么就把我这等伤损！早是我有算计，出神走了，不然，是无故伤生也。若不趁此时拿了唐僧，再让一番，越教他停留长智。”好怪物，就在半空里弄了一阵旋风，呼的一声响亮，走石扬沙，诚然凶狠。好风：淘淘怒卷水云腥，黑气腾腾闭日明。岭树连根通拔尽，野梅带干悉皆平。黄沙迷目人难走，怪石伤残路怎平。滚滚团团平地暗，遍山禽兽发哮声。刮得那三藏马上难存，八戒不敢仰视，沙僧低头掩面。孙大圣情知是怪物弄风，急纵步来赶时，那怪已骋风头，将唐僧摄去了，无踪无影，不知摄向何方，无处跟寻。一时间，风声暂息，日色光明。行者上前观看，只见白龙马战兢兢发喊声嘶，行李担丢在路下，八戒伏于崖下呻吟，沙僧蹲在坡前叫唤。行者喊："八戒！"那呆子听见是行者的声音，却抬头看时，狂风已静，爬起来，扯住行者道："哥哥，好大风啊！"

沙僧却也上前道："哥哥，这是一阵旋风。"又问："师父在那里？"八戒道："风来得紧，我们都藏头遮眼，各自躲风，师父也伏在马上的。"行者道："如今却往那里去了？"沙僧道："是个灯草做的，想被一风卷去也。"行者道："兄弟们，我等自此就该散了！"八戒道："正是，趁早散了，各寻头路，多少是好。那西天路无穷无尽，几时能到得！"沙僧闻言，打了一个失惊，浑身麻木道："师兄，你都说的是那里话。我等因为前生有罪，感蒙观世音菩萨劝化，与我们摩顶受戒，改换法名，皈依佛果，情愿保护唐僧上西方拜佛求经，将功折罪。今日到此，一旦俱休，说出这等各寻头路的话来，可不违了菩萨的善果，坏了自己的德行，惹人耻笑，说我们有始无终也！"行者道："兄弟，你说的也是，奈何师父不听人说，我老孙火眼金睛，认得好歹，才然这风，是那树上吊的孩儿弄的。我认得他是个妖精，你们不识，那师父也不识，认作是好人家儿女，教我驮着他走。是老孙算计要摆布他，他就弄个重身法压我。是我把他掼得粉碎，他想是又使解尸之法，弄阵旋风，把我师父摄去也。因此上怪他每每不听我说。故我意懒心灰，说各人散了。既是贤弟有此诚意，教老孙进退两难。八戒，你端的要怎的处？"八戒道："我才自失口乱说了几句，其实也不该散。哥哥，没及奈何，还信沙弟之言，去寻那妖怪救师父去。"行者却回嗔作喜道："兄弟们，还要来结同心，收拾了行李马匹，上山找寻怪物，搭救师父去。"三个人附葛扳藤，寻坡转涧，行经有五七十里，却也没个音信，那山上飞禽走兽全无，老柏乔松常见。孙大圣着实心焦，将身一纵，跳上那巅险峰头，喝一声叫"变！"变作三头六臂，似那大闹天宫的本象，将金箍棒，幌一幌，变作三根金箍棒，劈哩扑辣的，往东打一路，往西打一路，两边不住的乱打。八戒见了道："沙和尚，不好了，师兄是寻不着师父，恼出气心风来了。

那行者打了一会，打出一伙穷神来，都披一片，挂一片，裩无裆，裤无口的，跪在山前，叫："大圣，山神土地来见。"行者道："怎么就有许多山神土地？"众神叩头道："上告大圣，此山唤做六百里钻头号山。我等是十里一山神，十里一土地，共该三十名山神，三十名土地。昨日已此闻大圣来了，只因一时会不齐，故此接迟，致令大圣发怒，万望恕罪。"行者道："我且饶你罪名。我问你：这山上有多少妖精？"众神道："爷爷呀，只有得一个妖精，把我们头也摩光了，弄得我们少香没纸，血食全无，一个个衣不充身，食不充口，还吃得有多少妖精哩！"行者道："这妖精在山前住，是山后住？"众神道："他也不在山前山后。这山中有一条涧，叫做枯松涧，涧边有一座洞，叫做火云洞，那洞里有一个魔王，神通广大，常常的把我们山神土地拿了去，烧火顶门，黑夜与他提铃喝号。小妖儿又讨甚么常例钱。"行者道："汝等乃是阴鬼之仙，有何钱钞？"众神道："正是没钱与他，只得捉几个山獐野鹿，早晚间打点群精；若是没物相送，就要来拆庙宇，剥衣裳，搅得我等不得安生！万望大圣与我等剿除此怪，拯救山上生灵。"行者道："你等既受他节制，常在他洞下，可知他是那里妖精，叫做甚么名字？"众神道："说起他来，或者大圣也知道。他是牛魔王的儿子，罗刹女养的。他曾在火焰山修行了三百年，炼成三昧真火，却也神通广大。牛魔王使他来镇守号山，乳名叫做红孩儿，号叫做圣婴大王。"行者闻言满心欢喜，喝退了土地山神，却现了本象，跳下峰头，对八戒沙僧道："兄弟们放心，再不须思念，师父决不伤生，妖精与老孙有亲。"八戒笑道："哥哥，莫要说谎。你在东胜神洲，他这里是西牛贺洲，路程遥远，隔着万水千山，海洋也有两道，怎的与你有亲？”行者道：“刚才这伙人都是本境土地山神。我问他妖怪的原因，他道是牛魔王的儿子，罗刹女养的，名字唤做红孩儿，号圣婴大王。想我老孙五百年前大闹天宫时，遍游天下名山，寻访大地豪杰，那牛魔王曾与老孙结七弟兄。一般五六个魔王，止有老孙生得小巧，故此把牛魔王称为大哥。这妖精是牛魔王的儿子，我与他父亲相识，若论将起来，还是他老叔哩，他怎敢害我师父？我们趁早去来。”沙和尚笑道：“哥啊，常言道：三年不上门，当亲也不亲哩。你与他相别五六百年，又不曾往还杯酒，又没有个节礼相邀，他那里与你认甚么亲耶？”

行者道：“你怎么这等量人！常言道，一叶浮萍归大海，为人何处不相逢！纵然他不认亲，好道也不伤我师父。不望他相留酒席，必定也还我个囫囵唐僧。”三兄弟各办虔心，牵着白马，马上驮着行李，找大路一直前进。无分昼夜，行了百十里远近，忽见一松林，林中有一条曲涧，涧下有碧澄澄的活水飞流，那涧梢头有一座石板桥，通着那厢洞府。行者道：“兄弟，你看那壁厢有石崖磷磷，想必是妖精住处了。我等从众商议，那个管看守行李马匹，那个肯跟我过去降妖？”八戒道：“哥哥，老猪没甚坐性，我随你去罢。”行者道：“好！好！”教沙僧：“将马匹行李俱潜在树林深处，小心守护，待我两个上门去寻师父耶。”那沙僧依命，八戒相随，与行者各持兵器前来。正是：未炼婴儿邪火胜，心猿木母共扶持。毕竟不知这一去吉凶何如，且听下回分解。

赏析

吴承恩（1500—约 1583），字汝忠，号射阳山人，吾淮才士。汉族，淮安府山阳县人（现淮安市淮安区人）。祖籍安徽，以祖先聚居枞阳高甸，故称高甸吴氏。

现存明刊百回本《西游记》均无作者署名，提出《西游记》作者是吴承恩的首先是清代学者吴玉搢。吴玉搢在《山阳志遗》中介绍吴承恩：“字汝忠，号射阳山人，吾淮才士”“及阅《淮贤文目》，载《西游记》为先生著”。

吴承恩自幼敏慧，博览群书，尤喜爱神话故事。在科举中屡遭挫折，嘉靖中补贡生。嘉靖四十五年（1566 年）任浙江长兴县丞。殊途由于宦途困顿，晚年绝意仕进，闭门著述。

2004 年，江苏省淮安市淮安区政府决定在山上茶庵处建立吴承恩纪念馆，在山下山门处建树其石雕座像。

对现实的不满和改变现实的愿望，折射出作者渴望建立“君贤神明”的王道之国的政治理想。从《西游记》全书内容的构架来看，大致由三个部分组成：其一，孙悟空大闹天宫；其二，被压于五行山下；其三，西行取经成正果。小说的主要篇幅是描写孙悟空从唐僧师徒经八十一难，去西天取经。小说借助唐僧师徒在取经路上经历的八十一难折射出人间现实社会的种种情况。小说想象大胆，构思新奇，在人物塑造长篇神魔小说《西游记》以唐代玄奘和尚赴西天取经的经历为蓝本，借助神话人物抒发了作者上采用人、神、兽三位一体的塑造方法，创造出孙悟空、猪八戒等不朽的艺术形象。

《西游记》开辟了神魔长篇章回小说的新门类，是古代长篇小说浪漫主义的高峰，在世界文学史上，它也是浪漫主义的杰作。从 19 世纪开始，它被翻译为日、英、法、德、俄等十来种文字流行于世。

【思考与练习】

1. 小说在这一回内容里，唐僧又被谁抓住了？
2. 孙悟空请来的谁降服的红孩儿？
3. “神魔皆有人情，精魅亦通世故。”谈谈你对这句话的理解。

项　链

[法]莫泊桑

她也是一个美丽动人的姑娘，好像由于命运的差错，生在一个小职员的家里。她没有陪嫁的资产，也没有什么法子让一个有钱的体面人认识她，了解她，爱她，娶她；最后只得跟教育部的一个小书记结了婚。

她不能够将就打扮，只好穿着朴素，但是她觉得很不行，好像这降低了她的身份似的。因为在妇女，美丽、风韵、娇媚，就是她们的出身；天生的聪明，优美的资质，温柔的性情，就是她们唯一的资格。

她觉得她生来就是为着过高雅和奢华的生活，因此她不断地感到痛苦。住宅的寒伧，墙壁的暗淡，家具的破旧，衣料的粗陋，都使她苦恼。这些东西，在别的跟她一样地位的妇人，也许不会挂在心上，然而她却因此痛苦，因此伤心。

她看着那个替她做琐碎家事的勃雷大涅省的小女仆，心里就引起悲哀的感慨和狂乱的梦想。

她梦想那些优雅的厅堂，那里装饰着东方的帷幕，点着高脚的青铜灯，还有两个穿短裤的仆人，躺在宽大的椅子上里，被暖炉的热气烘得打盹儿。她梦想那些宽敞的客厅，那里张挂着古式的壁衣，陈设着精巧的木器，珍奇的古玩。

她梦想那些华美的香气扑鼻的小客室，在那里，下午五点钟的时候，她跟最亲密的男朋友闲谈，或者跟那些一般女人所最仰慕最乐意结识的男子闲谈。

每当她在铺着一块三天没洗的桌布的圆桌边坐下来吃晚饭的时候，对面，她的丈夫揭开汤锅的盖子，带着惊喜的神情说：“啊！好香的肉汤！在没有比这更好的了！……”

这时候，她就梦想到那些精美的晚餐，亮晶晶的银器；梦想到那些挂在墙上的壁衣，上面绣着古装人物，仙境般的园林，奇异的禽鸟；梦想到盛在名贵的碟盘里的佳肴；梦想到一边吃着粉红色的鲈鱼或者松鸡翅膀，一边带着迷人的微笑听客人密谈。她没有漂亮的服装，没有珠宝，什么也没有。然而她偏偏只爱这些，她觉得自己生在世上就是为了这些。

她一向就想望着得人欢心，被人羡慕，具有诱惑力而被人追求。她有一个有钱的女朋友，教会女校里的同学，可是她再不想去看她了，因为看望回来，就会感到十分痛苦。

由于伤心、悔恨、失望、痛苦，她常常好几天整天的哭着。然而，有一天傍晚，她的丈夫得意扬扬地回家来，手里拿着一个大信封。

“看呀，”他说，“这里有点东西给你。”

她高高兴兴地拆开信封，抽出一张请柬，上面印着这些字：“教育部部长乔治·郎伯诺及夫人，恭请路瓦栽先生与夫人于一月十八日（星期一）光临教育部礼堂，参加晚会。”

她不像丈夫预料的那样高兴，她懊恼地将请柬丢在桌上，咕哝着：“你叫我拿着这东西怎么办呢？”

“但是，亲爱的，我原以为你一定会喜欢。你从来不出门，这是一个机会，这个，一个好机会！我费了多大力气才弄到手。大家都希望得到，可是很难得到，一向很少发给职员。你在那儿可以看见所有的官员。”

她用恼怒地眼睛瞧着他，不耐烦地大声说：“你打算让我穿什么去呢？”

他没有料到这个，结结巴巴地说：“你上戏园子穿的那件衣裳，我觉得就很好，依我……”他住了口，惊惶失措，因为看见妻子哭起来了，两颗大大的泪珠慢慢地顺着眼角流到嘴角来了。

他吃吃地说：“你怎么了？你怎么了？”

她费了很大的力，才抑制住悲痛，擦干那湿润的两腮，用平静的声音回答：“没有什么。只是，没有件像样的衣服，我不能参加这个晚会。你的同事，谁的妻子打扮的比我好，就把这请柬送给谁去吧。”

他难受了，接着说：“好吧，玛蒂尔德。做一身合适的衣服，你在别的场合也能穿，很朴素的，得多少钱呢？”

她想了几秒钟，合计出一个数目，考虑到这个数目可以提出来，不会招致这个俭省的书记立刻的拒绝和惊骇的叫声。末了，她迟迟地答道：“准数呢，我不知道，不过我想，有四百法郎就可以办到。”

他的脸色有点发白了。

他恰恰存着这么一笔款子，预备买一杆猎枪，好在夏季的星期天，跟几个朋友到南代尔平原打云雀。然而他说：“就这样吧，我给你四百法郎。不过你的把这件长衣裙做得好看些。”

晚会的日子近了，但是路瓦栽夫人显得郁闷，不安，忧愁。她的衣服却做好了。她丈夫有一天晚上对她说：“你怎么了？看看，这三天来你非常奇怪。”

她回答说：“叫我发愁的是一粒珍珠、一块宝石都没有，没有什么戴的。我处处带着穷酸气，很想不去参加这个晚会。”

他说：“戴上几朵鲜花吧。在这个季节里，这是很时新的。花十个法郎，就能买两三朵别致的玫瑰。”

她还是不依。“不成……在阔太太中间露穷酸相，再难堪也没有了。”

她丈夫大声说：“你多么傻啊！去找你的朋友佛来思节夫人，向她借几样珠宝。你跟她很有交情，这点事满可以办到。”

她发出惊喜的叫声。

“真的！我怎么没有想到这个。”

第二天，她到她的朋友家里，说起自己的烦闷。佛来思节夫人走近她那个镶着镜子的衣柜，取出一个大匣子，拿过来打开了，对路瓦栽夫人说：“挑吧，亲爱的。”

她先看了几副镯子，又看了一挂珍珠项圈，随后又看了一个威尼斯式的镶着珠宝的金十字架，做工非常轻巧。她在镜子前面试着这些首饰，犹豫不决，不知道该拿起哪件，放下哪件。

她不断地问着：“再没有别的了吗？”

“还有呢。你自己找吧，我不知道哪样合你的意。”

忽然，她在一个青缎子盒子里发现一挂精美的钻石项链，她高兴得心也跳了起来。她双手拿着那项链发抖。她把项链绕着脖子挂在她那长长的高领上，站在镜前对着自己的影子出神好半天。

随后，她迟疑而焦急地问：“你能借给我这件吗？我只借这一件。”

“当然可以。”

她跳起来，搂住朋友的脖子，狂热地亲她，接着就带着那件珠宝跑了。

晚会的日子到了，路瓦栽夫人得到成功。

她比所有的女宾都漂亮、高雅、迷人，她满脸笑容，兴高采烈。所有的男宾都注视她，打听她的姓名，求人给介绍；部里机要处的人员都想和她跳舞，部长也注意到她了。

她狂热地、兴奋地跳舞，沉迷在欢乐里，什么都不想了。她陶醉于自己的美貌胜过一切女宾，陶醉于成功的光荣，陶醉在人们对她的赞美和羡妒所形成的幸福的云雾里，陶醉在妇女们锁认为最美满、最甜蜜的胜利里。

她是早晨四点钟光景离开的。

她丈夫从半夜起就跟着三个男宾在一间冷落的小客室里睡着了。那时候，这三个男宾的妻子也正舞得快活。她丈夫把那件从家里带来预备给他临走时候加穿的衣服，披在了肩上。

这是件朴素的家常衣服，这件衣服的寒伧味儿跟舞会上的衣服的豪华气派不相称。她感觉到了这一点，为了避免那些穿着珍贵皮衣的女人看见，就赶快逃走。路瓦栽把她拉住，说："等一等，你到外边要着凉的。我去叫一辆马车来。"

但是她根本不听，匆忙走下台阶。

到了街上，一辆车也没有看见，他们到处找，远远地看见车夫就喊。他们在失望中顺着塞纳河走去，冷得发抖，终于在河岸上找着一辆破马车。这种车，巴黎只有在夜间才看得见；白天，它们好像自惭形秽，不出来。

车把他们一直拉到马丁街寓所门口，他们惆怅地进了门。在她，一件大事算是完了。她丈夫呢，就想着十点钟得到部里去。她脱下披在肩膀上的衣服，站在镜子前边，为的是趁着这荣耀的打扮还在身上，再端详一下自己。

但是，她猛然喊了一声。脖子上的钻石项链没有了。她丈夫已经脱了一半衣服，就问："什么事情？"

她吓昏了，转身想他说："我……我……我丢了佛来思节夫人的项链了。"

他惊慌失措地直起身子，说："什么！……怎么了！……哪儿会有这样的事情！"

他们在长衣裙里、大衣褶里寻找，在所有口袋里寻找，竟没有找到。他问："你确实相信离开舞会的时候它还在吗？"

"是的，在教育部走廊上我还摸过它呢。"

"但是，如果是在街上丢的，我们总听得见声响。一定是丢在车里了。"

"是的，很可能。你记得车的号码吗？"

"不记得。你呢，你注意到了吗？"

"没有。"他们惊惶地面面相觑。

末后，路瓦栽重新穿好衣服。

"我去，"他说，"把我们走过的路再走一遍，看看会不会找着。"

他出去了。她穿着那件参加舞会的衣服，连上床睡觉的力气也没有，只是倒在一把椅子里发呆，一点精神也提不起来，什么也不想。

七点钟光景，丈夫回来了。什么也没找着。

后来，他到警察厅去，到各报馆去，悬赏招寻，也到所有车行里去找。总之，凡有一线希望的地方，他都去过了。他面对着这不幸的灾祸，整天等候着，整天在惊慌的状态里。晚上，路瓦栽带着瘦削苍白的脸回来了，一无所得。

"应该给你的朋友写信，"他说，"说你把项链的搭钩弄坏了，正在修理。这样，我们才有周转的时间。"

她照他说的写了封信。

过了一个多星期，他们所有的希望都断绝了。路瓦栽好像老了五年，他决然地说："应该想办法赔偿这件首饰了。"

第二天，他们拿了盛项链的盒子，照着盒子上的招牌字号找到那家珠宝店。老板查看了许多账簿，说："太太，这挂项链不是我们卖出去的；我只卖出这个盒子。"

于是，他们就从这家珠宝店到那家珠宝店，凭着记忆去找一挂同样的项链。两个人都愁苦不堪，差点就病倒了。在皇宫街的一家铺子里，他们看见一挂钻石项链，正跟他们找的那挂一样，标价四万法郎。

老板让了价，只要三万六千。

他们恳求老板，三天之内不要卖出去。他们又订了约，如果原来那一挂在二月底以前找着，那么老板就可以拿三万四千收回这一挂。路瓦栽现有父亲遗留给他一万八千法郎。其余的，他得去借。

他开始借钱了。向这个借五百法郎，从那儿借五个路易，从那儿借三个路易。他签了好些债券，订了好些使他破产的契约。他给许多放高利贷的人和各种不同国籍的放债人打交道。

他顾不得后半世的生活了，冒险到处签着名，却不知道能不能保持信用。未来的苦恼，将要压在身上的残酷的贫困，肉体的苦楚，精神的折磨，在一切威胁之下，他把三万六千法郎放在商店的柜台上，取来那挂新的项链。

路瓦栽夫人送还相连的时候，佛来思节夫人带着一种不满的神情对她说："你应该早一点还我，也许我早就要用它了。"

佛来思节夫人没有打开盒子。

她的朋友正担心她打开盒子。如果她发觉是件替代品，她会怎样想呢？会怎样说呢？她不会把自己的朋友当成一个贼吗？

路瓦栽夫人懂得穷人的艰苦生活了。

她一下子显出了英雄气概，毅然决然打定了主意。她要偿还这笔可怕的债务。她辞退了女仆，迁移了住所，租赁了一个小阁楼住下。她懂得家里的一切粗笨活儿和厨房里讨厌的杂事了。

她刷洗杯盘碗碟，在那油腻的盆沿上和锅底上磨粗了她那粉嫩的手指。她用肥皂洗衣服，洗抹布，晾在绳子上。每天早晨，她把垃圾从楼上提到街上，再把水从楼下提到楼上，每走上一层楼，就站住喘气。

她穿得像一个穷苦的女人，胳膊上挎着篮子，到水果店里，杂货店里，肉铺店里，争价钱，受嘲骂，一个铜子一个铜子地节省她那艰难的钱。月月都得还一批旧债，借一些新债，这样来延缓清偿的时日。

她丈夫一到晚上就给一个商人撰写账目，常常到了深夜还在抄写五个铜子一页的书稿。这样的生活继续了十年。第十年底，债都还清了，连那高额的利息和利上加利滚成的数目都还清了。

路瓦栽夫人现在显得老了。

她成了一个穷苦人家的粗壮耐劳的妇女了。她胡乱地挽着头发，歪斜地系着裙子，露出一双通红的手，高声大气地说着话，用大桶的水刷洗地板。

但是有时候，她丈夫办公去了，她一个人坐在窗前，就会想起当年那个舞会来，那个晚上，她多么美丽，多么使人倾倒啊！要是那时候没有丢掉那挂项链，她现在是怎样的一种境况呢？

谁知道呢？谁知道呢？

人生是多么奇怪，多么变幻无常啊，极细小的一件事就可以败坏你，也可以成全你！

有一个星期天，她到极乐公园走走，舒散一星期的疲劳。这时候，她忽然看见一个妇人领着一个孩子在散步。原来是佛来思节夫人，她依旧年轻，依旧美丽动人。

路瓦栽夫人无限感慨。

她要上前去跟佛来思节夫人说话吗？

当然，一定得去。而且现在她把债都还清，她可以告诉她了。为什么不呢？

她走上前去。“你好，珍妮。”

那一个竟一点也不认识她了。

一个平民妇人这样亲昵地叫她，她非常惊讶。她磕磕巴巴地说：“可是……太太……我不知道……你一定是认错人了。”

“没有错。我是玛蒂尔德·路瓦栽。”

她的朋友叫了一声：“啊！……我可怜的玛蒂尔德，你怎么变成这样了！……”

“是的，多年不见面啦，这些年来我忍受着许多苦楚……而且都是因为你！……”

“因为我？……这是怎么讲的？”

“你一定记得你借给我的那挂项链吧，我戴了去参加教育部晚会的那挂。”

“记得。怎么样呢？”

“怎么样？我把它丢了。”

“哪儿的话！你已经还给我了。”

“我还给你的是另一挂，跟你那挂完全相同。你瞧，我们花了十年功夫，才付清它的代价。你知道，对于我们这样什么也没有的人，这可不是容易的啊！……不过事情到底了结了，我倒很高兴了。”

佛来思节夫人停下脚步，说：“你是说你买了一挂钻石项链赔给我吗？”

“对呀。你当时没有看出来？简直是一摸一样啊。”

于是她带着天真的、得意的神情笑了。

佛来思节夫人感动极了，抓住她的双手，说：“唉！我可怜的马蒂尔德！可是我那一挂是假的，至多值五百法郎！……”

赏析

莫泊桑（1850—1893），19 世纪后半期法国优秀的批判现实主义作家，代表作品有《项链》《漂亮朋友》《羊脂球》《我的叔叔于勒》等。莫泊桑的文学成就以短篇小说最为突出，他的短篇小说侧重摹写人情世态，构思布局别具匠心，细节描写、人物语言和故事结尾均有独到之处。

《项链》是莫泊桑创作于 1884 年的短篇小说。故事讲述了小公务员的妻子玛蒂尔德为参加一次晚会向朋友借了一串钻石项链，不料项链不慎丢失，她只得借钱买了新项链还给朋友。为了偿还债务，她节衣缩食，整整劳苦了十年。最后，得知所借的项链是假的。

《项链》采用以物写人的手法，将项链作为一条主线，从它与人物的多重关系出发，用它牢牢系住人物的行为、语言和心理活动，使读者透过项链对女主人公的形象一目了然。全篇的结构跌宕起伏，时而山穷水尽，时而路转峰回，使作品产生了引人入胜的艺术魅力。

【思考与练习】

1. 小说对当代青年有什么启示？
2. 小说在人物描写方面的突出特点是什么？
3. 课外阅读莫泊桑的其他代表作品，并进行对比总结其小说在结尾部分的特点。
4. 阅读世界三大短篇小说巨匠的代表作。

药

鲁 迅

一

秋天的后半夜，月亮下去了，太阳还没有出，只剩下一片乌蓝的天；除了夜游的东西，什么都睡着。华老栓忽然坐起身，擦着火柴，点上遍身油腻的灯盏，茶馆的两间屋子里，便弥满了青白的光。

"小栓的爹，你就去么？"是一个老女人的声音。里边的小屋子里，也发出一阵咳嗽。

"唔。"老栓一面听，一面应，一面扣上衣服；伸手过去说，"你给我罢。"

华大妈在枕头底下掏了半天，掏出一包洋钱，交给老栓，老栓接了，抖抖的装入衣袋，又在外面按了两下；便点上灯笼，吹熄灯盏，走向里屋子去了。那屋子里面，正在悉悉窣窣的响，接着便是一通咳嗽。老栓候他平静下去，才低低的叫道，"小栓……你不要起来。……店么？你娘会安排的"。

老栓听得儿子不再说话，料他安心睡了；便出了门，走到街上。街上黑沉沉的一无所有，只有一条灰白的路，看得分明。灯光照着他的两脚，一前一后的走。有时也遇到几只狗，可是一只也没有叫。天气比屋子里冷多了；老栓倒觉爽快，仿佛一旦变了少年，得了神通，有给人生命的本领似的，跨步格外高远。而且路也愈走愈分明，天也愈走愈亮了。

老栓正在专心走路，忽然吃了一惊，远远里看见一条丁字街，明明白白横着。他便退了几步，寻到一家关着门的铺子，蹩[1]进檐下，靠门立住了。好一会，身上觉得有些发冷。

"哼，老头子。"

"倒高兴……"

老栓又吃一惊，睁眼看时，几个人从他面前过去了。一个还回头看他，样子不甚分明，但很像久饿的人见了食物一般，眼里闪出一种攫取的光。老栓看看灯笼，已经熄了。按一按衣袋，硬硬的还在。仰起头两面一望，只见许多古怪的人，三三两两，鬼似的在那里徘徊；定睛再看，却也看不出什么别的奇怪。

没有多久，又见几个兵，在那边走动；衣服前后的一个大白圆圈，远地里也看得清楚，走过面前的，并且看出号衣上暗红的镶边。一阵脚步声响，一眨眼，已经拥过了一大簇人。那三三两两的人，也忽然合作一堆，潮一般向前进；将到丁字街口，便突然立住，簇成一个半圆。

老栓也向那边看，却只见一堆人的后背；颈项都伸得很长，仿佛许多鸭，被无形的手捏住了的，向上提着。静了一会，似乎有点声音，便又动摇起来，轰的一声，都向后退；一直散到老栓立着的地方，几乎将他挤倒了。

“喂！一手交钱，一手交货！”一个浑身黑色的人，站在老栓面前，眼光正像两把刀，刺得老栓缩小了一半。那人一只大手，向他摊着；一只手却撮着一个鲜红的馒头，那红的还是一点一点的往下滴。

老栓慌忙摸出洋钱，抖抖的想交给他，却又不敢去接他的东西。那人便焦急起来，嚷道，“怕什么？怎的不拿！”老栓还踌躇着；黑的人便抢过灯笼，一把扯下纸罩，裹了馒头，塞与老栓；一手抓过洋钱，捏一捏，转身去了。嘴里哼着说，“这老东西……”

“这给谁治病的呀？”老栓也似乎听得有人问他，但他并不答应；他的精神，现在只在一个包上，仿佛抱着一个十世单传的婴儿，别的事情，都已置之度外了。他现在要将这包里的新的生命，移植到他家里，收获许多幸福。太阳也出来了；在他面前，显出一条大道，直到他家中，后面也照见丁字街头破匾上“古口亭口”[2]这四个黯淡的金字。

二

老栓走到家，店面早经收拾干净，一排一排的茶桌，滑溜溜的发光。但是没有客人；只有小栓坐在里排的桌前吃饭，大粒的汗，从额上滚下，夹袄也帖住了脊心，两块肩胛骨高高凸出，印成一个阳文的“八”字。老栓见这样子，不免皱一皱展开的眉心。他的女人，从灶下急急走出，睁着眼睛，嘴唇有些发抖。

“得了么？”

“得了。”

两个人一齐走进灶下，商量了一会；华大妈便出去了，不多时，拿着一片老荷叶回来，摊在桌上。老栓也打开灯笼罩，用荷叶重新包了那红的馒头。小栓也吃完饭，他的母亲慌忙说：“小栓——你坐着，不要到这里来。”一面整顿了灶火，老栓便把一个碧绿的包，一个红红白白的破灯笼，一同塞在灶里；一阵红黑的火焰过去时，店屋里散满了一种奇怪的香味。

“好香！你们吃什么点心呀？”这是驼背五少爷到了。这人每天总在茶馆里过日，来得最早，去得最迟，此时恰恰蹩到临街的壁角的桌边，便坐下问话，然而没有人答应他。“炒米粥么？”仍然没有人应。老栓匆匆走出，给他泡上茶。

“小栓进来罢！”华大妈叫小栓进了里面的屋子，中间放好一条凳，小栓坐了。他的母亲端过一碟乌黑的圆东西，轻轻说：

“吃下去罢，——病便好了。”

小栓撮起这黑东西，看了一会，似乎拿着自己的性命一般，心里说不出的奇怪。十分小心的拗开了，焦皮里面窜出一道白气，白气散了，是两半个白面的馒头。——不多工夫，已经全在肚里了，却全忘了什么味；面前只剩下一张空盘。他的旁边，一面立着他的父亲，一面立着他的母亲，两人的眼光，都仿佛要在他身上注进什么又要取出什么似的；便禁不住心跳起来，按着胸膛，又是一阵咳嗽。

“睡一会罢，——便好了。”

小栓依他母亲的话，咳着睡了。华大妈候他喘气平静，才轻轻的给他盖上了满幅补钉的夹被。

三

店里坐着许多人，老栓也忙了，提着大铜壶，一趟一趟的给客人冲茶；两个眼眶，都围着一圈黑线。

“老栓，你有些不舒服么？——你生病么？”一个花白胡子的人说。

“没有。”

“没有？——我想笑嘻嘻的，原也不像……”花白胡子便取消了自己的话。

“老栓只是忙。要是他的儿子……”驼背五少爷话还未完，突然闯进了一个满脸横肉的人，披一件玄色布衫，散着纽扣，用很宽的玄色腰带，胡乱捆在腰间。刚进门，便对老栓嚷道：“吃了么？好了么？老栓，就是运气了你！你运气，要不是我信息灵……”

老栓一手提了茶壶，一手恭恭敬敬的垂着；笑嘻嘻的听。满座的人，也都恭恭敬敬的听。华大妈也黑着眼眶，笑嘻嘻的送出茶碗茶叶来，加上一个橄榄，老栓便去冲了水。

“这是包好！这是与众不同的。你想，趁热的拿来，趁热的吃下。”横肉的人只是嚷。

“真的呢，要没有康大叔照顾，怎么会这样……”华大妈也很感激的谢他。

“包好，包好！这样的趁热吃下。这样的人血馒头，什么痨病都包好！”

华大妈听到“痨病”这两个字，变了一点脸色，似乎有些不高兴；但又立刻堆上笑，搭赸着走开了。这康大叔却没有觉察，仍然提高了喉咙只是嚷，嚷得里面睡着的小栓也合伙咳嗽起来。

“原来你家小栓碰到了这样的好运气了。这病自然一定全好；怪不得老栓整天的笑着呢。”花白胡子一面说，一面走到康大叔面前，低声下气的问道，“康大叔——听说今天结果的一个犯人，便是夏家的孩子，那是谁的孩子？究竟是什么事？”

“谁的？不就是夏四奶奶的儿子么？那个小家伙！”康大叔见众人都耸起耳朵听他，便格外高兴，横肉块块饱绽，越发大声说，“这小东西不要命，不要就是了。我可是这一回一点没有得到好处；连剥下来的衣服，都给管牢的红眼睛阿义拿去了。——第一要算我们栓叔运气；第二是夏三爷赏了二十五两雪白的银子，独自落腰包，一文不花。”

小栓慢慢的从小屋子里走出，两手按了胸口，不住的咳嗽；走到灶下，盛出一碗冷饭，泡上热水，坐下便吃。华大妈跟着他走，轻轻的问道，“小栓，你好些么？——你仍旧只是肚饿？……”

“包好，包好！”康大叔瞥了小栓一眼，仍然回过脸，对众人说，“夏三爷真是乖角儿，要是他不先告官，连他满门抄斩。现在怎样？银子！——这小东西也真不成东西！关在牢里，还要劝牢头造反。”

“阿呀，那还了得。”坐在后排的一个二十多岁的人，很现出气愤模样。

“你要晓得红眼睛阿义是去盘盘底细的，他却和他攀谈了。他说：这大清的天下是我们大家的。你想：这是人话么？红眼睛原知道他家里只有一个老娘，可是没有料到他竟会这么穷，榨不出一点油水，已经气破肚皮了。他还要老虎头上搔痒，便给他两个嘴巴！”

“义哥是一手好拳棒，这两下，一定够他受用了。”壁角的驼背忽然高兴起来。

“他这贱骨头打不怕，还要说可怜可怜哩。”花白胡子的人说，“打了这种东西，有什么可怜呢？”

康大叔显出看他不上的样子，冷笑着说，“你没有听清我的话；看他神气，是说阿义可怜哩！”

听着的人的眼光，忽然有些板滞；话也停顿了。小栓已经吃完饭，吃得满头流汗，头上都冒出蒸气来。

“阿义可怜——疯话，简直是发了疯了。”花白胡子恍然大悟似的说。

“发了疯了。”二十多岁的人也恍然大悟的说。

店里的坐客，便又现出活气，谈笑起来。小栓也趁着热闹，拚命咳嗽；康大叔走上前，拍他肩膀说：“包好！小栓--你不要这么咳。包好！”

“疯了！”驼背五少爷点着头说。

四

西关外靠着城根的地面，本是一块官地；中间歪歪斜斜一条细路，是贪走便道的人，用鞋底造成的，但却成了自然的界限。路的左边，都埋着死刑和瘐毙的人，右边是穷人的丛冢。两面都已埋到层层叠叠，宛然阔人家里祝寿时的馒头。

这一年的清明，分外寒冷；杨柳才吐出半粒米大的新芽。天明未久，华大妈已在右边的一坐新坟前面，排出四碟菜，一碗饭，哭了一场。化过纸，呆呆的坐在地上；仿佛等候什么似的，但自己也说不出等候什么。微风起来，吹动他短发，确乎比去年白得多了。

小路上又来了一个女人，也是半白头发，褴褛的衣裙；提一个破旧的朱漆圆篮，外挂一串纸锭，三步一歇的走。忽然见华大妈坐在地上看她，便有些踌躇，惨白的脸上，现出些羞愧的颜色；但终于硬着头皮，走到左边的一坐坟前，放下了篮子。

那坟与小栓的坟，一字儿排着，中间只隔一条小路。华大妈看他排好四碟菜，一碗饭，立着哭了一通，化过纸锭；心里暗暗地想，“这坟里的也是儿子了。”那老女人徘徊观望了一回，忽然手脚有些发抖，跄跄踉踉退下几步，瞪着眼只是发怔。

华大妈见这样子，生怕她伤心到快要发狂了；便忍不住立起身，跨过小路，低声对他说，“你这位老奶奶不要伤心了，——我们还是回去罢。”

那人点一点头，眼睛仍然向上瞪着；也低声痴痴的说道，“你看，--看这是什么呢？”

华大妈跟了他指头看去，眼光便到了前面的坟，这坟上草根还没有全合，露出一块一块的黄土，煞是难看。再往上仔细看时，却不觉也吃一惊；——分明有一圈红白的花，围着那尖圆的坟顶。

他们的眼睛都已老花多年了，但望这红白的花，却还能明白看见。花也不很多，圆圆的排成一个圈，不很精神，倒也整齐。华大妈忙看他儿子和别人的坟，却只有不怕冷的几点青白小花，零星开着；便觉得心里忽然感到一种不足和空虚，不愿意根究。那老女人又走近几步，细看了一遍，自言自语的说，“这没有根，不像自己开的。——这地方有谁来呢？孩子不会来玩；——亲戚本家早不来了。——这是怎么一回事呢？”他想了又想，忽又流下泪来，大声说道：“瑜儿，他们都冤枉了你，你还是忘不了，伤心不过，今天特意显点灵，要我知道么？"他四面一看，只见一只乌鸦，站在一株没有叶的树上，便接着说，“我知道了。——瑜儿，可怜他们坑了你，他们将来总有报应，天都知道；你闭了眼睛就是了。——你如果真在这里，听到我的话，——便教这乌鸦飞上你的坟顶，给我看罢。”

微风早经停息了；枯草支支直立，有如铜丝。一丝发抖的声音，在空气中愈颤愈细，细到没有，周围便都是死一般静。两人站在枯草丛里，仰面看那乌鸦；那乌鸦也在笔直的树枝间，缩着头，铁铸一般站着。

许多的工夫过去了；上坟的人渐渐增多，几个老的小的，在土坟间出没。华大妈不知怎的，似乎卸下了一挑重担，便想到要走；一面劝着说，“我们还是回去罢。”

那老女人叹一口气，无精打采的收起饭菜；又迟疑了一刻，终于慢慢地走了。嘴里自言自语的说，“这是怎么一回事呢？……”

他们走不上二三十步远，忽听得背后“哑——”的一声大叫；两个人都竦然的回过头，只见那乌鸦张开两翅，一挫身[3]，直向着远处的天空，箭也似的飞去了。

一九一九年四月二十五日

注释

[1]蹩（bié）进：躲躲闪闪地走进。

[2]古口亭口：可念作“古某亭口”。口，是文章里表示缺文的记号，作者是有意这样写的。浙江省绍兴县城内的轩亭口有一牌楼，匾上题有“古轩亭口”四个字。清末资产阶级民主主义革命家秋瑾于1907年在这里就义。这篇小说里夏瑜这个人物，一般认为是作者以秋瑾和其他一些资产阶级民主主义革命家的若干经历为素材而创造出来的。

[3]一挫身：身子一收缩。

赏析

鲁迅（1881—1936），本名周树人，曾用名周樟寿，曾字豫山，后改豫才，浙江绍兴人，著名文学家、思想家、革命家、教育家、民主战士，五四新文化运动的重要参与者，中国现代文学的奠基人之一，代表作有《呐喊》《彷徨》等。

鲁迅一生在文学创作、文学批评、思想研究、文学史研究、翻译等多个领域具有重大贡献。他对于五四运动以后的中国社会思想文化发展具有重大影响，蜚声世界文坛。

《药》写于1919年4月25日，脱稿于五四运动时期，发表于1919年5月《新青年》六卷第五号。从作品所处理的题材来看，作品中人物所处的时代是在辛亥革命前后期间，也就是中国民主革命运动先驱者之一秋瑾烈士1907年就义那个时候，秋瑾烈士就义后四年即1911年，爆发了辛亥革命。

辛亥革命推翻了清朝建立了中华民国，但由于资产阶级领导革命的软弱性，未能完成民主主义的革命任务，帝国主义和封建势力仍然统治着中国，中国仍停留在半封建半殖民地的地位。当时领导辛亥革命的资产阶级同封建势力和帝国主义妥协，脱离群众，空想依靠少数人的力量（包括使用恐怖手段）代替群众的革命运动。1907年7月6日，徐锡麟刺杀安徽巡抚恩铭，失败后被恩铭的亲兵残酷地杀害。秋瑾也因此被告发而入狱，7月15日在绍兴轩亭口英勇就义。

鲁迅十分关心中国的革命问题。他深切感到“凡是愚弱的国民，即使体格如何健全、茁壮，也只能做毫无意义的示众的材料和看客”。由此得出结论：革命的“第一要著是在改变他们的精神”。秋瑾烈士的被害，他更感到“揭出病苦，引起疗救的注意”的必要。正是在这样的思考下，他创作了《药》。

【思考练习题】

1. 下列对小说相关内容的理解，不正确的一项是（　　）。

   A. 文章开篇描绘极其安静的秋夜，渲染了冷清、凄寂的气氛，烘托了华老栓的心理活动，为后文老栓买药做铺垫。

   B. 文章开头第一段写华老栓夜间没有睡着暗示了身为人父的华老栓一直在等待着什么，描述了为儿子治病不辞辛苦的情状。

   C. “药”是小说线索，节选部分通过老栓买药——茶客谈药，引出小说另一个重要人物——夏瑜革命者的形象。

   D. 华老栓想用人血馒头来治好小栓的病，表现了华老栓一家的愚昧与自私，读者也从中看出作者希望提高中国的医疗水平。

2. 下列对本文艺术特色的分析鉴赏，不正确的一项是（　　）。

A. 小说通过“掏了半天”“抖抖地装”“按了两下”等动作描写，形象地刻画出华老栓夫妇因生活贫困而小心谨慎。

B. “夏三爷真是乖角儿……还要劝牢头造反”对康大叔的语言描写，表现了他对夏三爷的讽刺嘲弄，对革命者夏瑜的痛恨。

C. 通过文中康大叔的叙述，交代了红眼睛阿义盘问夏瑜底细的情节，这是对夏瑜的侧面描写，烘托了夏瑜的人物形象。

D. 文中多处运用了借代的修辞方法，如“红眼睛”“驼背”“花白胡子”等，使文章语言更加凝练生动传神。

3. 文中“浑身黑色的人（黑的人）”是什么身份？作者是如何塑造这一形象的？

4. 茶馆中的茶客听到夏瑜和牢头阿义的故事后表现出来的情绪说明了什么？请结合小说主题加以分析。

第三节　戏剧鉴赏

长亭送别[1]

[元]王实甫

（夫人、长老上云）今日送张生赴京，十里长亭，安排下筵席；我和长老先行，不见张生、小姐来到。

（旦、末、红同上）（旦云）今日送张生上朝取应，早是离人伤感，况值那暮秋天气，好烦恼人也呵！“悲欢聚散一杯酒，南北东西万里程。”

[正宫][端正好]碧云天，黄花地[2]，西风紧，北雁南飞。晓来谁染霜林醉？总是离人泪[3]。

[滚绣球]恨相见得迟，怨归去得疾。柳丝长玉骢难系[4]，恨不倩[5]疏林挂住斜晖。马儿迍迍[6]的行，车儿快快的随，却告了相思回避，破题儿又早别离[7]。听得道一声“去也”，松了金钏[8]；遥望见十里长亭，减了玉肌：此恨[9]谁知？

（红云）姐姐今日怎么不打扮？

（旦云）你那知我的心里呵！

[叨叨令]见安排着车儿、马儿，不由人熬熬煎煎的气；有甚么心情花儿、靥儿[10]，打扮得娇娇滴滴的媚；准备着被儿、枕儿，只索昏昏沉沉的睡；从今后衫儿、袖儿，都揾做重重叠叠的泪。兀的不闷杀人也么哥？兀的不闷杀人也么哥？久已后书儿、信儿，索与我凄凄惶惶的寄。

（做到）（见夫人科）（夫人云）张生和长老坐，小姐这壁坐，红娘将酒来。张生，你向前来，是自家亲眷，不要回避。俺今日将莺莺与你，到京师休辱末了俺孩儿，挣揣[11]一个状元回来者。（末云）小生托夫人余荫，凭着胸中之才，视官如拾芥[12]耳。

（洁云）夫人主见不差，张生不是落后的人。（把酒了，坐）（旦长吁科）

[脱布衫]下西风黄叶纷飞，染寒烟衰草萋迷。酒席上斜签着坐[13]的，蹙愁眉死临侵地[14]。

[小梁州]我见他阁泪汪汪不敢垂[15]，恐怕人知；猛然见了把头低，长吁气，推整素罗衣[16]。

[幺篇]虽然久后成佳配，奈时间[17]怎不悲啼。意似痴，心如醉[18]，昨宵今日，清减了小腰围。

（夫人云）小姐把盏者！

（红递酒，旦把盏长吁科，云）请吃酒！

[上小楼]合欢未已，离愁相继。想着俺前暮私情，昨夜成亲，今日别离。我谂知[19]这几日相思滋味，却原来比别离情更增十倍。

[幺篇]年少呵轻远别，情薄呵易弃掷[20]。全不想腿儿相挨，脸儿相偎，手儿相携。你与俺崔相国做女婿，妻荣夫贵[21]，但得一个并头莲，煞强如状元及第。

（夫人云）红娘把盏者！

（红把酒了）（旦唱）

[满庭芳]供食太急，须臾对面，顷刻别离。若不是酒席间子母们当回避，有心待与他举案齐眉。虽然是厮守得一时半刻，也合着俺夫妻每共桌而食。眼底空留意[22]，寻思起就里，险化做望夫石。

（红云）姐姐不曾吃早饭，饮一口儿汤水。

（旦云）红娘，甚么汤水咽得下！

[快活三]将来的酒共食，尝着似土和泥。假若便是土和泥，也有些土气息，泥滋味。

[朝天子]暖溶溶玉醅[23]，白泠泠似水，多半是相思泪。眼面前茶饭怕不待要[24]吃，恨塞满愁肠胃。"蜗角虚名[25]，蝇头微利[26]"，拆鸳鸯在两下里。一个这壁，一个那壁，一递一声长吁气。

（夫人云）辆[27]起车儿，俺先回去，小姐随后和红娘来。（下）

（末辞洁科）（洁云）此一行别无话儿，贫僧准备买登科录[28]看，做亲的茶饭少不得贫僧的。先生在意，鞍马上保重者！"从今经忏无心礼，专听春雷第一声[29]。"（下）

（旦唱）

[四边静]霎时间杯盘狼藉，车儿投东，马儿向西，两意徘徊，落日山横翠。知他今宵宿在那里？有梦也难寻觅。

（旦云）张生，此一行得官不得官，疾早便回来。

（末云）小生这一去白夺一个状元，正是"青霄有路终须到，金榜无名誓不归"[30]。

（旦云）君行别无所赠，口占一绝[31]，为君送行："弃掷今何在，当时且自亲。还将旧来意，怜取眼前人。"

（末云）小姐之意差矣，张珙更敢怜谁？谨赓[32]一绝，以剖寸心："人生长远别，孰与最关亲？不遇知音者，谁怜长叹人？"

（旦唱）

[耍孩儿]淋漓襟袖啼红泪，比司马青衫更湿。伯劳东去燕西飞，未登程先问归期。虽然眼底人千里，且尽生前酒一杯。未饮心先醉，眼中流血，心内成灰。

[五煞]到京师服水土，趁程途节饮食[33]，顺时[34]自保揣身体。荒村雨露宜眠早，野店风霜要起迟！鞍马秋风里，最难调护，最要扶持。

[四煞]这忧愁诉与谁？相思只自知，老天不管人憔悴。泪添九曲黄河溢，恨压三峰华岳低[35]。到晚来闷把西楼倚，见了些夕阳古道，衰柳长堤。

[三煞]笑吟吟一处来，哭啼啼独自归。归家若到罗帏里，昨宵个绣衾香暖留春住，今夜个翠被生寒有梦知。留恋你别无意，见据鞍[36]上马，阁不住泪眼愁眉。

（末云）有甚言语嘱付小生咱？

（旦唱）

[二煞]你休忧文齐福不齐[37]，我只怕你停妻再娶妻。休要一春鱼雁无消息！我这里青鸾有信频须寄，你却休"金榜无名誓不归"。此一节君须记：若见了那异乡花草，再休似此处栖

迟[38]。

（末云）再谁似小姐？小生又生此念。

（旦唱）

[一煞]青山隔送行，疏林不做美，淡烟暮霭相遮蔽。夕阳古道无人语，禾黍秋风听马嘶。我为甚么懒上车儿内，来时甚急[39]，去后何迟？

（红云）夫人去好一会，姐姐，咱家去！

（旦唱）

[收尾]四围山色中，一鞭残照里。遍人间烦恼填胸臆，量这些大小车儿如何载得起？

（旦、红下）（末云）仆童赶早行一程儿，早寻个宿处。泪随流水急，愁逐野云飞[40]。（下）

注释

[1]长亭送别是《西厢记》中第四本第三折。

[2]碧云天，黄花地：范仲淹《苏幕遮》词："碧云天，黄叶地，秋色连波，波上寒烟翠。"黄花，指菊花。

[3]"晓来"二句：意谓是离人带血的泪，把深秋早晨的枫林染红了。霜林醉，深秋的枫林经霜变红，就像人喝醉酒脸色红晕一样。

[4]"柳丝长"句：玉骢（cōng）为马名，一种青白色的骏马。此指张生赴试所乘之马。古人有折柳送别之习惯，故写别情多借助于柳，此言柳丝虽长却系不住玉骢，犹言情虽长却留不住张生。

[5]倩（qìng）：请人代做事之谓。

[6]迍：行动缓慢、留连不进的样子。

[7]"却告"二句：却，犹恰；破题，唐宋诗赋多于开头几句点破题意，元曲中用于比喻开端、起始或第一次。

[8]钏：古代称臂环为钏，今谓之手镯。

[9]恨：遗憾，不满意。与今天"仇恨""怨恨"的恨相别。

[10]花儿、靥儿：即花钿。

[11]争揣：争取、夺得。

[12]视官如拾芥：把取得官职看得像从地上拾取一根草棍那样容易。

[13]斜签着坐：侧身半坐，封建时代晚辈在长辈面前不能实坐。

[14]死临侵地：呆呆地，没精打采的样子。

[15]阁泪汪汪不敢垂：强忍泪水而不敢任其流出。阁泪，含泪。

[16]推整素罗衣：意谓装作整理衣裳。推，借口，这里有"假装"的意思。

[17]时间：目下，眼前。

[18]意似痴，心如醉：《乐府新声》无名氏《骂玉郎带感皇恩采茶歌》："心似烧，意似痴，情如醉。"

[19]"我谂知"二句：意谓这几天我已经深深知道了相思滋味的苦痛难堪，原来这离别比相思更苦十倍。谂，知道。

[20]弃掷：本指抛弃，此指撇下莺莺而远离。

[21]妻荣夫贵：本指妻子可以依靠丈夫的爵位而尊贵，这里反其义用之，意谓说你与崔相国家做女婿，本已因妻而贵，大可不必再去求取功名了。

[22]眼底空留意：意谓母亲在座，有所避忌，不得与张生同桌共食以诉衷曲，只能以眉

眼传情表达心意。

[23]玉醅（pēi）：美酒。

[24]怕不待要：难道不想、何尝不想之意。

[25]蜗角虚名：蜗角极细极微，喻微小之浮名。

[26]蝇头微利：比喻因小利而忘危难。

[27]辆：动词，驾好，套好。

[28]登科录：登载录取进士姓名的名册。

[29]春雷第一声：进士试于春正、二月举行，故称中第消息为春雷第一声。

[30]“青霄”二句：此为当时成语，青霄路即致身青云之路。

[31]口占一绝：随口吟出一首绝句诗。不打草稿，随口成文叫口占。

[32]赓（gēng）：续作。

[33]趁程途节饮食：意谓路途中要节制饮食。趁，赶；趁程途，赶路。

[34]顺时自保揣身体：估量自己的身体情况，适应季节变化，自己保重。

[35]“泪添”二句：上句以水喻愁之多，下句以山喻愁之重。华岳三峰，即西岳华山的莲花峰、仙人掌、落雁峰。

[36]据鞍：跨鞍。

[37]文齐福不齐：意谓有文才而缺少福分，不能考中。

[38]栖迟：留连，逗留。

[39]来时甚急去后何迟：时与后，都为语气词，相当于“呵”或“啊”。

[40]“泪随”二句：互文见义，谓睹秋云、见流水都引起对莺莺的思念而愁生泪落。

赏析

王实甫，字德信，元朝杂剧作家，定兴（今定兴县）人。著有杂剧 14 种，现存《西厢记》《丽春堂》《破窑记》三种。《破窑记》写刘月娥和吕蒙正悲欢离合的故事，有人怀疑不是王实甫的手笔。另有《贩茶船》《芙蓉亭》两种，各传有曲文一折。

这一折写张生赴京赶考，莺莺送别的情景，刻画了莺莺离别时的痛苦心情和怨恨情绪，表现了张生和莺莺之间的真挚爱情，突出了莺莺的叛逆性格，强化了全剧歌颂婚姻自由、反对封建礼教的主题。全折一共可以分为四部分。

第一部分（科白和[端正好]等三曲），是赴长亭路上的场面，写莺莺为离别而愁苦怨恨的心境。[端正好]一曲，情景交融，写深秋景象勾起她的离情别绪。[滚绣球]一曲，主要以途中的景物为线索来抒发离别的怨恨。[叨叨令]以丰富的情态描写，补述莺莺动身前已经产生和未来将要产生的愁绪。

【思考与练习】

1.《西厢记》全名__________，共______本______折，由______朝______作。该剧取材于唐人元稹的__________传奇和金人董解元改编的__________（习称__________）。

2.《叨叨令》曲文在语言表达上有什么特点？

3.《滚绣球》和《叨叨令》表达了莺莺什么样的心理活动？

4.“松了金钏”“减了玉肌”两句用了什么修辞方法？意在表现什么？

罗密欧与朱丽叶

[英]莎士比亚

第五幕 第三场 维洛那 凯普莱特家坟茔所在的墓地

帕里斯及侍童携鲜花火炬上。

帕里斯：孩子，把你的火把给我；走开，站在远远的地方；还是灭了吧，我不愿给人看见。你到那边的紫杉树底下直躺下来，把你的耳朵贴着中空的地面，地下挖了许多墓穴，土是松的，要是有踉跄的脚步走到坟地上来，你准听得见；要是听见有什么声息，便吹一个唿哨通知我。把那些花给我。照我的话做去，走吧。

侍童：（旁白）我简直不敢独自一个人站在这墓地上，可是我要硬着头皮试一下。（退后。）

帕里斯：这些鲜花替你铺盖新床；

惨啊，一朵娇红永委沙尘！

我要用沉痛的热泪淋浪，

和着香水浇溉你的芳坟；

夜夜到你墓前散花哀泣，

这一段相思啊永无消歇！（侍童吹口哨）

这孩子在警告我有人来了。哪一个该死的家伙在这晚上到这儿来打扰我在爱人墓前的凭吊？什么！还拿着火把来吗？——让我躲在一旁看看他的动静。（退后。）

罗密欧及鲍尔萨泽持火炬锹锄等上。

罗密欧：把那锄头跟铁钳给我。且慢，拿着这封信；等天一亮，你就把它送给我的父亲。把火把给我。听好我的吩咐，无论你听见什么瞧见什么，都只好远远地站着不许动，免得妨碍我的事情；要是动一动，我就要你的命。我所以要跑下这个坟墓里去，一部分的原因是要探望探望我的爱人，可是主要的理由却是要从她的手指上取下一个宝贵的指环，因为我有一个很重要的用途。所以你赶快给我走开吧；要是你不相信我的话，胆敢回来窥伺我的行动，那么，我可以对天发誓，我要把你的骨骼一节一节扯下来，让这饥饿的墓地上散满了你的肢体。我现在的心境非常狂野，比饿虎或是咆哮的怒海都要凶猛无情，你可不要惹我性起。

鲍尔萨泽：少爷，我走就是了，决不来打扰您。

罗密欧：这才像个朋友。这些钱你拿去，愿你一生幸福。再会，好朋友。

鲍尔萨泽（旁白）虽然这么说，我还是要躲在附近的地方看着他；他的脸色使我害怕，我不知道他究竟打算做出什么事来。（退后。）

罗密欧：你无情的泥土，吞噬了世上最可爱的人儿，我要擘开你的馋吻，（将墓门掘开）索性让你再吃一个饱！

帕里斯：这就是那个已经放逐出去的骄横的蒙太古，他杀死了我爱人的表兄，据说她就是因为伤心他的惨死而夭亡的。现在这家伙又要来盗尸发墓了，待我去抓住他。（上前）万恶的蒙太古！停止你的罪恶的工作，难道你杀了他们还不够，还要在死人身上发泄你的仇恨吗？该死的凶徒，赶快束手就捕，跟我见官去！

罗密欧：我果然该死，所以才到这儿来。年轻人，不要激怒一个不顾死活的人，快快离开我走吧；想想这些死了的人，你也该胆寒了。年轻人，请你不要激动我的怒气，使我再犯一次罪；啊，走吧！我可以对天发誓，我爱你远过于爱我自己，因为我来此的目的，就是要跟自己作对。别留在这儿，走吧；好好留着你的活命，以后也可以对人家说，是一个疯子发了慈悲，叫你逃走的。

帕里斯：我不听你这种鬼话；你是一个罪犯，我要逮捕你。

罗密欧：你一定要激怒我吗？那么好，来，朋友！（二人格斗。）

侍童：哎哟，主啊！他们打起来了，我去叫巡逻的人来！（下。）

帕里斯（倒下）啊，我死了！——你倘有几分仁慈，打开墓门来，把我放在朱丽叶的身旁吧！（死。）

罗密欧：好，我愿意成全你的志愿。让我瞧瞧他的脸；啊，茂丘西奥的亲戚，尊贵的帕里斯伯爵！当我们一路上骑马而来的时候，我的仆人曾经对我说过几句话，那时我因为心绪烦乱，没有听得进去；他说些什么？好像他告诉我说帕里斯本来预备娶朱丽叶为妻；他不是这样说吗？还是我做过这样的梦？或者还是我神经错乱，听见他说起朱丽叶的名字，所以发生了这一种幻想？啊！把你的手给我，你我都是登录在厄运的黑册上的人，我要把你葬在一个胜利的坟墓里；一个坟墓吗？啊，不！被杀害的少年，这是一个灯塔，因为朱丽叶睡在这里，她的美貌使这一个墓窟变成一座充满着光明的欢宴的华堂。死了的人，躺在那儿吧，一个死了的人把你安葬了。（将帕里斯放下墓中）人们临死的时候，往往反会觉得心中愉快，旁观的人便说这是死前的一阵回光返照；啊！这也就是我的回光返照吗？啊，我的爱人！我的妻子！死虽然已经吸去了你呼吸中的芳蜜，却还没有力量摧残你的美貌；你还没有被他征服，你的嘴唇上、面庞上，依然显着红润的美艳，不曾让灰白的死亡进占。提伯尔特，你也裹着你的血淋淋的殓衾躺在那儿吗？啊！你的青春葬送在你仇人的手里，现在我来替你报仇来了，我要亲手杀死那杀害你的人。原谅我吧，兄弟！啊！亲爱的朱丽叶，你为什么仍然这样美丽？难道那虚无的死亡，那枯瘦可憎的妖魔，也是个多情种子，所以把你藏匿在这幽暗的洞府里做他的情妇吗？为了防止这样的事情，我要永远陪伴着你，再不离开这漫漫长夜的幽宫；我要留在这儿，跟你的侍婢，那些蛆虫们在一起；啊！我要在这儿永久安息下来，从我这厌倦人世的凡躯上挣脱厄运的束缚。眼睛，瞧你的最后一眼吧！手臂，作你最后一次的拥抱吧！嘴唇，啊！你呼吸的门户，用一个合法的吻，跟网罗一切的死亡订立一个永久的契约吧！来，苦味的向导，绝望的领港人，现在赶快把你的厌倦于风涛的船舶向那巉岩上冲撞过去吧！为了我的爱人，我干了这一杯！（饮药）啊！卖药的人果然没有骗我，药性很快地发作了。我就这样在这一吻中死去。（死。）

劳伦斯神父持灯笼、锄、锹自墓地另一端上。

劳伦斯：圣芳济保佑我！我这双老脚今天晚上怎么老是在坟堆里绊来跌去的！那边是谁？

鲍尔萨泽：是一个朋友，也是一个跟您熟识的人。

劳伦斯：祝福你！告诉我，我的好朋友，那边是什么火把，向蛆虫和没有眼睛的骷髅浪费着它的光明？照我辨认起来，那火把亮着的地方，似乎是凯普莱特家里的坟茔。

鲍尔萨泽：正是，神父；我的主人，您的好朋友，就在那儿。

劳伦斯：他是谁？

鲍尔萨泽：罗密欧。

劳伦斯：他来多久了？

鲍尔萨泽：足足半点钟。

劳伦斯：陪我到墓穴里去。

鲍尔萨泽；我不敢，神父。我的主人不知道我还没有走；他曾经对我严辞恐吓，说要是我留在这儿窥伺他的动静，就要把我杀死。

劳伦斯：那么你留在这儿，让我一个人去吧。恐惧临到我的身上；啊！我怕会有什么不幸的祸事发生。

鲍尔萨泽：当我在这株紫杉树底下睡了过去的时候，我梦见我的主人跟另外一个人打架，那个人被我的主人杀了。

劳伦斯：（趋前）罗密欧！嗳哟！嗳哟，这坟墓的石门上染着些什么血迹？在这安静的地方，怎么横放着这两柄无主的血污的刀剑？（进墓）罗密欧！啊，他的脸色这么惨白！还有谁？什么！帕里斯也躺在这儿，浑身浸在血泊里？啊！多么残酷的时辰，造成了这场凄惨的意外！那小姐醒了。（朱丽叶醒。）

朱丽叶：啊，善心的神父！我的夫君呢？我记得很清楚我应当在什么地方，现在我正在这地方。我的罗密欧呢？（内喧声。）

劳伦斯：我听见有什么声音。小姐，赶快离开这个密布着毒氛腐臭的死亡的巢穴吧；一种我们所不能反抗的力量已经阻挠了我们的计划。来，出去吧。你的丈夫已经在你的怀中死去；帕里斯也死了。来，我可以替你找一处地方出家做尼姑。不要耽误时间盘问我，巡夜的人就要来了。来，好朱丽叶，去吧。（内喧声又起）我不敢再等下去了。

朱丽叶：去，你去吧！我不愿意走。（劳伦斯下）这是什么？一只杯子，紧紧地握住在我的忠心的爱人的手里？我知道了，一定是毒药结果了他的生命。唉，冤家！你一起喝干了，不留下一滴给我吗？我要吻着你的嘴唇，也许这上面还留着一些毒液，可以让我当作兴奋剂服下而死去。（吻罗密欧）你的嘴唇还是温暖的！

巡丁甲：（在内）孩子，带路；在哪一个方向？

朱丽叶：啊，人声吗？那么我必须快一点了结。啊，好刀子！（攫住罗密欧的匕首）这就是你的鞘子；（以匕首自刺）你插了进去，让我死了吧。（扑在罗密欧身上死去。）

巡丁及帕里斯侍童上。

侍童：就是这儿，那火把亮着的地方。

巡丁甲：地上都是血；你们几个人去把墓地四周搜查一下，看见什么人就抓起来。（若干巡丁下）好惨！伯爵被人杀了躺在这儿，朱丽叶胸口流着血，身上还是热热的好像死得不久，虽然她已经葬在这里两天了。去，报告亲王，通知凯普莱特家里，再去把蒙太古家里的人也叫醒了，剩下的人到各处搜搜。（若干巡丁续下）我们看见这些惨事发生在这个地方，可是在没有得到人证以前，却无法明了这些惨事的真相。

若干巡丁率鲍尔萨泽上。

巡丁乙：这是罗密欧的仆人；我们看见他躲在墓地里。

巡丁甲：把他好生看押起来，等亲王来审问。

若干巡丁率劳伦斯神父上。

巡丁丙：我们看见这个教士从墓地旁边跑出来，神色慌张，一边叹气一边流泪，他手里还拿着锄头铁锹，都给我们拿下来了。

巡丁甲：他有很重大的嫌疑；把这教士也看押起来。

亲王及侍从上。

亲王：什么祸事在这样早的时候发生，打断了我的清晨的安睡？

凯普莱特、凯普莱特夫人及余人等上。

凯普莱特：外边这样乱叫乱喊，是怎么一回事？

凯普莱特夫人：街上的人们有的喊着罗密欧，有的喊着朱丽叶，有的喊着帕里斯；大家沸沸扬扬地向我们家里的坟上奔去。

亲王：这么许多人为什么发出这样惊人的叫喊？

巡丁甲：王爷，帕里斯伯爵被人杀死了躺在这儿；罗密欧也死了；已经死了两天的朱丽叶，身上还热着，又被人重新杀死了。

亲王：用心搜寻，把这场万恶的杀人命案的真相调查出来。

巡丁甲：这儿有一个教士，还有一个被杀的罗密欧的仆人，他们都拿着掘墓的器具。

凯普莱特：天啊！——啊，妻子！瞧我们的女儿流着这么多的血！这把刀弄错了地位了！瞧，它的空鞘子还在蒙太古家小子的背上，它却插进了我的女儿的胸前！

凯普莱特夫人：嗳哟！这些死的惨象就像惊心动魄的钟声，警告我这风烛残年，快要不久于人世了。

蒙太古及余人等上。

亲王：来，蒙太古，你起来虽然很早，可是你的儿子倒下得更早。

蒙太古：唉！殿下，我的妻子因为悲伤小儿的远逐，已经在昨天晚上去世了；还有什么祸事要来跟我这老头子作对呢？

亲王：瞧吧，你就可以看见。

蒙太古：啊，你这不孝的东西！你怎么可以抢在你父亲的前面，自己先钻到坟墓里去呢？

亲王：暂时停止你们的悲恸，让我把这些可疑的事实审问明白，知道了详细的原委以后，再来领导你们放声一哭吧；也许我的悲哀还要远远胜过你们呢！——把嫌疑犯带上来。

劳伦斯：时间和地点都可以作不利于我的证人；在这场悲惨的血案中，我虽然是一个能力最薄弱的人，但却是嫌疑最重的人。我现在站在殿下的面前，一方面要供认我自己的罪过，一方面也要为我自己辩解。

亲王：那么快把你所知道的一切说出来。

劳伦斯：我要把经过的情形尽量简单地叙述出来，因为我的短促的残生还不及一段冗烦的故事那么长。死了的罗密欧是死了的朱丽叶的丈夫，她是罗密欧的忠心的妻子，他们的婚礼是由我主持的。就在他们秘密结婚的那天，提伯尔特死于非命，这位才做新郎的人也从这城里被放逐出去；朱丽叶是为了他，不是为了提伯尔特，才那样伤心憔悴。你们因为要替她解除烦恼，把她许婚给帕里斯伯爵，还要强迫她嫁给他，她就跑来见我，神色慌张地要我替她想个办法避免这第二次的结婚，否则她要在我的寺院里自杀。所以我就根据我的医药方面的学识，给她一服安眠的药水；它果然发生了我所预期的效力，她一服下去就像死了一样昏沉过去。同时我写信给罗密欧，叫他就在这一个悲惨的晚上到这儿来，帮助把她搬出她寄寓的坟墓，因为药性一到时候便会过去。可是替我带信的约翰神父却因遭到意外，不能脱身，昨天晚上才把我的信依然带了回来。那时我只好按照着预先算定她醒来的时间，一个人前去把她从她家族的墓茔里带出来，预备把她藏匿在我的寺院里，等有方便再去叫罗密欧来；不料我在她醒来以前几分钟到这儿来的时候，尊贵的帕里斯和忠诚的罗密欧已经双双惨死了。她一醒过来，我就请她出去，劝她安心忍受这一种出自天意的变故；可是那时我听见了纷纷的人声，吓得逃出了墓穴，她在万分绝望之中不肯跟我去，看样子她是自杀了。这是我所知道的一切，至于他们两人的结婚，那么她的乳母也是与闻的。要是这一场不幸的惨祸，是由我的疏忽所造成，那么我这条老命愿受最严厉的法律的制裁，请您让它提早几点钟牺牲了吧。

亲王：我一向知道你是一个道行高尚的人。罗密欧的仆人呢？他有什么话说？

鲍尔萨泽：我把朱丽叶的死讯通知了我的主人，因此他从曼多亚急急地赶到这里，到了这座坟堂的前面。这封信他叫我一早送去给我家老爷；当他走进墓穴里的时候，他还恐吓我，说要是我不离开他赶快走开，他就要杀死我。

亲王：把那封信给我，我要看看。叫巡丁来的那个伯爵的侍童呢？喂，你的主人到这地方来做什么？

侍童：他带了花来散在他夫人的坟上，他叫我站得远远的，我就听他的话；不一会儿工夫，来了一个拿着火把的人把坟墓打开了。后来我的主人就拔剑跟他打了起来，我就奔去叫巡丁。

亲王：这封信证实了这个神父的话，讲起他们恋爱的经过和她的去世的消息；他还说他从一个穷苦的卖药人手里买到一种毒药，要把它带到墓穴里来准备和朱丽叶长眠在一起。这两家仇人在哪里？——凯普莱特！蒙太古！瞧你们的仇恨已经受到了多大的惩罚，上天借手于爱情，夺去了你们心爱的人；我为了忽视你们的争执，也已经丧失了一双亲戚，大家都受到惩罚了。

凯普莱特：啊，蒙太古大哥！把你的手给我；这就是你给我女儿的一份聘礼，我不能再作更大的要求了。

蒙太古：但是我可以给你更多的；我要用纯金替她铸一座像，只要维洛那一天不改变它的名称，任何塑像都不会比忠贞的朱丽叶那一座更为卓越。

凯普莱特：罗密欧也要有一座同样富丽的金像卧在他情人的身旁，这两个在我们的仇恨下惨遭牺牲的可怜的人儿！

亲王：清晨带来了凄凉的和解，太阳也惨得在云中躲闪。大家先回去发几声感慨，该恕的、该罚的再听宣判。古往今来多少离合悲欢，谁曾见这样的哀怨辛酸！（同下。）

赏析

威廉·莎士比亚（William Shakespeare，1564—1616 年），英国文学史上最杰出的戏剧家，欧洲文艺复兴时期重要的作家，全世界最卓越的文学家之一。

莎士比亚在埃文河畔斯特拉特福出生长大，18 岁时与安妮·海瑟薇结婚，两人共生育了三个孩子：苏珊娜、双胞胎哈姆尼特和朱迪思。16 世纪末到 17 世纪初的 20 多年期间莎士比亚在伦敦开始了成功的职业生涯，他不仅是演员、剧作家，还是宫内大臣剧团的合伙人之一，后来改名为国王剧团。1613 年左右，莎士比亚退休回到埃文河畔斯特拉特福，3 年后逝世。1590 年到 1613 年是莎士比亚的创作的黄金时代。他的早期剧本主要是喜剧和历史剧，在 16 世纪末期达到了深度和艺术性的高峰。接下来到 1608 年他主要创作悲剧，莎士比亚崇尚高尚情操，常常描写牺牲与复仇，包括《奥赛罗》《哈姆雷特》《李尔王》《麦克白》，被认为属于英语最佳范例。在他人生最后阶段，他开始创作悲喜剧，又称为传奇剧。莎士比亚流传下来的作品包括 39 部戏剧、154 首十四行诗、两首长叙事诗。他的戏剧有各种主要语言的译本，且表演次数远远超过其他任何戏剧家的作品。

《罗密欧与朱丽叶》是莎士比亚著名戏剧作品之一，戏剧讲述了两位青年男女相恋，却因封建家族仇恨而遭不幸，最后两家和好的故事。戏剧在莎士比亚年代颇为流行，并与《哈姆雷特》一道成为最常上演的戏剧。因其知名度而常被误称为莎翁四大悲剧之一（实为《麦克白》《奥赛罗》《李尔王》《哈姆雷特》）。罗密欧与朱丽叶属于传统恋爱悲剧，其背景可以追溯至古代。戏剧基于意大利的故事，在 1562 年被亚瑟·布鲁克翻译为《罗密欧斯与朱丽叶的悲剧历史》，并在 1567 年被威廉·品特用散文的方式改写为《欢愉宫殿》。莎士比亚从两者中获取了大量灵感，并在此基础上进行了拓展，加入了配角，如帕里斯、墨古修等。戏剧于 1597

年第一次出版，并被认为写于1591到1595年间。

【思考与练习】

1. 阅读下面内容并回答问题。

朱丽叶：啊，善心的神父！我的夫君呢？我记得很清楚我应当在什么地方，现在我正在这地方。我的罗密欧呢？（内喧声）

劳伦斯：我听见有什么声音。小姐，赶快离开这个密布着毒气腐臭的死亡的巢穴吧，一种我们所不能反抗的力量已经阻挠了我们的计划。来，出去吧。你的丈夫已经在你的怀中死去，帕里斯也死了。来，我可以替你找一处地方出家做尼姑。不要耽误时间盘问我，巡夜的人就要来了。来，好朱丽叶，去吧。（内喧声又起）我不敢再等下去了。

朱丽叶：去，你去吧！我不愿意走。（劳伦斯下）这是什么？一只杯子，紧紧地握在我的忠心的爱人的手里？我知道了，一定是毒药结果了他的生命。唉，冤家！你一起喝干了，不留下一滴给我吗？我想吻着你的嘴唇，也许这上面还留着一些毒液，可以让我当作兴奋剂服下而死去。（吻罗密欧）你的嘴唇还是温暖的！

巡丁甲：（在内）孩子，带路。在哪一个方向？

朱丽叶：啊，人声吗？那么我必须快一点了结。啊，好刀子！（攫住罗密欧的匕首）这就是你的鞘子；（以匕首自刺）你插了进去，让我死了吧。（扑在罗密欧身上死去）

（1）解释剧中加下划线的台词。

不能反抗的力量__________________。

我们的计划__________________。

（2）对“去，你去吧！我不愿意去”分析正确的一项是（　　）。

A. 朱丽叶的丈夫死了，帕里斯死了，她在世上已经走投无路，所以也想追随他们而去

B. 朱丽叶忠于她和罗密欧之间的爱情，把爱情理想看得高于一切，所以当她知道心爱的人已经死去、爱情理想已经破灭的时候，她宁可抛弃自己的生命

C. 朱丽叶痛恨导演了这场悲剧的劳伦斯神父，不愿意和他一起走

D. 朱丽叶不愿意出家做尼姑，所以不愿意走

（3）对“唉，冤家，你一起喝干了，不留下一滴给我啊!我要吻着你的嘴唇，也许这上面还留着一些毒液，可以让我当作兴奋 剂服下而死”分析不正确的一项是（　　）。

A. 朱丽叶的埋怨，表现他们真挚而深沉的爱情

B. 朱丽叶埋怨罗密欧不给自己留下毒药，表现出她殉情的决心

C. 朱丽叶亲吻罗密欧是想同罗密欧一样服毒而死

D. 朱丽叶不能忍受这巨大变故，便同罗密欧殉情而死

2. 创新思维。

（1）朱丽叶如果像娜拉一样离家出走，结果会怎么样？剧本的效果会有怎样的变化？（导析：分析突出社会和个人的性格矛盾，分析突出对人文主义胜利这一主题的影响。）

（2）《孔雀东南飞》描写的是青年男女的爱情悲剧，《罗密欧与朱丽叶》与它在揭示社会问题上有什么异同？（提示：分析悲剧产生的原因、过程和最后的影响）

（3）要使罗密欧与朱丽叶有大团圆的结局，则哪几个环节不能出差错？（提示：设计此题，意在梳理情节条理，并找到爱情悲剧的根本原因）

第四节　散文鉴赏

垓下之围[1]

[汉]司马迁

项王军壁[2]垓下，兵少食尽，汉军及诸侯兵围之数重。夜闻汉军四面皆楚歌[3]，项王乃大惊曰："汉皆已得楚乎？是何楚人之多也！"项王则夜起，饮帐中。有美人名虞，常幸从[4]；骏马名骓[5]，常骑之。于是项王乃悲歌慷慨，自为诗曰："力拔山兮气盖世，时不利兮骓不逝。骓不逝[6]兮可奈何，虞兮虞兮奈若何！"歌数阕，美人和之。项王泣数行下，左右皆泣，莫能仰视。

于是项王乃上马骑[7]，麾下壮士骑从者八百余人，直夜溃围[8]南出，驰走。平明，汉军乃觉之，令骑将灌婴以五千骑追之。项王渡淮，骑能属者百余人耳。项王至阴陵[9]，迷失道，问一田父，田父绐[10]曰："左。"左，乃陷大泽中，以故汉追及之。项王乃复引兵而东，至东城[11]，乃有二十八骑。汉骑追者数千人。项王自度不得脱，谓其骑曰："吾起兵至今八岁矣，身[12]七十余战，所当者[13]破，所击者服，未尝败北[14]，遂霸有天下。然今卒困于此，此天之亡我，非战之罪也。今日固[15]决死，愿为诸君快战[16]，必三胜之，为诸君溃围，斩将，刈[17]旗，令诸君知天亡我，非战之罪也。"乃分其骑以为四队，四向[18]。汉军围之数重。项王谓其骑曰："吾为公取彼一将。"令四面骑驰下，期山东为三处[19]。于是项王大呼驰下，汉军皆披靡[20]，遂斩汉一将。是时，赤泉侯[21]为骑将，追项王，项王瞋目而叱[22]之，赤泉侯人马俱惊，辟易[23]数里。与其骑会为三处。汉军不知项王所在，乃分军为三，复围之。项王乃驰，复斩汉一都尉，杀数十百人，复聚其骑，亡其两骑耳。乃谓其骑曰："何如？"骑皆伏[24]曰："如大王言！"

于是项王乃欲东渡乌江[25]。乌江亭长舣船待[26]，谓项王曰："江东虽小，地方千里，众数十万人，亦足王也。愿大王急渡。今独臣有船，汉军至，无以渡。"项王笑曰："天之亡我，我何渡为！且籍与江东子弟八千人渡江而西，今无一人还，纵江东父兄怜而王我，我何面目见之？纵彼不言，籍独不愧于心乎？"乃谓亭长曰："吾知公长者[27]。吾骑此马五岁，所当无敌，尝一日行千里，不忍杀之，以赐公。"乃令骑皆下马步行，持短兵接战。独籍所杀汉军数百人。项王身亦被十余创[28]，顾见汉骑司马吕马童，曰："若非吾故人乎？"马童面之，指王翳曰："此项王也。"项王乃曰："吾闻汉购我头千金，邑万户，吾为若德"[30]。乃自刎而死。

王翳取其头，余骑相蹂践争项王，相杀者数十人。最其后，郎中骑杨喜，骑司马吕马童，郎中吕胜、杨武各得其一体。五人共会其体，皆是,故分其地为五：封吕马童为中水侯，封王翳为杜衍侯，封杨喜为赤泉侯，封杨武为吴防侯，封吕胜为涅阳侯。

太史公曰：吾闻之周生[31]曰："舜目盖重瞳子"[32]，又闻项羽亦重瞳子。羽岂其苗裔邪？何兴之暴[33]也！夫秦失其政，陈涉首难，豪杰蜂起，相与并争，不可胜数。然羽非有尺寸[34]，乘执起陇亩之中，三年，遂将五诸侯灭秦[35]，分裂天下，而封王侯，政由羽出，号为"霸王"，位虽不终，近古以来未尝有也。及羽背关怀楚[39]，放逐义帝而自立，怨王侯叛己，难矣。自矜[37]功伐，奋其私智而不师古[38]，谓霸王之业，欲以力征经营天下，五年卒亡其国，身死东城，尚不觉寤而不自责，过矣。乃引"天亡我，非用兵之罪也"，岂不谬哉！

注释

[1]垓下：垓（gāi），地名，在今安徽灵璧东南。

[2]壁：营垒；此处用作动词，即在……扎营。

[3]四面皆楚歌：四面八方都响起用楚方言所唱的歌曲。喻指楚人多已降汉。

[4]幸从：得到宠爱，跟随在项羽身边。

[5]骓（zhuī）：毛色黑白相间的马。这里是以毛色为马命名。

[6]逝：奔驰。

[7]骑（旧读 jì）：名词，一人一马为一骑。

[8]溃围：突破重围。

[9]阴陵：秦时地名，在今安徽定远县西北。

[10]绐（dài）：古同“诒”，欺骗、诈骗。

[11]东城：秦时地名，在今安徽定远县东南。

[12]身：亲身参加。

[13]所当者：所遇到的敌方。

[14]败北：战败，败走。

[15]固：必，一定。

[16]快战：痛痛快快地打一仗。

[17]刈（yì）：割，砍。

[18]四向：向着四面。

[19]为三处：意谓分三处集合。

[20]披靡：如草随风而倒，形容惊溃散乱的样子。

[21]赤泉侯：汉将杨喜，因破项羽有功，封赤泉侯。

[22]叱（chì）：大声呵斥。

[23]辟易：倒退。

[24]伏：同“服”，心服。

[25]乌江：即今安徽和县东北之乌江浦。

[26]亭长：乡官。秦，汉时制度，十里一亭，设亭长一人。舣（yǐ）：移船靠岸。

[27]长者：性情谨厚的人。

[28]创：创伤。

[29]顾：回头看。

[30]吾为若德：我给你个好处。

[31]周生：周先生，汉时儒者，名不详。

[32]重瞳子：旧说指一只眼睛里有两个眸子。

[33]暴：骤然，突然。

[34]尺寸：尺寸之地，指极少的封地。

[35]陇亩：田野，指民间。五诸侯：齐、赵、汉、魏、燕五国。此处泛指楚以外的各路义军。

[36]背关怀楚：项羽之叔项梁起兵时，立楚王后代熊心为怀王，灭秦后项羽尊其为义帝。后项羽自立为西楚霸王，徙义帝往长沙郴县，并密令于途中杀之。

[37]自矜：自夸，自负。

[38]师古：以古代成功立业的帝王之师。

赏析

司马迁（公元前 145—前 90），字子长，夏阳（今陕西韩城南）人，一说龙门（今山西河津）人。西汉史学家、文学家、思想家。司马谈之子，任太史令，因替李陵败降之事辩解而受宫刑，后任中书令。发奋继续完成所著史籍，被后世尊称为史迁、太史公。

司马迁早年受学于孔安国、董仲舒，漫游各地，了解风俗，采集传闻。初任郎中，奉使西南。元封三年（前 108 年）任太史令，继承父业，著述历史。

司马迁以其“究天人之际，通古今之变，成一家之言”的史识创作了中国第一部纪传体通史《史记》(原名《太史公书》)。被公认为是中国史书的典范，该书记载了从上古传说中的黄帝时期，到汉武帝元狩元年，长达 3 000 多年的历史，是“二十五史”之首，被鲁迅誉为“史家之绝唱，无韵之离骚”。

本文选自司马迁《史记·项羽本纪》。《垓下之围》记叙的是项羽的最后生涯，主要表现他失败时的情形。作者通过垓下之围、东城快战、乌江自刎三个场面的描写，多角度、多层次地刻画了他的性格，既有霸王别姬的儿女情长，又有东城溃围的勇猛善战；既有阴陵迷道、归败于天的寡谋、自负，又有乌江拒渡、赠马亭长、赐头故人的知耻重义、纯朴仁爱。作者还善于在历史事实进行艺术加工，写出了许多生动传神的细节，如虞兮虞兮的千古悲歌、“田父绐曰”的生死机缘、愧对父老的知耻良心、赠马赐头的临终义举等，使这篇文字达到雄奇悲壮的美学境界，读之令人荡气回肠。

【思考练习题】

1. 课文所描写的三个故事，分别表现了项羽性格的哪三个特征？
2. “自矜功伐，奋其私智而不师古”。谈谈你对这句话的理解。
3. “力拔山兮气盖世，时不利兮骓不逝。骓不逝兮可奈何，虞兮虞兮奈若何！”把项羽的这首诗和刘邦的大风歌相比较，你有何感想？

大风歌

[汉]刘邦

大风起兮云飞扬，
威加海内兮归故乡，
安得猛士兮守四方！

五代史伶官[1]传序

[宋]欧阳修

呜呼！盛衰之理，虽曰天命，岂非人事哉！原[2]庄宗之所以得天下，与其[3]所以失之者，可以知之矣。

世言晋王之将终也，以三矢赐庄宗而告之曰：“梁，吾仇也；燕王，吾所立；契丹，与吾约为兄弟；而皆背晋以归梁。此三者，吾遗恨也。与尔三矢，尔其无忘乃父之志！”庄宗受而藏之于庙[4]。其后用兵，则遣从事[5]以一少牢[6]告庙，请其矢，盛以锦囊，负而前驱，及凯旋而纳之。

方其系燕父子以组[7]，函梁君臣之首，入于太庙，还矢先王，而告以成功，其意气之盛，可谓壮哉！及仇雠已灭，天下已定，一夫夜呼，乱者四应，仓皇东出，未及见贼而士卒离散，君臣相顾，不知所归。至于誓天断发，泣下沾襟，何其衰也！岂得之难而失之易欤？抑[8]本其成败之迹，而皆自于人欤？

《书》曰："满招损，谦受益。"忧劳可以兴国，逸豫[9]可以亡身，自然之理也。故方其盛也，举天下之豪杰，莫能与之争；及其衰也，数十伶人困之，而身死国灭，为天下笑。夫祸患常积于忽微[10]，而智勇多困于所溺[11]，岂独伶人也哉！作《伶官传》。

注释

[1]伶官：伶，戏子，或唱戏杂技演员，现代的娱乐人员。伶官：宫廷里供统治者娱乐表演的人物。

[2]原：推求本原来，探究。

[3]其：语气副词，表示期望、命令的语气。

[4]庙：太庙，帝王祭祀祖先的宗庙。

[5]从事：这里指负责具体事物的官员。

[6]一少牢：用在猪、羊个一头作祭品。牢，祭祀用的牲畜。

[7]组：丝带，这里指绳索。

[8]抑：还是。

[9]逸豫：逍遥游乐，不能居安思危。

[10]忽微：极细小的东西。

[11]所溺：沉溺迷恋的人或事物

赏析

欧阳修（1007—1072），字永叔，号醉翁、六一居士，吉州永丰（今江西省吉安市永丰县）人，北宋政治家、文学家，且在政治上负有盛名。因吉州原属庐陵郡，以"庐陵欧阳修"自居。官至翰林学士、枢密副使、参知政事，谥号文忠，世称欧阳文忠公。后人又将其与韩愈、柳宗元和苏轼合称"千古文章四大家"。与韩愈、柳宗元、苏轼、苏洵、苏辙、王安石、曾巩被世人称为"唐宋散文八大家"。

欧阳修是在宋代文学史上最早开创一代文风的文坛领袖。领导了北宋诗文革新运动，继承并发展了韩愈的古文理论。他的散文创作的高度成就与其正确的古文理论相辅相成，从而开创了一代文风。欧阳修在变革文风的同时，也对诗风词风进行了革新。在史学方面，也有较高成就。

《五代史伶官传序》是一篇史论。本文阐明观点的主要论据，是五代后唐庄宗先盛后衰、先成后败的历史事实，例据典型而有说服力。在写法上，则欲抑而先扬，先极赞庄宗成功时意气之"壮"，再叹其失败时形势之"衰"，通过盛与衰、兴与亡、得与失、成与败的强烈对比，突出庄宗历史悲剧的根由所在，使"本其成败之迹，而皆自与人"的结论，显得更加令人信服。

【思考与练习】

1. 谈谈本文的中心论点和有关警句对你有什么启迪作用。
2. 试以本文第二段为例，说明作者是如何运用对比手法进行论证的。
3. 识别文中所运用的理论论据和事实论据，并说明其作用。
4. 下列《五代史伶官传序》中的句子，含有对比论证方法的有（　　）。

   A. 盛衰之理，虽曰天命，岂非人事哉。

   B. 原庄宗之所以得天下，与其所辟以失之者，可以知之矣。

   C. 忧劳可以兴国，逸豫可以亡身，自然之理也。

D. 方其盛也，举天下之豪杰，莫能与之争；及其衰也，数十伶人困之，而身死国灭，为天下笑。

E. 祸患常积于忽微，而智勇多困于所溺，岂独伶人也哉。

训俭示康[1]

[宋]司马光

吾本寒家，世以清白相承。吾性不喜华靡，自为乳儿，长者加以金银华美之服，辄羞赧弃去之。二十忝科名[2]，闻喜宴独不戴花。同年曰："君赐不可违也。"乃簪一花。平生衣取蔽寒，食取充腹；亦不敢服垢弊以矫俗干名，但顺吾性而已。

众人皆以奢靡为荣，吾心独以俭素为美。人皆嗤吾固陋，吾不以为病。应之曰：孔子称"与其不逊也宁固[3]"；又曰"以约失之者鲜矣"；又曰"士志于道，而耻恶衣恶食者，未足与议也。"古人以俭为美德，今人乃以俭相诟病。嘻，异哉！

近岁风俗尤为侈靡，走卒类士服，农夫蹑丝履。吾记天圣中，先公为群牧[3]判官，客至未尝不置酒，或三行、五行，多不过七行。酒酤于市，果止于梨、栗、枣、柿之类；肴止于脯醢、菜羹，器用瓷漆。当时士大夫家皆然，人不相非也。会数而礼勤，物薄而情厚。近日士大夫家，酒非内法，果、肴非远方珍异，食非多品，器皿非满案，不敢会宾友，常量月营聚，然后敢发书。苟或不然，人争非之，以为鄙吝。故不随俗靡者盖鲜矣。嗟乎！风俗颓敝如是，居位者虽不能禁，忍助之乎！

又闻昔李文靖公为相，治居第于封丘门内，厅事[5]前仅容旋马，或言其太隘。公笑曰："居第当传子孙，此为宰相厅事诚隘，为太祝奉礼[6]厅事已宽矣。"参政鲁公为谏官，真宗遣使急召之，得于酒家，既入，问其所来，以实对。上曰："卿为清望官，奈何饮于酒肆？"对曰："臣家贫，客至无器皿、肴、果，故就酒家觞之。"上以无隐，益重之。张文节为相，自奉养如为河阳掌书记时，所亲或规之曰："公今受俸不少，而自奉若此。公虽自信清约，外人颇有公孙布被之讥。公宜少从众。"公叹曰："吾今日之俸，虽举家锦衣玉食，何患不能？顾人之常情，由俭入奢易，由奢入俭难。吾今日之俸岂能常有？身岂能常存？一旦异于今日，家人习奢已久，不能顿俭，必致失所。岂若吾居位、去位、身存、身亡，常如一日乎？"呜呼！大贤之深谋远虑，岂庸人所及哉！

御孙曰："俭，德之共也；侈，恶之大也。"共[7]，同也；言有德者皆由俭来也。夫俭则寡欲：君子寡欲，则不役于物，可以直道而行；小人寡欲，则能谨身节用，远罪丰家。故曰："俭，德之共也。"侈则多欲：君子多欲则贪慕富贵，枉道[8]速祸[9]；小人多欲则多求妄用，败家丧身；是以居官必贿，居乡必盗。故曰："侈，恶之大也。"

昔正考父饘粥以糊口；孟僖子知其后必有达人。季文子相三君，妾不衣帛，马不食粟，君子以为忠。管仲镂簋[10]朱纮[11]、山节藻棁，孔子鄙其小器。公叔文子享卫灵公，史鳅（qiu1）知其及祸；及戌（xū），果以富得罪出亡。何曾日食万钱，至孙以骄溢倾家。石崇以奢靡夸人，卒以此死东市。近世寇莱公豪侈冠[12]一时，然以功业大，人莫之非，子孙习[13]其家风，今多穷困。

其余以俭立名，以侈自败者多矣，不可遍数，聊举数人以训汝。汝非徒[14]身当服行[15]，当以训汝子孙，使知前辈之风俗云。

注释

[1]训俭示康：阐释节俭（对于"立名"的重要意义）给康看。训，训释、解释。

[2]忝科名：名列进士的科名。

[3]与其不逊也宁固：与其骄纵不逊，宁可简陋寒酸。不逊，骄傲。

[4]群牧：主管国家马匹的机构。

[5]厅事：办公或接待宾客的厅堂。

[6]太祝奉礼：太常寺的两个官职，主管祭祀。常由功臣子孙担任。

[7]共：通“洪”，大。

[8]枉道：不按正道行事。

[9]速祸：招致祸患。速，招。

[10]簋：古代盛食物的器具。

[11]纮：帽带。

[12]冠：领先。

[13]习：染上。

[14]非徒：不仅。

[15]服行：实行。

赏析

司马光（1019—1086），字君实，陕州夏县（今属山西）涑水乡人，世称涑水先生。宝元二年进士，官至左仆射兼门下侍郎。赠太师、温国公、谥文正。他是北宋著名的史学家，主持编撰了大型编年体通史《资治通鉴》。著有《司马文正公集》等。

《训俭示康》是司马光写给长子司马康的一篇家训，旨在讲述保持俭朴的重要性。据学者考证，此文大约写于宋神宗熙宁三年。当时，年仅二十岁的司马康明经中第，即将出仕任官。特意选在此时严肃地教诲儿子“道由俭生、祸自侈来”，是为了指导司马康树立节俭观念，走好任职后的第一步。

【思考与练习】

1. 翻译下列短文。

夫君子之行，静以修身，俭以养德。非淡泊无以明志，非宁静无以致远。夫学须静也，才须学也，非学无以广才，非志无以成学。淫慢则不能励精，险躁则不能治性。年与时驰，意与日去，遂成枯落，多不接世，悲守穷庐，将复何及！（诸葛亮《诫子书》）

2. 对“居位者虽不能禁，忍助之乎？”翻译正确的一项是（　　）。

A. 居高位有权势的人，虽然不能禁止，还能忍心帮助他们吗？

B. 居高位有权势的人，即使不能禁止，还能忍心助长这种坏风气吗？

C. 居高位有权势的人，虽然不能禁止，难道还能忍心助长这种人的作风吗？

D. 对居高位有权势者的这种恶劣风气，虽然不能禁止，还能忍心助长吗？

3.《训俭示康》对现代人有何启示？

林　海

老　舍

我总以为大兴安岭奇峰怪石高不可攀。这回有机会看到它，并且走进原始森林，脚踩在积得几尺厚的松针上，手摸到那些古木，才证实这个悦耳的名字是那样亲切与舒服。

大兴安岭这个“岭”字，跟秦岭的“岭”大不一样。这里的岭的确很多，高点的，矮点的，长点的，短点的，横着的，顺着的，可是没有一条使人想起“云横秦岭”那种险境。多少条岭啊，在疾驶的火车上看了几个钟头，看也看不完，看也看不厌。每条岭都是那么温柔，虽然下自山脚，上至岭顶，长满了珍贵的林木，可是谁也不孤峰突起，盛气凌人。

目之所及，哪里都是绿的，的确是林海。群岭起伏是林海的波浪。多少种绿颜色呀：深的，浅的，明的，暗的，绿得难以形容，恐怕只有画家才能够写下这么多的绿颜色来呢！

兴安岭上千般宝，第一应夸落叶松。是的，这里是落叶松的海洋。看，海边上不是有些白色的浪花吗？那是些俏丽的白桦，树干是银白色的。在阳光下，一片青松的边沿，闪动着白桦的银裙，不是像海边上的浪花吗？

两山之间往往流动着清可见底的.小河。河岸上有多少野花啊！我是爱花的人，到这里却叫不出那些花的名儿来。兴安岭多么会打扮自己呀：青松做衫，白桦为裙，还穿着绣花鞋。连树与树之间的空隙也不缺乏色彩：松影下开着各种小花，招来各色的小蝴蝶——它们很亲热地落在客人身上。花丛里还隐藏着珊瑚珠似的小红豆，兴安岭中的酒厂所酿造的红豆酒，就是用这些小野果酿成的，味道很好。

看到那数不尽的青松白桦，谁能不向四面八方望一望呢？有多少省市用过这里的木材呀！大至矿井、铁路，小至椽柱、桌椅。千山一碧，万古长青，恰好与广厦、良材联系在一起。所以，兴安岭越看越可爱！它的美丽与建设结为一体，美得并不空洞，叫人心中感到亲切、舒服。

及至看到了林场，这种亲切之感更加深厚了。我们伐木取材，也造林护苗，一手砍，一手栽。我们不仅取宝，也做科学研究，使林海不但能够万古长青，而且可以综合利用。山林中已经有不少的市镇，给兴安岭增添了新的景色，增添了愉快的劳动歌声。人与山的关系日益密切，怎能不使我们感到亲切、舒服呢？我不晓得当初为什么管它叫做兴安岭，由今天看来，它的确含有兴国安邦的意义。

赏析

老舍（1899—1966），原名舒庆春，字舍予，现代作家、人民艺术家、戏剧家、语言大师。《林海》主要写了大兴安岭的景色与作者的联想，表达了作者对大兴安岭的热爱。作者以细腻的笔触描绘了大兴安岭的美丽风光，抒发了对祖国壮丽河山的热爱，并由景展开联想，赞美了大兴安岭在祖国经济建设和政治稳定方面起到的巨大作用。

【思考与练习】

1. 朗诵本文，并仿照《林海》写一篇游记散文。

2. 把下列句子改为陈述句。

（1）人与山的关系日益密切，怎能不使我们感到亲切、舒服呢？

（2）看到那数不尽的青松白桦，谁能不向四面八方望一望呢？

3. 朗诵林海音的《窃读记》，谈谈你对“你们是吃饭长大的，也是读书长大的”这句话的理解。

第六章　书 法 知 识

第一节　书法历史知识

中国书法是汉字的书写艺术。它不仅是中华民族的文化瑰宝，而且在世界文化艺术宝库中大放异彩。汉字在漫长的演变发展的历史长河中，一方面起着思想交流、文化继承等重要的社会作用，另一方面它本身又形成了一种独特的造型艺术。

中国书法不仅是中华民族文化遗产中的瑰宝，也是世界艺术殿堂中的一朵奇葩。中国的书法艺术不仅历史悠久，源远流长，而且影响深远。自从汉字产生以来，便出现了书法艺术的萌芽。经过漫长的历史演进和发展，直至秦代，统一了文字，创制了秦篆（小篆）、秦隶。这一具有划时代意义的业绩，在中国书法艺术史上写下了光辉灿烂的一页，为书法作为一门独立的艺术存在，奠定了坚实的基础，也为后代汉隶、楷书、草书、行书的变革发展和繁荣，开辟了广阔的道路。

书法艺术是我国历史悠久且具有广泛群众基础的艺术，它以汉字特有的线条和书写规律，表现出丰富多彩的笔法、章法和笔势，而反映出人们的气质、情趣和审美理想。它是我们的祖先在长期实践中不断美化书写形成的成果，在传统文化中居有极高的地位，受到了广大人民群众普遍的喜爱，因此，它是其他艺术形式所不能取代的中国特有的传统文化经典。追寻书法发展的轨迹，我们可以清晰地看到其与中国社会的发展同步，强烈地反映出每个时代的精神风貌。

一、书法艺术的形成

从书写文字中发展起来的书法艺术，与汉字的发生发展有密切的联系。在龙山文化与仰韶文化的器皿上，有一些刻写的符号，与甲骨文近似。商代的甲骨文已是成熟的汉字，在早期、中期、晚期表现出了不同的风格，反映出熟练的技巧和一定的审美追求，已具有书法艺术的基本要素。商周青铜器上的铭文，线条富有变化，排列有明显的工整化趋势。战国青铜器铭文具有浓烈的装饰风格，但直到此时，文字还是作为交流的工具存在。古典文献记载表明，人们还不曾把文字的线条结构与精神生活联系在一起。秦统一中国以后，整理文字，删除异体，使用小篆，富有装饰风格，但小篆从未得到普遍使用。汉代隶书的成熟，使汉字的结构发生很大变化，丰富了线条的表现力。东汉时人们学习书法蔚然成风，出现了论述书法功能的专著，如蔡邕的《笔论》，书法成为一种独立的艺术。也有人依据元代刘因在《荆川稗编》中的记述："字画之工拙，先秦不以为事……魏晋以来，其学始盛，自天子、大臣处士，往往以能书为名，变态百出，法度备具，遂为专门之学"，认为魏晋是书法艺术的形成时期。

二、历代书法概况

（一）甲骨文书法

这是商人用刀刻写在龟甲兽骨上的文字，是迄今发现的最古老的文字，已具有书法艺术的某些要素。在商代三百年间，早期笔力雄放，中期笔锋疏朗，后期具有蝇头小楷的风格。

（二）金文书法

商周战国时代在钟鼎等铜器、兵器上刻有铭文，包括在钱币上铸刻的文字，统称为金文。这是文字书写中自觉追求艺术美的开始，使文字美与铜器的装饰花纹浑然一体，铭文多为圆笔，突出流动的曲线美。

（三）秦代书法

据汉代许慎《说文解字·序》，秦代有八种书体，一曰大篆，二曰小篆，三曰刻符，四曰虫书，五曰摹印，六曰署书，七曰殳书，八曰隶书。仔细研究，其中五种是指书体的应用场合。如刻符用于古代调兵遣将，虫书用于幡信，摹印用于印章，殳书用于兵器，署书用于门榜或封简，都是指应用于不同场合的书体，在书体上并无太大的差别。秦代实际只存在大篆、小篆、隶书三大类书体，秦统一全国后，实行书同文，统一整理六国篆书为小篆，作为官方公布的规范书体，秦代刻石是最标准的小篆书体。另外在秦代日常书写的书体，并不是像秦刻石那样标准的小篆书，而是一种比较草率的体方笔直的篆书，已接近于隶书，这在秦代的权量诏版上的铭文和1975年在湖北云梦睡虎地出土的秦简中都可以见到，现在称它为秦隶，是民间日常使用的书体，也是小吏公文上奏所使用的书体。从中国书法发展的角度看，秦代是以小篆光耀史册的。所谓小篆当以秦刻石为代表。秦始皇统一全国后，为巩固统治，加强影响，他带丞相李斯和百官巡视各地，刻石记功，以颂扬他废分封、立郡县、统一中国的历史功绩，从而留下了珍贵的秦代刻石，相传为丞相李斯所书。秦始皇东巡刻石多已残毁佚亡，今所存者仅《泰山刻石》《琅玡刻石》，虽已残毁，但秦篆面目尚存，而《峄山刻石》《会稽刻石》等均为后人翻刻，仅存字形格局，而神意俱失。《泰山刻石》也称《封泰山碑》，是秦代具有代表性的文字刻石。

（四）两汉书法

汉朝书法的发展经历了几个时期，起初，汉承秦制，初用篆书，后来篆书呈现出衰落的趋势，隶书得到蓬勃的发展，并在东汉进入鼎盛时期，草书(章草)在汉代发展成为比较成熟的一种字体。

汉代的书艺以隶书为大宗，擅长写隶书的令史，称为"史书令史"，所以汉代人称隶书又叫"史书"，除了少数刻石和符玺、印信还沿用篆书外，隶书已成为汉代通行的文字。由于使用和审美的要求，在形体上产生"八分"。在书法史上形成独具一格的汉隶。汉隶的进一步发展，到东汉末又有了"侧"（点）、"掠"（长撇）、"趯"（直钩）、"啄"（短撇），结构上更趋于严整，并逐步形成了正楷，即所谓"今隶"。东汉时形成各种流派，如以正势结体的方正派、用笔劲直的劲直派、用毫端书写的纤劲派、顿挫飞扬的华美派、用笔平放的平展派、刚柔精劲的秀劲派、字大厚重的雄放派、飘拂有致的恬逸派等，琳琅满目，充分反映了人们对书法的喜好和书法艺术的繁荣。

东汉时期书法有四个特殊现象。第一个特殊现象是纸的发明完成。纸的发明是中华对世界文明的一大贡献。第二个特殊现象是，出现了知识分子群体。知识分子群体的出现，对艺术产生了巨大的推动作用。第三个特殊现象是，出现了专门的书法理论著作。有了理论指导的艺术才是自由的艺术。

（五）魏晋书法

从汉字书法的发展上看，魏晋是完成书体演变的承上启下的重要历史阶段，隶书产生、发展、成熟的过程就是真、行、草诸体日趋完善的一代。汉隶使汉字的方块形体已基本定型，而且已经孕育着楷书的诞生，而行草书几乎是在隶书产生的同时就已经出现萌芽了。楷书、行书、草书的定型是在魏晋时代。它们的定型、美化是汉字书法史上的又一次巨大变革。在书法史上这是一个了不起的时代，它承前启后，诞生了大书法革新家钟繇和王羲之。他们揭开了中国书法发展史的新的一页，树立了楷书、行书、草书美的典范，此后历朝历代，学书者莫不宗法“钟王”二人。王羲之和其子王献之，并尊称王羲之为“书圣”。还有他的侄子王洵也擅长行书，今天还有《伯远帖》传世。

三国（魏）时期的钟繇是第一个确立楷书地位的书法大家，他的《荐季直表》《宣示表》等成了流传百代的珍品，他与卫觊分庭抗礼，形成南北两派书发风格。

晋时玄风大炽，谈玄论道、风流倜傥为这个时代的风气，在生活处事上倡导“雅量”“品目”，在艺术上追求中和恬淡之美，一时间“父子争胜，兄弟竞爽”，南朝缣素流传，简牍为多。尤其是二王（王羲之、王献之）留美飘逸的艺术品位迎合了士大夫们的要求。王羲之的行书《兰亭序》被誉为“天下第一行书”，其笔势飘若浮云、矫若惊龙。王献之的“洛神赋”字法端劲，乃书家所难，所创“破体”与“一笔书”为书法史上的一大贡献。加以陆机、卫、索靖、王导、谢安、郗鉴、庾亮等书法世家之烘托，南派书法光炳千秋。

北朝重厚葬，褒扬先世、显露家业、侫佛造像、刻石为多。如北碑南帖、北楷南行、北民南士、北雄南秀皆是南北差异的具体表现。

如论南北两派的代表作，则是南朝梁《瘗鹤铭》、北魏《郑文公碑》，可谓南北双星。北派书写者多为庶民，书不具名，故书法史称北魏书法为民间书法，若以名而论，当推郑道昭父子为一时冠冕，被誉为“书中之圣”“北派王右军”等。

（六）隋唐书法

隋唐时代，政治稳定，经济繁荣，社会安定。人们在丰衣足食的条件下开始有余暇追求精神的愉悦。另外，由于统治者十分钟情于书法艺术，对其大力提倡，并为了推广普及书法艺术而做了大量的努力。在政治上，将书法列入其中；在教育上，设立弘学馆，鼓励官宦子弟入馆学习；在科举考试上，选取字体优美者录取。这一系列的措施都为书法的发展与繁荣注入了强大的动力。

隋唐时代是中国历史上的又一个鼎盛时代，300 多年间，大部分时间国家安定、经济发展、蒸蒸日上，成为当时有世界影响的东方大国。在安定统一的有利条件下，书法艺术也得到了很好的发展。

隋炀帝喜爱风雅，特建“妙楷台”以贮法书，即使下江南时也不忘将它们运走。唐高祖接收了隋内府的法书名画，又有所充实，至太宗时，更大出内府金帛购藏魏晋以来名迹，尤其是王羲之的作品。此后武则天曾设“内庭习艺馆”。唐玄宗倡导八分章草，扭转时风，掀起了唐代书法的兴盛局面。至晚唐，帝王还是喜欢提拔书法人才。

与皇室的重视密切相关的是政府的制度建设。隋代开科取士，唐代进一步完善，设有“明书（明字）”专科，同时在铨选官员时，以“身、言、书、判”为标准，其中书的要求是“楷法遒美”。唐代教育发达，在国子诸学中，列有“书学”一门，学习有关文字和书法的课程，另外规定其他学生每天也须学书一幅，在弘文馆等机构有时还举行专门的学习班，由名家任教。与选官、教育相配合，国家机构中为书法人才提供了职位，中央一级有侍书学士、书学博士、书助教，在翰林院、集贤馆中的官员，有些也是书法专门人才，地方一级似乎也有的设有书助教的职务；各个政府部门尤其是文教机构中，还拥有大量的从事书法活动的职员。

隋唐时代出现了两种重要的复制古代书法的方法：摹和拓，使得古代经典不再只是少数人的专利，而有可能走向更大的范围，被更多的学书者所师法仿效。

在一些地区如敦煌，因为抄写经文的需要，为一些人提供了接受书法教育和从事书法活动的机会，大大促进了书法的普及。

隋唐时代的文学家、画家，与书法发生了更多的联系，许多人身兼两职，另一些人对书法也时常发表意见。这不仅使书法艺术的社会关注程度有很大的提高，而且也从其他领域里吸收了有价值的观念，从而充实了自己的审美内涵，提高了自己的文化地位。

在这样的历史条件下，隋唐书法形成了中国书法史上的又一个高峰。在其鼎盛时期，各体书都得到了社会重视，都出现了专门书法家，并且建立了崭新的艺术风格，总体上呈现出了富有开拓性、包容性的品格，艺术风格是雄强豪迈、大气磅礴，体现了时代精神。

隋代书法，主要成就表现在楷书上。著名的书家有丁道护、史陵、智果等。丁道护兼有北方的朴拙与南方的遒媚，他所书写的《启法寺碑》与《龙藏寺》齐名，为隋碑代表作。《龙藏寺》兼收北朝的雄浑端严和南朝的俊美劲俏，享有“六朝集成之碑”的美誉。包世臣的《艺舟双楫》说：“隋《龙藏寺》出魏《李仲旋》《敬显隽》两碑，而加纯净，左规右矩近千文，而雅健过之。书评谓右军字势雄强，此其庶几。”史陵书风瘦硬奇古，用笔精到，风格独异。智果为智永的弟子，其理论著作《心成颂》提出了十五种结字要求。

唐初书法，历来称“欧、虞、褚、薛”四家，实际上欧阳询、虞世南皆旧人，入唐时都已是60岁以上的老者，风格基本定型，欧虽稍稍吸收南朝风气以博时君之好，但仍主要是北朝形意；虞则固守智永家法，纯然东晋风流。因而两位代表书家都可以说是隋代书风的延伸。但相对于隋代来看，这时期也有一些新的动向，例如贞观年间倡导王羲之、提拔褚遂良、以行书入碑等，虽然没有立即在实践上形成变化，但无疑已经开始建立属于唐代的书风追求。

1. 楷书的发展——初唐

初唐书风最胜，几个皇帝都是个中高手，唐太宗以帝王之尊，大力提倡书法，特意尊崇王羲之，并搜访天下名书迹，君臣相扇之下书风鼎盛，更开设“书学”，以书取士，所以读书人个个发愤练字。

太宗本身就写得一手好字，工隶书、飞白，行草得二王之妙，也学虞世南行书。所传之“温泉铭”便是以行书入碑之作，颇具二王之风。

帝王之提倡，再加上当时社会安定，民生富足，正是发展文化的大好时机，书家辈出。成名当代、流名千古的“初唐四大家”——欧阳询、虞世南、褚遂良、薛稷就是此期之代表。

2. 楷书的发展——中唐

初唐书法家风格虽异，然崇尚瘦劲，大家都如此，遂演成风气。开元后，书风丕变，极力矫正少肉之病，渐渐地便脱了三王气息，开创唐代特有之面目，照耀书史。这个时期的书家，前有李邕，后有颜真卿，足以和初唐大书法家抗衡。李邕虽未脱瘦劲，但以行书入碑，别具一格，时有写碑八百余之称。颜真卿则纳古法于新意中，陶铸万象，隐括众长，使楷书笔法，穷尽变化，臻乎出神入化之境。

3. 楷书的发展——晚唐

中唐的颜真卿将楷书发展至巅峰状态，其后的书家一味仿拟，毫无新意可言，书风盛极转衰。

元和后，出现了柳公权，他力矫当代肥俗之病，复主永瘦劲，将颜筋使转顿挫之法加以夸示，削肉存骨；而棱角尽露，书亦坚劲无比，遂使晚唐书风又变，与颜真卿并称，后世有“颜筋柳骨”之誉。但那时已是唐末，国祚已衰，书道亦随之沉滞，后继无人，柳体又成绝响，这个时期就只有柳公权可以做代表了。

4. 写经书法

清光绪年间敦煌石室发现大量藏经写本后，书史又大为改变。其内容丰富，包括西晋至北宋间墨迹，而唐代最多。

唐代承接其后，大放异彩，呈现名异之风格。秀劲圆润以《大楼炭经卷》为代表（高宗时作）；《十戒经》可作秀逸疏宕的代表（玄宗）；《观音经》以端整厚重著称（代宗）；瘦劲秀丽则以《瑜伽师地论》卷廿三为代表（宣宗）。

5. 狂草

杜甫在《八仙歌》中写道：“张旭三杯草圣传，脱帽露顶王公前，挥毫落纸如云烟。”他能把书法艺术升华到用抽象的点线去表现书法家思想情感高度的艺术境界。

狂草的成就是唐代书法高峰的另一方面的表现。代表人物是张旭和怀素。

（七）宋代书法

北宋统一以后，宋太祖对书法并未给以重视，更没有像唐代那样采取各种措施。因此，一些士大夫也就漠然对待。欧阳修曾感慨：“书之盛莫盛于唐，书之废莫废于今。”尽管如此，宋代书法在延续前人的基础上，形成了鲜明的时代特点。一是突破唐人重法的束缚，而以自己为主，以意代法。努力追求能表现自我的意志情趣，形成“尚意”书风。苏轼的“我书意造本无法”，黄庭坚的“凡书画当观韵”，强调“韵胜”，皆是此意。其二是有意将书法同其他文学艺术形式结合起来。宋代书法大家同时又是文学家、画家。苏轼说：“诗不能尽，溢而为书，变而为画。”“退笔如山未足珍，读书万卷始通神。”不仅认为书画和诗一样，是表现自我的手段，而且强调文学修养对提高书法艺术的作用。

宋代书法与魏晋、唐代相比缺乏鲜明的特色，这是由于帖学盛行，书家囿于守成的结果。元丰年间，著名四大家蔡襄、苏轼、黄庭坚、米芾提倡屏除帖学以后才有所振兴，宋代书法更偏重“意”的自由发挥，强调抒发个人情感，这就突破某些僵化的格式，越出前人的樊篱，出现了一些精品。

（八）元明清书法

中国书法艺术的长期发展过程中，形成了三种具有典型特征的风格，即以晋代为代表的平和含蓄的“晋韵”，以唐代为代表的严谨雄健的“唐法”，以宋代为代表的潇洒豪放的“宋意”。进入元、明、清三代，书法艺术基本上是这三种风格的延续，难于分别指出能够代表其时代的独特风格，尚值得一提的是清代中后期碑学的兴起，才使得沉闷600年的书坛有了一些活力得以中兴。因而像出现于晋、唐、宋代那样具开创性和深远影响的大书法家，在元、明、清是不易找到的。

与宋不拘常法的意境追求不同，元朝之意表现为刻意求工的形式美追求。

元朝书坛的核心人物是赵孟頫，他所创立的楷书“赵体”，与唐楷之欧体、颜体、柳体并称四体，成为后代临摹的主要书体。由于赵孟頫的书法思想绝对不逾越二王一步，所以，他的书法对王派书法的精妙之处颇有独到的领悟，表现为“温润娴雅”“秀研飘逸”的风格面貌。在元朝书坛也享有盛名的还有鲜于枢、邓文原，虽然成就不及赵孟頫，然在书法风格上也有独到之处。

到了明代，书法依然是沿着复古的道路而了无新的格局，二王书风是明朝一代追捧的标准，而就近承袭赵孟頫的余绪，是入明以来的一个普遍现象。因此说，明代是一个帖学大盛的朝代。书法普及的范围在历朝之中也堪称典范，任何一个明代的读书人，字都能写得很好，也能有些趣味，但即便是最有名气的书法家，也不能起到引领时代的作用和力量。

这些现象当然与帝王的好恶有着直接的关系。明成祖朱棣善书法。他的诏书要选工书法的人写，把这些工书的人编入翰林，官中书舍人，并另选 28 人专攻二王书，在他的力倡下，奠定了明朝帖学的基础。仁宗喜摹《兰亭序》；宣宗擅草书，且精于绘画；孝宗日课百字，亦让工书者入翰林，供内制；神宗则经常把王献之的《鸭头丸帖》、虞世南临的《乐毅论》、米芾的《文赋》带在身上，以备临习、赏鉴。

明初的书法以“三宋”（宋克、宋璲、宋广）、“二沈”（沈度、沈粲）最为有名。“三宋”同姓却不同宗，以宋克最具影响。

明代中期的文徵明、祝允明等从台阁体的重压下，挺身奋起，引领了其后的书法发展趋势。

祝允明字希哲，号枝山，长州人。官广东兴宁知县，应天府通判等职。他与文徵明、唐寅，徐祯卿并称“吴中四才子”。四人各有所长：祝枝山擅书、唐寅擅画、徐祯卿能诗，而文徵明则兼擅诗、书、画。

明代后期，朝政腐败、纲纪悖乱、国力日衰，社会矛盾日渐尖锐。启蒙思潮的锋芒直指礼制，致使社会动荡。而文化艺术上的标新立异也一时成为时尚。这种社会整体上的激变，也自然影响着书家们的创作思想和书法格局。晚明的书家一反元代以来的复古方向和甜媚巧丽的书风，而是追求个性化，表现各自不同的书法理念而生发的性情的流露。情感上的激荡、笔姿上的奇崛，多见诸笔端，时见异样新姿。代表书家有徐渭、董其昌、邢侗、张瑞图、米万钟、黄道周、倪元璐、丰坊等。

清朝辞学有《康熙字典》《佩文韵府》等，史学有《明史》《钢监易知录》等，书画方面有《佩文斋书画谱》等。特别是乾隆时完成的《四库全书》尤其值得称道。而《佩文斋书画谱》则用功颇深，比较全面地将书法、绘画理论、题跋、赏鉴、书画家生平等，汇而为一，极大地方便了书画艺术的学习与研究，有其重要意义和深远的学术价值。另外，部分文人、士大夫极端封闭、内向、恪守传统、讲求义理，他们皓首穷经、训诂考据、爬疏索引为己业，形成所谓的“乾嘉学派”。而与“乾嘉学派”的考据风潮有一些联姻的便是“碑学”的兴起。清代中后期，帖学衰落，伴随着碑版的大量出土，文人、书家们开始把兴趣转移到了研究、书写碑版方面上来，重新启用了久已荒废的篆、隶字体，北魏书风古老的碑版，使清代后期的书家们耳目一新，犹如喷薄而出的清泉，激活了将至干涸的湖泊，书坛顿时热闹起来。阮元导其绪，包世臣树其基，康有为扬其波，于是所谓碑学风起云涌，成书法的中兴之势。然而，这为时过晚的书法转折，虽然流派纷呈，书体竞秀，但却一直没有提挈时代力量的人物出现。

清代的书法，有四变：康、雍之世竞讲董其昌；乾隆时，专学赵子昂；嘉、道时期多习唐碑，以欧书为最；咸丰、同治之时，则大兴北碑风气。这种变化，前三变都是基于帝王所好而有所变化，而北碑书风的兴起，则是时代所趋。此外，由于科举盛行，应制的书体应运而生。应制书分白折和大卷二种：白折是应朝考所用，用纸较薄；大卷是应殿试之用，用纸略厚。后人称这种应制书法为“馆阁体”。

由明末进入清代的书家如王铎、傅山、朱耷、王时敏、恽寿平、沈荃、姜宸英、朱彝尊、何焯等的书法，基本上是明末书风的延续，而到了张照才是清代人的字。

（九）现代书法

社会的革命，必然影响到文化艺术的变迁，作为其中之一的书法艺术，当然也不例外。

民国时期的书法界至少还深受康有为理论的影响。许多人追随康有为的理论，从碑版中寻找新的艺术资源，并通过各种大胆尝试解放自己的艺术创造力。康有为亲身实践自己的理论并影响了他的四位得意弟子——梁启超、徐悲鸿、刘海粟、萧娴。康有为书法精湛，人称康体。但自认眼比手高。他的前三位学生书名均为文名或画名所盖。萧娴则是 20 世纪优秀的女书法家。张大千的书法老师的李瑞清，在 20 世纪初即以北碑书法闻名。比较成功的书家有于右任、李叔同、曾熙等人。他们的作品粗放中有柔腻，刚劲而不失流畅。于右任是民国时期最具影响的书家，融北碑行草于一炉。李叔同的作品以碑版为面目。他的学生丰子恺擅长书画散文，作品富有生活情趣与艺术感染力。上海国画大师吴昌硕则精于石鼓文及行草，以书法笔意入画。他的学生在当代书坛极具影响——潘天寿、沙孟海、陆维钊（间接受影响）、陶博吾（间接受影响）。前三位为奠定中国高等书法教育立下了汗马功劳。民国时期的一个特例是沈尹默。他杜绝康有为的理论，坚持研习传统的帖派书法，成为优秀的书法教育家和学者。

中国现代书法的历史虽然短暂，但它也经历了三个性质不同的转变。从受制于传统写字观（而不是书法艺术观）起步，又亲身领受了文学、美术领域中的现代革命浪潮的熏染，书法家们理所当然地对既有模式感到不满。陈陈相因、千篇一律的现状，在写字立场映照下顺理成章，但在艺术表现立场上看却是那么陈腐与落伍。书法美学中抽象表现与具象再现之争竟会如此难解难分；书法家们在 20 世纪 80 年代初竟会异口同声高喊“创新”口号，历时五六年的时间，可见当时书法的大势所向。这可以说是前“现代书法”时期——在观念上为它作了大量铺垫，并成为现代书法运动的基石的一种独特现象。书家们未必自觉地投身于现代书法，也未必意识到必须反叛既有格式，但却产生了本能的进一步探究与构建的欲望：它正是现代书法起步的出发点。

现代著名书法家代表有启功、赵朴初、沈鹏、张海、孙晓云、华人德、李刚田、储云、曹宝麟、陈振濂、何应辉、黄敦、刘正成、尉天池、石开、周俊杰、赵雁君、薛龙春、薛明辉、刘颜涛、林邦德、王镛、聂成文、张强等。

【思考与练习】

1. 简答题。

说出三种以上代表中国书法的字体。

2. 判断题。

（1）中国书法最好的载体是刻石和纸。（　　）

（2）《岣嵝碑》是赞扬大禹治水的石刻，原碑在衡山祝融峰，兰州白塔山塔院的一块与衡山碑同样。（　　）

（3）“池水尽墨”是赞美草圣张芝写字用功的程度的成语。（　　）

（4）北碑书法如“杏花春雨江南”，南帖书法如“白马秋风塞北”。（　　）

（5）行书盛于晋代。（　　）
（6）行书行成于汉末刘德升、钟繇之手。（　　）
（7）欧阳通与其父欧阳询书法修养同样高。（　　）
（8）书法世家中，王氏世家最有名。（　　）
（9）中国书法史上第一块行书碑是唐太宗写的《晋祠铭》。（　　）
（10）楷书的鼻祖是钟繇。（　　）
（11）《神策军碑》是字最大的楷帖。（　　）
（12）康有为根据东汉时期度与韵的总体艺术特点，将汉碑分为八类。（　　）
（13）两晋时代的书法世家有陆氏、卫氏、索氏和王、谢、郗、庾四大家等。（　　）
（14）唐代文化繁荣发达，最有成就者是杜甫诗、韩愈文、鲁公字、道子画，并称四绝。（　　）
（15）张旭的代表作是《古诗四帖》。（　　）
（16）书法是一门艺术，她的历史已有几十年。（　　）
（17）书法只有毛笔和钢笔书法两种。（　　）

第二节　书法名家

一、王羲之

王羲之（303—361），东晋书法家，字逸少。原籍琅琊（今属山东临沂），居会稽山阴（浙江绍兴）。官至右军将军，会稽内史，人称“王右军”。他出身于两晋的名门望族。王羲之12岁时经父亲传授笔法论，“语以大纲，即有所悟”。他小时候就从当时著名的女书法家卫夫人学习书法。以后他渡江北游名山，博采众长，草书师法张芝，正书得力于钟繇。观摩学习“兼撮众法，备成一家”，达到了“贵越群品，古今莫二”的高度。

与两汉、西晋相比，王羲之书风最明显特征是用笔细腻，结构多变。王羲之最大的成就在于增损古法，变汉魏质朴书风为笔法精致、美轮美奂的书体。草书浓纤折中，正书势巧形密，行书遒劲自然，把汉字书写从实用引入一种注重技法、讲究情趣的境界。实际上这是书法艺术的觉醒，标志着书法家不仅发现书法美，而且能表现书法美。后来的书家几乎没有不临摹过王羲之法帖的，因而有“书圣”美誉。他的楷书如《乐毅论》《黄庭经》《东方朔画赞》等在南朝即脍炙人口，曾留下形形色色的传说，有的甚至成为绘画的题材。他的行草书又被世人尊为“草之圣”。没有原迹存世，法书刻本甚多，有《十七帖》《小楷乐毅论》《黄庭经》等，摹本墨迹廓填本有《孔侍中帖》、《兰亭序》（冯承素摹本）、《快雪时晴帖》、《频有哀帖》、《丧乱帖》、《远宦帖》、《姨母帖》、《平安何如奉橘三帖》、《寒切帖》、《行穰帖》、唐僧怀仁集书《圣教序》等。他的《兰亭序》书法遒媚劲健，端秀清新，纯出与自然。是王羲之的生平得意之作，被誉为“天下第一行书”。

二、欧阳询

欧阳询（557—641），字信本，潭州临湘（今湖南长沙）人。世称欧阳率更。世人称他的字为“率更体”。虞世南说他“不择纸笔，皆能如意”。而且他还能写一手好隶书。贞观五年《徐州都督房彦谦碑》就是其隶书作品。他的书法，以隶书为最好。究其用笔，润圆兼备而劲险峭拔，“若草里惊蛇，云间电发。又如金刚怒目，力士挥拳”。其中竖弯钩等笔画仍是隶笔。他所写的《化度寺邑禅师舍利塔铭》《虞恭公温彦博碑》《皇甫诞碑》被称为“唐人楷书第一”。他的楷书无论用笔，结体都有十分严肃的程式，最便于初学。后人所传“欧阳结体三十六法”，就是从他的楷书归纳出来的结字规律。他的行楷书《张翰思鲈贴》体势纵长，笔力劲健。欧阳询的儿子欧阳通，书法一本家传。父子均名声著于书坛，被称为“大小欧阳”。小欧阳《道因法师碑》，隶意更浓，然而锋颖过露，含蓄处不及其父。《虞恭公碑》，全称《唐故特进尚书右仆射上柱国虞恭公温公碑》，明赵涵《石墨镌华》评云：“此碑字比《皇甫》《九成》善小，而书法严整，不在二碑之下。”并叹：“时信本已八十余，而楷法精妙如此。”

三、颜真卿

颜真卿（709—784），字清臣，汉族，唐京兆万年（今陕西西安）人，祖籍唐琅琊临沂（今山东临沂），中国唐代书法家。唐代中期杰出书法家。他创立的“颜体”，楷书与赵孟頫、柳公权、欧阳询并称“楷书四大家”，和柳公权并称“颜筋柳骨”。

颜真卿是开元年间进士，迁殿中侍御史，为杨国忠所恶，出为平原太守，故世称颜平原。安史之乱，颜真卿抗敌有功，入京历任吏部尚书，太子太师，封鲁郡开国公，故又世称颜鲁公。德宗时李希烈叛，宰相卢杞衔恨使真卿往劝谕，为希烈所留，忠贞不屈，被缢杀。

颜真卿为琅琊氏后裔，家学渊博，工于尺牍；师从褚遂良，张旭得笔法，其正楷端庄雄伟，气势开张，行书遒劲舒和，一变古法，自成一格，人称“颜体”。宋欧阳修评云：“颜公书如忠臣烈士道德君子，其端庄尊重，人初见而畏之，然愈久而愈可爱也。其见宝于世者不必多，然虽多而不厌也。”《东方朔画赞》《多宝塔碑》《颜勤礼碑》《祭侄文稿》《中兴颂麻姑仙坛记》《颜家庙碑》《争座位稿自书告身》等皆为其名作。

《祭侄文稿》是颜真卿行书墨迹。元代鲜于枢评此帖为“天下第二行书”。在此帖真迹中，所有的渴笔和牵带的地方都历历可见，能让人看出行笔的过程和笔锋变换之妙，对于学习行草书有很大的益处。

四、柳公权

柳公权（778—865），字诚悬，唐代著名书法家，汉族，京兆华原（今陕西铜川市耀州区）人。元和初进士，历仕校书郎、侍书学士、官至太子太师，世称柳少师。柳公权书法以楷书著称，与颜真卿齐名，人称颜柳。他生活在中唐时期，历穆、敬、文宗三朝，此时，唐代书法改革运动基本已成，时代赋予柳公权的使命不是开拓而是守成，柳公权的历史功绩在于他用创造精神承接颜鲁公的成就，取得“颜筋柳骨”的历史论顶，为唐代书风建设画上了一个完美的句号。《旧唐书》讲：“公权初学王书，遍阅近代书法，体势劲媚，自成一家。当时公卿大臣家碑版，不得公权手书者，人以为不孝。外夷入贡，皆别署货币，曰此购柳书。”他学颜字，但能自创新意。世称“颜筋柳骨”，指出他们书法的不同点。柳字避开了颜字肥壮的竖画，把横竖画写得大体均匀而瘦硬。他既吸取了北碑中方笔字斩钉截棱角分明的长处，把点画写得好像刀切一样爽利深挺，又吸取了虞世南、欧阳询楷书结体上的紧密，以及颜真卿楷书结体的纵势，写出了独树一帜的柳体。

五、黄庭坚

黄庭坚（1045—1105），字鲁直，自号山谷道人，晚号涪翁，又称豫章黄先生，汉族，洪州分宁（今江西修水）人。北宋诗人、词人、书法家，为盛极一时的江西诗派开山之祖，而且，他跟杜甫、陈师道和陈与义素有“一祖三宗”（黄为其中一宗）之称。后世称他黄山谷。《宋史·文苑传》称他：“庭坚学问文章，天成性得，陈师道谓其诗得法杜甫，善行草书，楷法亦自成一家。与张耒、晁补之、秦观俱游苏轼门，天下称为四学士。”他自己说：“余学草书三十余年，初以周越为师，故二十年抖擻俗气不脱。晚得苏才翁，子美书观之，乃得古人笔意。其后又得张长史，怀素，高闲墨迹，乃窥笔法之妙。”

他的行书，如《松风阁》《苏轼寒食诗跋》，用笔如冯班《钝吟杂录》所讲：“笔从画中起，回笔至左顿腕，实画至右住处，却又跳转，正如阵云之遇风，往而却回也。”他的起笔处欲右先左，由画中藏锋逆入至左顿笔，然后平出，“无平不陂’，下笔着意变化；收笔处回锋藏颖。善藏锋，注意顿挫，以画竹法作书给人以沉着痛快的感觉。其结体从颜真卿《八关斋会报得记》来，中宫收紧，由中心向外作辐射状，纵伸横逸，如荡桨，如撑舟，气魄宏大，气宇轩昂。其个性特点十分显著，学他的书法就要留心于点画用笔的“沉着痛快”和结体的舒展大度。至于他的草书，赵孟頫说：“黄太史书，得张长史圆劲飞动之意。”“如高人雅士，望之令人敬叹。”他的《花气诗》笔势苍劲，拙胜于巧，肥笔有骨，瘦笔有肉，“变态纵横，劲若飞动”。《请上座帖》“笔势飘动隽逸”，更是稀世佳作。

六、王安石

王安石（1021—1086），字介甫，晚号半山老人，抚州临川（今属江西）人。北宋政治家、文学家、思想家。王安石的书法萧散简远，深得晋宋间人用笔之妙，常为士大夫所仿效。《楞严经旨要》卷，纸本，纵 29.9 cm，正书，凡二接，经文计七十二行，行二十三至三十六字不等。《楞严经》唐般刺蜜帝译。十卷。王安石摘录其中观世音发妙耳门，从闻思修。此卷，于正书中间有行书，淡墨疾书，笔画清劲，虽行次紧密，少有空白，然并无缭乱之感。

七、苏轼

苏轼（1037—1101），是苏洵的大儿子，北宋著名文学家、书画家、诗人、字子瞻，号东坡居士，眉山(今属于四川)人。他和他的父亲苏洵、弟弟苏辙以诗文称著于世，世称“三苏’。他的书法从“二王”、颜真卿、柳公权、褚遂良、徐浩、李北海、杨凝式各家吸取营养，在继承传统的基础上努力革新。他讲说自己的书法“作字之法，识浅见狭学不足，三者终不能尽妙，我则心目手俱得之矣”。他讲自己的书法艺术创作过程时说：“我书意造本无法，点画信手烦推求。”他重在写意，寄情于信手所书的点画。他在对书法艺术深刻理解的基础上用传统技法去进行书法艺术创造，在书法艺术创造中去丰富和发展传统技法，不是简单机械地去模古。他在执笔方法上运用异于常人的特殊方法，还注意书写工具的改革。其代表作有《天际乌云帖》《洞庭春色赋》《中山松醪赋》《春帖子》《爱酒诗》《寒食诗》《黄州寒食诗帖》《蜀中诗》《醉翁亭记》等。

《黄州寒食诗帖》是苏轼行书的代表作。它是一首遣兴的诗作，是苏轼被贬黄州第三年的寒食节所发的人生之叹。诗写得苍凉多情，表达了苏轼当时惆怅孤独的心情。此诗的书法也正是在这种心情和境况下，有感而出的。通篇书法起伏跌宕，光彩照人，气势奔放，而无荒率之笔。《黄州寒食诗帖》在书法史上影响很大，被称为“天下第三行书”，也是苏轼书法作品中的上乘。

八、赵孟頫

赵孟頫（1254—1322），字子昂，号松雪，松雪道人，又号水精宫道人、鸥波，中年曾作孟俯，汉族，吴兴（今浙江湖州）人。元代著名画家，楷书四大家（欧阳询、颜真卿、柳公权、赵孟頫）之一。赵孟頫博学多才，能诗善文，懂经济，工书法，精绘艺，擅金石，通律吕，解鉴赏。特别是书法和绘画成就最高，开创元代新画风，被称为“元人冠冕”。他也善篆、隶、真、行、草书，尤以楷、行书著称于世。擅长篆、隶、楷、行、草各体、冠绝古今。著有《松雪斋集》。赵孟頫是元代初期很有影响的书法家。《元史》本传讲：“孟俯篆籀分隶真行草无不冠绝古今，遂以书名天下。”赞誉很高。据明人宋濂讲，赵氏书法早岁学“妙悟八法，留神古雅”的思陵（即宋高宗赵构）书，中年学“钟繇及羲献诸家”，晚年师法李北海。此外，他还临抚过元魏的定鼎碑及唐虞世南、褚遂良等人，集前代诸家之大成。诚如文嘉所说：“魏公于古人书法之佳者，无不仿学。”所以，赵孟頫能在书法上获得如此成就，是和他善于吸取别人的长处分不开的。尤为可贵的是宋元时代的书法家多数只擅长行、草体，而赵孟頫却能精究各体。后世学赵孟頫书法的极多。赵孟頫楷书中也有上乘之作，如《三门记》结体宽博深稳，运笔酣畅圆润，最适合当字帖。还有《赤壁赋》也堪称经典之作。

九、唐寅

唐寅（1470—1523），字伯虎，一字子畏，号六如居士、桃花庵主、鲁国唐生、逃禅仙吏等，据传于明宪宗成化六年庚寅年寅月寅日寅时生，故名唐寅。汉族，吴县（今江苏苏州）人。他玩世不恭而又才气横溢，诗文擅名，与祝允明、文徵明、徐祯卿并称“江南四才子”“明四大家”之一，被誉为明中叶江南第一才子。他博学多能，吟诗作曲，能书善画，经历坎坷。是我国绘画史上杰出的人才。

唐寅出身于商人家庭，地位比较低下，在当世“显亲扬名”主导下，刻苦学习，11 岁就文才极好，并写得一手好字。16 岁中秀才，29 岁参加南京应天乡试，高中解元。

唐寅书法为画名所掩，主要学赵孟頫，更受李北海影响，俊逸挺秀，妩媚多姿，行笔圆熟而洒脱，唯笔力稍弱，钩挑牵丝绵软，结构亦略趋松散。故王世贞评曰：“伯虎入吴兴堂庑，差薄弱耳。”

十、郑板桥

郑燮（xiè）（1693—1765），清代官吏、书画家、文学家。名燮，字克柔，号板桥，汉族，江苏兴化人。康熙秀才、雍正举人、乾隆元年进士。“扬州八怪”之一。曾任潍县县令，书画史。江苏兴化人。做过山东范县、潍县知县，有政声。“以岁饥为民请赈，忤大吏，遂乞病归。”作官前后，均居扬州，以书画营生。工诗、词，善书、画。诗词不屑作熟语。画擅花卉木石，尤长兰竹。兰叶之妙以焦墨挥毫，藉草书中之中竖，长撇运之，多不乱，少不疏，脱尽时习，秀劲绝伦。书亦有别致，隶、楷参半，自称“六分半书”。间亦以画法行之。印章笔力朴古逼文、何。为人疏放不羁，以进士选县令，日事诗酒，及调潍县，因岁饥为民请赈，忤大吏，罢归，居扬州，声誉大著。恣情山水，与骚人、野衲作醉乡游。时写丛兰瘦石于酒廊、僧壁，随手题句，观者叹绝。著有板桥全集，手书刻之。所作卖画润格，传颂一时。其诗、书、画世称“三绝”，擅画兰竹。郑燮一生画竹最多，次则兰、石，但也画松画菊，是清代比较有代表性的文人画家。

十一、邓石如

邓石如（1743—1805），清代篆刻家、书法家，邓派创始人。安徽怀宁人，原名琰，字石如，号顽伯，完白山人，因避清仁宗名讳，故以字行。出生寒士之门，祖辈的“潜德不耀”的人品和“学行笃实”的学业以及骜岸不驯的性格对他的成长具有潜移默化之功。20 岁左右即开始了一生的游历生涯，浪迹江湖，到处寻师访友。他的一生，伴随着刻苦自励，倾注艺术的全部生活内容几乎就是交游二字。不求闻达，不慕荣华，不为外物所动，不入仕途，始终保持布衣本色，这完全是一位纯粹的艺术家我行我素、自由自在的逍遥人生。

当时之人对邓石如的书艺评价极高，称之“四体皆精，国朝第一”，他的书法以篆隶最为出类拔萃，而篆书成就在于小篆。他的小篆以斯、冰为师，结体略长，却富有创造性地将隶书笔法糅合其中，大胆地用长锋软毫，提按起伏，大大丰富了篆书的用笔，特别是晚年的篆书，线条圆涩厚重，雄浑苍茫，臻于化境，开创了清人篆书的典型，对篆书一艺的发展做出不朽贡献。隶书则从长期学习汉碑的实践中获益甚多，能以篆意写隶，又佐以魏碑的气力，其风格自然独树一帜。楷书并没有从唐楷入手，而是追本溯源，直接取法魏碑，多用方笔，笔画使转蕴含隶意，结体不以横轻竖重、左低右高取妍媚的方法而求平正，古茂浑朴，与时俗馆阁体格格不入，表现出勇于探索的精神。

十二、吴昌硕

吴昌硕（1844—1927），浙江安吉人。杭州西泠印社首任社长。初名俊，又名俊卿，字昌硕，又署仓石、苍石，多别号，常见者有仓硕、老苍、老缶、苦铁、大聋、石尊者等。我国近代金石、书、画大师。著有《缶庐集》《缶庐印存》。

少年时他因受其父熏陶，即喜作书，印刻。他的楷书，始学颜真卿，继学钟元常；隶书学汉石刻；篆学石鼓文，用笔之法初受邓石如、赵之谦等人影响，以后在临写《石鼓》中融会变通。沙孟海评：吴先生极力避免“侧媚取势，捧心龋齿”的状态，把三种钟鼎陶器文字的体势，杂糅其间，所以比赵之谦高明得多。吴昌硕的行书，得黄庭坚、王铎笔势之欹侧，黄道周之章法，个中又受北碑书风及篆籀用笔之影响，大起大落，遒润峻险。

十三、李叔同

李叔同（1880—1942），弘一大师，幼名成蹊，学名文涛，字叔同，笔名和别号甚多，达 250 多个。祖籍浙江平湖，生于天津。李叔同自幼聪颖过人，五岁时丧父，从其母王氏习诵名诗格言。十岁时始读经史诸籍，后从唐静岩、赵幼梅学诗词、书画和篆刻。是我国著名的书画篆刻家、音乐家、戏剧家、教育家、诗人、学者，20 世纪中国十大书画家之一。其把诸多科门类集归一身，并为世人留下了咀嚼不尽的精神财富。

十四、齐白石

齐白石（1863—1957），原名纯芝，字渭清，后更名璜，字萍生，号白石，别号借山馆主者，寄萍老人老萍、杏子坞老民、木人、木居士等，湖南湘潭人，20世纪十大画家之一，世界文化名人，是我国20世纪著名的书画大师和书法篆刻巨匠。其曾任北京艺专教授、中央美术学院名誉教授、北京画院名誉院长、中国美术家协会主席等职。曾被授予“中国人民艺术家”的称号、荣获世界和平理事会1955年度国际和平金奖。

作为享誉国际的书画大师，其诗、书、画、印无所不能、无所不精。他的书法学何子贞、金冬心、李北海等，书法刚劲沉着、苍劲老辣、个性强、气魄大。尤其是篆书，笔力雄健，线条流畅，气势磅礴。有人评价他的书法“既有精雕细琢之美，也有乱头粗服之美”，给人以朴实无华、力能扛鼎之感。

十五、启功

启功（1912—2005），中国书画家，书画鉴定家、文学家，字元白也作元伯，生于北京。长期从事文史教学与研究，曾任教辅仁大学，新中国成立后任北京师范大学教授、中央文史研究馆馆长、中国书法家协会主席等职。精于书画及文物鉴定，任国家文物鉴定委员会主任委员。在书学上力主临习墨迹，尤其重视结字，创“黄金分割法”。书风于端庄静穆中寓劲健飘逸。著有《启功丛稿》《论书百绝》等，并有《启功书法作品选》等多种书法结集。

【思考与练习】

1. 下列碑名中是隶书碑帖的有（　　），是楷书碑帖的有（　　）。

   A.《官全碑》　　B.《玄秘塔碑》　　C.《乙瑛碑》

   D.《张迁碑》　　E.《神策军碑》　　F.《多宝塔碑》

2. 例举中国历史上四大书画家。
3. 堪称天下第一行书的是颜真卿的《祭侄文稿》，还是王羲之的《兰亭集序》？
4. 柳公权最擅长写楷书还是隶书？
5. 隶书是唐代发明的书体吗？
6. 仿宋体是秦代发明的书体吗？

第三节　书法名家故事

一、墨池和入木三分

王羲之是1600年前我国晋朝的一位大书法家，被人们誉为“书圣”，绍兴市西街戒珠寺内有个墨池，传说就是当年王羲之洗笔的地方。

王羲之7岁练习书法，勤奋好学。17岁时开始阅读父亲秘藏的前代书法论著，看熟了就练着写，他每天坐在池子边练字，送走黄昏，迎来黎明，写完了多少的墨水，写烂了多少的笔头，每天练完字就在池水里洗笔，天长日久竟将一池水都洗成了墨色，这就是人们今天在绍兴看到的传说中的墨池。

王羲之练字专心致志，达到废寝忘食的地步。他吃饭走路也在揣摩字的结构，不断地用手在身上划字默写，久而久之，衣襟也磨破了。功夫不负有心人，有一次，他为人写一块匾在木板上写了几个字样，送去叫人雕刻。刻工发现字的墨渍竟渗入木板里面约有三分深。于是人们常用“入木三分”的成语来形容书法笔力强劲，后来用它来比喻对事物见解、议论的深刻。

二、十八缸水

王献之是王羲之的第七个儿子，自幼聪明好学，在书法上专工草书隶书，也善画画。他七八岁时始学书法，师承父亲。有一次，王羲之看献之正聚精会神地练习书法，便悄悄走到背后，突然伸手去抽献之手中的毛笔，献之握笔很牢，没被抽掉。王羲之很高兴，夸赞道：“此儿后当复有大名。”小献之听后心中沾沾自喜。还有一次，羲之的一位朋友让献之在扇子上写字，献之挥笔便写，突然笔落扇上，把字污染了，小献之灵机一动，一只小牛栩栩如生于扇面上，再加上众人对献之书法绘画赞不绝口，小献之滋长了骄傲情绪。献之的父母看此情景，若有所思。

一天，小献之问母亲郗氏：“我只要再写上三年就行了吧？”妈妈摇摇头。“五年总行了吧？”妈妈又摇摇头。献之急了，冲着妈妈说：“那您说究竟要多长时间?”“你要记住，写完院里这 18 缸水，你的字才会有筋有骨，有血有肉，才会站得直立得稳。”献之一回头，原来父亲站在了他的背后。王献之心中不服，啥都没说，一咬牙又练了 5 年，把一大堆写好的字给父亲看，希望听到几句表扬的话。谁知，王羲之一张张掀过，一个劲地摇头。掀到一个“大”字，父亲现出了较满意的表情，随手在“大”字下填了一个点，然后把字稿全部退还给献之。

小献之心中仍然不服，又将全部习字抱给母亲看，并说：“我又练了 5 年，并且是完全按照父亲的字样练的。您仔细看看，我和父亲的字还有什么不同?”母亲果然认真地看了三天，最后指着王羲之在“大”字下加的那个点，叹了口气说：“吾儿磨尽三缸水，唯有一点似羲之。”

献之听后泄气了，有气无力地说：“难啊！这样下去，啥时候才能有好结果呢？”母亲见他的骄气已经消尽了，就鼓励他说：“孩子，只要功夫深，就没有过不去的河、翻不过的山。你只要像这几年一样坚持不懈地练下去，就一定会达到目的的！”

献之听完后深受感动，又锲而不舍地练下去。功夫不负有心人，献之练字用尽了 18 大缸水，在书法上突飞猛进。后来，王献之的字也到了力透纸背、炉火纯青的程度，他的字和王羲之的字并列，被人们称为“二王”。

三、天台山拜师

有一天夜里，王羲之在灯下练字，练呀练呀，白纸写了一张又一张，铺得满地都是。夜深了，他还在逐个字逐个字细看着，思考着。对自己所写的字，他还不满足，又看又练，实在练得太疲倦了，握着笔伏在案上。忽然，一阵清风过处，一朵白云飘然而至，云朵上有位鹤发银髯的老人，笑呵呵地看着他说：“你的字写得不错呀！”

“哪里，哪里！”王羲之一边让座，一边谦虚地回答。他见这位老人仔仔细细地观看自己写字，便请教说：“老丈啊，请您多多指正。”老人见王羲之一片诚心，说道：“你伸过手来。”

王羲之心里纳闷，老人要做什么呢？他见老人一本正经，不像开玩笑，便慢慢地将手伸了过去。老人接过笔，笑容可掬地说：“我看你诚心诚意学写字，让你领悟一个笔诀，日后自有作用。”老人说完，在王羲之的手心上写了一个字，然后点点头说：“你会更快进步起来的。”说罢去了。王羲之急忙喊道：“先生家居何处？”只听空中隐隐约约地传来一声：“天台白云……”

王羲之一看手心是个“永”字，他比呀划呀，写呀练呀，终于领悟了：横竖勾，点撇捺，方块字的笔画和架子结构的诀窍，都体现在这“永”字上。白云先生授的真是好笔诀！此后，王羲之练得更勤奋了，他的书法也更加洒脱奇妙了。

以后，王羲之回到绍兴，与文友在兰亭欢聚时，挥笔写下了千古流传的书法珍宝《兰亭集序》。王羲之念念不忘天台山白云先生的“永”字笔诀，诚心诚意地写了一部《黄经洞》，放在山顶一个突兀峭险的岩洞里，后人就叫它“黄经洞”。

四、郑板桥的故事

郑板桥辞官回家，“一肩明月，两袖清风”，唯携黄狗一条，兰花一盆。一夜，天冷，月黑，风大，雨密，板桥辗转不眠，适有小偷光顾。他想：如高声呼喊，万一小偷动手，自己无力对付，佯装熟睡，任他拿取，又不甘心。略一思考，翻身朝里，低声吟道：“细雨蒙蒙夜沉沉，梁上君子进我门。”此时，小偷已近床边，闻声暗惊。继又闻：“腹内诗书存千卷，床头金银无半文。”小偷心想：不偷也罢。转身出门，又听里面说：“出门休惊黄尾犬。”小偷想，既有恶犬，何不逾墙而出。正欲上墙，又闻：“越墙莫损兰花盆。”小偷一看，墙头果有兰花一盆，乃细心避开，足方着地，屋里又传出：“天寒不及披衣送，趁着月黑赶豪门。”

【思考与练习】

1. 熟悉历代经典碑帖。

请说出书法家颜真卿的三个代表作品。

2. 书法理论知识填空题。

（1）中国书法的五大书体按发展的先后顺序分别是（　　）书、（　　）书、（　　）书、（　　）书、（　　）书。

（2）（　　）代（　　）被尊为书圣，代表作有天下第一行书（　　）及（　　）等。其家族书法名家众多，主要的代表人物有他的父亲（　　）、伯父（　　）、（　　）、小儿子（　　）、侄儿（　　）。他的书法启蒙老师是著名的女书法家（　　）；智永是他第（　　）代孙子，代表作有（　　）。

（3）初唐四家是指（　　）、（　　）、（　　）、（　　）。

（4）宋四家是指（　　）、（　　）、（　　）、（　　）。

（5）元代书坛代表人物是（　　）。

（6）明代书坛的代表人物有（　　）、（　　）、（　　）、（　　）等。

（7）清代书坛的代表人物有（　　）、（　　）、（　　）、（　　）等。

（8）书法创作中人们常用的幅式有中堂、（　　）、（　　）、（　　）、（　　）、（　　）、（　　）等。

(9)文房四宝是指(　　)、(　　)、(　　)、(　　)。好笔的外在特征是(　　)、(　　)、(　　)、(　　)。

(10)篆刻有(　　)文印、(　　)文印之分。

(11)宣纸分(　　)宣、(　　)宣、(　　)宣三大类。

(12)三希堂是清代(　　)皇帝的(　　)，面积不大，却大气、肃穆、窗明几净，皇气逼人，陈设和珍藏了大量的艺术珍品。三希的含义之一即指三希堂中收藏了他最为珍视的东晋(　　)的(　　)帖、(　　)的(　　)帖和(　　)的(　　)帖三件稀世墨宝。

第四节　书 法 练 习

一、书法入门

书法是我国特有的传统艺术，早在周朝时候就把它列入了“六艺”之一（礼、乐、射、御、书、数）。书法走到今天，已经逐渐转换为一种纯艺术，它的功用价值已经逐渐减少。今天的书法学习，已经和音乐美术一样，均属艺术类课程。在书法课上，不仅可以学习知识和汉字书写的技巧，更重要的是在学习过程中要领略书法艺术的美感，体会书法艺术的神韵，提高人们的艺术审美观。

书法分为：正、草、隶、篆、行等。

学习书法的途径，传统观念认为应从唐楷入手，逆时而上，在写好楷书的基础上进一步练习南行、北碑、汉隶、秦篆。另一种观念认为从青少年手部肌肉发育尚不成熟的特点出发，可以从变化较少的秦篆入手，顺时而下，由行草而后楷书。这两种观念各有其道理。

在练习书法时常常提到“重心”这个概念，字的重心就是整个字的分量的中心点。写字时把字的重心把握准了，写出的字才不会上歪下斜，左偏右倒，而显得平正。唐孙过庭《书谱》说：“初学分布，但求平正。”可见，把握好字的重心，对初学书法者很重要。

但是，中国的汉字千姿百态，复杂多变，有些字的重心比较明显，如“十”“田”等，有些字的重心却很难把握，如“飞”“乃”等。为了使初学者很快地学会掌握字的重心，下面把汉字分成独体、上下、左右三类，举例加以明。

（一）独体字的重心

独体字是由基本笔画直接构成的，在所有的汉字中，独体字占的比例虽然不是很多，但是它是构成众多的合体字的结构单位。因此，熟悉掌握独体字的重心，是学好书法的基础。对于独体字的重心，可以从其外形或主干笔画入手去把握。

（1）整个字形呈中心对称式的，则中心对称点就是字的重心，如“十”“田”“回”等。

（2）整个字形是呈左右对称式的，则字的重心在左右对称轴上，如“天”“大”“义”等。

（3）如果字中有中竖，则重心就在中竖上，如“中”“木”“来”等。

（4）如果字中有一竖画但不居中，则竖靠左，重心居右，如“下”“卫”“韦”等；竖靠右，重心居左，如“才”“可”“寸”等。

（5）如果字中有左右竖相对，则重心在左右竖中央位置，如“门”“非”“用”等字。

（6）如果字的上下左右既不互相对称，又处势歪斜，那就通过变换笔势，斜中求正，把握重心。如“夕”字本身向左下斜，最后一点的写法很重要，一定要压在字的中垂线上；又如“戈”字本身向右下倾，横画就需变换笔势向右上斜，使之平稳；再如，要写好“勿”字，横折钩折笔后，必须向左下包，直到它的中垂线位置再出钩，才能撑住整个字。

（二）上下堆积字的重心

上下堆积的字分为上下结构和上中下结构两种。

（1）上下结构的字，上下两部分各自的重心要垂直对正，以保证整个字不歪斜，如“音”“香”“盖”等。

（2）上下中结构的字，上中下三部分各自的重心要保持在同一竖直线上，如“素”“冀”“棠”等。

（3）值得一提的是，由于楷书的横画多向右上有一定的倾斜度，故上下结构或上中下结构的字，其下面部分的重心可略偏右，此时倒给人一种视学上的平衡感，如“志”“贵”“累”等字。

（三）左右平排的字

左右平排的字分为左右结构和左中右结构两种。

（1）左右结构的字，左右两个部分要保持在同一水平线上，使字平衡，如“林”“群”“额”等。

（2）左中右结构的字，左中右三个部分的重心要布置在同一水平线上，如“翔”“糊”“辨”等。

（3）值得一提的是，左右结构或左中右结构的右边部分，其重心可以略偏下，但绝不能偏上，这也可能是由于楷书的横画向右上有一定倾斜度的缘故，如“碍”“储”“脚”等。

二、学习书法的技巧（口诀歌）

（一）书法入门歌

书法为艺术，前人心血凝。学书贵有恒，练书须用心。
心正则笔正，笔决记心中。下笔不离点，转折贵圆露。
有垂还欲收，勾画忌平庸。左垂宜竖露，右直利悬针。
捺似金刀势，撇如犀角形。横行锋务敛，结构气欲清。
毫发不松懈，布局巧用心。疏密必相间，迟速便能通。
轻重相扶持，正偏顾盼情。浓淡相映易，向背必适中。
虚实必兼顾，起伏延绵陈。纵横穿插势，吞让有分寸。
导之则泉注，顿之则山尊。神形能兼备，飘逸潇洒容。
日日不歇笔，不懈功竟成。

（二）楷书口诀

楷书称正楷，起笔多藏锋。学书必先行，行笔用中锋。
笔画形态稳，回锋要自然。字字得端正，结构讲造型。
结构搭配匀，多临古人帖。章法要讲究，用笔讲技巧。
笔笔得到位，楷书要写好。清朗必整齐，重在用腕上。

（三）行书口诀

行楷书写要流畅，主笔沉着是关键。快写简化是特征，连笔轻细不可粗。
伸缩性大变体多，用笔最好是长锋。执笔用笔如草书，使墨必须调湿润。
执笔必须悬起肘，全篇排头是标准。灵活多变才自如，一气呵成要贯通。

（四）隶书口诀

方劲古拙，如龟如鳖。蚕头雁尾，笔必三折。
雁不双飞，蚕无二色。点画俯仰，左挑右磔。
重浊轻清，斩钉截铁。

（五）魏碑口诀

魄力雄强，精神飞动。气象浑穆，兴趣酣足。
笔法跳跃，骨血润达。点画峻厚，结构天成。
意态飘逸，血肉丰美。

（六）草书要诀

草书行行如春蚓，字字造型似秋蛇。
全章一起要贯通，有气有神是精品。

（七）狂草要诀

狂草如激电湍流，字字如惊蛇出洞。
点线变化多姿美，疏密虚实心有数。
气势磅礴态万千，结构布白心畅意。

三、学习书法的意义

书法是中国古典艺术的一朵奇葩，在文字发展的历史中，没有哪一国的文字像中国的汉字这样，发展成为一门独有的艺术形式。人们说书法是“无声的音乐”“纸面上的舞蹈”，是“人类情感的心电图”。书法艺术以其抽象、灵动、丰富的线条给人以复杂多样的审美感受。2009 年，中国书法进入了联合国《人类非物质文化遗产代表作名录》。

书法艺术，表面看来，不过是毛笔蘸墨书写汉字而已，无任何神秘高深之处。但是 “书虽小技，其精者也通于道焉”。这个道，大的方面是指宇宙的生成变化规律，小的方面则是指人的素养、品行。我国古代教育将书法列为六经之一，是学生必读课程，旨在培养和提高人的基本素质。

（一）书法艺术与人格塑造

“书以人传”，书法家作品的风格高下，最终是书家个人情性、品格的自然流露。宋代黄庭坚说：“学书须胸中有道义，又广之以圣哲之学，书乃可贵。”在颜真卿《祭侄文稿》的书作中，记述的是颜真卿为就义于安史之乱的侄子颜季明所挥泪写下的流芳千古的祭文。我们可以从那跌宕跳跃的线条和文字内容中，感受颜真卿在听到侄子被叛军杀害时那悲愤难抑的心情。同样，皇帝问当朝书法名家柳公权如何学习书法，柳公权回答：“心正则笔正”，为我们留下了“笔谏”的千古美名。通过学习书法，不断研习古代碑帖，心仪古人风范，必然对个人的人格塑造，起到潜移默化的教育作用。

（二）书法艺术与能力培养

书法学习有利于学生的多种能力的培养。通过对书法碑帖的临习，首要锻炼的就是学生细微的观察力。古人说：“察之者尚精，拟之者贵似。”学生通过观察每个字的点画结构、用笔方法和特征，从而心摹手追，训练既久，学生观察事物的能力就会得到帮助和提高。

其次是对想象能力的培养。古人云：“夫书肇于自然。”书法中关于笔画形态的描述，很多是来自于日常生活和自然现象，如描述线条的质量高时，常以“屋漏痕（下雨时农家房檐滴的雨线）”作喻。唐代草书大家张旭从公孙大娘舞剑中悟得笔法之理，也是关于书法艺术与想象力培养的例证。

再次是对学生辩证思维能力的培养。在临摹古代书法中，有很多辩证统一的思想贯穿其中，如字形的向背、行笔中的提按、墨色的浓淡、行笔速度的疾涩、起笔时的顺锋与逆锋、笔画形态的方圆等，都构成了书法学习中矛盾又统一的现象。从某种意义上来说，书法艺术乃至艺术创作的规律，就是运用辩证法，在矛盾中求得统一的过程。

另外，学习书法，对一个人的专注力，耐力的培养也有着其他学科所不可替代的作用。正所谓“梅花香自苦寒来”，如果能够引导孩子在中国传统艺术投入足够的学习和关注，那么种种发生在青少年身上的不良现象也许会得到一定程度的遏制。

（三）书法艺术与多学科联系

中国的书法艺术博大精深，深研书法，对其他学科的学习也有不可替代的作用。

1. 文学

王羲之的《兰亭序》不仅是一件千古流芳的书法名作，同时也是一篇文辞优美的游记散文。毛泽东豪迈奔放的诗作与其大开大合、气吐山河的书法作品风格高度统一，互为表里。一个书法家作品不能仅仅停留在形式美的层面上，它尤其需要用文学内容去充实，我们看到一幅书法作品，如果文辞拙劣，意趣低下，又有错别字夹杂其中，那作品的艺术高度也会大打折扣的。

2. 历史与考古学

书法是我国悠久的文化遗产，从有文字开始就产生了书法，我们总是从文字的延绵发展中考察历史前进的脉络。学习书法，可以增加对中国悠久的历史和灿烂的文化的了解，具有其他教学所不可替代的作用。正如一句话所说：“我们通过对点画的摹写，仿佛触到了历史的体温。”

而对于考古，则是必须依靠扎实过硬的文字学功底来辨认古代器物。系统的学习书法，可以了解文字的衍变和发展、古体文字的辨认书写等。

3. 绘画与设计

书法是以汉字为表现对象的艺术，汉字丰富的线条和复杂的结构为其他姊妹艺术提供了造型元素。“书画同源”（这里的画特指中国画），一方面指的是书法与中国画的用笔工具相同，都是使用毛笔；二是指二者的用笔方法相同，甚而审美标准相同。中国的艺术是注重感性的个人主观感情的表达，与西方那种精密客观、写实的刻画方法迥异。在一些中国画里，使劲地在用毛笔画“素描”，这就失去了中国画中笔墨的意趣。

而书法与设计艺术亦有很大关联。一些书刊、报纸的报头题字即是书法体。这些设计只是对书法的简单借用。在 2008 北京奥运会会徽“中国印——舞动的北京”所使用的设计元素就是一个篆字书写的“京”字，经过适当的夸张和变形，较好地传达出 2008 年北京以开放、热情、包容的姿态迎接四海宾客的意味，同时也体现出越是民族的、越是世界的设计理念。

“世界不是缺少美，而是缺少一双发现美的眼睛。”通过书法的教育内化，能唤起一颗求真向善的心，从而达到心灵的健康自由。

在大力推行素质教育的今天，写好字一直是每个学生和家长的美好愿望。但是，不应该仅仅把目光放在学得一门技艺上，而应更加重视书法学习的意义。

学习书法的意义包括很多方面。

（1）培养爱国情操。学习书法就是传承中国独有的书法艺术，写好中国字就是弘扬了国粹。

（2）通过学习书法，接触博大精深的国学世界，提高文化修养。也许在很多人眼中汉字只是一种负载信息的书面符号，其实，汉字也是一种文化，因为每一个汉字都积淀着中华民族几千年的睿智和精华。在学习过程中，探究古人的造字方法、了解古代书家的学书轶事、体验汉字书写艺术的魅力、临摹古代的精彩诗文，有利于培养学生对民族文化的热爱，提高传统文化的修养。

（3）训练手、眼、脑的统合能力。练字的过程是眼、脑、手并用的过程，要求眼到、脑到、手到，是训练学生手、眼、脑的统合能力最好的方法之一。

（4）滋养道德素质。书法作为一门传统艺术，它的学习对于一个人的道德滋养是极有裨益的。古来许多书法大学都有高尚的品德，并以独特的形式熔铸于作品中之中，学习书法，能从历代书法家的高风亮节中得到熏陶。

（5）培养学生的多种能力（观察能力、模仿能力、领悟能力、分析能力、表现能力和执行能力）。练字的过程，是观察、分析、书写的过程。在这个过程中，有利于学生观察能力、模仿能力、领悟能力、分析能力、表现能力及创造能力的发展与提高。

（6）促进学生养成良好的学习品质，是修身养性的过程。通过学习书法，能有效促进学生养成细致、专注、沉着、持久的意志品质，即修身养性。

为什么学习书法可以使人变得细心，容易集中注意力呢？因为练字时要全神贯注、凝神静气，仔细观察字的细微特征，并要准确控制运笔的轻重缓急。这样久而久之就能潜移默化地对一个人的内在素质产生积极影响，从而养成良好的习惯，这对其他课程的学习乃至今后的发展是极有益处的。

（7）通过对汉字的书写与名帖欣赏，有益于学生树立正确的审美观，提升审美情趣。在练字过程中，要求按正确的笔顺去写，注意笔画间的搭配呼应，力求将字写得正确、规范、整洁、美观。学生通过老师辅导、名帖欣赏等过程，有益于树立正确的审美观，懂得什么是美的，怎样才能美，从而激发追求美、创造美的欲望，提升审美情趣。

（8）有利于发展学生的健康个性，培养创新精神。

（9）一手漂亮字，增加人生的机会。古往今来，字被称为第二门面。一个人的字迹，一定程度上的性格特征及文化素养。许多人因写得一手漂亮字而获得特别的发展机会，并在心理素质、意志品质等方面更加自信，容易取得他人的欣赏、尊重和信任，从而获得更多的人生机会。

（10）缓释生活压力。书法学习是以极为自然的方式展开的，感觉与思维跃然在纸上，这是一件令人愉悦的、轻松休闲的活动，而非紧张的智力劳作。因此，学习书法，在相当明显的程度上能有效地帮助松弛和协调，对于繁重的学习或工作而言，它是一剂极有特色的洗涤剂，好比大都市中的一派田园风光，自然、质朴、宁静而又净化人的心灵。

总之，无论古今，书法都是一门重要课程，我们不能等闲视之。

【思考与练习】

1.“永字八法”具体指什么？

以永字点画的写法为例，说明正楷点画用笔和组织的方法。八法分别为“侧”“勒”“努”“趋”“策”“掠”“啄”“磔”，代表楷书的不同笔画，你认为是这些吗？

2．下列对“五指执笔法”的阐述是否正确？

执笔法的一种，相传由唐代陆希声传下来，用“厌、押、钩、格、抵”表明五个手指在执笔时发挥的不同作用。

3．分析下列对“蚕头雁尾”的解释是否全面？

是对隶书横画起笔、横波收笔的形象说法。指隶书长画起笔，回锋饱满，形如蚕头；横波收笔，顿笔斜提出锋，状如雁尾。

4．下列对书法名词“一波三折”的解释是否正确？

写捺画时，起笔要束得紧，颈部要提得起，捺脚处要铺毫饱满，拓得开，一笔之中有三个转折笔势；后泛指在书写点画时，行笔中笔势起伏，含蓄。

5. 自己设计、编辑，并用楷书和行书两种字体编写一份手抄报。

第三部分　口语社交和礼仪

第七章　口 语 交 际

第一节　口语交际概述

一、口头语言和书面语言的关系

人类的语言是一种相当复杂、弹性极强、容量极大的符号系统，主要包括书面语言和口头语言。在书面语言产生以前的漫长岁月里，口头语言是实现交际的唯一方式。从这个意义上来说，书面语言是在口头语言的基础上产生和发展的，口头语言是书面语言取之不尽、用之不竭的源泉。书面语只有从人民大众的口语中汲取营养，才能不断发展。如果严重脱离口头语，就会僵化。所以说口头语言是书面语言的基础。

与此同时，在社会人际交往中，除大量使用口头语言之外，还会常用一些书面语，如“尊师重教”“遵纪守法”“文明经商”“招聘应聘”“招标投标”等。书面语言在沟通各方言区的口语、推动民族共同语的形成、推广普通话方面都起了相当大的作用。

口头语和书面语各有自己的优点和缺点，又有各自的用场。说话要看对象，在普通场合说话文绉绉，不仅听了会感到别扭，而且达不到情感交流和表达的效果。

总之，口头语言和书面语言的关系是相辅相成的，口头语言是书面语言的基础，书面语言对口头语的丰富与发展起到了促进的作用。

二、口头语言和口头表达的特点

（一）口头语言的特点

口头语言又称口语，与书面语言相比有如下特点。

（1）口头语言是有声语言，是通过人的言语听觉和言语动作来交流信息的。一般情况下，书面语比较正规、庄重、严密，而口头语则比较随便自然，段句多，自然句多（结构松散的句子）。另外，用口语说话常带有感情色彩的语句，如象声词“轰隆隆地响”“哗哗地流”等，用带叠音后缀的形容词如“白生生”“美滋滋”等，有的带有个人习惯、个性和气质所决定的常用语词和语气，熟悉的人一听就知道是谁。

（2）口头语言有一些惯用词汇和特殊的语法现象。口头语言常把一些书面语言的单音词改为双音词，如将“归”说成“回来”，将“任”说成“担任”。还有一些自己习惯用的词汇，如将“欺骗”说成“糊弄”，“询问”说成“打听”。此外，口语中还有一些特殊的语法现象，如为了把紧要信息尽快传给对方，可把主语和谓语的顺序颠倒，如“你站住”“墙倒了”可说成“你！站住”“倒了！墙”。也可把次要信息省略，并把主要信息前置，如“王府井一张”“四张东单”，书面语则说“买一张王府井的票”“买四张东单的票”。

（3）口头语言对语境具有依赖性、声调具有表情达意的作用。口头语言如果脱离了当时的语境，有时就听不懂说的是什么。比如，老师问：“昨天怎么没改到你的作业？”学生答：“父亲病了，昨天我回了趟家。”从表面上看，学生所答非所问。其实，借助语境，还是可以明白学生说这话的意思：“昨天父亲病了，我回家看父亲，所以作业没有做。”可见，借助语境，说半句话也可以达到交际的目的。

口语还可通过语言音调的高低强弱，音色的柔软、粗犷表明说话人的性别、性格和感情，可分辨出说话人的男长女幼。另外，语境的轻重缓急，可反映说话人的态度情感。

（4）口头语言不如书面语言严密、精练简洁。口头语言常有重复、脱节、颠倒、插说以及起填空作用的“这个”“那个”“是不是”之类的语句。这一方面是出于说话人口语的不良习惯，另一方面是由于语言表述落后于思维的缘故，一时想不出合适的词，于是就用一些不表意思的习惯性词语加以过渡。

总之，与书面语言相比，口头语言有许多特点，它新鲜、生动，特别富有形象性和生活气息。因此要博采口语。

（二）口头表达的特点

口头表达与书面表达相比较，口头表达有如下几个特点。

1. 边想边说、很快消失

在人际交往过程中，无论是获取信息还是交流情感都少不了说话。开始只不过有一个话题、有一个念头、有一个要说明某种意思的轮廓，至于用什么具体的词来表情达意并不那么鲜明，而要靠在说话的过程中边想边说，让原有的意思得以发挥，话题线索越来越明朗，内容也越来越充实。这种即兴而谈的讲话不可能像书面表达那样从容思考、思路清晰、想好再写，口头表达常会受语言环境、听话对象的反应等因素的诱发和刺激，从而产生新的想法和话题，使说话具有更大灵活性和可变性。

书面语言一旦成文，不管时间多长，都无法磨灭，而说出口的话如果不录音，也无他人作证，时过境迁，便无据可查。所以，讲话的人不能因话语一闪而过便态度轻率，要力求做到表达的准确性，要严肃认真，切勿给人留下不负责任的印象。

另外，由于语言会很快消失，所以音量不能太小，发音要清晰。否则别人听不见或听不明白就会影响交际效果。

2. 借助语速、停顿、重音和语调的变化断句表意

说话不是通过标点符号来表示话语的起迄、句子的层次和感情色彩，而是巧妙地运用声音和停顿、语速的快慢、轻重音的变化以及不同的语气，来显示话语的层次，让对方一句一句地听清楚。当然，语速的快慢还与说话人的性格、心情和表意的特殊需要有关。

（1）语速。语速一般可分为三种：快速、中速、慢速。

快速，每分钟 200 音节以上，一般用来表达紧张鼓动诡辩责问等内容（如体育赛事解说）；中速，每分钟 150 音节左右，常用作平静的叙述、情节的交代等（如陈述某件事）；慢速，每

分钟 100 音节左右，常用来表达哀痛、沉着、深切的情感（如悼词）。

（2）停顿。停顿是指词语或句子之间的语音停歇现象，既是说话者生理上的需要，也是听众心理上的要求，更是表情达意的手段。停顿不同，意思就不同，甚至会截然相反。例如：

甲：下雨天留客天，留我不留？

乙：下雨天留客，天留我不留。

丙：下雨天，留客天，留我不？留。

由此可见，停顿对句子的定义有着直接的影响，必须恰当地运用停顿的手段。

（3）重音。重音包括“词重音”和“句重音”两种。重音与语言关系甚密，重音是由语义决定的，反过来又对语义起着突出强调的作用。同一个句子重音的位置不同表达的语义也不同。例如：

甲：我喜欢打球。（强调“我”不是别人）

乙：我喜欢打球。（强调我的兴趣、爱好）

丙：我喜欢打球。（强调“打”不是“看”）

丁：我喜欢打球。（强调打球、不是打猎或打别的什么）

由于重音位置不同，可以改变语义，因而讲话、演讲、朗诵时，一定要把重音的位置摆恰当，否则就容易产生歧义。

（4）语调。语调的重要因素是由升降构成的。升降是指整个句子的音势高低曲直的变化形式。升降大体分为四种基本类型：升调、降调、平调、曲调。

① 升调。升调是指前低后高，语气逐渐上升的调子，多用于表示疑问、情绪激动（惊异、愤激、呼唤、号召）等处。例如：

你给我出去！（激愤）

让我们高举振兴中华的大旗，与时俱进，奋勇向前！（号召）

你难道就这样认输吗？（反问）

② 降调。降调是指前高后低、语势逐渐下降的调子。一般用于肯定、感叹、祈使等语气的句子。例如：

这个事，实在太难为他了！（感叹）

请你去帮他！（祈使）

③ 平调。平调是指语气平直缓慢，没有明显起落变化的调子。用于表示冷淡、迟疑、陈述语气的句子。例如：

我很忙，你不用来了。（冷淡）

这个问题怎么办，我再想想……（迟疑）

一言既出，绝不反悔。（严肃）

④ 曲调。曲调是指语势由低转高再转低，或由高转低再转高，成弯曲状的调子。多用于表示嘲弄、讥讽和戏谑等语气，有弦外之音、言外之意。例如：

没想到你还会跟我来这一套。（嘲弄）

现在你还想提处长？（讥刺）

语调的功用在于表达句子的含义和说话人的感情。总之，在口语表达中，只是运用语速、停顿、重音、语调，就能显示出话语的层次，区别于重要信息和次要信息。

3. 借助态势语言作为表达的辅助手段

态势语言又称动作语言、人体语言或辅助语言，它是伴随着说话人通过人体部位的动作来传达信息。它是无声的，所以又叫无声语言。

人类交流信息主要靠书面语言和有声语言，但并非唯一载体。手势是说话的辅助动作，话说到的意思出，难免手舞足蹈，握手表示亲切友好；挥手表示依依惜别；搓手表示焦躁不安；鼓掌表示欢迎赞美。地域不同，时态语言也会有差异。

总之，口语表达中的态势语言是书面语言表达根本不能具备的，这种辅助性的表情达意手段能够起到强化传递信息、补充话语不足、渲染感情色彩和增强表达效果的作用。

4. 口头表达受时代与人的因素制约

说话人分属不同历史时期的不同阶段，不同社会集团和不同职业的人，在口语表达时也会显示各自的特点。

综上所述，口头表达比起书面表达，其传达信息的手段更为直接和富于感情色彩，更具有广泛的群众性。因此，掌握口头表达的特点，有意识地加强口语训练，对口语表达的使用频率越来越高、应用范围越来越广的当今社会和个人都是十分必要的。

三、口头语言讲述的要求

（一）言之有物，言之有序

言之有物，就是指讲述要有正确的内容和鲜明的主题，它与假话空话或套话是对立的。口语讲述应突出中心，有血有肉，让人看得见，摸得着，体会得到，能引起共鸣，切勿云里雾里，把语言变成不结果的花。

然而，要做到言之有物，必须有渊博的知识作基础。只有热爱生活，看得多，听得多，经历得多，平时善于观察，勤于思考，博览群书，掌握的知识丰富了，视野开阔了，说起话来才能内容丰富、谈吐自如、准确无误。

说话不仅要言之有物，还应言之有序。言之有序也就是说话要围绕中心，根据事物的逻辑关系，合理地安排讲述顺序。运用口语讲述虽不能要求像书面语言那样严密无误，也不可以语句不连贯，层次混乱不清，信口开河。为使口语讲述做到层次清楚、条理分明，最好在说话前写个简单的发言提纲，尤其是议论性的讲述，更要讲究严密的逻辑性。

（二）语言流畅，语速恰当

口语离不开声音，因此要讲究语调和语速。语音准确口齿清楚，声音响亮，才能使人听得清楚；语句通俗，用词准确，合乎语法，才能使人听得懂。讲述应尽可能用口语，以求尽快而有效地传递信息，进而正确地运用语调、修辞等手段，使讲述具有生动性，这样才能吸引人，感染人。

说话要做到语言流畅，这里有一定的语速要求。讲述的速度应根据内容和感情的需要作相应的变化，流畅并不排斥必要的停顿。比如，“你猜怎么着？”发问后稍加停顿，可引起听话者的思考和关注。有时在说话的过程中，思维出现障碍，想的跟不上说的，就出现不必要的重复，停顿或者不自觉地冒出“这个、那个”“是不是”“嗯、嗯”“是吧”等赘语。这些都是由于思维不敏捷、思绪受阻、准备不充分或不良的语言习惯造成的，它严重地影响了内容的完好表达和语速的控制，也影响了语言的纯洁性和规范性，在口语讲述中应尽量克服。

（三）想象丰富，形象具体

口语讲述要讲求积极思维，展开丰富的想象。一个缺少想象力和一个有丰富想象力的人，同样讲述一件事，其效果是绝不相同的。前者枯燥无味，后者生动活泼。例如，甲老师给孩子们讲自然常识课时说："人类征服了地球，又把眼光瞄向了月亮。别看月亮很小，实际上很大。"当孩子们天真地问月亮到底有多大时，老师却不能给予生动具体的回答。而乙老师在给孩子们讲述月球上的情况时却说："别看月球很小，其实大得很哩，在上面可以十分宽敞地居住几百万人。"这时一个男孩突然笑出声来，老师问他笑什么，他答道："我在想，当圆月变成月牙儿的时候，住在上面的人该多么的拥挤！"乙老师丰富的想象力不仅拨开了孩子们心中月亮究竟有多大的疑云，还激发了孩子们丰富的想象，比起甲老师的讲述生动有趣得多。

另外，口语讲述要求形象具体。因为有些抽象的概念和道理看不见、摸不着，不能给人以具体的印象，难以吸引观众。而擅长讲述的人，就会采用大家熟悉的口语，用比喻的方法深入浅出地讲解。

（四）表情自然，仪态大方

口语表达要求说话人表情自然、仪态大方。敢于大胆地、无拘无束地面对听众，随时注意听众的反应，能牢牢地掌握听众的心理，尽可能让自己的口述与听众产生共鸣。一般来说，对群体讲话眼睛要平视，照顾到点和面；对个别人讲话时要眼看对方。呆板地站在听众面前，呼吸急促、吐舌挤眼、搔头抓耳、弄衣服、捏小辫等都属于表情不自然、仪态不大方的表现。至于衣着打扮，应根据年龄、职业及讲话的场合来确定，否则也会影响讲话的效果。

总之，只要讲述者对所讲述的内容有深切的感受，感情才会真挚，表情才会自然。

【思考与练习】

1. 用100字左右的一段话，向你的同学介绍一位令你感动的人物，可以是现实中的人物，也可以是文学作品中的人物。

例如：

孙悟空——他的故事在中国家喻户晓！取经路上，他是师傅的好帮手："三打白骨精"，他穷追猛打，决不手软；"三借芭蕉扇"，他有勇有谋，化险为夷……他爱憎分明，本领高强，他是艺高人胆大的神仙传奇，更是血肉丰满的好汉！

2. 从以下选项中任选一项，写一段赞美的话。要求50字左右，至少使用一种修辞方法。

农民　　教师　　解放军

3. 根据下面这段话的意思，在句中横线上填上衔接恰当的一句话。

生命中不是永远快乐，也不是永远痛苦，________________。好比水道要经过不同的两岸，树木要经过常变的四时。在快乐中我们要感谢生命，在痛苦中我们也要感谢生命。

第二节　介绍与解说词

一、介绍

介绍是社交中人们相互认识、建立联系必不可少的手段。介绍是向听众推荐自己或推荐自己所知道的人，意在"使人知"。介绍是社交的一把钥匙。

介绍可分为两种：一种是自我介绍；另一种是居间介绍。

（一）自我介绍

自我介绍是自己介绍自己，是一个人的自我"亮相"，是让他人了解自己的开始。因此，要谨慎选择用语，给人一个良好的“第一印象“。

自我介绍的内容通常包括姓名、年龄、籍贯、学历、教育经历、特长、兴趣等。是否要“和盘托出”，可根据交际的目的、场合、时限和对方的需要等作出恰当的判断，尽量使介绍能满足对方的期待。

1. 需要自我介绍的情况

（1）没有人为你作介绍时。从交际的心理看，初次见面彼此都有一种了解对方的强烈愿望，如果在此时你能及时、准确、简明地做出自我介绍，把自己“推销给对方”，使其渴望的心情得到满足，这也是对对方的一种尊重。尤其是当你置身于一个陌生的群体时，更应抓住机遇进行自我展示，让对方或众人熟悉你、了解你；接着对方也会向你作自我介绍，同样众人也会做出相应的反应。一旦彼此了解，以诚相见，事情就好办得多。倘若对方对你心存疑虑，你又做不出使人一听就明白的自我介绍，便会使对方失望，至少不会对你感兴趣。所以，在无人为你作介绍时，需要自己介绍自己。

（2）当主人忘记介绍或介绍人简单地介绍你之后。在朋友聚会时，由于事多人杂，主人一时疏忽，忘记把你介绍给在座的各位，这时你可千万别坐在那里一言不发，认为同未经介绍的人交谈有失尊严。在这种情况下，可以寻找时机来进行自我介绍。如果主人在场，也可提醒他把你介绍给大家。

当你参加了一个社交集会，由于条件所限，不可能详细地把你介绍给与会者，客人们也未必都听清了主人的介绍，这时你不妨抓住时机，进行自我介绍。时机有两种：一是当主人介绍你的话音刚落，你便立刻接过话头，进行干脆又风趣的补充；二是主人介绍后，如果有人有想进一步了解你情况的意向时，也可抓住时机进行自我介绍。

（3）在你主动求职，应聘或竞选的时候。无论是去新单位谋职，还是投标应聘，或者自我推销，不可否认，经别人介绍，或请对方看档案，可使对方了解自己，但现身说法、毛遂自荐的自我介绍，无疑可以使对方对自己产生更直接、更可信的认知效应。

2. 怎样进行自我推荐

自我介绍必须遵循如下要领。

（1）推荐自己应先明确对方意识。在自我介绍时，应该注重的是对方的需要和感受，并根据对方的需要和感受说服对方，被对方接受。在这方面不乏成功的幸运者。某大学新闻系的女生小 A，学习成绩好，业务能力强。听说一家全国性报社要人，她先花了一天的时间钻图书馆钻研这家报纸，然后拿着自己的简历和作品走进报社总编辑办公室。总编看后问道：“为什么来我们报社？”“你觉得我们报纸有哪些特点？哪些不足？”……一番对答，总编不住颔首，告知一周后听“研究结果”。一周之后小 A 如愿以偿，被招聘进了报社。小 A 的成功，在于能注意对方的需要，而不是一味地从自己的利益和需要出发。因为成败的关键是了解对方的想法，而不是求职者的想法。如果只是一个劲地谈“我”，把招聘单位的需要置于一边，显然是不妥的。

（2）自信大方，克服羞怯心理。一个民族要自信才能富强，一个企业要自信才能业绩辉煌，一个人要自信才能有所作为，因此自信的人往往比谦虚者更受欢迎。有一家独资企业在 × × 大学向应聘学生出了一道题：你崇拜的人是谁？（列出 10 位古今中外著名的人物）你最痛恨的人是谁？（列出 10 位历史反面人物）绝大多数同学都没有理解出这道题的真正意图，但有一位男生这样回答：“我最崇拜的是自己，因为创造的欲望将永远激励我前进，天生我材必有用！我最痛恨的也是自己，因为我的缺陷总是消灭一个又来一个，我要不断战胜自我！

"结果这位学生被录用了。

要增强自信意识，应当这样：首先想到你最了解自己，所以你有把握把自己介绍给对方，并让对方感兴趣；其次应想到，自信大方的介绍可满足对方了解你的欲望，对方定会做出良好反应，与你赤诚相见，真诚合作；再次，自我介绍要确立人人平等的观念。不管你的交谈对象是谁，也应当挺起腰杆去介绍自己。

（3）推销自我要有自己的特色。自我推销必须先从引起别人的注意开始，如果介绍或自我推荐完毕，别人不在意你的存在，那就谈不上有什么特色。这里说的特色，内容十分丰富，无论是仪表、言谈、举止，只要别人认为有特色就可以了。

例如：在上海某大学的一次用人单位和毕业学生供需见面会上，招聘人员收到一份电脑打印出来的公开信：

远方来的朋友们：

你们好！

我是一双眼睛，正把你们深情地注视；我是一只耳朵，正聆听你们求才若渴的心声；我是一匹千里马，正寻觅伯乐！

张××

招聘人员读完信后相视一笑，很明显这是一则"广告"。商业广告之风竟然刮到了人才交流会上！大家在惊愕之余，却佩服这位学生有胆量、有头脑，于是纷纷查阅他的档案，使他的档案调阅次数远远多于其他学生。当即就有好几位与他面谈。张××提高知名度的目的已经达到，悠然地"迎来送往"和一个个招聘单位进行的洽谈……这位学生，以情动人，言辞简练，既可使自己引人注目，又不使别人反感，完全是一种商品广告的做法，方式独特，不失为"开先河"的自我推销法。此外，还有些毕业生在人才交流会上以自制的求职名片进行自我介绍与推销，也不失为一种求异思维的创举。

3. 自我介绍应注意的问题

（1）说好一个"我"字。在自我介绍中，使用率最多的一个字是"我"，因此，在自我介绍时说好一个"我"字十分重要，它关系到别人对你产生什么样的印象。有的人自我介绍时，左一个"我"怎样，右一个"我"如何，对方满耳塞的都是"我"字，容易引起反感情绪。还有的人在说"我"字时把"我"字说的特别重，而且有意拖长，仿佛要通过"我"来树立自己的高大形象。更有甚者，说"我"时神态得意洋洋，目光咄咄逼人，大有不可一世的气势。这种人的自我介绍不过是孤芳自赏罢了，很容易给人留下骄傲自大的印象。

要给人留下良好的第一印象，在自我介绍时，就应该在关键的地方以平和的语气说出"我"字，目光亲切，神态自然，才能让人从这个"我"字里感受到自信、自立而又自谦的美好形象。

（2）独辟蹊径，巧报"家门"。自我介绍少不了"自报家门"，为了使对方听清自己的介绍，往往要对"姓"和"名"加以注释，注释得越巧妙，人们对自己的印象就越深刻。对姓名的注释不仅能反映一个人的文化水平、性格修养，更能体现一个人的口才。

自我介绍独辟蹊径，是指从独特的角度，选择的是让对方感到意外，又觉得顺乎自然的内容，采用活泼的语言，把自己"推销"给别人。

（3）分寸适度，留有余地。说话要留有余地，这并非为了掩藏自己的真实想法，而是出自对他人的尊重与宽容，也是使自己更好地面对现实，避免陷入困境。说话要留余地，自我介绍也应当分寸适度。

如何才能掌握自我介绍的分寸呢?

首先要做到有自知之明。实事求是的介绍，既易被人接受，又能给人留下诚恳实在的好印象。

其次是要谦虚。谦虚是做人的必备美德，在自我介绍时，不可说“满”，不宜用“很”“最”“极”等极端的词汇。

自我介绍不仅是对自己基本情况的客观陈述，也包含着自我评价。涉及自我评价的内容恰到好处，既不要过高，也不能过低，既要自信，又要自谦，要给人留下美好印象。

（4）因人因事制宜，简繁得当。人际关系之间交往的目的不同，交往的要求也不一样，自我介绍的简繁程度也要有所区别，要因时制宜。有时只要简单地自我介绍，讲明姓名、身份及前来的目的和要求即可。在另一些场合，自我介绍的内容就要详尽得多。如，大中专毕业生在择业求职时，必须详尽地进行自我介绍，可见下例：

我叫×××，女，20岁，××校经贸英语专业应届毕业生，四川成都人。四年来三次被评为校级优秀学生干部，一次被评为市级三好学生。主修英语专业，英语听力较强，口语流利。为适应社会发展的需要，在校期间，还自修了外贸、旅游英语及公共关系学等知识。所以，我能胜任有关这些方面的工作，此外我的计算机应用能力还可以。

我兴趣广泛，爱好文体活动，受过一些声乐训练，是“校园十大歌手”之一。会弹吉他和拉小提琴，喜爱文学，偶有几篇小作见报。

本人理解和接受能力较强，反应敏捷，知识面广，性格随和。虽然没有倾城之貌，但内心永远充满着自信。

总之，自我介绍的详略应视具体情况而定。一般而言，以联系日常工作为目的或纯礼仪性的自我介绍，应该简单些；以自荐或交友为目的的自我介绍，应该详细些。

（二）居间介绍

居间介绍是介绍人站在第三者的立场，使被介绍双方互相认识并建立关系的一种交际活动。社交场合中并不是人人都相识，而参与社交的人往往希望结识更多的朋友，因此介绍他人便成了社交中必不可少的方式。介绍可以促使陌生人成为朋友，可以促进双方的合作。可见，介绍他人已经成为一种社会需要。因此，选择什么内容，采用什么语言形式介绍他人，便成了大家关心的一个问题。

1. 介绍的内容应选择双方感兴趣的内容

只有选择对方都感兴趣的内容进行介绍，才能引起双方的交往欲望，促使双方相识。

介绍特长，了解介绍的内容除姓名、工作单位等以外，还应根据被介绍人的情况有所侧重，千万别忘了介绍别人的特长。例如，“这是×××，我们单位的歌坛新秀”“×××曾是市里乒乓球赛冠军，现在水平仍不减当年。有机会的话你们可以比试比试”。这种介绍对促进双方了解、建立友谊是非常有益的。

2. 给予评价，促进合作

给被介绍的人作一个简单中肯的评价，也是比较好的介绍方法。例如，“我校×××，××专业的，今年毕业，在班上的成绩几年来一直名列前茅，担任系学生会主席，工作负责，尊师爱友，有较强的动手和组织能力。如果你厂能给他提供一次试用机会，我想你们一定会满意的。”这种评价式的介绍，能给对方留下良好的印象，从而达到理想的推广介绍目的。

3. 居间介绍的语言形式

（1）直接陈述。介绍他人往往只有三言两语就要画出一个人的轮廓，因此要避免拐弯抹角，故弄玄虚，宜用简明的言语直接陈述。例如，“这位是我的老朋友刘×，搞建筑的。”“这是我的堂兄。很幽默，和他一起交谈会感到轻松愉快。”

（2）征询引见。除了直接陈述外，介绍他人还可采用询问句。例如，“刘××同志，我可以介绍张××同你认识吗？”“×××同志，你想了解××产品的销售情况吗？这是××公司业务员小赵，他会给你满意的说明。”采用先征询意见，得到同意后再引见的介绍方法，不仅能显示出对他人的尊重，而且询问句的语调会给人一种亲切感，易于让对方接受。

（3）肯定推荐。介绍推荐他人时常常采用肯定句的形式。因为一个人的姓名、职业等是客观存在不容置疑的。如果在介绍别人时说话含糊其词，模棱两可，甚至否定人家的某些优点，那是很不礼貌的。

4. 居间介绍应注意的问题

（1）口齿清楚，诚恳热情。不管介绍自己还是介绍他人，都要口齿清楚，让人听得明白。比如你姓章，介绍时要在后面加上“立早章”的解说，以有别于“弓长张”。另外，有的地区方言重，如“许”“徐”读音相似，你亦可通过“言午许”或“双人徐”将其区别。另外，在介绍时应面带微笑，态度诚恳热忱，使人感到和蔼可亲，这样方可给人留下深刻难忘的印象。

（2）文明有礼，实事求是。在介绍时，应注意礼貌，使用尊称、谦敬词。例如，“王×，我可以介绍李××同你认识吗？”这样既是对他人的尊重，也使自己的话亲切感人。为他人介绍的内容，除了介绍彼此的姓名、工作单位外，还要为双方找一些共同谈话资料，如双方的共同爱好、相互经历、共同兴趣以及各自的特长，并分别给予一定的评价，让他们相互产生好感，用话语搭建起结识的桥梁。

此外，介绍应实事求是。无论介绍自己还是介绍他人都必须实事求是，不能失真。

（3）介绍要遵循一定的原则。通常按下列顺序介绍：将年长者介绍给年轻者；将长辈介绍给晚辈；将职位高者介绍给职位低者。两个群体相互介绍中，一般只介绍带队的、职务高的，随行人员笼统介绍。

在介绍他人时，介绍者与被介绍者都要注意一些细节。介绍者在介绍之前，要先征求被介绍者的意见。介绍完毕后，介绍人和被介绍人都应该微笑点头致意，以示尊重和礼貌，如条件允许应依照合乎礼仪的顺序握手，并彼此问候对方“你好”“很高兴认识你”“久仰大名”“幸会幸会”等，必要时还可以进一步做自我介绍。

介绍他人中有一种比较特殊的形式就是“集体介绍”，多用于活动主持人向参与者介绍活动的主角。如在演讲、报告、比赛、会议时，往往需要主持人将主角介绍给活动参与者。如果被介绍的不止两方，并且人数都很多，需要对被介绍的各方进行位次排列。排列的方式是：①以其负责人身份为准；②以其单位规模或级别为准；③以抵达时间的先后顺序为准；⑤以距离介绍者的远近为准；⑥以到场人数的多少为准。

二、解说词

解说就是解释说明。解说词就是结合事物的图像、实物等进行解释说明的文辞。它通过对事物的准确描述、生动渲染、来感染观众或听众，使其了解事物的来龙去脉、特征和意义等，收到宣传的效果。解说的范围是比较广泛的，如影视剧的解说、文物古迹的解说、参观解说、专题展览的解说、商品知识的解说、对某个问题或事件的解说等。解说词是视觉感受的补充，可以帮助观众在观看实物和形象的过程中加深感受，发挥视觉作用的同时发挥听觉作用。

（一）解说词的概念、作用

解说词是对人物、画面、展品或旅游景观进行讲解、说明、介绍的一种应用性文体，采用口头或书面解释的形式，或介绍人物的经历、身份、所做出的贡献(成绩)、社会对他(她)的评价等，或就事物的性质、特征、形状、成因、关系、功用等进行说明。

其作用有二：一是发挥对视觉的补充作用，让观众在观看实物和形象的同时，从听觉上得到形象的描述和解释，从而受到感染和教育；二是发挥对听觉的补充作用，即通过形象化的描述，使听众感知故事里的环境，犹如身临其境，从而达到情感上的共鸣。

（二）解说词的特点、种类

1. 解说词的特点

由于解说词有着补充视觉和听觉的作用，所以无论是口语解说词还是书面解说词，都具有如下特点。

（1）文艺性。解说词虽名曰"解释说明"，但不是干巴巴的说明和说教，而是通过富于感染力的、形象的语言对实物和形象进行描绘，使一些表面上看起来普普通通的实物、平淡无奇的画面变得生机勃勃，甚至震撼人心，感人肺腑。

（2）大众化。解说词是供人看、供人听的，是通过语言的表达来发挥其作用的，所以语言文字必须雅俗共赏，为广大群众所喜闻乐见。

（3）实用性。解说的目的是让观众对解说对象加深认识，增进了解，获得更多的信息，所带来的商业价值是不可估量的。

2. 解说词的分类

解说词的种类从内容上看，解说词可分为以下几类。

（1）影视剧的解说词。这类解说词主要用于专题纪录片、体育比赛等，真实生动的画面、精彩激烈的场面，配以声情并茂的解说词的描述，能使观众身临其境。这类解说词能发挥补充视觉的作用。

这是从中华民族记忆深处传来的一曲长歌。

这是中国人值得骄傲的一段辉煌历史。

这是一部唐初战争与和平的壮丽画卷。

一千三百多年前，李世民经过玄武门之变，登上大唐王朝的最高统治地位。

长篇电视剧《贞观长歌》的故事就是从历史的这一刻开始。

（2）文物古迹的解说词。对于一些古代建筑、文物、古董等，通过导游员的解说，能够带领参观者重温历史，再现昨日的故事，加深参观者的认识和感受。

朋友们：你们好！

热忱欢迎您（你们）来到山水相映、风光旖旎的国家级风景名胜区××旅游、观光！

我是您（你们）的导游员×××。能陪同大家共度在××的美好时光，我十分荣幸。在此，我谨代表××风景区全体工作人员，向您（你们）致以亲切的问候和美好的祝愿！

××风景区，是一处集国家级重点风景名胜区、国家森林公园、省级地质公园为一体的大型综合性风景名胜区，九江十景中"天上云居"和"梦幻西海"就出自这里。风景区地跨××、××两县，总体规划面积495平方公里，分为"天上云居"和"梦幻西海"的两大板块。××除拥有"冠世绝境、最胜道场"的云居山和"中国最美的湖光山色"的西海外，还拥有各具特色、引人入胜的其他许多景点，其中有集中国温泉优质元素于一身、被誉为"养生之泉、长寿之源”的××温泉，有“江南勇士第一漂”美称的桃花溪漂流和被称为“江南小三峡”的长墅源漂流，有以四季赏花、健康养生为主的花源谷景区，有休闲惬意的××国际生态旅游度假区，等等。××集观光、休闲、养生、度假于一体，正逐步朝国内一流、世界知名的观光休闲基地、水上游乐基地、演艺会展基地和科普教育基地迈进。

现在，就让我们沿着景区游览路线，去领略××各处不同的风韵，从中感受××山水的魅力，去体会它所包含的生态文化和历史文化的深厚底蕴。

（3）专题展览的解说词。这类解说词与前一种解说词有相似之处，都是帮助观众在观看实物和形象的过程中加深感受。

同学们好，欢迎大家来参观中国朝鲜族非物质文化遗产展览馆。本馆是目前中国唯一的朝鲜族非物质文化遗产专题展览馆。

美丽的图们江畔，生活着这样一个民族，她们热情奔放，能歌善舞，喜穿白衣，这就是中国朝鲜族。白色是圣洁的，白色是无瑕的，因此我们大纲的主题就叫做《洁白的记忆》。中国朝鲜族在历史的发展中，创造出了许多宝贵的非物质文化遗产。农乐舞、长鼓舞等非物质文化遗产，如一颗颗璀璨的明珠，闪烁在图们江畔。为使这些珍贵的非物质文化遗产成为我们中华民族的瑰宝，并挽救一些濒危的非物质文化遗产，我们特地推出《洁白的记忆》——中国朝鲜族非物质文化遗产展示，以宏大的气势、详尽的图解、精彩的视频，将朝鲜族灿烂的文化遗产展示给大家。

（三）解说词的格式写法

解说词的结构分标题、开头、主体、结尾四个部分，其结构原则与一般文章的结构原则大致一样。主要的写作形式有如下几种。

1. 描述型

以时间的先后作解说的顺序，对说明对象进行内在或外部的描述。人物、产品介绍、生产流程等解说多采用这种方法。

2. 说明介绍型

按照事物空间存在的形式，或从外到内，或从上到下，或从前到后，或从整体到局部，把事物的名称、功用、类型、特点、关系等依次解释明白，使观众、听众了解、熟悉。

3. 分析型

按照事物的内在逻辑关系安排顺序。这种内在的逻辑关系或为因果，或为递进，或为主次，或为总分，或为并列等。其基本方法是从一般原理到结论，或从一系列事实抽提出一般原理。所遵循的写作思维方式是演绎、归纳或对比。

4. 一般认识型

按照人们认识事物的规律和习惯，一般总是由浅入深、由近及远、由抽象到具体对事物进行解释说明。

【例文】

尊敬的各位老师:

大家好，欢迎来到围棋社团，我是今天的讲解员武××。

为了传承国粹文化，博大精深的围棋走入了我们的课堂。本学期在老师的带领下，我们认真学习围棋。

通过学习围棋不仅培养了我们的良好习惯，陶冶了情操，提高了文化修养，还提升了我们的注意力和观察力，有了很好的思维能力和计算能力，对判断能力和应变能力也有很大的帮助，同时磨炼了我们顽强的意志和忍耐力以及坚韧不放弃的精神。

你瞧！同学们两两为组，把老师教的方法学以致用，兴致勃勃地开始下棋。

董××一步一步地下棋，脸上充满了自信。看着这盘棋的黑棋已经围住了白棋，赢了一局，开心地笑了。

张××的黑棋情况不妙，被白棋吃了好多，正在思考对策。

邢××的白棋都被李××的黑棋团团围住了，李××忍不住笑了起来。

……

宝剑锋从磨砺出，梅花香自苦寒来。经过刻苦的学习，我们一步步提高，一步步超越，收获了一种气质、一种精神，还有丰富多彩的世界。谢谢大家。

（四）解说词的写作要求

1. 了解解说对象

搜集有关素材，这是解说词写作的准备阶段。大量地收集有关材料，深入了解解说对象的有关知识，对其作全方位的研究，是对解说对象精确介绍、生动描述的前提。

2. 抓住被解说对象的特征和本质

对被解说的事物，应认真地进行分析研究，准确地抓住它的特征、本质和意义。在解说中应恰当地运用对比联想、点面结合、由此及彼、由表及里等多种方法，来突出事物的特征、揭示事物的本质、说明事物的意义。这是保证解说质量的一个关键。如果解说内容流于一般，缺乏特色，则失去解说的意义。例如，在进行人物解说时，要抓住感人至深的一面;在对一些实物进行解说时，则突出其最有价值、最受人称道之处;在进行旅游解说时，则要注意景物的生态意义、观赏意义以及旅游价值，让旅游者感到不虚此行。

3. 富有审美意义

发挥宣传作用，优美的文字能愉悦心情、净化心灵，说者娓娓道来，听者(看者)如痴如醉，这就要求写作者对解说对象的认识要有真知灼见，对所解说的事物爱憎分明。对赞扬的事物，要充满爱的感情，对否定的事物，要有切肤之恨的感情，这样的解说才能感染听众，收到预期的宣传教育效果。

4. 运用准确、生动的语言

解说的概念、判断要准确；解说的用语，力求将抽象的事理形象化、高深的知识通俗化、复杂的程序简单化、静止的事物动态化、枯燥的东西趣味化等;解说中还可以用一些修辞方法，以增强语言的生动性和感染力。解说词不同于纯理论描述的教科书或论文，它主要是以听觉形式进行信息传播的，所以应当在解说词中多增添文学色彩。

【思考与练习】

1. 假如你要去某单位求职，你会如何面对该单位领导作自我介绍？

2. 如果你被邀请参加其他系学院的文艺晚会，并表演节目，你将如何作自我介绍？

3. 如果你的父母到学校来会见班主任老师，请你作居间介绍。

4. 在实际生活中，有意进行居间介绍练习，如把你的同学介绍给你的朋友，把你的朋友介绍给你的老师等。

5. 对自己的姓名做分析，设计一个巧报家门的方式，请班上同学评价。

第三节 演讲稿和主持词

一、演讲稿

写好演讲稿是保证演讲获得成功的最重要一步。演讲稿又称演讲词,是演讲者在演讲前为事先准备演讲时使用的文稿。演讲者参加比赛性演讲、集会演讲、专题演讲,一般都事先写好讲稿,并把内容熟记于心,再凭借回忆演讲出来。演讲稿写的好坏,直接影响到演讲的成败。

（一）演讲稿的作用

1. 确定演讲思路，规划演讲内容

通过动笔写演讲稿，可以将纷繁的思绪整理出一条思路：演讲的主题是什么，立论是什么；听众可能有什么想法，怎样针对这些想法来讲；先进行什么，后进行什么；哪些详说，哪些略讲；等等。可能通盘做整体考虑，也可作细致的推敲，使整个演讲有清晰而完整的思路，给听众以深刻的印象。

2. 组织演讲语言，琢磨演讲技巧

通过动笔写讲稿，能找到最恰当的语句。可以把言辞推敲得更为准确、严密。如果不经这一步，上台临场发挥，可能会词不达意。通过动笔写，还能检查立论是否站得住脚，表述是否精确严密，有没有歧义，有无不完善处，还能促使琢磨表达技巧的运用。比如某个意思，是直接说出来好，还是暗示出来好，抑或是运用悬念手法处理好？人们思维往往是想的时候很快，而写出来以后则可能会发现其中有许多疏漏的地方。

3. 消除紧张心理，树立心理优势

上台演讲，手里有一份自己满意的讲稿，即使不去看也会感到镇定自若，万一忘了演讲词，拿出来看一下，也不会出现紧张、接不下去的尴尬，从这个意义上讲，演讲稿也是极好的“备忘录”和“定心丸”。

（二）写演讲稿的步骤

写演讲稿可以分为三个阶段，即编列提纲、起草初稿和加工修改。

1. 编列提纲

提纲大致有两种：一是概要提纲；二是详细提纲。

概要提纲较简单，只要扼要概括出演讲的主题、材料、结构和段落大意即可。

演讲稿的详细提纲应该包括以下内容。

（1）标题。

一个好标题有两个作用：一是概括反映内容，使人知道你讲的是什么；二是鲜明、响亮，引起大家聆听的兴趣。那么应该怎样拟定标题呢？

① 标题要有内容。标题的内容必须与整个演讲稿的内容直接相关，或者必须揭示或涵盖演讲稿某一方面的内容。

② 标题要简短明快。即用于标题的字数不要太多，意思要明白易懂。

③ 标题要表态、含情。演讲者对自己所讲的问题总是有自己的态度和情感的，并且常常是很明朗、很强烈的。把这种态度和情感渗透在标题里，标题就有表态、含情的作用了。

（2）中心论点和分论点。

演讲稿不仅要有中心论点，而且还有若干分论点，甚至分论点下面还有更小的论点。编列演讲提纲时，哪个属于中心论点，哪些属于分论点；在几个分论点中，哪个应该在前，哪个应该在后，这些都应该在演讲提纲中明确、清晰地显示出来。

（3）事实材料、事理材料和参考材料。事实材料主要包括例证、数据、实物；事理材料主要包括原理、定律、法律条文以及名言、成语等；参考材料是指演讲时需要的各种材料。

（4）结构的过渡。根据内容的轻重缓急安排结构，设计过渡顺序。

（5）开头和结尾。要表明以什么方式开头（设问？叙述？）或结尾（号召？抒情？）

2. 起草初稿

这里没有什么诀窍，只能结合一般写作规律谈谈有关原则和方法。首先，要构思好再动笔，最好一气呵成。其次，要抱着正确的态度，饱含真挚的感情去写。再次，要注意不同类型演讲的特点，采取相应的写作方法。例如，写政治性演讲稿时，要强调逻辑的严密、材料的可靠；写学术性演讲稿要力求资料翔实、论据确凿。

3. 加工修改

演讲稿的加工修改是一项复杂的工作，每人都有自己的修改法，但主要从以下几个方面入手：深化主题；增删材料；调整结构；润色语言；修改题目。这些工作说起来容易，做起来是颇费功力的。尤其需要演讲者在自身的思想、政治、文化、语言等方面有更深的修养，才能得心应手，游刃有余。

（三）演讲稿的写作内容

从思想内容上来讲，要做到主题鲜明，要点突出；情理并茂，材料鲜活。

第一，主题鲜明，要点突出。

（1）主题鲜明。主题是演讲的灵魂和统帅。一个正确、鲜明、集中、深刻的主题对于整个演讲来说，将起到举足轻重的作用。演讲者在演讲中所表达的观点和看法就是演讲稿的主题，确定了主题就可以围绕其选用典型的材料，不致使材料零散杂乱，从而最大限度地发挥其作用。一篇演讲稿只能有一个主题；否则，就会影响主题的明确集中，让人不明就里，进而影响演讲的效果。所以，提炼主题是不容忽视的。

（2）要点突出。主题源于材料，是材料的高度概括，同时主题的表现又必须依赖材料才能完成。因此，在使用材料表现主题时要力求做到要求突出。不同于一般读物可以在阅读过程中采用放慢阅读，甚至掩卷思考的方式来完成对内容要点的理解，演讲稿在撰写过程中就必须注意，不仅要从全部材料中提炼主题，还要从各个具体材料中突出要点，表现主题。这样，具体感性的材料可以上升到理性去理解，复杂纷繁的材料可以转化成简练去认识，材料对于主题的表现作用就得到了突出和强化。

第二，情理并茂，材料鲜活。

（1）情景并茂。演讲稿就其功能和特点而言，比较接近议论文，即以对问题的议论为手段，以获得结论或提出观点为目的。因此，摆事实、讲道理就成为演讲稿写作过程中常用的思维方式。演讲稿除了有让人感兴趣的事实，还得蕴含着让人警策的道理。这个道理里不仅只是被证实过的大道理，更有的是撰写者独有的、从事实材料中概括得出的道理，具有作者个性色彩的感悟和体验。把握“理”要注意以下三个环节。

① 处处寻理。撰写者要用敏捷的思想、敏捷的目光去挖掘、发现理。

② 概括成理。生活中蕴藏着许多新鲜、深刻的道理，当这些理尚未被提出来的时候，通常是以事实的方式存在于周围的。经过认真的分析和研究，找到并概括使之成理，就成为撰写者要做的一项重要工作。因此，撰写时就要有意识的分析话题、提炼材料，善于从中概

括和归纳出可以给人以启示的理。

③ 言之有理。要求撰写者不仅讲出一个理，而且要讲清讲好这个理，要考虑并且根据不同听众的不同情况去设计或推导，由此及彼、层层推进，在演绎中逐步完成理的揭示；或举例，一斑见豹，运用归纳形成对问题的共同认识。理论要注意步骤和方法，做到顺理成章，引导听众循着作者的思维一步一步认同理、接受理。

“情”是演讲的另一个重要因素，感情的恰当运用可以使演讲更贴近听众，得到认可，产生很好的感染效果。撰写演讲稿应该知道怎样通过感情的表达来强化演讲的效果。与议论文充满理性色彩和逻辑论证的特征相比，演讲稿的阐述显得通俗易懂、众人周知的事实清楚明白地表达发自内心的激情，给人留下深刻印象。

例如,《难忘那本书》是这样表达感情的:

人生会有许多刻骨铭心的记忆：圣洁的母爱、年轻的恋情、血与火的洗礼、生与死的考验等。然而，我最难忘的、最刻骨铭心的却是苏联著名作家奥斯特洛夫斯基的不朽之作《钢铁是怎样炼成的》这本脍炙人口的外国名著，伴我走过了 6 年军旅生涯。6 年过去了，我肩上的牌牌已经从列兵、下士、中士的红牌变成了一颗星，6 年中的许多酸甜苦辣都在海风中渐渐淡漠。唯有这本书始终印在脑海，如一盏不灭的灯，指引着我前进的方向。无论是驻守在孤悬大海的小岛上，还是栖身于霓虹灯闪烁的南国花城；无论是当战士还是当干部，这本书都在提醒着我，做生活的强者，告诫我要知难而进。当我意志消沉时，它给我以信心；当我懦弱胆怯时，它给我以勇气；当我精神颓废时，它给我以力量。

（2）材料鲜活。要写好演讲稿，材料的收集和使用是至关重要的。无论是演讲稿的主题、观点，还是阐述的道理，都要建立在材料的基础之上。演讲撰稿选用的材料应该注意以下几个方面。

① 选用新鲜的材料：新鲜的材料不仅指新近出现的材料，还包括已经发生但仍能挖掘出新意或未被使用的材料。要求选用者有新的观念、新的视角，紧紧把握时代节奏、社会脉搏，敢于摆脱传统观念习俗的束缚，不断研究新问题、新情况，同时又要有较强的分析和概括能力，通过对材料的认真分析和概括，发掘出蕴藏在材料中的新鲜意义。

② 选用确凿的材料：材料的来源是多渠道的，或亲身经历，或从书刊报纸、广播电视上获得。看它是偶然发生的还是必然要出现的，是表面现象的问题还是本质特征的展示。只有确实可靠的材料才会具有说服力和感染力。

③ 选用有价值的材料:材料的价值体现在它能否为演讲的观点和主题服务。这就要求撰写者不仅能够准确的把握演讲稿的观点、主题和所要阐述的道理，同时还要能够准确地把握材料本身所蕴含的意义，自始至终用材料证明观点。

从结构形式上来讲，演讲稿的结构通常包含三个部分：开头、主题和结尾。

（1）开头。开头部分是演讲者与听众沟通的第一座桥梁，肩负着组织听众注意力的特殊使命。开头设计的好坏，直接影响演讲的整体效果，因此演讲稿开头设计应力求以最快速度吸引听众的注意力。

演讲稿开头主要有以下几种撰写方法。

① 开门见山法：直接切入主题，不拐弯抹角。

② 诗文警句法：开头引用前人的诗文名句，民间俗语，也包括演讲者自己的富有诗情画意的语言。

③ 赞美听众法。给予听众以真诚的赞美，注重与听众建立和谐、密切的关系。但要注

意真诚、恰当，切记虚情假意。

④ 自嘲自贬法。采用这种方法，可以引发听众的情绪，赢得尊重和肯定。可以真诚地自我解剖，也可以故意自我嘲讽。

⑤ 故事引入法。开头讲故事，容易引起听众的兴趣，促使其关注演讲内容。

⑥ 祈使发问法。以设问或祈使方式开头，能使听众变主动为被动，迫使听众陷入沉思，并力图求解，而无法游离在演讲内容之外。

⑦ 另辟捷径。一反常规，异向求索。采用此方法往往语出新意，能激起听众的兴趣。

⑧ 惊人事实法。以令人吃惊的事实或震撼人心的事件引起听众的注意。此法常能收到意想不到的效果。

⑨ 设置悬念法。故意先不把要论述的对象明确地告诉听众，让听众去关心、去猜测，从而产生急于听下去的心理。用这种方式开头容易把握听众情绪，赢得控制会场的主动权。

（2）主体。主体是演讲稿的核心部分，主体部分的好坏直接影响到整个演讲的目的和效果。主体部分的写作必须做到条理清楚、合乎逻辑、重点突出、层次分明、承接顺畅、过渡自然、照应得体、语词优美等。演讲稿主体的结构形式主要有叙述式、议论式和抒情式三种。

第一种：叙述式。叙述式演讲结构方式与一般记叙性文章大体相同。具体方法有时间法、因果法和问题法。

① 时间法，即按照时间的自然顺序和客观事物、事件发生、发展的先后次序来安排结构。它的优点在于可以将人物、事件的发展分阶段、分层次、有头有尾地讲述出来。凡是那些介绍自己奋斗历史、讲自己所经历的一件事的演讲，一般都采取这种结构方法。

② 因果法，即按照客观事物发展的逻辑顺序来安排结构。它的优点在于容易使听众理解、接受和记忆。

③ 问题法，即以问题为顺序来安排结构。

叙述式演讲结构虽然与一般记叙性文章大体相同，但二者之间还是有区别的。夹叙夹议是叙述式演讲的主要方式。议论是演讲中不可缺少的组成部分，表现在结构上，便是在演讲过程中，不时出现一些议论句子或段落。以体现演讲者的见解和观点。而事实的叙述只不过是为议论提供可证明的依据。

第二种：议论式。议论式演讲结构与一般议论文的结构大体相同，具体方法有并列法、总分法、递进法和对比法。

① 并列法，即把演讲的主题所涉及的若干主要问题并列起来讲述，各层次之间是并列而有联系的，又是相对独立的。并列结构方法比较适合于长篇演讲。

② 总分法，即先总说，后分说的结构方式。有三种情况：一是“总—分”；二是“总—分—总”；三是“分—总”。

③ 递进法，即根据分析问题是逻辑思维的自然顺序，由此及彼，论述一层比一层深入的方法。

④ 对比法，即把两种本质属性截然不同的事理放在一起，进行对照比较，从而使观点更突出更鲜明。

议论式演讲结构与一般议论文的不同在于:一般议论文举例概括典型，议论式演讲则要求在典型的基础上做到生动具体；一般议论文语言冷静抽象，议论式演讲则饱含激情。

第三种：抒情式。抒情式演讲结构与抒情散文的写法极其相似，其结构或者按照情感的起伏跌宕来展开，或者按照观念的认识变化来组织材料。取材上不像叙述式那样铺张扬厉，重视完整的经历，它只是从演讲者自身经历中截取最有意义的片段或对自己触动最深的一幕，或把自己较长的生活经历加以高度浓缩，选取那些富有诗意的细节，从而抒发演讲者的感情。因此，它常常有形象的描绘，有诗般的语言和激情。

（3）结尾。演讲稿的结尾是全篇的高潮和顶峰，是给听众留下的“最后印象”。结尾的最佳时机一般是“在听众兴趣未尽时戛然而止”。撰写结尾，要精心组织，把自己认为最有分量的话用在这里，使它发挥最大的威力。无论怎样结尾都应做到:一是必须能收拢全篇，揭示提旨；二是必须表达新颖，不落俗套，切忌陈词滥调。演讲稿结尾的方法主要有首尾照应法、总结明旨法、昭示鼓舞法和诗文名言法。

① 首尾照应法。

② 总结明旨法。

③ 昭示鼓舞法。在即将结束时向听众发出号召，激励、鼓舞他们的斗志。此法多用于政治和军事演讲中。

④ 诗文名言法。采用诗文、名言结尾，既可以使演讲收到含蓄优美的艺术效果，又可以增加权威性和使听众认定的主题的力量。

（四）写演讲稿应注意的几个问题

1. 立意要新颖

写作演讲稿的内容所取的角度一定要新颖，演讲者应该站在时代的最前列，以其先进、新颖的思想去启迪听众，武装听众，引导听众攀登新思想、新文化、新技艺的高峰、

在演讲中，经常会遇到这样一种情况；题目雷同，主题相似，材料重复使用，人云亦云，拾人牙慧，这样的演讲不可能收到良好的效果。立意要新颖，不仅要求撰稿人有分析问题的能力，而且要求撰稿人勤于思考，善于观察。演讲者要在自己广博积累的基础上，通过自己敏锐的观察和体验，有所创造地提炼自己的观点，巧妙地选择切入主题的视点，独辟蹊径地进行立意。

2. 紧扣主题选材

确定了主题，就应根据主题选择可取的材料，用理论和事实来论证主题。要注意选择真实、典型、生动、有助于表现主题的材料。

一旦确定了主题，选择了材料，就要进行合理的结构安排。结构的安排实质是演讲的框架，即对文字材料的安排。如演讲的开场白、结尾和正文的安排，各个段落与层次的联系及详略程度等。此外，如何拟定一个好的标题亦十分重要。内容决定标题，而标题则是显露内容，确定标题应遵循简短、准确、生动、含蓄的原则，避免冗长、怪僻、费解或空泛。拟定标题通常考虑从以下几个方面着手：揭示主题，形象概况；提出问题，发人深思；交代场景，概括演讲内容。

3. 语言表达生动感人，要口语化，通俗化

（1）生动感人。好的演讲稿，语言要做到形象生动。要用形象化的语言，把抽象化为具体，深奥化为浅显，枯燥变成有趣，变成幽默风趣的语言，这种语言能增强演讲的表现力，既能深化主题，又能使演讲的气氛轻松和谐。

（2）要口语化。演讲语言要口语化，并不是日常口语的复制，而是经过加工提炼了的口语语言，要逻辑严密，语句通顺。演讲是口耳相传，必须上口、入耳，听众才能听得懂、记得住。所以在写演讲稿时，要尽量少用书面语，多用双音词，最好把长句改成适合于听的短句。

（3）要通俗化。演讲具有教育性、宣传性、如果不通俗，讲出来的话听众听不懂，弄不明白，就失去了演讲的效果，妨碍了演讲者与听众的交流。因此，在演讲稿中要使用规范化

的语言，要用浅显的语言解释难理解的术语。

（五）演讲稿的写作要求

1. 要明确演讲的对象

写演讲稿之前，要清楚听众的年龄、职业、文化层次，要清楚听众对演讲问题的看法。根据不同的对象有目的地写作，才能有的放矢，吸引听众，为听众所接受。

2. 要精选材料

要根据演讲的对象选取材料，选取听众身边的、了解的、便于接受的材料，同一个主题，演讲地域、听众的文化程度、年龄结构、职业等不同，要选用不同的材料。同时，要选择新颖的，不能选别人反复用过的或者早就过时的材料。

3. 要考虑态势语的运用

演讲不能像一般的说话，它是以讲为主，以演为辅。写演讲稿时就要考虑到演讲的内容，一般来说，5 min 左右的演讲，应该有 3～5 个表演动作。什么地方该有什么动作，应在写作时基本确定。

4. 要反复修改

从题目、主题、结构安排、材料选择到语言表达，都要认真反复修改，可以试讲几遍，在讲时发现不足及时调整，使演讲稿符合演讲者口头表达，达到感染征服听众目的。

二、主持词

人们常常为优秀主持人的精彩表现而拍手叫好。主持是指在各种形式的集体活动中负责掌控全局、处理问题、调节气氛和串连内容的一种管理行为，是一门综合艺术。它不仅要求主持人具有良好的口才、风度和气质，还需要有高质量、高水平的主持词，写好主持词是主持人成功的基础。

（一）定义

主持词是主持人用于说明活动主旨，引导、推动活动展开，串联和衔接前后内容，总结和概括活动情况的文稿。

（二）结构

主持词一般由开场白、中间部分与结束语组成。开场白是指演出或其他开场时引入本题的道白，如文章、介绍或讲话等开始的部分。结束语是指末了带有总结性的一段话。

主持词开场白的写法和要求：开场精彩，制造场景效应。

开场白的方法很多，常见的有：开门见山，直接入题；情景交融，以景入题；委婉曲折，含蓄入题；幽默风趣，以笑入题。

主持词结束语的写法和要求：巧于结尾，留下余韵。

常见的结束语形式有：

（1）归结式：提纲挈领、恰如其分的归纳总结。

（2）评议式：对节目做精辟的评价和议论。

（3）鼓动式：结合活动内容说一些鼓舞人心的话语。

（4）启发式：从活动内容引出意深旨远的问题，启发听众思考。

（三）主持词的类型

可分为活动主持词和会议主持词两大类。

1. 活动主持词

（1）活动主持词的特点：紧扣主题，兼顾全体；于开场，巧于连接；注重结尾，留下余韵；把握分寸，表现适度。

（2）活动主持词的写作方法：日常多积累；写作早准备；构思要巧妙。

例如：

元旦文艺晚会主持词（开头语）

合：尊敬的各位领导，各位来宾：大家晚上好！

男：新年的钟声即将敲响,时光的车轮又留下了一道深深的印痕。伴随着冬日里温暖的阳光，满怀着喜悦的心情，20××新年如约而至。

女：新年拉近了我们成长的距离，新年染红了我们快乐的生活。

男：新年让我们截取下了四季的片段。

女：20××年是××股份公司成立的关键年，战略调整、品牌运营、团队锤炼、服务营销……我们一同走来，无论是成功的喜悦，还是痛苦的泪水，我们都认真铭记，因为我们是××人！

男：当我们跨过时间的门槛，我们走向春天的怀抱！

女：迎着崭新的一年，我们走向新的辉煌和创造！……

2. 会议主持词

会议主持词是会议主持者主持会议时使用的带有指挥性、引导性的讲话。一般大型或正规的会议都要有会议主持词，所以其使用频率较高。

（1）会议主持词的特点。会议主持词要根据会议的安排，对有关内容和事项作出说明，对一些重要问题进行强调，对领导讲话作出简明扼要的评价，并对会后如何贯彻落实会议精神提出要求、布置任务。会议主持词有以下几个特点。

第一，地位附属。主持词是为领导讲话和其他重要文件服务的，其附属性表现在两个方面：从形式上看，主持词的结构是由会议议程所决定的，必须严格按照会议议程谋篇布局，不能随意发挥；从内容上看，主持词的内容是由会议的内容所决定的，不能脱离会议内容。主持词的附属性地位，决定了它只能起陪衬作用，不能喧宾夺主。因此，在撰写主持词的过程中，从结构到内容乃至遣词造句、语言风格、讲话口气等，都要服从并服务于整个会议，与会议相协调，相一致。

第二，篇幅短小。主持词的篇幅一般不宜过长，要短小精悍，抓住重点，提纲挈领。而篇幅过长，重复会议内容就会造成主次不分。

第三，语言平实。与严肃的会议气氛相适应，会议主持词在语言运用上应该平实、庄重、简明、确切。要开门见山，直入主题，尽量不用修饰和曲笔。说明什么，强调什么，提倡什么，反对什么，有什么要求、建议和意见，都要一清二楚，一目了然，切忌含糊其词，模棱两可。

第四，重在头尾。会议主持词的主要部分在开头的会议背景介绍和结尾的会议总结任务布置两部分，中间部分分量较轻，只要简单介绍一下会议议程即可。因此，会议主持词的撰写重点在开头和结尾。

第五，结构独立。会议主持词分为开头、中间和结尾三个部分，而且每部分都相对独立。

（2）会议主持词的一般写法。写好一篇会议主持词对于保证会议的顺利进行，串联会议的各项议程，提高会议的整体效果，具有举足轻重的作用。

标题：主持词的标题一般不分正副标题，并力求简洁明了、直截了当，不需要用含蓄、委婉的语言，也不需要任何的修饰词语，是什么会议就用什么名称。如“大学新校区奠基仪式主持词”“庆祝第×个教师节主持词”“学院 20××致新生开学典礼主持词”“×县人民政府与×县人民政府开展对接活动主持词”等。在标题左下方顶格处，可分行写明会议的时间、地点、主持者，或者只在标题正下方中间处注明主持者的姓名（可加小括号）。

称谓：称谓是主持者对广大听众的称呼。主持者视不同的与会人员、不同的场合，选用不同的称呼，一般用泛称。如“各位领导”“各位来宾”“同志们”“同学们”等。在特殊情况下，如地位、职务较高的领导、专家莅临下级单位指导工作时，可以针对某位领导，用特称，如“尊敬的×省长”“尊敬的×厅长”等。会议开始前要有称谓，主持中间还应适当用称谓，引起注意、承上启下的作用。

正文：正文由开场白、主体、结束语三部分组成。

开场白的形式多种多样，可开门见山、直奔主题，如“今天我们在这里隆重集会，召开庆祝我国第×个教师节大会”“今天，在这里举办我市暑期中层干部研讨班”。也可简单介绍一下会议的召开背景、目的，如“为全面贯彻落实省委、省政府‘科教兴省’、率先建设创新型省份和市委、建设新的战略决策，加快科技成果转化，促进产学研结合，进一步推进地方经济和社会可持续发展，今天，在这里召开我市科技工作者大会。”无论用什么方法开头，都应该紧扣主题，用精练的语言吸引听众，自然地引出下文，不要兜圈子。

另外，在开场白部分还可介绍主席台就座的领导和与会人员（可包括姓名、身份、职务等），如“光临今天会议的领导和来宾有市委×书记、×市市长……”“出席今天奠基仪式的还有……”“……也出席了今天的对接交流活动”。介绍出席人员时，必须要注意先后顺序，先上级后下级，先来宾后主人。同时，对各位来宾的到来，主持者要表示热烈的欢迎和衷心的感谢。

主体部分是会议的主要议程，也是主持词的核心部分。这部分是向与会者全面介绍会议的总体安排，可先总说、后分说，如“今天的对接交流活动主要有×项议程：一是……二是……三是……”，然后分条说，“下面进行第一项议程……”。也可直接分条说，如“今天的大会主要有×项议程，下面进行第一项议程……”。还可以不明确说有几项议程，如“ 大学新校区建设工程奠基仪式现在开始。首先，请××同志致词。大家欢迎。……下面，欢迎××同志讲话。……接下来……”。

值得强调的是，在两项议程之间主持者可以做一个简短的、恰如其分的评价，使这两项议程能自然地“串”起来，给人以连续感。在顺次介绍会议的每项议程时，切忌千篇一律，要讲究灵活性和多变性，如不要都用“下面……下面”，可以跳用“下面”“接下来”“下一个议程是”之类的话。

结束语是主持词的收束。结束语可以总结会议收到的效果，也可以发出号召、邀请，还可以抒情、祝愿，寄托主持者美好的愿望。如“通过今天对接交流活动的开展，进一步增进了我们之间的友谊……”“最后，祝各位……”。

（3）会议主持词的写作注意事项。会议主持词作为一种常见的公文文体，有其独特的篇章布局、语言风格、词语习惯等。要想写好会议主持词，必须要紧密结合工作实际，加强学习，注意实践，不断积累写作经验，努力提高会议主持词的写作水平和质量。在具体的写作过程中，着重要把握以下几方面技巧。

第一，清楚议程，认真策划。在写一篇主持词之前，一定要清楚地知道会议的背景和每一项议程，并认真分析每项议程之间“孰轻孰重”，然后确定议程的顺序。排列顺序的过程就是“串”“联”主持词的过程。确定每项的顺序，没有固定的方法和法则，但要坚持便于会议的顺利进行、提高会议的整体效果和符合逻辑的原则。在确定好会议议程顺序以后，就要认真考虑如何写开场白、如何形成高潮、如何结尾，这都是主持词不可或缺的一部分，要潜心研究、认真策划。

第二，注意条理，衔接得当。不管是写什么样的主持词，都要有条理性。没有条理，主持词将失去它存在的价值，也无法将整个会议“串”起来。但仅仅“串”起来还不够，还必须“串”得自然流畅，衔接得当，这就需要在选词造句时特别要注意考究。如在选择连接词、转折词时，要恰到好处；同一词汇不要多次出现，同一意思要选择不同的词汇来表达，力求达到殊途同归的效果。

第三，善于应变，勇于创新。会议主持词的写作没有固定的格式。不同内容的活动，采用不同的语言和风格。比如，法定性会议与临时性会议在语言和风格上肯定不一样。有的单位领导喜欢一字不漏地念稿子，有的单位领导喜欢临场发挥、侃侃而谈。在写有讨论议程的主持词时，就更要善于应变、灵活多变，如“各位领导、同志们，刚才大家就……等问题发表了很好的建议和意见，并就……等问题进行了讨论。”这些用省略号省略的问题都是随机的，很难预见的。还有在会议进行的过程中会发生一些意想不到的问题，这都需要在起草主持词时，力求考虑到所有可能发生的事情。同时，不能千篇一律，要突出每篇主持词的个性和特色，勇于创新。

第四，巧于结尾，赢得听众。从人的认知角度来讲，一件事情的开始和结束阶段留给人的印象最深刻。会议主持词结尾，直接关系到会议召开的效果和影响。在起草主持词的结尾部分时，语言要有鼓动性，内容要有号召性，力求营造良好的会场气氛。主持者要充分展现自信和魄力，正视前进中的困难，但坚信事业能够成功，勇往直前，引起听众强烈的共鸣，最大限度地赢得听众，从而使会议的效果化作听众的自主意愿和自觉行动，成为促进工作目标实现的强大动力。

（四）成功的主持人应具备的要素

活动能否顺利举行，能否达到预期目的，主持人往往起关键性作用。成功的主持人应具备以下素质。

1. 善于表达

主持人要充分考虑活动的性质、主题内容、参与对象等因素，机变灵活，使用人们都能接受的通俗语言恰当地表达深刻的内容。

2. 善于控制

主持人既要控制活动进程，又要控制场内气氛。要在活动前就对活动内容做到心中有数，对活动程序做到了然于胸。活动伊始即开宗明义，讲清本次活动的内容及所要达到的目的。活动进行中要因势利导，避免节外生枝。主持人还要吸引全体参与者及观众的注意力，拉近参与者的心理距离，使会场气氛融洽和谐。

3. 善于应变

活动进行中，往往会有突发事件或其他意想不到的情况发生，这时的主持人要从容自若，采用得体的方式或幽默的语言巧妙地应付冷场或机智地打圆场，化被动为主动，使活动得以顺利进行。

4. 善于鼓动

主持人作为活动的组织协调者，要努力激发或鼓励参与者及观众的积极情绪，使之产生共鸣效应，进而全身心地投入到活动中。特别要及时地暗示和鼓励那些默不作声或不够投入的参与者，鼓励他们开口或参与活动。

5. 善于整理

活动的各个部分需要主持人从中穿插连接，因此主持人要善于整理，归纳和概括各个环节的内容，并及时理出头绪，以保持活动内容的一致性、连贯性，使之成为一个有机的整体。

（五）主持的要领

1. 紧扣主题，兼顾全体

主持人的开场白一定要和活动的主题相契合，精彩的文案只有扣住主题思想才能发挥出最大的魅力所在。

例如，主题是跨越，是征服，是挑战，展现的是雄心和霸气，那么开场白就要用气势磅礴的语言和辞藻去鼓舞大家心中澎湃的热血。豪迈与气势同存才能让人慷慨激昂不畏前行。那么主持人开场白可以写成：

跨越，分秒之内，或许颠覆一个世界。

永恒，在每一个人的路上。

一棋，一天下。

自然的大地与天空之间，企及巅峰的心性无所不至。

奇迹，从来只在我们手中。

例如，主题是携手、团结，突出团队精神的一类主题，那么开场白就要动人心弦，争取去触动人们心里某些柔软且温暖的回忆。那么主持人开场白就可以写成：

走过往昔，奋斗的汗水刚刚拭去。

回首旅途，胜利的笑容正在蔓延。

携手今宵，高歌这一路荣耀感动。

展望明朝，伙伴们，让我们携手同行。

一曲歌唱出心中挚爱，一段舞跳出热血豪迈，一首诗谱写出果敢坚毅。

执着、梦想、追求、团结、我们共同燃心为香，巅峰领跃！梦想从不止步。

当然，一场活动的结束，也必须有精彩动人的主持人结束语才算画上完美的句号。因此与主持人的开场白遥相呼应是必要的，对整个晚会的精彩及肯定是必要的，对美好的事物赞颂及充满灿烂明朝的渴望也是必要的，对于主办单位的祝愿也是必要的。感谢之余，说一些可人温婉的话语，拉近所有人的距离之外，也可让人对整个活动留下深深的回味。

2. 工于开场，巧于连接

3. 把握分寸，表现适度

抒发情感要讲究一个度，不能让情感太过浓烈，也不能让情感太过寡淡。情感太过浓烈，可能会灼伤听众的求知欲和好奇心；情感太过寡淡，可能会让听众丧失兴趣，失去继续听下去的愿望。

【例文】

今宵月正圆

——班级中秋联欢晚会主持人开场白

“举头望明月，低头思故乡。”同学们，听到这两句诗请不要神伤，虽然我们因求学无法与家人团聚，但你不觉得我们大家在一起共度这金秋佳节，是何等的难得吗？今宵月正圆，我们的中秋联欢晚会就在这皎洁的月光中开始吧！

同学们，用我们的爱心与信心共建了一个远近闻名的班集体，一个温馨的大家庭。在这个暖人的集体里，我们不仅汲取了丰富的知识，更懂得了“团结就是力量”的真正含义。我们学会了互相帮助，了解了外面的世界，知道了友谊的崇高。相信我们今晚的联欢晚会一定会取得圆满成功！

同学们，良辰已至，下面请八仙过海，各显神通！

【思考与练习】

1. 演讲的开场白和结束语应遵循哪些基本原则？
2. 写演讲稿应注意哪些问题？
3. 主持的技巧表现在哪些方面？
4. 主持的语言艺术表现在哪些方面？
5. 在班内组织一次演讲活动，事先熟悉同学的演讲内容，思考怎样开场，演讲者之间怎样巧妙连接。

第四节　交谈和求职面试

一、交谈

交谈，指两个或两个以上的人有明确目的或无明确目的而进行的相互交流信息的口语交际活动。如果介绍是一切社交活动的开始，交谈就是社交活动通向成功的桥梁。交谈在人们的日常生活、工作、学习和社会交往中占有重要的地位。人们通过交谈，可以沟通思想、交流感情、加强交往、增进友谊，从而建立良好的人际关系；交谈还可以交流信息、获取知识、扩大知识面等。

交谈的方式由说话的目的和内容决定。交谈可分为生活交谈、学习交谈、工作商讨、学术研讨、贸易洽谈及外交对话等若干种。交谈的形式有聊天、谈心、劝解、采访等。

（一）交谈的特点

交谈是人际间最直接、最广泛、最简便的言语交往形式。交谈的基本形式是对话。一般来说，它必须具有发话者、受话者和对话内容三大要素。交谈作为口语交际的重要形式。具有如下特点：

1. 角色的二重性

交谈不是独白，交谈往往处于多向信息传递活动中，说与听需相互配合，才能保证交谈的进行。当某人发言时，他是交谈的主体，其他人是客体，当别人答话时,他又成了对话的客体。与此同时，在对方说时自己又是听者。在交谈这种语言表述活动中，主体和客体不是绝对固定的，参与交谈的每一个人都具有主体和客体的双重身份。

2. 话题的易变性

交谈时可以就一个共同的话题展开，也可以随时提出新的话题。每个人都可以随时提出自己感兴趣的话题，而且随着双方或者多方思路的变化，交谈过程中可能随时改变话题，有时既定反而成了附带话题。交谈具有极大的随意性和不确定性，参与者可以无拘无束地把自己的所见、所思、所想“谈”出来。正因为这样，交谈就具有话题宽泛、信息量大的特点，便于人们加强联系、沟通感情、传播和获得信息。

3. 语言的即兴性

交谈处于动态语境中。即兴性很强。在交谈中，谈话者也难于迅速接受和理解那些复杂的语句，只有通俗的语言才不会妨碍交谈。同时，由于交谈一般是在平等的氛围、和谐的语境中进行的，随想随说，没有必要进行加工或者润色，所以显示出自然明快的口语特征。

（二）交谈的过程

交谈一般有见面寒暄、谈论正题、结束交谈三个阶段。

见面寒暄，就是在谈论正题之前所作的问候、介绍或者无关正题的谈话。如“最近忙什么呢”“这段时间忙吗”等，它可以缩短人们之间的距离，化陌生人为熟悉人。变冷漠为温暖，营造友好、合作的气氛，给交流进入正题作好铺垫。陌生人之间的寒暄，通常是"您好“之类的问候，再加上自我介绍，以及有关天气、路途情况等内容的谈话。熟人之间的寒暄，还可以加上双方的近况，可以问问对方，也可以谈谈自己。寒暄的内容和语气轻松愉快，切合语境，讲究分寸，适可而止。为此，见面前，应尽量多了解一些对方的情况；见面时，灵活机动，见机而作。如果交谈者之间朝夕相处，也可以不作寒暄，直接进入正题。

谈论正题，就是围绕交际目的进行的，运用恰当的方式、交流的通则，根据不同的交际目的，针对不同性质的交谈特点。话题在交谈中有极其重要的作用，因此在选取话题时要谨慎。要尽量选取双方感兴趣的话题，选取恰当的话题，选取双方谈得来的话题。想好了合适的话题，还要用合适的方式提出来。比如“请问，您对大学生创业怎么看？” 运用疑问句，委婉含蓄。“认为那种只重知识不重技能的想法是错误的。”采用论述的方式，充满力量。

结束交谈，务必要给对方留下愉快的印象。可以谈谈对方的共同点，面带微笑，彬彬有礼地与对方道别。结束交谈，应把握好时机。不应该在对方谈兴正浓的时候突然离去。如提前退出，应当及时声明，同时要表示歉意。不可在对方希望结束时滔滔不绝，结束语应当直接、干脆，而又不失之于随便、马虎。

（三）交谈应遵守的基本要求

1. 态度上注意坦诚、温良、谦恭、礼让

坦诚：首先要能够接纳对方。不论是出于什么目的，也不论是面对什么对象，都应该表示出应有的诚意和友善，这是交谈的良好开端。当一方对另一方的表述不能接受或不能完全接受时，应坦言相告，不可含糊其词，更不能因为照顾对方“面子”或出于“礼貌”而随声附和，以免造成误解。

温良：交谈中尽量做到热情适度，得体大方。过度的热情会让人感到虚假和做作，让人产生戒备；过度的拘谨会让人心存疑虑，难以适从；过度的冷漠会让人心有压力，感到难堪和隔膜。这些都无益于交谈的顺利进行。交谈中还应尽量做到温文尔雅、与人为善，多设身处地地替对方着想；谈话时不抱成见、不怀恶意、不揭隐私，营造适合交谈的良好气氛，让对方感受到你即使对他进行批评，目的也是善意的。

谦恭：交谈中只有尊重对方，才能获得对方的尊重，相互尊重是交谈成功的基础。谦逊有礼不仅能表现出自身的良好修养，而且能使对方产生好感，谦逊厚道的交谈容易赢得彼此的信任和信赖。表示谦恭要注意分寸，把握适度，不骄不躁。

礼让：交谈过程中因为双方所站角度、所处位置不同，有时难免会对同一话题形成不同的意见和看法，甚至引起争论。这时为了使交谈能够继续进行，可不必过分计较对方的态度，采取冷静和从容大度的方式表示理解和谅解。

2. 准备上注意了解谈话对象、分清交谈场合

（1）了解谈话对象。谈话前尽可能了解对方的有关情况，如国别、性别、习俗、年龄、职业、个性、生活经历、兴趣爱好、文化程度、家庭组合等。相同的话题在与不同人的交谈中往往会有不同的反应和结果。因此，了解谈话对象的上述情况后，可以预先设计交谈的方式和程序，掌握主动，因势利导，使双方很快进入适合交谈的氛围中。这对交谈的主动方来讲尤其重要，俗话说"话不投机半句多"，所谓"投机"就是找到共同语言。主动方只有根据具体情况，选择恰当的交谈方式、口吻和语言，才能容易接近对方，找到双方的共同语言。

（2）分清交谈场合。交谈场合是指交谈选择的时间、地点、场所、周围环境等，交谈时应根据谈话内容和对象情况选择合适的场所，注意在不同的场所采用不同的谈话态度与语调来提高交谈质量。例如，社交场合要不卑不亢、热情大方；工作场合要坦率真诚、庄重得体；生活场合要亲切友好、温柔敦厚。针对不同谈话对象采用不同的谈话方式。例如，在熟悉的对象面前畅所欲言、不拘小节；在陌生对象面前用语恰当、谦逊温和；在长辈面前言辞恭敬、谦虚耐心；在晚辈面前关心爱护、语重心长。这样往往会取得令人满意的效果。

（3）过程中注意围绕交谈目的做充分准备。这样做的好处是：①可以洞察对方意图，进而为维护自身利益进行应对，使交谈中心突出、不枝不蔓；②可以体现交谈的沟通作用；③既是划定了交谈范围，又为交谈的进行设计好环节，使交谈更具针对性。

交谈双方的准备包括：怎样提出话题，怎样表达并设法影响对方，根据对方提出的话题预测对方谈话的目的，理解和把握对方谈话的真实意图，提出自己的疑问或对对方的观点进行反驳，设想自己在不利的情况下如何应变谈话，做好应对可能发生的各种情况的心理准备等，有了准备就能在最大程度上避免自己处于被动地位。

（四）交谈能力训练的三种方式

交谈作为双向口语交际表述活动，其功能既包含谈的方面，又包含听的方面。可以根据谈与听的情况大致确定以下三种交谈方式。

1. 谈主听辅

如汇报工作、布置任务、陈述个人观点看法、描述事件过程、介绍某人情况、详尽地回答别人的问题等。

2. 听主谈辅

如接受任务、交谈时的提问、新闻采访、主持有关活动等。

3. 谈听并重

如聊天、辩论、谈判等。

（五）交谈的基本能力训练

下面将交谈的基本能力分为侧重于交谈的主动方（既问谈式）和侧重于交谈的被动方（既应对式）两种类型进行训练。

1. 谈问式交谈训练

谈问式交谈训练大体分为以下四个步骤：

（1）寻找时机、引发话题。交谈中，谈问方由于不知道对方对自己提出的话题做出什么样的反应，常借助过渡性的交谈进行试探，缓解对方的紧张或戒备，赢得对方的好感，使交谈能够顺利进行下去。例如，面试时，有经验的主考官会帮助应聘者克服紧张情绪，往往这样开始谈话："你能不能自我介绍一下？""你平时有什么业余爱好？""你为什么喜欢这份工作？"这样发问既可以了解对方相关情况，又可使应聘者缓解紧张情绪，从而使面试招聘工

作顺利进行。

（2）循序渐进、进入正题。有些比较难谈的话题，不宜开门见山，直截了当。需要作一定的铺垫，制造恰当的氛围和机会。例如：

小章和小李住一个寝室，平时关系不错。一次两人因为一点小事产生了隔阂，几天没有讲话。事后小章有点后悔，想找机会解释一下。一天，寝室里只有他们两人，小章在自己的床铺、抽屉里翻找东西，然后问小李："看到我的随身听了没有？"小李愣了一下，说："没有。"小章说："我记得是放在床头的。"小李没有应声，小章继续找。过了一会，小李说："是不是别人借去了？"小章想了想说："没有。"小李说："会不会掉在床底下。"两人不约而同朝床底下看，也没有。 这时小章摸摸身上突然叫起来："找到了，原来装在兜里了。"小李说："没想到你这么粗心。"小章说："要不是我粗心，你恐怕还不会和我说话。有时候心粗一点倒是好事。"两人都笑了。

（3）随机应变、转换话题。交谈时有时会出现"话不投机"的情况，这时候最好转换一下话题，迂回前进，达到目的。注意：①转化的话题要尽量避免对原话题的解释和补充；②同时做到和原话题在用意上的自然衔接。

（4）见好就收、结束话题：掌握交谈的节奏和进程，注意语言的感情色彩，在双方感到比较愉快并且达到预期的谈话目的时结束话题。

2. 应对式交谈训练

应对式交谈训练大体分为以下四个步骤：

（1）以静制动、从容应对。认真倾听对方谈话，准确理解，弄清来意，权衡利弊以后再表态回答。

（2）投石问路、引而不发。对于一些比较难说的话题，如劝说别人、回答问题等，因为有所顾虑或缺少准备，担心自己的语言给自己或他人带来不可避免的伤害时，不可急于表态，不可直话直说，可以通过旁敲侧击的方式，在大致了解对方的意愿以后，顺势而谈或因势免谈。因势免谈尽管无作为，但避免了节外生枝。

（3）转换角色、争取主动。交谈中当自己在应对不利的情况下，改变策略，主动出击，摆脱被动劣势，朝有利方面转化。

（4）留有余地、进退两便。当对方要求或请求，表示希望得到你的明确答复时，要结合当时情况，给自己和对方留有余地，不能把话说得太死，以免使双方陷入尴尬。

（六）交谈技巧

交谈技巧多种多样，下面着重介绍以下几种交谈技巧。

1. 开门见山，直言不讳

不掩饰自己的观点，不回避面对的问题，在最短的时间内使对方明白自己的意图。

2. 察言观色，相机行事

交谈中根据对方的反应制定对策，把话题逐步引向深入。

3. 退后一步，曲径通幽

交谈中双方因为各自的利益对某个话题产生意见分歧，形成障碍，出现僵局，如果变通一下，改变交谈的策略，就有可能打破僵局，使交谈得以顺利进行。

4. 金口难开，避而不谈

交谈中保持强劲的谈锋往往是争取主动的一个条件，但有些时候当一方对话题不能完全把握，对对方的意图又不是十分清楚的情况下，采取回避的策略也许比谈更为有利。

5. 全盘否定，即将反转

交谈中当一方对某个问题犹豫不决，难下决断时，从正面晓以利害，效果甚微。这时不妨变换一下角度，以退为进，从反面提供不利于对方的建议，以刺激对方去考虑自己的利益得失，做出应有的选择。

6. 反答为问，静观其变

面对对方的尖锐提问，由于种种原因一时不便回答，采用反答为问，既可避免尴尬，又可在谈话中争取主动。

例如，某公司有甲乙两人竞聘部门经理，进入相互辩难阶段。甲问乙："如果你现在就是一个部门经理，你向你的下属布置了一项工作，但是完成这项工作的条件已经发生了变化，而你尚且不知。下属想提醒你，又怕你误解他，认为是对领导身份的不尊重；不提醒的话，这项任务又明摆着无法完成。所以他既没有答应也没有不答应。遇到这种情况你怎么处理？"乙稍作思考，说："假如我就是一个部门经理，而你就是我的下属，我向你布置了这件工作。你说，身为下属的你应该怎么答复我？"乙很策略地将问题还给了对方。

7. 提纲挈领，要言不烦

用简练的语言概括自己或对方的谈话，不仅会给人留下深刻印象，而且可以帮助双方更好地理解、沟通。

二、求职面试

求职面试一般由用人单位的业务、劳动或人力资源等主管部门共同组织进行。在面试中，面试主考官要对你的申请书所谈的情况进一步了解，同时向你介绍该单位的情况，并随时提出一些事先准备的问题让你回答，以此判断你的思想品行、业务专长、实际能力和发展潜力。面试是用人单位考察录用毕业生的重要环节。这一面之交，对于你是否被录用，有一锤定音的作用，毕业生必须认真对待，不可轻视。面试是一种双向选择,它既是用人单位估计过程，也是毕业生的一次学习机会。

面试成功与否，从根本上说是由毕业生本人的实力决定的。而掌握面试的一些技巧本身也是实力的组成部分。面试时个人简介不再是最重要的因素，而毕业生的仪表、举止与谈吐变得十分重要。能否在面试时表现出落落大方的举止，出众的口才与交际等，主要靠平时的学习和训练。

（一）求职面试时的准备

有的毕业生面试前不做任何准备，面试时就不知道该说些什么，显得紧张窘迫，非常被动，这样就给用人单位留下不好的印象。为避免出现这种情况，毕业生应在参加面试前做好充分的准备。

1. 材料上的准备

（1）准备个人材料，包括个人简历、求职信、成绩单、推荐表、各种获奖证书、学历学位证书以及担任过某种社会活动职务的证明等。

（2）搜集有关用人单位的一些背景材料，以便做到知己知彼。包括用人单位招聘什么样的人、有什么特殊要求、工资待遇、生活福利、整体素质、发展潜力和前景等。

2. 思想上的准备

面试之前不仅要把面试所需的材料准备好，还要预先想一想主考官会问哪些问题，做到心中有数，到时才能应付自如。

（二）求职面试时的技巧

1. 面试过程中自我介绍的技巧

求职者自我介绍的目的，一方面是让面试全考官对自己有个初步的、大概的了解；另一方面也是为了展现口才、应变和心理承受、逻辑思维等能力。给对方留下良好的印象，以便使面试能够深入进行下去，最终赢得面试的成功。自我介绍是求职者推销自己的极好机会，因此一定要好好把握。要成功地进行自我介绍，可以从以下五个方面着手。

（1）礼貌问候、自然大方。在进行自我介绍之前，求职者首先礼貌地做一个简短的开场白，并向所有的面试人员示意。介绍完毕以后，要注意向面试主考官致谢。

（2）主题鲜明、层次严谨。自我介绍的内容一般包括以下几个方面：

① 个人基本信息。包括姓名、年龄、籍贯、学历、民族、政治面貌、毕业院校、特长、爱好等。

② 学业情况。包括所学专业及主要课程、专业能力、相关技能等级等。

③ 个人能力。包括工作能力、工作经验、求职经历等。

在自我介绍时，这些内容不必面面俱全，而是要做到主题鲜明，详略得当，重点突出。一般来说都会以学业情况与个人能力为主。再谈所学专业、课程，不必要说明成绩。谈求职的经历，只谈主要的经历，不要漫无边际，东拉西扯。整个自我介绍的过程，最好控制在 3 ~ 5 min。

（3）凸显优势、杜绝浮夸。“事实胜于雄辩”。在面试时，求职者应当通过实际的事例来证明你的能力，把你的才华展示给面试主考官。但是也不能为了给面试主考官留下深刻的印象，对自己进行过多的夸张否则不但不能给求职带来帮助，反倒会给面试考官留下不好的印象。

例如，某大学中文系学生小刘，毕业后到报社应聘记者，面对着上百个新闻专业出身的应聘者，可以说小刘并没有什么优势。但小刘对此早有准备，她对面试考官介绍自己时是这样说的：“我叫刘晓明，山西人，毕业于 × × 大学中文系。虽然我不是新闻专业的，但我对记者这个专业十分感兴趣。在大学期间我是学校校报的记者。四年间，进行了大量的校内、外采访，积累了一定的采访经验，再加上我的中文功底，我相信我可以胜任贵报的工作。这是我在大学期间发表过的采访报道，请领导及各位编辑批评指正。”面试考官看过了小刘的报道材料后，觉得眼光独到、语言深刻，都很满意。结果小刘击败了众多竞争者，收到了录用通知。

（4）客观陈述、留有余地。面试中，求职者要坦诚地介绍自己的情况，客观地展示自己的实力，但同时应尽可能地避免使用绝对的语言，要留有回旋的余地。如“我非常熟悉这项业务！”“我保证让部门改变面貌！”这些没有具体内容的话，往往会引起面试考官的反感，从而影响面试效果。

2. 面试过程中问与答的技巧

在面试过程中，要注意以答为基础、以问为辅的沟通技巧。尽管不同的公司面试的程序和模式都会有所不同，面试考官的风格各异，但是招聘方提出的问题大致可分为两类：

一类是规定式提问。也就是招聘方事先准备好的，对每一位招聘者都要发问的问题。这类问题一般围绕个人基本情况、学业情况、工作经验、求职意愿等方面。

另一类是自由性提问，亦即招聘方针对应聘者的不同特点随意穿插的问题，涵盖面广，着重在于考察应聘者的综合能力与应变思维能力。

应聘者在回答上述问题时应当掌握以下基本技巧：

（1）展示自我、张扬个性。应聘者在回答过程中不要遗漏表现自己才能的重要资料；应尽量突出自己的过人之处。

（2）尊重对方、服从调配。应聘者也不能一味地表现自我，而损害招聘方某方面的利益。要做到在不违背自己意愿的前提下，尊重对方的决定，服从对方的工作安排。

（3）敏锐灵活、审时度势。在倾听对方的提问并做出回答的过程中，应聘者应保持敏锐和灵活的思维状态；时刻注意对方的反应，深刻理解对方提问的真正目的与意图，以便及时调整自己的回答方式及内容。

（4）避实就虚、避免忌讳。应聘者在面试中，如果遇到不好做正面回答或一时之间无法回答的问题，可采取合理的方式从侧面回答，不必拘泥于问题本身。这类问题最忌讳笑而不答。

另外，应聘者在回答时应尽量避免提到对方忌讳的字眼，以免给对方留下的不好的印象。

（三）面试求职应注意事项

1. 塑造形象、注重仪表

求职者给面试考官留下的第一印象非常重要，往往决定影响着面试的结果。因此，求职者在面试时，应塑造一个良好的外部形象。

（1）衣着和打扮。面试是一种较为正式的活动，因此求职者的穿着应该尽量正式一些。一般要穿着正装，要保持整洁大方，女士最好化淡妆，不可浓妆艳抹。男士应注意发型，不得留长发，不得染发，不要梳理过于前卫的发型，也不要使用过多的定型水之类的用品。那样会让人感到不够庄重。

（2）肢体语言。当求职者正在思考及刚开口作答时，可配合一些合理轻微的肢体语言，会显出自己有敏捷的思维及头脑，可以使面试考官更加投入及注意求职者说话的内容，但动作不宜过大。在面试时千万不要玩弄身边的物品，如不停地玩弄圆珠笔或手指，会令人觉得求职者已经不耐烦。

（3）坐的艺术。在面试过程中应保持端正的坐姿，身体稍向前倾，以示对谈话的兴趣，也表现出自身的从容不迫。谈话中，不要翘起脚尖，更不可将脚尖对着对方，这会让人觉得你极不尊重对方；也不要斜靠在椅子上，以免让人感觉你太过懒散。与此同时，应与考官保持一定的距离。太远会让人觉得你有所戒备，太近会让面试考官感到自己“区域”受到侵入，这都无益于面试。

2. 保持微笑、强化眼神

在面谈中，求职者应保持微笑，给人以自信、自然的感觉，不要做出一些不自然的面部表情，如在遇到难答的问题时装出咳嗽的声音或咬嘴唇会给人不成熟和不认真的印象。

在面试过程中，求职者应时刻注视着面试考官，通过眼神来完成语言之外的谨慎交流，这既可以向考官展示自己的坚定、自信和热情，也可以及时了解考官的反应，识别面试考官的身体语言变化，从中了解他的真正情绪，以便化解面试中的尴尬。

3. 行为礼貌、避讳禁口

在面试时，不要出现一些不礼貌的行为，如嚼口香糖、擤鼻涕、挖耳屎、修指甲、打哈欠、搔痒、挠头或抖动腿脚等。咳嗽、打喷嚏时，应用手帕掩住口鼻，面向一旁，避免发出大声。

此外，还应注意以下几点：

（1）不得过分赞美面试考官或过多评述对方给你的印象。

（2）尽量不说不合逻辑的话，不询问超出面试范围的问题。

（3）不应借助他人名号自抬身价。

（4）不得漫无目的地闲谈。

4. 切忌卖弄、切莫忘形

当求职者还不十分了解面试考官的习惯和喜好时，自我介绍要简明，有条有理，不要乱加修饰词语，把主要的经历说出来就足够了。纵使你的经历丰富多彩，迂回曲折，但不必在自我介绍时表现出来。自我介绍一定要给面试考官留下思想清晰、反应快、逻辑性强的印象。

尽管面试前作了充分的准备，但临场可能还会遇到一些意想不到的问题。碰到这种情况时，要稳定心态，不要急于回答，可稍作停顿，以便从准备的内容中剪裁、组织成有关语言材料。如果主试者一连提出几个问题，应先记住问题，再逐一回答，切不可因心慌而东拉西扯，词不达意。有时主试者会有意提出一些令人难堪的问题或表现出傲慢的态度，以测试你在压力下的应变能力；这时要控制情绪，镇定自如地从正面应答。

下面的面试提问可做参考：

1. 谈谈你自己的情况。

提示：这往往是开场白。要求你自我介绍学历、简历等。注意：介绍是要加强专业优势，说出自己的理想、向往与所求工作的投合之处，焦点要集中在最近的收获上。语言要简练。不要过多涉及其他方面。时间 3 ~ 4 min 为宜。

2. 你为什么要到我们这里求职？

提示：这是用人单位对你心理的试探，从而了解你求职的真实目的和要求。要说出用人单位的优点和特点，正因为这样，我才来这里求职。比如："我觉得贵单位实力雄厚，上下一心，领导得力，适合一切有才干的青年人发展。"这类话就较为得体。

3. 你对我们单位了解吗？

提示：作为一名求职者，你应该尽可能了解面试但未涉及的专业、生产的产品、供销情况、财务状况、目前处境、未来展望等。对这些问题的回答准确、干净利落，无疑会使你从众多的竞争者中脱颖而出，加大被聘用的可能性。另外，你在了解该单位情况的同时，也能尽快做出最终选择。如果觉得该单位的情况不适合你，就可马上抽身出来，再寻找新的用人单位，不必在这里耽误时间。

要了解面试单位的情况并不难。索要一份年度报告和其他材料，就可获得你所需要的信息。有关的报纸、杂志、机构、该单位的员工、到该单位去做实地考察等都可以成为你收集材料的方式。

4. 你来我们这能干什么？

提示：回答这个问题，要致力于该单位的事。要事先做调查，做到心中有数，然后通过经历中的事例说明你是拥有这些必要技能的。不要回答："我什么都能干。"大多数单位看重的是有一技之长者，而非"干什么都可以"的人。如果不能就这个问题给主考人员一个巧妙的回答，他们就会对你失去信心。

5. 你最大的优点是什么？

提示：如果你平时就很注意了解、剖析自我，回答这个问题是很容易的。趁机列举两个既与该单位的工作有关，又能体现出你的优点的例子，但说话要得体，不要给人留下自吹自擂的印象。

6. 你最大的缺点是什么？

提示：没有十全十美的人，任何人都不能说自己毫无缺点。但主考人员提出这一问题的目的并不是想得到具体的信息，而是了解你是否诚实正直，是否心态平衡。回答这一问题时，要注意体现自己健康的心理。

7. 你的业余爱好是什么？

提示：没有任何业余爱好是一个很大的缺陷，而业余爱好多能说明你的兴趣广泛，你是一个有能力的人。

8. 你还有问题要问吗？

提示：不能马上说"没有"。而应该问一些有关的问题，如"我的职责将是什么？""我将要接受何种培训？""如果工作出色，以后我的职业能到什么级别？""我怎样才能成为单位的优秀员工？""单位成功和发展的原因是什么？"

【思考与练习】

1. 交谈练习。

（1）你的一个朋友非常热心，总是积极参与朋友间的活动，但朋友们都不领情，为此，他十分苦恼，来找你倾诉，你该与他说些什么？

（2）你为求和气，总是迁就上铺的室友。可他却得寸进尺，对你与指手画脚，你想要和他好好谈一下，你将如何说呢？

（3）有位朋友到你家串门，天很晚了，你也很累，他却还没离去的意思。这时，你该怎么办？准备怎么说？

（4）班上一位同学总是不做早操，作为体育委员，你该怎样批评他？

2. 面试练习。

将班上同学分为几个小组。以小组为单位，由同学们分别扮演招聘人员、应聘人员，进行模拟面试训练。最后学生自评，指出不够完善之处。

第五节　辩论和辩论赛

一、辩论

辩论，又称论是辩非，是论证己方见解、反驳他方观点的对白体说话形式之一，也是对白体口语交际的最高形式。与一般的口头表达相比，它具有针锋相对、逻辑严密、说理周全、反应灵敏、处变机智、表达准确、言词简洁等特点。作为口语交际训练的常见形式和重要章节，辩论因划分标准不同而有不同种类。本章将围绕论点的确立、材料的准备、论证的分工、反驳的技巧等进行讲解和训练，并罗列实例加以评析，供训练时借鉴。

（一）分析论题

分析论题又叫破题。赛场辩论是一种极富理性的智力和口才的交际较量，完全不同于为维护个人观点或某个集团的政策而展开的辩论。由于辩题是预设的，辩论双方（正方或反方）所持的观点由抽签决定，它只有胜负之分而无是非之别。因此，保证辩题的中性以使参辩双方在辩论中处于平等的地位便显得十分重要。

对于绝大多数辩论来说，辩题已经确定了正方和反方的观点，辩论双方须围绕论题确定的己方论点加以论证，不能因为自己对己方观点并不真正赞同而予以否定，否则会因为立场不够坚定而在辩论当中倾向对方，使自己的观点走形。

对于参辩双方来说，确立论点的关键是分析论题。辩论前双方均需对论题的正反观点和反方观点予以确定并加以准备，力争既知己又知彼。分析论题通常从以下几个方面着手。

1. 分析论题的种类

分析论题的种类主要是看论题对正反和双方的论点是否都做了明确的规定和限制。请看以下论题：

人性本善

如果辩题反方的观点未被明确规定的话，双方各自要准备的论点是：

正方：人性本善。

反方：①人性本恶；②人性有善有恶；③人性无善无恶。

如果反方已被明确规定为第一种观点，那么，双方的观点为：

正方：人性本善。

反方：人性本恶。

2. 分析论题的关键字眼

因为关键字眼常常是双方争论的焦点。所以必须把关键字眼分析透彻，并做到准备充分，限制得当，这样才能做到正可立、反可驳。

3. 对己方和对方进行辩论逻辑设计

所谓辩论逻辑设计，就是指对论题的内涵和外延进行逻辑分析，并在分析的基础上设计辩论的逻辑框架。形象一点说，就是给自己的立论画一个圈，使自己的观点能够自圆其说，建立一个稳固的防线；同时要分析对方可能的逻辑，设计进攻的路线，并且分析对方可能的进攻路线进行防御。具体的做法通常是将辩题中的所有概念拉出来，逐一分析其内涵和外延。是否进行辩论的逻辑设计，将直接影响辩论的胜败。而辩论的逻辑设计是否合理和科学，同时会对辩论的结果产生不可低估的影响。

总之，分析论题（破题）是进行辩论的第一步。它不仅包括剖析辩题含义、确定己方定义，也包括为己方和为对方设计辩论逻辑。

（二）准备材料

论点确定以后，便进入材料准备阶段。

1. 准备立论的材料

立论的材料也就是建立自己论点的材料。作为辩论过程，无论是双方的互辩还是单向说理，都要求言之有据，这“据”就是材料。准备立论的材料有广义和狭义之分。广义的材料准备是在平时。它要求参辩者平时广泛阅读，加大自己的知识积累，提高自己的道德修养，加强逻辑训练，培养良好的心理素质等。狭义的材料准备是指临战前针对某一辩题所作的材料准备。

准备立论的材料不外乎从两个方面入手，即事实和理论。立论的事实论据一般从以下两个方面着手：①历史事件，即在人类社会发展的历史长河中出现过并且被普遍认可的事实；②现实材料，即现、当代出现的并且被大多数人所熟知的事实。立论的理论材料一般包括两个方面：①被社会发展所证明了的科学真理；②在社会科学和自然科学发展中做出过突出贡献的著名人物的著名论断和言论。

2. 准备反驳的材料

在辩论双方的关系中，辩护与驳说是一对基本的关系。辩护即是立论，但如果只立论而不反驳，辩来辩去，战场总在自己一方，对对方的立论构不成任何威胁，就会使辩论失去光彩，即缺少短兵相接。其实，从某种意义上说，反驳才是最有效的辩护。成功的辩论常常是以攻为守，通过驳倒对方来确立起自己的观点。而要能够反驳对方，辩前就必须充分的反驳准备。一般来说，反驳的准备是在为对方设计逻辑后，进一步针对对方的论点、对方可能列举的论据、对方的立论方式方法、对方可能从哪几个方面反驳本方等四个方面研究己方如何应答和反驳。

3．准备材料时应注意的问题

（1）论据要有针对性。在搜集论据前要对自己的辩论方向，辩论要点有清楚的认识，并且要设想对方会从哪几个方面立论，以此作为自己搜集论据的指南，为巩固自己的阵地准备砖石，为攻击对方的堡垒准备炮弹。

（2）论据要典型。所谓典型，就是具有代表性，能反映事物的本质。这样的论据说服力强，感染力大。

（3）论据要确凿。论据往往要涉及引用名人名言、具体的人事、数据指标、理论概念，都必须认真谨慎地确定其准确性，不能想当然，更不能投机取巧。否则，一旦被对方抓住把柄，就将在辩论中处于尴尬的窘境，甚至导致一步出错全盘皆输。

（三）学好辩论设计书

辩论前的一切准备最终以辩论设计书的形式定稿。所谓辩论设计书，就是辩论的设计方案。它可以是一套，也可以是两套、三套。每一份设计书都应该包括对辩题的理解和剖析、辩论层次、逻辑框架、对方可能的立场与攻击点、本方防守线、中外理论暨事实论据、各辩手分工、辩论中需注意的问题、对可能发现的问题的设想及化解对策。如果正反方是临时抽签决定，那么，事前应分别准备正反双方的辩论方案。

赛前需注意的细节：根据分工写好辩词；组织讨论、补充与修改辩词；切实熟悉整个辩论过程的分工，熟悉所有的辩词；设计并掌握整体配合方法；带上卡片和笔，以备及时记下对方的破绽和自己反驳的语句和实例。

（四）辩论技巧

辩论要取得胜利，除了赛前准备充分之外，在辩论中讲究技巧也是非常重要的。

1. 进攻技巧

（1）先发制人，力求主动。在辩论中掌握主动权，即可先发制人，又可在被动时反客为主。在辩论中通常不允许对方的一个主要论点在太长的一段时间内得不到驳斥。一般情况下，在程序辩论时，正方的一辨在立论当中就应主动发难，而反方的第一辩手对正方一辩论述中的内容也应马上给予揭露和批驳。在自由辩论中更应主动出击，理论陈述、设问反诘，从而使辩论保持良好的出击状态。

（2）摆脱枝节，攻其要害。在辩论中切忌纠缠细枝末节，否则，看上去热热闹闹，实际上已离题万里。作为进攻的一方，一个重要的技巧就是在对方一辩、二辩陈词后，迅速地判明对方立论中的要害问题，牢牢抓住这一问题一攻到底，以便彻底击败对方。当然，在辩论中有时也要用到“避实就虚”的技巧，比如对方提到一个我们确实没准备、无法回答的问题时，勉强去答可能适得其反，此时可以轻轻避开，另外找对方的弱点攻过去。但更多的情况下，辩论需要的是“避虚就实”“避轻就重”，善于抓住对方要害，穷追不舍，务求必胜。

（3）以子之矛，攻子之盾辩驳之时要注意倾听，一旦捕捉到对方辩手发言中的漏洞，如因心情紧张而使用概念不当，或因配合失误而前后自相矛盾，或因出语太快而词不达意，都应马上抓住，竭力扩大对方的矛盾，使之自顾不暇，无力进攻我方。

（4）出其不意，引蛇出洞。当辩论出现焦灼状态，对方在自己挖好的壕沟内不出击时，可出其不意，抓住在一般人看来也许是细枝末节的问题，诱导对方离开阵地，步步进入乙方所设的陷阱。

2. 防守技巧

（1）李代桃僵。辩论中有时出现这样一种情况,既辩论题本身是对的,如果仅仅扣题去论,往往难以说服听众,又常常经受不住对方的反驳。遇到这种情况便可以有意识地引入与己方论点相似的概念与对方周旋,诱使对方花很大的力气去分析新概念,从而保己方理论中的某些关键的易被对方反驳的概念不被发现,自己的阵地不被突破。

（2）以守为攻。防守是进攻的特殊的形式，只有巩固的己方的阵地，才可能有效地反击对方。以攻为守是辩论中常用的技巧。

（3）机变应错。在辩论中有时可能失言，也可能遇到对方提出一些自己事先没有考虑到的问题，此时就要遇事沉稳，机变应对。对自己的失言进行及时补救，否则就会被对方抓住，作为攻击的把柄，使自己陷入被动。补救的方法有三种：一是移植，即把错误移到别人头上。比如可以说："你难道会认为这是我的看法吗？下面我正要批驳这种说法。"二是补说，即进一步引申、补充自己说的不恰当的话，使之变为正确。比如可以说："请你耐心等一下，我的话还没说完呢，我刚才的话应作如下补充……"三是将错就错，在讲错话之后，自己意识到了，或对方指出来了，这时干脆将错就错，巧妙地改错话的含义，将错的东西转化为正确的东西来辩证，在辩论中当对方提出一些事先并没有准备的问题，可机变灵活。常见的技巧有三种：一是做一些动作，如整理衣帽或寻找某个东西,利用时间思考如何回答。"二是故意提出一些问题，对方提出问题后，可以反问："这个问题还要我回答吗？""不知您要求我从哪个方面回答这个问题？"通过这些提问，就可以尽量延长时间考虑如何回答。三是假装没有听清楚，请对方再叙述一遍。

（4）幽默用语。赛场辩论在棋逢对手时常难以评决谁胜谁负。而在赛场上最终获胜的评判是取决于听众和评委。压倒对手、征服听众和评委常用幽默之法。自然、恰当、行云流水般的幽默用语通常能起到意想不到的效果。

一般来说,辩论中的幽默用语通常可以从地名、人名、歌名、掌故、社会历史、人文景观、风土人情、谐音双关中信手拈来。

（五）辩论应注意的问题

1. 忌"精于论而疏于听"

"论"与"听"是辩论中很重要的环节。不听或听不懂，则对方观点不明，使"论"成为无的之矢。因此，要"论"到点上，就必须注意倾听对方的论点、论据及二者之间的联系，倾听对方的用词造句有无漏洞，倾听对方是否有诡辩现象。只有精于"听"，辩驳才能针锋相对。

2. 忌"出口伤人"

在辩论中，最忌讳进行人身攻击。这不仅是没有修养的粗俗之举，而且是没有道德的丑恶行为。在辩论中，"理"是争的目的和取胜的保证。然而，人又是感情动物，如果你既能以理制理，又能以情明理，就更容易获得听众的支持，辩论就会成为愉快而有益的思想交流。

二、辩论赛

辩论的形式很多。纵观辩论这种语言形式的发展历史，基本上是从简单到复杂、从无序到有序、从个体到群体的。特别是到了今天，辩论的形式更加繁多。仅以生活中使用较多的辩论而言，就有法庭辩论、政策辩论、毕业辩论、赛场辩论等。

赛场辩论仅仅是辩论形式的一种。为了方便大家学习，本节主要介绍近年来我国辩坛较为流行的三种赛制模式:新加坡模式、上海模式和北大模式。

（一）新加坡模式

目前在我国大学常采用的是 4 对 4 的辩论形式，即辩论的双方均由 4 人组成。这种比赛以中国中央电视台与新加坡广播局联合举办的国际华语大专辩论会，即“新加坡模式”最有影响。这种辩论的组织机构一般为主席（主持人）、评判团（人数为 7 人或 9）。整个比赛按顺序可分为三块：第一块是主席简单介绍评判团及参赛队的基本情况；第二块是参赛队辩论；第三块是评判团评判。比赛采取循环制半决赛和决赛的代表队。

辩论过程分为三个阶段：陈词、自由辩论和总结。陈词首先从正方一辩开始，反方一辩接着并且陈述自己的观点；然后是正方二辩、反方二辩；正方三辩、反方三辩交叉进行，每人限 3 min。每队共 9 min 陈词时间。在这一段时间中要求除正方一辩外，其他辩手要先接对再陈述，双方四辩不发言。自由辩论双方各有 4 ~ 5 min 的时间（具体时间由组委会确定），正方必须先发言，参编队员均发言。这一阶段一般以反驳为主，是新加坡模式最精彩的部分。总结阶段共 8 min，双方各 4 min，总结由四辩担任，反方四辩先发言。这种辩论特别要注意整体配合。一是要注意陈词结构和起承转合；二是要注意内容结构的“板块分割”，即一辩侧重逻辑分析，二辩侧重理论分析，三辩侧重事实分析，四辩侧重价值分析；三是要注意默契合作，即共同立论、相互论证、相互补充、掌握时间划分和材料运用。总之，既要做到有侧重的分工，更要协调整体配合，因为在辩论赛中，整体力量大于个人力量之和，个人在集体中能发挥出最佳能量来。当然，由于辩题不同，辩论的具体分工也不尽相同。

（二）上海模式

这是在继承新加坡辩论模式的优点后创建出来的新赛制。它包含了新加坡赛制的三个板块，即主席做各方辩手简介、辩论队组织辩论和评判团评判，并在此基础上介绍参赛队伍情况之前增加了双方教练陈词，从而使辩论由四个板块组成，即主席导入及简介、双方教练陈词、正式辩论、评判团评判。教练陈词时间各为 4 min，由双方教练介绍各自的辩论方案。教练陈词先从正方开始，反方教练及队员回避，反方教练陈词时正方队员同样回避。除此之外，各队参赛人数与新加坡模式也稍有区别，上海模式采用的是三人组队。另外，辩论设置了盘问程序。按规则要求，每个队员的发言包括问和答两个部分，被问的一方必须回答对方的问题，且在回答之前不能先行提问，不得回避问题。提问乙方不得指定对方哪一位队员回答。这样的好处是能够显示个体素质，并且能够增加辩论对抗的激烈程度。在时间的安排上，正反方一辩各是 4 min，正反方二辩各是 1 min，正方一辩先发言；在盘问阶段，双方的时间各有 4 min，除正方三辩用时另有限制外其他队员用时均为 30 s，正方三辩先提问，时间 10 s；总结阶段双方各有 4 min，反方三辩先发言。

（三）北大模式

北大辩论模式又称北大质询式论辩赛制，这种赛制综合了美国俄勒冈赛制和新加坡赛制的特点。

其主要模式为：

（1）组织机构：一般为主席、评判团。

（2）比赛顺序：一般可分为三块，一块是主席导入及简介，一块是参赛队论辩，一块是评判团评判。

（3）参赛队员：参赛队每队由四人组成。双方按照一辩、二辩、三辩、四辩的顺序入座。

其论辩程序为：

（1）辩手陈词和盘问阶段。

① 正方立论陈词：首先从一辩开始，时间是 3 min，反方盘问；由四辩开始盘问正方的一辩，正方被盘问者，只能够正面回答，不得向对方反盘问，时间是 2 min。

② 反方立论陈词：反方一辩陈述己方观点，时间是 3 min；正方盘问；正方四辩开始盘问反方一辩，时间是 2 min。

③ 正方陈述：由正方二辩陈述，时间是 3 min；反方盘问：由反方三辩开始盘问正方二辩，时间是 2 min。

④ 反方陈述：由反方二辩陈述，时间是 3 min；正方盘问：由正方三辩开始盘问反方二辩，时间是 2 min。

⑤ 正方陈述：由正方三辩陈述，时间是 3 min；反方盘问：由反方二辩开始盘问正方三辩，时间是 2 min。

⑥ 反方陈述：由反方三辩陈述，时间是 3 min；正方盘问：由正方二辩开始盘问反方三辩，时间是 2 min。

（2）自由论辩阶段。双方各队累计用时是 3 min。正方先发言，随后双方交替发言。

（3）总结陈词阶段。由双方的四辩担任。反方四辩先发言，正方四辩后发言。双方用时各 4 min。

（4）评委点评。评判团成员离席，进行投票；然后对本场论辩做出客观的评价，并将评判结果交给主席，由主席宣读评判结果。

北大论辩模式的特点与上海模式有异曲同工之处，都增设了不得回避的盘问程序。所不同的是，上海模式把陈词与盘问分开，北大模式则将陈词和盘问合二为一，逐一陈词，逐一盘问。

【思考与练习】

1. 观看一场隐去评判结论的辩论赛的录像，说说你的裁决及理由，然后再看看实际的评论结论，找出其中不同观点，并分析原因。

2. 下列辩题任选其一，组织一场辩论赛。

（1）先成家好还是先立业好

（2）爱情是自私的还是无私的

（3）以成败论英雄是否可取

（4）代沟的主要责任在于长辈还是晚辈

（5）顺境和逆境哪个更有利于人的成长

（6）上网是否有利于学习

3. 对“知难行易”这一辩题从正方角度进行逻辑设计。

第六节　朗读和朗诵

朗读与朗诵是人们在获取与传播信息时经常使用的口语形式，朗读与朗诵都是把书面语言转化为有声语言的再创作活动。读、诵都强调吐字发音正确、圆润，语言顺畅明快，发音清晰、语调准确、语速得当；都可以通过有声语言的技巧把书面语言表达不出的地方加以弥补；都是口语交际训练的基础。

评价其好坏的标准就在于从书面文本到口头发音的转换是否准确、忠实、完整、清晰，不仅每个字的声韵调要准确，而且书面上有标点符号和行款格式表达的内容都要体现出来。

一、朗读

朗读是把文字作品转化有声语言的创作活动，是朗读者在理解作品的基础上用自己的语言塑造形象、反映生活说明道理、再现作者思想情感的再创造过程。朗读训练既是普通话语音训练的继续、巩固和提高，又是口语交际训练的必备训练。朗读训练可以有效地提高人的语言表现力，有助于形象思维和逻辑思维的锻炼。

（一）朗读的特征与要求

1. 朗读与念读的异同

朗读是由念读发展而来的，又不同于念读。二者都要求使用标准普通话标准音;要求忠实于原作品，不丢字、不添字、不改字、不读错字；要求读得连贯自然，不结巴，不重复。

念读时，若能做到一字一声发声清晰饱满，字音声韵准确，语法句式、语意逻辑准确无误，并且在语意表述明确的同时无错读、漏读、卡住重读等现象发生就很好了。而朗读是把书面语言转化为有声语言的再创作活动。朗读要求对文字作品有深刻的理解、独特的感受，并能运用体态语言的表达技巧把文字作品的内容准确、鲜明、生动地表达出来，给人以教育与启发，给人以美的享受。成功的朗读应该比作品本身给人的东西更多。

2. 朗读与朗诵的异同

读与诵是两个不同的概念。《说文解子·段注》中，孟子云："诵其诗，读其书。"意思是说，表达具有艺术感染力的"诗"一类的作品谓之"诵"；表达实用性文章的"书"一类的作品谓之"读"。读，是把书面语言转化为口语的一种一般表现形式；诵是把书面语言转化为口语的一种艺术表现形式。二者既有共性又有个性。

不同的是：①读、诵的场合不同。②读、诵是否脱稿的要求不同。③读、诵的表达有别。朗读是读书的方式，而朗诵不仅要求把书面语转化为口语，还强调表达的艺术技巧，音域、音调、音色、音速要求都高于朗读，允许适于作品表达的夸张摹仿，体态与表情相配合。公开场合的朗诵还要求适当化妆，衣着修饰，舞台朗诵还需要灯光布置、配乐音响等艺术辅助手段增强表达效果。

总之，朗读是本色化的，而朗诵是艺术化的；朗读是忠于原文的准确转述而非生动表演。语言朴实、严谨、规范，情感内在、含蓄、适度是朗读的特征。

（二）朗读前的准备

普通话朗读是一门学问。它除了要求朗读者忠于作品原貌，不添字、不漏字、不改字之外，还要求朗读时在声母、韵母、声调、轻声、儿化、音质以及语句的表达方式等方面都符合普通话语音的规范。

1. 辨清字形，读准字音

汉字是口语表达的最基本音节。朗读前，应做好变形正音的准备。通过查字典，辨清形似字、多音多义字的不同，注出某些专有地名、人名的不同读音。

（1）多音多义字。例如：

湖泊—停泊 蛮横—横竖 便宜—方便 粮囤—囤积

（2）形似字。形似字大体包括下面几种：

① 有的形似字笔画数目不同。如："乌" 和 "鸟"、"夕" 和 "歹"、"免" 和 "兔"。

② 有的形似字是个别笔形不同。如："戌" 和" 戍"、"母" 和 "毋"、"刀" 和 "刁"。

③ 有的形似字是构字部件不同。如："要" 和 "耍"、" 蓝" 和 "篮"、"辩" 和 "辨"。

④ 有的形似字差别很小，只是笔画的高低、长短不同。如："巳""已" 和 "己"、"失" 和 "矢"、"末" 和" 未"。

（3）地名、人名、专有名词的异读。例如：

大宛：（古代中亚地名） dà yuān。

先零：（汉代羌族的一支）xiān lián。

祝其：（汉代县名）zhù jī。

月氏：（古代西部族名）yuè zhī。

2. 明确主旨，确定基调

基调是指作品的基本情调，即作品总的感情态度、总的色彩，是层次、段落、语句中具体思想感情的综合表露。要把握好基调，必须深入分析、理解作品的思想内容，力求从作品的体裁、主题、结构、语言以及综合各种要素而形成的风格等方面入手进行解析。通过对作品的形象感受以及逻辑体验，产生出真实的感情、鲜明的态度，产生出内在的、急于要表达的冲动。那种抛开作品主题不顾，声浮于情、矫揉造作、虚假夸饰、故作多情的朗读，往往是对作品思想的歪曲，反而达不到预期效果。

3. 画出重点，把握节奏

（1）重点是体现作品的主题，表达作者思想感情的关键。一篇作品有重点段落，一段有重点句子，一句有重点词汇，词汇中还有偏义重轻之分。朗读前画出作品的重点，可避免朗读时平均用力、无波澜起伏之弊。

（2）节奏是由一定的思想感情的波澜起伏所造成的那种抑扬顿挫、轻重缓急的声音形成的回环往复。它彰显在全篇作品朗读的过程之中。

语言回环往复的基本语气、基本语势、基本转换，建成了以下节奏类型：

轻快型：多扬少抑，多轻少重。语流中顿挫少且时间短，语速较快，语节少而词的密度大。基本语句、基本转换都偏于轻快，重点句段更为明显。

凝重型：语势较平稳，音强而有力，多抑少扬，顿挫较多且时间较长，语速偏慢，语节多而词疏。基本语句、基本转换都显得凝重，重点句段更为明显。

低沉型：声音偏暗偏沉，语势多为落潮类，句尾落点多显沉重，语速较缓，重点处的基本语气，基本转换偏于沉缓。

高亢型：声音明亮高亢，语势多为起潮类，峰峰相连，扬而更扬，势不可遏，语速偏快。重点处的基本语句、基本转换都带有昂扬激进的特点。

舒缓型：声音轻松明朗，略高但不着力，语势有跌宕多轻柔舒展。重点处的基本语气、基本转换都显得舒展缓慢。

紧张性：多扬少抑，多重少轻，语节内密度大。气较促，音较短，基本语气、基本转换都较为急促、紧张，重点句段更为突出。

我打猎回来，沿着公园中的林荫道走着，我的猎狗跑在我前头。

忽然，它放慢了脚步，开始偷偷摸摸地隐藏自己，好像在玩狩猎的游戏。

我放眼向前望去，看见了一只小麻雀：小巧的脑袋上长了一个嫩黄色的喙，头埋得低低的。它肯定是从鸟巢里跌落到地上的（因为此时此刻，大风呼呼地吹，道边的桦树猛烈地摇晃着）。小麻雀跌坐在地上，无助地拍打着那双稚嫩的翅膀。

我的猎狗匍匐起身子，慢慢地接近小麻雀。忽然，一个黑影从附近一棵树上俯冲下来——一只黑胸脯的老麻雀，像一块石头一样落在猎狗的鼻子前。它惊恐得全身的羽毛都竖起来，绝望而凄厉地尖叫着，连续两次向张着大嘴的猎狗冲过去。

它是来保护幼鸟的，用自己的身体挡住危险，但是它小小的身体因为恐惧而不断战栗，它的叫声变得嘶哑而古怪。一次又一次，它因为太害怕而昏厥过去，但每一次，它都支撑着重新站起来！身体里有股力量支撑着它，它顽强地站在小麻雀的前面，毫不退缩。

在它眼里，狗是多么庞大的一个怪物啊！但是，它不能安然躲在高高的树枝上，一股比恐惧更加强大的力量迫使它冲了下来。

我的猎狗站住了，不停往后缩。显然，它也感受到了这股力量，被震撼了。

我赶忙唤回那慌张的猎狗，满怀尊敬地走开了。

是的，不要笑，我尊敬那只小而勇敢的鸟，它是英雄，因为有爱。

爱……

我想这就是比死，或者比对死亡的恐惧更加强大的力量。只有因为它，因为爱，生命作为一个整体，才能维持，才能发展。

这篇短文选自屠格涅夫的《麻雀》，作者通过描述猎人在林中观察到的老麻雀保护小麻雀的一段“护犊之情”，赞扬了伟大的母爱。在紧张的节奏中穿插着少量的舒缓，“紧张—舒缓—紧张—舒缓”的交替变化，构成了回环往复的节奏。

（三）朗读的基本技巧

1. 停顿适当

停顿是语言交流中的第一大要素，恰当的处理语言交流中的停顿，不仅是表达说话意图的需要，而且是增强语言表现力和精确性的需要。停顿是指口头表述中，词语之间、句子之间、层次之间、段落之间在声音上的间断。谈话、演讲如果不注意语音停顿，是无法传情达意的；如果停顿不当，反而造成表意的错误。停顿是有声语言传情达意的必要手段。适当的停顿，可以准确地表达语言的内容和情感，同时，也会给听者领会和思索的时间，还可使说话者得到换气歇息的机会。

朗读中的停顿大致有三种：标点符号停顿、语法停顿和感情停顿。

（1）标点符号停顿：根据标点符号所作的停顿，是语句停顿的重要依据。一般的说话，段落之间的停顿时间最长，句号、问号、感叹号 的停顿时间次之，逗号、分号、冒号再次之，顿号的停顿时间最短。

有时为表达感情的需要，在没有标点的地方也可以停顿，在有标点的地方也可以不停顿。

始终微笑的/和蔼的刘和珍君//确是//死掉了。

（2）语法停顿：句子中间没有标点符号而按语法成分所作的停顿。停顿的时间不要过长，是极短促的。

她一手提着竹篮，/内中一个破碗，/空的；//一手拄着一支比她更长的竹竿，/下端开了裂：///她分明已经纯乎是一个乞丐了。

（3）感情停顿：亦称“心理停顿”，是为了表达语言含蓄的某种感情或心理状态所采取的停顿。适当地运用感情停顿，可使悲痛、激动、紧张 、疑虑、沉吟、回忆、思索、想象等各种感情和心理状态的表达更加准确。感情停顿是一种极其重要的语言表达技巧，它能充分体现“潜台词”的魅力，使听众从“停顿”中体会语言的丰富内涵和难以言表的感情，从而使语言更加生动。因感情上特殊需要所作的停顿，可长可短，视感情的需要而定。

惨象，已使我目不忍视了；流言，尤使我耳不忍闻。我还有什么话可说呢？我懂得衰亡民族之所以默无声息的缘由了。沉默呵，沉默呵！不在沉默中/爆发，就在沉默中/灭亡。

2. 音调轻重适宜

重音是指那些在表情达意上起重要作用的字、词或短语在朗读时要加以强调的技巧。重音是通过声音的强调来突出意义的,能给色彩鲜明、形象生动的词增加分量。重音有语法重音和强调重音。

（1）语法重音：语法重音是由于语法需要而说得或读得重些的音节。

风停了，雨住了，太阳出来了。

（2）强调重音：语法重音是为突出强调某种思想感情而说得或读得重些的音节。

将下列句子中的黑体字读成重音，体会这样读句子的意思。

他吃了一块糕。

他**吃**了一块糕。

他吃了**一块**糕。

他吃了一块**糕**。

3. 节奏快慢适度

快慢适度是指朗读语速的快慢变化，朗读的速度是作品思想内容、人物性格、人物年龄、人物感情、语句的性质等因素决定的。语速恰当，就能表达出作品的不同情境，产生良好的效果。内容差别较大的文章、段落或语句，应该注意用不同的速度朗读。

（1）读得慢一些的：文章中较难理解的语句，表达平静、沉郁、失望情绪的地方。

读下面这段文章，注意将“—”处的词语读的更慢一些。

母亲啊—你是荷叶，我是红莲。心中的雨点来了，除了你—谁—是我在无遮拦天空下的荫蔽？

（2）读得更慢一些的：文章中表达沉痛感情的地方。

读下面这节诗，标注“=”处比标注“—”处的词语读得更慢一些。

大堰河，在她的梦没有做醒的时候已死了。—他死时，乳儿不在她的旁侧—。她死时，平时打骂她的丈夫也为她流泪，—五个儿子，个个哭得很悲—她死时，轻轻地呼着她乳儿的名字，—大堰河，已经死了，她死时—，乳儿不在她的旁侧。

（3）读得快一些的：文章中较容易理解的语句，或表达紧张、热烈、愉快、兴奋、惊惧、激昂、愤怒、反抗、驳斥内容的地方。

读下面这首诗，将画“—”处读快一些。

剑外忽传／收—蓟北，初闻涕泪／满—衣裳。

却看妻子／愁—何在，漫卷诗书／喜—欲狂。

白日放歌／须—纵酒，青春作伴／好—还乡。

即从巴峡／穿—巫峡，便下襄阳／向—洛阳。

4. 语调高低得体

语调的高低变化主要体现在句子最末一个音节上，因此语调的确定与标点符号的关系紧密。高低得体主要指语调的高低变化要恰如其分。只有读准句子的语调，才能细致、准确地传达思想感情。句末音节的语调可以大致分为四种：高升调、降抑调、平直调、曲折调。

（1）高升调：高升调多用在疑问句、反诘句、短促的命令句或表示愤怒、紧张、警告、号召的句子里。朗读时，注意前低后高、语气上扬。

用高升调朗读下面的语句。

① 让思想冲破牢笼。

② 你这个披着人皮的恶狼。

③ 难道是真的有钱就有幸福吗?

（2）降抑调：降抑调一般用在感叹句、祈使句或表示坚决、自信、赞扬、祝愿等感情的句子里。表示沉痛、悲愤的感情，一般也用这种语调。朗读时，注意调子逐渐由高至低，末字低而短促。

用降抑调朗读下面的语句。

① 不，决不!

② 雷锋对待同志像春天般的温暖；对待工作，像夏天一样火热；对待个人主义，像秋天扫落叶一样；对待敌人，像严冬一样残酷无情。

③ 唯愿朋友的永远似溪流一样澈亮，如日月一样久长。

（3）平直调：平直调一般用在叙述、说明或表示迟疑、思索、冷淡、追忆、悼念等的句子里。朗读时 ，始终保持平直舒缓，没有显著的高低变化。

用平直调朗读下面的语句。

① 秋天的后半夜，月亮下去了，太阳还没有出，只剩下一片乌蓝的天，除了夜游的东西，什么都睡着。

② 自然界中的生物的发展，终于导致人类这种能改造和征服自然的特殊生物出现。

③ 他的英名和事业将永垂不朽!

④ 尽管造谣吧，我无所谓。

⑤ 1600 年，罗马。亚平宁半岛上的阳光是和煦的，台伯河水被照的闪闪发亮。雪已经在融化，哪怕远处山顶还是白茫茫的，毕竟是春天临近了。

一幢灰色的石头砌的、顶上盖着铅皮的房子，和周围有着高高尖尖顶的教堂和宫殿比起来，真像一座坟墓。

……

（4）曲折调：曲折调用于表示特殊的感情，如讽刺、讥笑、夸张、强调、双关、特别惊异等句子里。朗读时由高而低后又高，把句子中某些特殊的音节特别加重加高或拖长，形成一种升降曲折的变化。

用曲折调朗读下面的语句。

① 噢！金子，是真金子，足有两斤重!

② 你，你东君，你是什么东君……什么湘君？什么湘夫人？你们的天大本领也就只晓得痛哭两声。

③ 唉！我可怜的马蒂尔德！可是我那一挂是假的，至多值五百法郎！……

④ 爱，是众人的爱，对民族的爱，是人类最美好的情操，是修养的最高境界。古训说："仁者无敌"。

处理句调时，每一句话都应该联系上下文，看看是什么在语言环境下说的，说话人的用意是什么。经过分析体会后，真实可靠的语调才能产生，而不能单凭标点符号，生搬硬套。

二、朗诵

朗，即声音的清晰，响亮，"诵"的本义是语调抑扬顿挫地读，抒情。朗诵是借助于朗诵者优美的嗓音、生动的语气、丰富的感情、独特的感受，辅之以表情动作，把书面文字转换成有声语言的一种艺术形式。从本质上来说已成为语言表述的艺术形式，是在忠实于书面文本的基础上进行艺术的再创造，用丰富多彩的语音手段创造出美的意境和形象。朗诵作为一种艺术形式存在于现实生活当中，对人们的生活和工作具有非常重要的意义。

（一）朗诵的特征与要求

朗诵是在朗读的基础上的提高。它不仅要求准确、明晰地表达出作品的主旨，使听众全面、准确地理解，更要求对文稿的表达进行艺术处理，以充分得体地表达出作品的丰富情感，引起观众的共鸣；不仅要求声音本色化、生活化，更要求风格化、个性化，甚至可以是戏剧化的。

朗诵要求朗诵者将自己对作品的体会以鲜明强烈的语言色彩、起伏跌宕富于变化的语调、富于节奏感和音乐美的声音表达出来。不仅要求用有声音语言，还要求辅之以表情、动作、形体等体态语。此外，朗诵一定要脱稿。

（二）朗诵的基本方法

1. 选材

朗诵贵在传情。朗诵者要很好的传情，引起共鸣，就必须对材料进行严格的筛选，做到选材准确。选材要注意以下几点：

（1）利用传情达意。选择那些感情丰富、语言具有形象性而且上口的文章。形象感受是朗诵的一个重要环节，抽象枯燥的书面语言难以使朗诵者形成丰富的形象感受。

（2）适合朗诵者自身条件：性别、年龄、水平和爱好。只有这样朗诵者才能最大限度地演绎好作品，完成对作品的再创作。

（3）符合朗诵的场合和听众的需要。

2. 情感

情感是朗诵的生命，情感没有表达到位，就谈不上朗诵成功。朗诵要以文生情，以心注情，以声传情。朗诵要通过体验和艺术分析，形成对作品的深切感受，将作者创作冲动变成朗诵者自己热切朗诵的愿望，并加以开拓和升华。然后，从朗诵的表达角度，展开丰富的想象，实现作品、朗诵者和听众三者之间的情感共鸣。

朗诵下段材料，注意以情感表达为中心设立语调。

这就是白杨树，西北极普通的一种树，然而绝不是平凡的树。

它没有婆娑的姿态，没有弯曲盘旋的树枝。也许你要说它不美。如果美是专指"婆娑"或者"旁逸斜出"之类而言，那么白杨树算不得树中的好女子。但是它伟岸，正直，朴素，严肃，也不缺乏温和，更不用提他的坚强不屈与挺拔，它是树中的伟丈夫。当你在积雪刚融的高原上走过,看见平坦的大地上傲然挺立这么一株或一排白杨树,难道你就只觉得它只是树?难道你就不想到他的朴质，严肃，坚强不屈，至少也象征了北方的农民?难道你竟一点也联想不到，在敌后的广大土地上，到处有团结、力求上进的白杨树，宛然象征了今天在华北平原纵横决荡、用血写出新中国历史的那种精神和意志?

3. 共鸣

朗诵由于表演环境的要求，音量当然比日常言语大，音调也相应高一些，这容易使人产生一种错觉，好像朗诵是声音越大越高就越有感情。其实，朗诵更要求用声自如。用声自如就是以自己的本色声音和声区为基础，增大气息量，充分利用三腔共鸣，使音乐拓宽、音量扩大，而音高、音量都留有余地，不致到极限。用共鸣方式发出的声音，圆润丰满，洪亮浑厚，朴实自然，清晰真切，从而达到朗诵语音美妙动听、规范准确的意境，给人以美的享受。

4. 体态

朗诵具有表演性，体态语的运用十分重要。朗诵时形体动作应是思想感情的真实流露，要跟语言表达协调配合。运用手势要少而精，自然果断，形体姿态要端庄大方，彬彬有礼。眼神在体态语中尤为重要，正确运用眼神可以把作品的思想感情更逼真地传达给听众，把听众引入作品规定的情景之中，使其如临其境，如见其人，产生强烈的共鸣。要获得这样的效果，朗诵者眼前要有具体的“视像”，心中要有特定的情景。眼神是朗诵者与听众交流的渠道。朗诵时眼睛要时常看着在座的听众，把每个听众都作为交流的对象；如果目中无人，两眼望天，没有使听众听到自己心声的强烈愿望，是不会引起听众共鸣的。

（三）朗诵的技巧

1. 理解作品，把握基调

要使朗诵达到预想的效果，首先要理解作品的基调。把握作品的基调，一要了解作者当时的思想和作品的时代背景，二要深刻理解作品的主题和情感，三要根据不同文体、不同语言风格等来确定朗诵的基调。例如《荷塘月色》，作者在文中表达了内心的矛盾和苦闷彷徨。文中感情复杂，既有淡淡的忧伤，又有求得片刻宁静的淡淡的喜悦；总体感情基调是低沉的。

2. 朗朗成诵，字正腔圆

要使自己的朗诵优美动听，首先要有规范的语言基本功，使用标准的普通话，要咬准字音，掌握语流音变等普通话，做到字正腔圆。平时要加强自己基本功训练，如找规范的语音练习磁带跟读，学习模仿中央电视台著名播音员的朗诵，同学之间相互切磋，主动争取在公众场合的朗诵机会等。只要勤奋努力，锲而不舍，通过日积月累，朗诵的水平就会不断提高，逐渐趋于完美，使自己拥有动听的嗓音。

3. 物我两忘，声情并茂

要朗诵好一篇作品，必须完成对作品的“基调把握”和“角色体味”两个环节的工作。朗诵者要“进入角色”和“进入情景”，还要对作品进行“情感起伏设计”和“褒贬色彩揣摩”。正确朗诵课文，“使其言皆若出于吾之口”，“使其意皆若出于吾之心”，语速缓急停顿适当，语调高低轻重皆宜，语气惟妙惟肖入耳，必能促使我们理解作品的情味，养成正确的语感和良好的阅读鉴赏习惯。

【思考与练习】

1. 给下面的文章标出停顿、重音、语调，然后朗读两遍，注意把握节奏和语气。

学会宽容

人们常会做出不合情理或对不住我们的事情，我们也应该像那尊永远微笑的乐山大佛一样，笑一笑就过去了。不要过分计较在意。

让人不是怕人，而是一种风度和境界。

宽容能使人性情和蔼，使心灵有转折退让的余地，能化干戈为玉帛，能简化复杂的人际关系。

过分精明等于不超脱。事事好强，处处计较得失，活得必然紧张、沉重。

宽容不是软弱，而是理解人、有爱心的表现。

有旷达胸怀的人，不把宽容看成是忍辱负重，而看成是美德和幸福。

2. 根据你掌握的朗读技巧，朗读下面的作品。

金色花

[印度]泰戈尔

假如我变了一朵金色花，只是为了好玩，长在那棵树的高枝上，笑哈哈地在风中摇摆，又在新生的树叶上跳舞，妈妈，你会认识我么？

你要是叫道："孩子，你在哪里啊？"我暗暗地在那里匿笑，却一声儿不响。

我要悄悄地开放花瓣儿，看着你工作。

当你沐浴后，湿发披在两肩，穿过金色花的林荫，走到小庭院时，你会嗅到这花的香气，却不知道这香气是从我身上来的。

当你吃过中饭，坐在窗前读书，那棵树的阴影落在你的头发与膝上时，我便要投我的小小影子在你的书页上，正投在你所读的地方。

但是你会猜得出这就是你孩子的小小影子么？

当你黄昏时拿出灯到牛棚里去，我便突然地再落到地上了，又成了你的孩子，求你讲个故事给我听。

"你到哪里去了，你这坏孩子？"

"我不告诉你，妈妈。"这就是你同我那时所要说的话了。

——《新月集》

附录A 党政机关公文处理工作条例

（中办发〔2012〕14号）

第一章 总 则

第一条 为了适应中国共产党机关和国家行政机关（以下简称党政机关）工作需要，推进党政机关公文处理工作科学化、制度化、规范化，制定本条例。

第二条 本条例适用于各级党政机关公文处理工作。

第三条 党政机关公文是党政机关实施领导、履行职能、处理公务的具有特定效力和规范体式的文书，是传达贯彻党和国家的方针政策，公布法规和规章，指导、布置和商洽工作，请示和答复问题，报告、通报和交流情况等的重要工具。

第四条 公文处理工作是指公文拟制、办理、管理等一系列相互关联、衔接有序的工作。

第五条 公文处理工作应当坚持实事求是、准确规范、精简高效、安全保密的原则。

第六条 各级党政机关应当高度重视公文处理工作，加强组织领导，强化队伍建设，设立文秘部门或者由专人负责公文处理工作。

第七条 各级党政机关办公厅（室）主管本机关的公文处理工作，并对下级机关的公文处理工作进行业务指导和督促检查。

第二章 公文种类

第八条 公文种类主要有：

（一）决议。适用于会议讨论通过的重大决策事项。

（二）决定。适用于对重要事项作出决策和部署、奖惩有关单位和人员、变更或者撤销下级机关不适当的决定事项。

（三）命令（令）。适用于公布行政法规和规章、宣布施行重大强制性措施、批准授予和晋升衔级、嘉奖有关单位和人员。

（四）公报。适用于公布重要决定或者重大事项。

（五）公告。适用于向国内外宣布重要事项或者法定事项。

（六）通告。适用于在一定范围内公布应当遵守或者周知的事项。

（七）意见。适用于对重要问题提出见解和处理办法。

（八）通知。适用于发布、传达要求下级机关执行和有关单位周知或者执行的事项，批转、转发公文。

（九）通报。适用于表彰先进、批评错误、传达重要精神和告知重要情况。

（十）报告。适用于向上级机关汇报工作、反映情况，回复上级机关的询问。

（十一）请示。适用于向上级机关请求指示、批准。

（十二）批复。适用于答复下级机关请示事项。

（十三）议案。适用于各级人民政府按照法律程序向同级人民代表大会或者人民代表大会常务委员会提请审议事项。

（十四）函。适用于不相隶属机关之间商洽工作、询问和答复问题、请求批准和答复审批事项。

（十五）纪要。适用于记载会议主要情况和议定事项。

第三章 公文格式

第九条 公文一般由份号、密级和保密期限、紧急程度、发文机关标志、发文字号、签发人、标题、主送机关、正文、附件说明、发文机关署名、成文日期、印章、附注、附件、抄送机关、印发机关和印发日期、页码等组成。

（一）份号。公文印制份数的顺序号。涉密公文应当标注份号。

（二）密级和保密期限。公文的秘密等级和保密的期限。涉密公文应当根据涉密程度分别标注“绝密”“机密”“秘密”和保密期限。

（三）紧急程度。公文送达和办理的时限要求。根据紧急程度，紧急公文应当分别标注“特急”“加急”，电报应当分别标注“特提”“特急”“加急”“平急”。

（四）发文机关标志。由发文机关全称或者规范化简称加“文件”二字组成，也可以使用发文机关全称或者规范化简称。联合行文时，发文机关标志可以并用联合发文机关名称，也可以单独用主办机关名称。

（五）发文字号。由发文机关代字、年份、发文顺序号组成。联合行文时，使用主办机关的发文字号。

（六）签发人。上行文应当标注签发人姓名。

（七）标题。由发文机关名称、事由和文种组成。

（八）主送机关。公文的主要受理机关，应当使用机关全称、规范化简称或者同类型机关统称。

（九）正文。公文的主体，用来表述公文的内容。

（十）附件说明。公文附件的顺序号和名称。

（十一）发文机关署名。署发文机关全称或者规范化简称。

（十二）成文日期。署会议通过或者发文机关负责人签发的日期。联合行文时，署最后签发机关负责人签发的日期。

（十三）印章。公文中有发文机关署名的，应当加盖发文机关印章，并与署名机关相符。有特定发文机关标志的普发性公文和电报可以不加盖印章。

（十四）附注。公文印发传达范围等需要说明的事项。

（十五）附件。公文正文的说明、补充或者参考资料。

（十六）抄送机关。除主送机关外需要执行或者知晓公文内容的其他机关，应当使用机关全称、规范化简称或者同类型机关统称。

（十七）印发机关和印发日期。公文的送印机关和送印日期。

（十八）页码。公文页数顺序号。

第十条 公文的版式按照《党政机关公文格式》国家标准执行。

第十一条 公文使用的汉字、数字、外文字符、计量单位和标点符号等，按照有关国家标准和规定执行。民族自治地方的公文，可以并用汉字和当地通用的少数民族文字。

第十二条 公文用纸幅面采用国际标准 A4 型。特殊形式的公文用纸幅面，根据实际需要确定。

第四章 行 文 规 则

第十三条 行文应当确有必要，讲求实效，注重针对性和可操作性。

第十四条 行文关系根据隶属关系和职权范围确定。一般不得越级行文，特殊情况需要越级行文的，应当同时抄送被越过的机关。

第十五条 向上级机关行文，应当遵循以下规则：

（一）原则上主送一个上级机关，根据需要同时抄送相关上级机关和同级机关，不抄送下级机关。

（二）党委、政府的部门向上级主管部门请示、报告重大事项，应当经本级党委、政府同意或者授权；属于部门职权范围内的事项应当直接报送上级主管部门。

（三）下级机关的请示事项，如需以本机关名义向上级机关请示，应当提出倾向性意见后上报，不得原文转报上级机关。

（四）请示应当一文一事。不得在报告等非请示性公文中夹带请示事项。

（五）除上级机关负责人直接交办事项外，不得以本机关名义向上级机关负责人报送公文，不得以本机关负责人名义向上级机关报送公文。

（六）受双重领导的机关向一个上级机关行文，必要时抄送另一个上级机关。

第十六条 向下级机关行文，应当遵循以下规则：

（一）主送受理机关，根据需要抄送相关机关。重要行文应当同时抄送发文机关的直接上级机关。

（二）党委、政府的办公厅（室）根据本级党委、政府授权，可以向下级党委、政府行文，其他部门和单位不得向下级党委、政府发布指令性公文或者在公文中向下级党委、政府提出指令性要求。需经政府审批的具体事项，经政府同意后可以由政府职能部门行文，文中须注明已经政府同意。

（三）党委、政府的部门在各自职权范围内可以向下级党委、政府的相关部门行文。

（四）涉及多个部门职权范围内的事务，部门之间未协商一致的，不得向下行文；擅自行文的，上级机关应当责令其纠正或者撤销。

（五）上级机关向受双重领导的下级机关行文，必要时抄送该下级机关的另一个上级机关。

第十七条 同级党政机关、党政机关与其他同级机关必要时可以联合行文。属于党委、政府各自职权范围内的工作，不得联合行文。

党委、政府的部门依据职权可以相互行文。

部门内设机构除办公厅（室）外不得对外正式行文。

第五章　公 文 拟 制

第十八条　公文拟制包括公文的起草、审核、签发等程序。

第十九条　公文起草应当做到：

（一）符合党的理论路线方针政策和国家法律法规，完整准确体现发文机关意图，并同现行有关公文相衔接。

（二）一切从实际出发，分析问题实事求是，所提政策措施和办法切实可行。

（三）内容简洁，主题突出，观点鲜明，结构严谨，表述准确，文字精练。

（四）文种正确，格式规范。

（五）深入调查研究，充分进行论证，广泛听取意见。

（六）公文涉及其他地区或者部门职权范围内的事项，起草单位必须征求相关地区或者部门意见，力求达成一致。

（七）机关负责人应当主持、指导重要公文起草工作。

第二十条　公文文稿签发前，应当由发文机关办公厅（室）进行审核。审核的重点是：

（一）行文理由是否充分，行文依据是否准确。

（二）内容是否符合党的理论路线方针政策和国家法律法规；是否完整准确体现发文机关意图；是否同现行有关公文相衔接；所提政策措施和办法是否切实可行。

（三）涉及有关地区或者部门职权范围内的事项是否经过充分协商并达成一致意见。

（四）文种是否正确，格式是否规范；人名、地名、时间、数字、段落顺序、引文等是否准确；文字、数字、计量单位和标点符号等用法是否规范。

（五）其他内容是否符合公文起草的有关要求。

需要发文机关审议的重要公文文稿，审议前由发文机关办公厅（室）进行初核。

第二十一条　经审核不宜发文的公文文稿，应当退回起草单位并说明理由；符合发文条件但内容需作进一步研究和修改的，由起草单位修改后重新报送。

第二十二条　公文应当经本机关负责人审批签发。重要公文和上行文由机关主要负责人签发。党委、政府的办公厅（室）根据党委、政府授权制发的公文，由受权机关主要负责人签发或者按照有关规定签发。签发人签发公文，应当签署意见、姓名和完整日期；圈阅或者签名的，视为同意。联合发文由所有联署机关的负责人会签。

第六章　公 文 办 理

第二十三条　公文办理包括收文办理、发文办理和整理归档。

第二十四条　收文办理主要程序是：

（一）签收。对收到的公文应当逐件清点，核对无误后签字或者盖章，并注明签收时间。

（二）登记。对公文的主要信息和办理情况应当详细记载。

（三）初审。对收到的公文应当进行初审。初审的重点是：是否应当由本机关办理，是否符合行文规则，文种、格式是否符合要求，涉及其他地区或者部门职权范围内的事项是否已经协商、会签，是否符合公文起草的其他要求。经初审不符合规定的公文，应当及时退回来文单位并说明理由。

（四）承办。阅知性公文应当根据公文内容、要求和工作需要确定范围后分送。批办性公文应当提出拟办意见报本机关负责人批示或者转有关部门办理；需要两个以上部门办理的，应当明确主办部门。紧急公文应当明确办理时限。承办部门对交办的公文应当及时办理，有明确办理时限要求的应当在规定时限内办理完毕。

（五）传阅。根据领导批示和工作需要将公文及时送传阅对象阅知或者批示。办理公文传阅应当随时掌握公文去向，不得漏传、误传、延误。

（六）催办。及时了解掌握公文的办理进展情况，督促承办部门按期办结。紧急公文或者重要公文应当由专人负责催办。

（七）答复。公文的办理结果应当及时答复来文单位，并根据需要告知相关单位。

第二十五条 发文办理主要程序是：

（一）复核。已经发文机关负责人签批的公文，印发前应当对公文的审批手续、内容、文种、格式等进行复核；需作实质性修改的，应当报原签批人复审。

（二）登记。对复核后的公文，应当确定发文字号、分送范围和印制份数并详细记载。

（三）印制。公文印制必须确保质量和时效。涉密公文应当在符合保密要求的场所印制。

（四）核发。公文印制完毕，应当对公文的文字、格式和印刷质量进行检查后分发。

第二十六条 涉密公文应当通过机要交通、邮政机要通信、城市机要文件交换站或者收发件机关机要收发人员进行传递，通过密码电报或者符合国家保密规定的计算机信息系统进行传输。

第二十七条 需要归档的公文及有关材料，应当根据有关档案法律法规以及机关档案管理规定，及时收集齐全、整理归档。两个以上机关联合办理的公文，原件由主办机关归档，相关机关保存复制件。机关负责人兼任其他机关职务的，在履行所兼职务过程中形成的公文，由其兼职机关归档。

第七章 公文管理

第二十八条 各级党政机关应当建立健全本机关公文管理制度，确保管理严格规范，充分发挥公文效用。

第二十九条 党政机关公文由文秘部门或者专人统一管理。设立党委（党组）的县级以上单位应当建立机要保密室和机要阅文室，并按照有关保密规定配备工作人员和必要的安全保密设施设备。

第三十条 公文确定密级前，应当按照拟定的密级先行采取保密措施。确定密级后，应当按照所定密级严格管理。绝密级公文应当由专人管理。

公文的密级需要变更或者解除的，由原确定密级的机关或者其上级机关决定。

第三十一条 公文的印发传达范围应当按照发文机关的要求执行；需要变更的，应当经发文机关批准。

涉密公文公开发布前应当履行解密程序。公开发布的时间、形式和渠道，由发文机关确定。

经批准公开发布的公文，同发文机关正式印发的公文具有同等效力。

第三十二条　复制、汇编机密级、秘密级公文，应当符合有关规定并经本机关负责人批准。绝密级公文一般不得复制、汇编，确有工作需要的，应当经发文机关或者其上级机关批准。复制、汇编的公文视同原件管理。

复制件应当加盖复制机关戳记。翻印件应当注明翻印的机关名称、日期。汇编本的密级按照编入公文的最高密级标注。

第三十三条　公文的撤销和废止，由发文机关、上级机关或者权力机关根据职权范围和有关法律法规决定。公文被撤销的，视为自始无效；公文被废止的，视为自废止之日起失效。

第三十四条　涉密公文应当按照发文机关的要求和有关规定进行清退或者销毁。

第三十五条　不具备归档和保存价值的公文，经批准后可以销毁。销毁涉密公文必须严格按照有关规定履行审批登记手续，确保不丢失、不漏销。个人不得私自销毁、留存涉密公文。

第三十六条　机关合并时，全部公文应当随之合并管理；机关撤销时，需要归档的公文经整理后按照有关规定移交档案管理部门。

工作人员离岗离职时，所在机关应当督促其将暂存、借用的公文按照有关规定移交、清退。

第三十七条　新设立的机关应当向本级党委、政府的办公厅（室）提出发文立户申请。经审查符合条件的，列为发文单位，机关合并或者撤销时，相应进行调整。

第八章　附　　则

第三十八条　党政机关公文含电子公文。电子公文处理工作的具体办法另行制定。

第三十九条　法规、规章方面的公文，依照有关规定处理。外事方面的公文，依照外事主管部门的有关规定处理。

第四十条　其他机关和单位的公文处理工作，可以参照本条例执行。

第四十一条　本条例由中共中央办公厅、国务院办公厅负责解释。

第四十二条　本条例自 2012 年 7 月 1 日起施行。1996 年 5 月 3 日中共中央办公厅发布的《中国共产党机关公文处理条例》和 2000 年 8 月 24 日国务院发布的《国家行政机关公文处理办法》停止执行。

附录 B　国务院公文主题词表使用说明

（国务院办公厅秘书局 1997 年 12 月修订）

为适应办公现代化的要求，便于计算机检索和管理公文，特编制《国务院公文主题词表》（以下简称词表）。词表主要用于标引国务院、国务院办公厅印发的文件和各地区、各部门上报国务院及其办公厅的文件。

一、编制原则

（一）词表结构务求合乎逻辑，具有较宽的涵盖面，便于使用。

（二）词表体现文档管理一体化的原则，即词表中主题词的区域分类别词可分别作为档案分类中的大类和属类。

二、体系结构

（一）词表共由 15 类 1 049 个主题，分为主表和附表两大部分，主表有 13 类 751 个主题词，附表有 2 类 298 个主题词。词表分为三个层次。第一层是对主题词区域的分类，如“综合经济”“财政、金融”类等。第二层是类别词，即对主题词的具体分类，如“工交、能源、邮电”类中的“工业”“交通”“能源”“邮电”等。第三层是类属词，如“体制”“职能”“编制”等。第二层和第三层统称为主题词，用于文件的标引。

（二）1988 年 12 月和 1994 年 4 月修订的词表中曾列入本词表中而不再继续用作标引的主题词，用黑体单列在区域分类的最后部分。

三、标引方法

（一）一份文件的标引，除类别词外最多不超过 5 个主题词。主题词标在文件的抄送栏之上，顶格写。

（二）标引顺序是先标类别词，再标类属词。在标类属词时，先标反映文件内容的词，最后标反映文件形式的词，如《国务院关于加强水土保持工作的通知》，先标类别词“农业”，再标类属词“水土保持”，最后标上“通知”。

（三）一份文件如有两个以上的主题内容，先集中对一个主题内容进行标引，再对第二个主题内容进行标引，如《国务院关于在若干城市试行国有企业兼并破产和职工再就业有关问题的通知》，先标反映第一个主题内容的类别词“经济管理”，再标类属词“企业”“破产”，然后标反映第二个主题内容的类别词“劳动”，再标类属词“就业”，最后标“通知”。

（四）根据需要，可将不同类的主题词进行组配标引，如《国务院关于“九五”期间深化科学技术体制改革的决定》，可标“科技、体制、改革、决定”。

（五）当词表中找不出准确反映文件主题内容的类属词时，可以在类别中选择适当的词标引。同时将能够准确反映文件内容的词标在类属词的后面，并在该词的后面加“△”以便区别。

（六）列在区域分类最后，用黑体标出的主题词只供检索用，不再用作标引。

（七）附表中的主题词与主表中的主题词具有同等效力，标引方法相同，不同的是，如果附表中所列的国家、地区的实际名称发生了变化，使用本表的各单位可先按照变化后的标准名称进行修改和使用。国务院办公厅秘书局将定期修订附表。

四、词表管理

（一）本词表由国务院办公厅秘书局负责管理和解释，具体工作由档案数据处承办。

（二）本词表自 1998 年 2 月 1 日起执行，1994 年 4 月修订的词表同时废止。

附录C　普通话水平测试知识

C.1　普通话水平测试实施办法（试行）

（普通话水平测试委员会1994年10月发布）

根据国家语言文字工作委员会、国家教育委员会、广播电影电视部《关于开展普通话水平测试工作的决定》，制定本办法。

一、普通话水平测试委员会

第一条　普通话水平测试工作在国家普通话水平测试委员会的领导下，根据统一的标准和要求，在规定的范围内逐步开展。

第二条　各省（自治区、直辖市）应组建省级普通话水平测试委员会和普通话培训测试中心。中央人民广播电台、中央电视台以及具备条件的国家部委直属师范、广播、电影、戏剧等高等院校、经国家普通话水平测试委员会批准，可以成立本单位的普通话水平测试委员会，负责本单位的普通话水平测试工作，省级和部委直属单位的测试委员会接受国家普通话水平测试委员会的领导。

第三条　在普通话水平测试委员会和培训测试中心成立前，省（自治区、直辖市）内的测试工作在省（自治区、直辖市）语委、教委和广播电视厅的统一领导下进行。

二、普通话水平等级标准和《测试大纲》

第四条　普通话水平划分为三级六等（详见附件二）。级和等实行量化评分。

第五条　普通话水平测试工作按照国家语委组织审定的《普通话水平测试大纲》统一测试内容和要求。

三、测试员

第六条　普通话水平测试员分国家级和省（自治区、直辖市）级两类。国家级测试员需经国家语委普通话培训测试中心培训、考核，并取得由国家普通话水平测试委员会颁发的测试员证书；省级测试员需经省普通话培训测试中心培训、考核，并经国家语委普通话培训测试中心复审、备案后，由省（自治区、直辖市）普通话水平测试委员会颁发省级测试员证书。

评定普通话一级（甲、乙等）水平，必须由国家级测试员主持或复核方为有效。

第七条 测试员应熟悉和拥护国家语言文字工作方针、政策，热心语言文字工作，熟练掌握汉语拼音，普通话水平达到一级乙等以上（省级测试员少部分1946年以前出生的可放宽到二级甲等），具有大专毕业文化程度和三年以上工作实践，并有较高的语音分辨能力、作风正派。国家级测试员最低上岗年龄为25岁，省级测试员最低上岗年龄为24岁。

第八条 测试员在省（自治区、直辖市）培训测试中心（或部委直属单位的普通话水平测试委员会）的组织领导下承担测试任务，测试工作必须严格按统一的测试标准和要求独立进行。

第九条 等级测试需有三名测试员协同工作（分别测试、综合评议）方为有效。评定意见不一致时，以多数人的意见为准。人员不足时，可用加强上级复审的办法过渡。

第十条 测试员不能正确掌握测试标准或在工作中徇私舞弊行为时，省（自治区、直辖市）或部委直属单位的普通话水平测试委员会应在一定时间内（半年至一年）停止其测试工作，错误性质严重的应撤销其测试员资格，对国家级测试员的处分和撤销处分的决定应通过国家语委普通话培训测试中心。

四、应试人员

第十一条 1946年1月1日以后出生至现年满18岁（个别可放宽到16岁）之间的下列人员应接受普通话水平测试：

1. 中小学教师；
2. 中等师范学校教师和高等院校文科教师；
3. 师范院校毕业生（高等师范里，首先是文科类毕业生）；
4. 广播、电视、电影、戏剧，以及外语、旅游等高等院校和中等职业学校相关专业的教师和毕业生；
5. 各级广播电台、电视台的播音员、节目主持人；
6. 从事电影、电视剧、话剧表演和影视配音的专业人员；
7. 其他应当接受普通话水平测试的人员和自愿接受普通话水平测试的人员。

第十二条 现阶段对一些岗位和专业人员的普通话等级要求：

1. 教师和师范院校毕业生应达到二级或一级水平，语文科教师应略高于其他学科教师的水平。

2. 专门从事普通话语音教学的教师和从事播音、电影、电视剧、话剧表演。配音的专业人员，以及与此相关专业的毕业生应达到一级甲等或一级乙等水平。

五、普通话等级证书

第十三条 普通话等级证书由省（自治区、直辖市）培训测试中心或部委直属单位普通话水平测试委员会颁发。

第十四条 普通话等级证书全国统一格式（见附件三），由各省（自治区、直辖市）分别编号。

第十五条 测试评定的一级甲等，需分批报国家语委普通话培训测试中心复审。复审比例为：10名以内复审1/3，11名～50名以内复审1/5，51名以上复审1/10。复审后，在国家语委普通话培训测试中心备案，各省（自治区、直辖市）培训测试中心注册。证书由国家语委普通话培训测试中心盖章后，由省（自治区、直辖市）培训测试中心颁发。

测试评定的一级乙等，在省（自治区、直辖市）培训测试中心注册，在国家语委普通话培训测试中心备案，必要时得由国家语委普通话培训测试中心抽查，然后由省（自治区、直辖市）培训测试中心颁发证书。

测试评定的二级甲、乙等，报省（自治区、直辖市）培训测试中心备案并发证书；

测试工作的重点是工作和学习需要普通话水平应达到一级或二级的人员。普通话三级水平测试由各地按照测试标准和大纲的要求，根据各地的情况和工作的需要组织进行。

第十六条 未进入规定等级或要求晋升等级的人员，需在前次测试5个月之后方能提出受试申请。

六、附则

第十七条 本办法由国家语委普通话培训测试中心负责解释。

第十八条 本办法自1994年10月30日起实施。

关于普通话水平等级证书有效期的问题，国家语委有相关文件规定。

等级证书

应试者经过测试，即可获得《国家普通话水平测试等级证书》,《国家普通话水平测试等级证书》由国家语言文字工作委员会统一制作。证书内将记录应试者的测试成绩和相应的等级。

1997年出台的《普通话水平测试管理办法》（试行）规定，“普通话水平等级证书有效期为5年”，超过期限将重新考核认定。

2003年修订的《普通话水平测试管理办法》（正式），取消了关于普通话水平等级证书有效期的提法，这就是说，现在普通话水平等级证书全国通用、无有效期限制。

自2011年起，普通话证书样式进行了改版，旧版中包含出生年月，新版取消；旧版无身份证号码，新版增加；新版增加测试时间。均盖有国家语言文字工作委员会公章及测试中心的钢印。并由之前的本状改成纸状，且附有证书外壳。

C.2　国家语言文字工作委员会普通话等级测试大纲

（教育部国家语委发教语用〔2003〕2号文件）

根据教育部、国家语言文字工作委员会发布的《普通话水平测试管理规定》《普通话水平测试等级标准》，制定本大纲。

一、测试的名称、性质、方式

本测试定名为“普通话水平测试”（PUTONGHUA SHUIPING CESHI，缩写为PSC）。

普通话水平测试测查应试人的普通话规范程度、熟练程度，认定其普通话水平等级，属于标准参照性考试。本大纲规定测试的内容、范围、题型及评分系统。

普通话水平测试以口试方式进行。

二、测试内容和范围

普通话水平测试的内容包括普通话语音、词汇和语法。

普通话水平测试的范围是国家测试机构编制的《普通话水平测试用普通话词语表》《普通话水平测试用普通话与方言词语对照表》《普通话水平测试用普通话与方言常见语法差异对照表》《普通话水平测试用朗读作品》《普通话水平测试用话题》。

三、试卷构成和评分

试卷包括 5 个组成部分，满分为 100 分。

（一）读单音节字词（100 个音节，不含轻声、儿化音节），限时 3.5 分钟，共 10 分。

1. 目的：测查应试人声母、韵母、声调读音的标准程度。

2. 要求：

（1）100 个音节中，70%选自《普通话水平测试用普通话词语表》“表一”，30%选自“表二”。

（2）100 个音节中,每个声母出现次数一般不少于 3 次，每个韵母出现次数一般不少于 2 次，4 个声调出现次数大致均衡。

（3）音节的排列要避免同一测试要素连续出现。

3. 评分：

（1）语音错误，每个音节扣 0.1 分。

（2）语音缺陷，每个音节扣 0.05 分。

（3）超时 1 分钟以内，扣 0.5 分；超时 1 分钟以上（含 1 分钟），扣 1 分。

（二）读多音节词语（100 个音节），限时 2.5 分钟，共 20 分。

1. 目的：测查应试人声母、韵母、声调和变调、轻声、儿化读音的标准程度。

2. 要求：

（1）词语的 70%选自《普通话水平测试用普通话词语表》“表一”，30%选自“表二”。

（2）声母、韵母、声调出现的次数与读单音节字词的要求相同。

（3）上声与上声相连的词语不少于 3 个，上声与非上声相连的词语不少于 4 个，轻声不少于 3 个，儿化不少于 4 个（应为不同的儿化韵母）。

（4）词语的排列要避免同一测试要素连续出现。

3. 评分:

（1）语音错误，每个音节扣 0.2 分。

（2）语音缺陷，每个音节扣 0.1 分。

（3）超时 1 分钟以内，扣 0.5 分；超时 1 分钟以上（含 1 分钟），扣 1 分。

（三）选择判断，限时 3 分钟，共 10 分。

1. 词语判断（10 组）

（1）目的：测查应试人掌握普通话词语的规范程度。

（2）要求：根据《普通话水平测试用普通话与方言词语对照表》，列举 10 组普通话与方言意义相对应但说法不同的词语，由应试人判断并读出普通话的词语。

（3）评分：判断错误，每组扣 0.25 分。

2. 量词、名词搭配（10组）

（1）目的：测查应试人掌握普通话量词和名词搭配的规范程度。

（2）要求：根据《普通话水平测试用普通话与方言常见语法差异对照表》，列举10个名词和若干量词，由应试人搭配并读出符合普通话规范的10组名量短语。

（3）评分：搭配错误，每组扣0.5分。

3. 语序或表达形式判断（5组）

（1）目的：测查应试人掌握普通话语法的规范程度。

（2）要求：根据《普通话水平测试用普通话与方言常见语法差异对照表》，列举5组普通话和方言意义相对应，但语序或表达习惯不同的短语或短句，由应试人判断并读出符合普通话语法规范的表达形式。

（3）评分：判断错误，每组扣0.5分。

选择判断合计超时1分钟以内，扣0.5分；超时1分钟以上（含1分钟），扣1分。答题时语音错误，每个音节扣0.1分，如判断错误已经扣分，不重复扣分。

（四）朗读短文（1篇，400个音节），限时4分钟，共30分。

1. 目的：测查应试人使用普通话朗读书面作品的水平。在测查声母、韵母、声调读音标准程度的同时，重点测查连读音变、停连、语调以及流畅程度。

2. 要求：

（1）短文从《普通话水平测试用朗读作品》中选取。

（2）评分以朗读作品的前400个音节（不含标点符号和括注的音节）为限。

3. 评分：

（1）每错1个音节，扣0.1分；漏读或增读1个音节，扣0.1分。

（2）声母或韵母的系统性语音缺陷，视程度扣0.5分、1分。

（3）语调偏误，视程度扣0.5分、1分、2分。

（4）停连不当，视程度扣0.5分、1分、2分。

（5）朗读不流畅（包括回读），视程度扣0.5分、1分、2分。

（6）超时扣1分。

（五）命题说话，限时3分钟，共30分。

1. 目的：测查应试人在无文字凭借的情况下说普通话的水平，重点测查语音标准程度、词汇语法规范程度和自然流畅程度。

2. 要求：

（1）说话话题从《普通话水平测试用话题》中选取，由应试人从给定的两个话题中选定1个话题，连续说一段话。

（2）应试人单向说话。如发现应试人有明显背稿、离题、说话难以继续等表现时，主试人应及时提示或引导。

3. 评分：

（1）语音标准程度，共20分。分六档：

一档：语音标准，或极少有失误。扣0分、0.5分、1分。

二档：语音错误在10次以下，有方音但不明显。扣1.5分、2分。

三档：语音错误在10次以下，但方音比较明显；或语音错误在10~15次之间，有方音但不明显。扣3分、4分。

四档：语音错误在 10 次–15 次之间，方音比较明显。扣 5 分、6 分。

五档：语音错误超过 15 次，方音明显。扣 7 分、8 分、9 分。

六档：语音错误多，方音重。扣 10 分、11 分、12 分。

（2）词汇语法规范程度，共 5 分。分三档：

一档：词汇、语法规范。扣 0 分。

二档：词汇、语法偶有不规范的情况。扣 0.5 分、1 分。

三档：词汇、语法屡有不规范的情况。扣 2 分、3 分。

（3）自然流畅程度，共 5 分。分三档：

一档：语言自然流畅。扣 0 分。

二档：语言基本流畅，口语化较差，有背稿子的表现。扣 0.5 分、1 分。

三档：语言不连贯，语调生硬。扣 2 分、3 分。

说话不足 3 分钟，酌情扣分：缺时 1 分钟以内（含 1 分钟），扣 1 分、2 分、3 分；缺时 1 分钟以上，扣 4 分、5 分、6 分；说话不满 30 秒（含 30 秒），本测试项成绩计为 0 分。

四、应试人普通话水平等级的确定

国家语言文字工作部门发布的《普通话水平测试等级标准》是确定应试人普通话水平等级的依据。测试机构根据应试人的测试成绩确定其普通话水平等级，由省、自治区、直辖市以上语言文字工作部门颁发相应的普通话水平测试等级证书。

普通话水平划分为三个级别，每个级别内划分两个等次。其中：

97 分及其以上，为一级甲等；

92 分及其以上但不足 97 分，为一级乙等；

87 分及其以上但不足 92 分，为二级甲等；

80 分及其以上但不足 87 分，为二级乙等；

70 分及其以上但不足 80 分，为三级甲等；

60 分及其以上但不足 70 分，为三级乙等。

说明：各省、自治区、直辖市语言文字工作部门可以根据测试对象或本地区的实际情况，决定是否免测“选择判断”测试项。如免测此项，“命题说话”测试项的分值由 30 分调整为 40 分。评分档次不变，具体分值调整如下：

（1）语音标准程度的分值，由 20 分调整为 25 分。

一档：扣 0 分、1 分、2 分。

二档：扣 3 分、4 分。

三档：扣 5 分、6 分。

四档：扣 7 分、8 分。

五档：扣 9 分、10 分、11 分。

六档：扣 12 分、13 分、14 分。

（2）词汇语法规范程度的分值，由 5 分调整为 10 分。

一档：扣 0 分。

二档：扣 1 分、2 分。

三档：扣 3 分、4 分。

（3）自然流畅程度，仍为 5 分，各档分值不变

五、考试形式

普通话水平测试试卷由四个测试项构成，总分为 100 分。

（一）读单音节字词 100 个，限时 2 分 30 秒，占 10 分。目的考查应试人普通话声母、韵母和声调的发音。

（二）读双音节词语 50 个，限时 2 分 30 秒，占 20 分。目的是除了是考查应试人声、韵、调的发音外，还要考查上声变调、儿化韵和轻声的读音。

（三）400 字短文朗读，限时 4 分钟，占 30 分。目的是考查应试人使用普通话朗读书面材料的能力，重点考查语音、语流音变、语调等。

（四）说话，时间 3 分钟，占 40 分。目的是考查应试人在无文字凭借的情况下说普通话所达到的规范程度。

1. 读单音节字词 100 个

排除轻声、儿化音节。

目的：考察应试人声母、韵母、声调的发音。

要求：100 个音节里，每个声母出现一般不少于 3 次，方言里缺少的或容易混淆的酌量增加 1~2 次；每个韵母的出现一般不少于 2 次，方言里缺少的或容易混淆的韵母酌量增加 1~2 次。字音声母或韵母相同的要隔开排列。不使相邻的音节出现双声或叠韵的情况。

评分：此项成绩占总分的 10%，即 10 分。读错一个字的声母、韵母或声调扣 0.1 分。读音有缺陷每个字扣 0.05 分。一个字允许读两遍，即应试人发觉第一次读音有口误时可以改读，按第二次读音评判。

限时：3 分钟。超时扣分（3~4 分钟扣 0.5 分，4 分钟以上扣 0.8 分）。

读音有缺陷只在 1 读单音节字词和 2 读双音节词语两项记评。读音有缺陷在 1 项内主要是指声母的发音部位不准确，但还不是把普通话里的某一类声母读成另一类声母，比如舌面前音 j、q、x 读得太接近 z、c、s；或者是把普通话里的某一类声母的正确发音部位用较接近的部位代替，比如把舌面前音 j、q、x 读成舌叶音；或者读翘舌音声母时舌尖接触或接近上腭的位置过于靠后或靠前，但还没有完全错读为舌尖前音等；韵母读音的缺陷多表现为合口呼、撮口呼的韵母圆唇度明显不够，语感差；或者开口呼的韵母开口度明显不够，听感性质明显不符；或者复韵母舌位动程明显不够等；声调调形、调势基本正确，但调值明显偏低或偏高，特别是四声的相对高点或低点明显不一致的，判为声调读音缺陷；这类缺陷一般是成系统的，每个声调按 5 个单音错误扣分。1 和 2 两项里都有同样问题的，两项分别都扣分。

2. 读双音节词语 50 个

目的：除考察应试人声母、韵母和声调的发音外，还要考察上声变调、儿化韵和轻声的读音。

要求：50 个双音节可视为 100 个单音节，声母、韵母的出现次数大体与单音节字词相同。此外，上声和上声相连的词语不少于 2 次，上声和其他声调相连不少于 4 次；轻声不少于 3 次；儿化韵不少于 4 次（ar ur ier üer），词语的排列要避免同一测试项的集中出现。

评分：此项成绩占总分的 20%，即 20 分。读错一个音节的声母、韵母或声调扣 0.2 分。读音有明显缺陷每次扣 0.1 分。

限时：3 分钟。超时扣分（3~4 分钟扣 1 分，4 分钟以上扣 1.6 分）。

读音有缺陷所指的除跟 1 项内所述相同的以外，儿化韵读音明显不合要求的应列入。

1 和 2 两项测试，其中有一项或两项分别失分在 10%的，即 1 题失分 1 分，或 2 题失分 2 分即判定应试人的普通话水平不能进入一级。

应试人有较为明显的语音缺陷的，即使总分达到一级甲等也要降等，评定为一级乙等。

3. 朗读

朗读从《测试大纲》第五部分朗读材料（1~50 号）中任选。

目的：考察应试人用普通话朗读书面材料的水平，重点考察语音、连读音变（上声、“一”、“不”），语调（语气）等项目。

计分：此项成绩占总分的 30%。即 30 分。对每篇材料的前 400 字（不包括标点）做累积计算，每次语音错误扣 0.1 分，漏读一个字扣 0.1 分，不同程度地存在方言语调一次性扣分（问题突出扣 3 分；比较明显，扣 2 分；略有反映，扣 1.5 分。停顿、断句不当每次扣 1 分；语速过快或过慢一次性扣 2 分。

限时：4 分钟。超过 4 分 30 秒以上扣 1 分。

说明：朗读材料（1~50）各篇的字数略有出入，为了做到评分标准一致，测试中对应试人选读材料的前 400 个字（每篇 400 字之后均有标志）的失误做累积计算；但语调、语速的考察应贯穿全篇。从测试的要求来看，应把提供应试人做练习的 50 篇作品作为一个整体，应试前通过练习全面掌握。

4. 说话

目的：考察应试人在没有文字凭借的情况下，说普通话的能力和所能达到的规范程度。以单向说话为主，必要时辅以主试人和应试人的双向对话。单向对话：应试人根据抽签确定的话题，说 4 分钟（不得少于 3 分钟，说满 4 分钟主试人应请应试人停止）。

评分：此项成绩占总分的 30%，即 30 分。其中包括：

（1）语音面貌占 20%，即 20 分。其中档次为：

一档 20 分　语音标准

二档 18 分　语音失误在 10 次以下，有方音不明显；

三档 16 分　语音失误在 10 次以下，但方音比较明显；或方音不明显，但语音失误在 10~15 次之间；

四档 14 分　语音失误在 10~15 次之间，方音比较明显；

五档 10 分　语音失误超过 15 次，方音明显；

六档 8 分　语音失误多，方音重。

语音面貌确定为二档（或二档以下）即使总积分在 96 以上，也不能入一级甲等；语音面貌确定为五档的，即使总积分在 87 分以上，也不能入二级甲等；有以上情况的，都应在等内降等评定。

（2）词汇语法规范程度占 5%。计分档次为：

一档 5 分　词汇、语法合乎规范；

二档 4 分　偶有词汇或语法不符合规范的情况；

三档 3 分词汇、语法屡有不符合规范的情况；

（3）自然流畅程度占 5%，即 5 分。计分档次为：

一档 5 分　自然流畅；

二档 4 分　基本流畅，口语化较差（有类似背稿子的表现）；

三档 3 分　语速不当，话语不连贯；说话时间不足，必须主试人用双向谈话加以弥补。试行阶段采用以上评分办法，随着情况的变化应适当增加说话评分的比例。

六、试卷类型

普通话水平测试试卷按照测试对象的不同分为 Ⅰ 型和 Ⅱ 型两类：

Ⅰ 型卷主要供通过汉语水平考试（HSK）申请进行普通话水平测试的外籍或外族人员使用。

Ⅰ 型卷的出题范围是：

（1）单音节字词和双音节词语都从《测试大纲》第二部分的〔表一〕选编，其中带两个星号的字词占 60%，带一个星号的字词占 40%。测试范围只限于〔表一〕。

（2）朗读材料的投签限制在 40 个之内，依字数的多少减去字数较多的 10 篇。

由于普通话水平测试处于试行阶段，同时考虑到在校学生的学习负担，所以在 1996 年 12 月底以前，对中等师范学校和中等职业学校有关专业的学生以及小学教师进行普通话水平测试时也采用 Ⅰ 型卷。

Ⅱ 型卷供使用 Ⅰ 型卷人员以外的应试人员使用。

Ⅱ 型卷的出题范围是：

（1）单音节字词和双音节词语按比例分别从《测试大纲》第二部分的〔表一〕和〔表二〕选编。选自〔表一〕占 70%，其中带两个星号的占 40%，带一个星号的占 30%；选自〔表二〕的占 30%。

（2）朗读材料（1~50 号）全部投签。

C.3　样　　卷

一、读单音节字词 100 个

铡 白 杀 鹤 痣 舌 逮 若 池 筛 得 字 给 二 鳃 棉 宰 拣 凹 淋 槽 品 朝 腔 挠 巷 泡 柄 藕 另 邹 氢 轴 腹 岸 努 榄 筑 瘫 哭 判 粗 忍 藏 午 缸 震 纺 挂 忙 要 憎 祸 乘 索 正 踹 缝 坏 梦 隋 戏 褪 溺 霞 款 颊 环 掖 蒜 谢 弯 爹 舜 飘 损 表 闯 修 撞 玖 童 约 胸 劝 孔 徐 绒 俊 翁 略 宋 群 掘 总 荀 穷 旅 婶 卷

二、读双音节字词 50 个

把手 美妙 盆地 逆流 铁道 强盛 凝结 快速 轮廓 居然 酗酒 略微 穷苦
捐献 雄壮 法郎 配合 号召 约会 北面 反映 一下儿 运动 放心 更加 小孩儿
普遍 亲戚 抓紧 有点儿 讲座 推广 问题 群众 原料 荣辱 闯荡 酸楚 琐碎
串供 催促 婶婶 揣测 耍弄 惨败 傻眼 死扣儿 崽子 使馆 早产

三、朗读

雨声渐渐地住了，窗帘后隐隐地透进清光来。推开窗户一看，呀！凉云散了，树叶上的残滴，映着月儿，好似萤光千点，闪闪烁烁地动着。——真没想到苦雨孤灯之后，会有这么一幅清美的图画！

凭窗站了一会儿，微微地觉着凉意浸人。转过身来，忽然眼花缭乱，屋子里的别的东西，都隐在光云里，一片幽辉，只浸着墙上画中的安琪儿。——这白衣的安琪儿，抱着花儿，扬着翅儿，向着我微微地笑。“这笑容仿佛在哪里看见过似的，什么时候，我曾……”我不知不觉地便坐在窗下想，——默默地想。

严闭的心幕，慢慢地拉开了，涌出五年前的一个印象。——一条很长的古道。驴脚下的泥，兀自滑滑的。田沟里的水，潺潺地流着。近村的绿树都笼在湿烟里。弓儿似的新月，挂在树梢。一边走着，似乎道旁有一个孩子，抱着一堆灿白的东西。驴儿过去了，无意中回头一看。——他抱着花，赤着脚儿，向着我微微地笑。“这笑容又仿佛是哪儿见过似的”，我仍是想——默默地想。

又现出一重心幕来，也慢慢地地拉开了，涌出十年前的一个印象。——茅檐下的雨水，一滴一滴地落到衣上来。土阶边的水泡儿，泛来泛去地乱转。门前的麦垄和葡萄架子，都灌得新黄嫩绿地非常鲜丽。（节选自冰心《笑》）

四、说话（任选一个题目说 3～4 分钟）

1. 对“假日经济”的看法。
2. 我的读书生活。

参 考 文 献

[1] 孙立湘.实用写作与口才[M].北京：机械工业出版社， 2013.

[2] 张波.口才训练教程[M].北京：机械工业出版社，2015.